二战特工技能手册

英国特别行动委员会————— **著**

贾雷————— **译**

台海出版社

图书在版编目（CIP）数据

二战特工技能手册 / 英国特别行动委员会著；贾雷译 . — 北京：台海出版社，2022.5
ISBN 978-7-5168-3233-2

Ⅰ.①二… Ⅱ.①英… ②贾… Ⅲ.①第二次世界大战－间谍－情报活动－手册 Ⅳ.① D526-62 ② K152-62

中国版本图书馆 CIP 数据核字 (2022) 第 033296 号

二战特工技能手册

著　　者：英国特别行动委员会　　　　　译　　者：贾雷

出 版 人：蔡　旭　　　　　　　　　　　责任编辑：俞滟荣

出版发行：台海出版社
地　　址：北京市东城区景山东街 20 号　　　邮政编码：100009
电　　话：010 − 64041652（发行，邮购）
传　　真：010 − 84045799（总编室）
网　　址：www.taimeng.org.cn/thcbs/default.htm
E − mail：thcbs@126.com

经　　销：全国各地新华书店
印　　刷：重庆市联谊印务有限公司
本书如有破损、缺页、装订错误，请与本社联系调换

开　　本：787 毫米 × 1092 毫米　　　　　1/16
字　　数：486 千　　　　　　　　　　　印　　张：28
版　　次：2022 年 5 月第 1 版　　　　　印　　次：2022 年 7 月第 1 次印刷
书　　号：ISBN 978-7-5168-3233-2

定　　价：99.80 元

CONTENTS

目　录

序章

"当你与一个残忍无情的对手进行生死搏斗时，你不能被昆斯伯里规则[1]左右。尼维尔·张伯伦政府宁愿在昆斯伯里规则下输掉战争，也不愿做任何与一个绝对完美的绅士身份不相称的事。他们认为那种事情不能做。"

克利夫兰郡议员，R. T. 鲍尔

1940 年 5 月 8 日，温斯顿·丘吉尔出任英国首相的前两天

第二次世界大战期间，在英国特别行动处（Special Operations Executive，即 SOE）[2]接受训练的男女战士们很快就把关于"昆斯伯里规则"和所谓"绅士风度"的战争观念抛到了九霄云外。这些被精挑细选出来的受训人员（或像 SOE 的军官们那样称其为学员）中，许多人被传授了各式各样的破坏手段和稀奇古怪的杀人方法，其中一些人使用的还是由才华横溢的 SOE 科技团队研制的刀具、枪支和诡雷装置。一些学员还接受了通过削弱敌人战斗意志的"黑色宣传"[3]来开展对敌斗争的训练。SOE 特工个个训练有素，在与纳粹德国或日本军国主义的隐秘斗争中，

---

① 译注：指由昆斯伯里侯爵（1834—1900 年）创立的现代拳击运动规则。此处比喻那些带有公平竞赛色彩的条条框框。

② 译注：SOE 由英国首相温斯顿·丘吉尔和经济部长休·道尔顿（Hugh Dalton）于 1940 年主持设立。其总部设在英国，专门从事对轴心国占领地区进行渗透，开展情报收集、武器输送、组织参与抵抗运动、策划实施破坏行动，建立秘密电台，向英国传递情报信息等谍报和抵抗活动。在整个二战期间，SOE 雇佣或直接掌控了大约 1.3 万人，并为另外 100 万人提供了资金、食物和武器。由该处训练的特工被派到了几乎每一个被轴心国占领的国家，沉重打击了轴心国在占领地区的统治。SOE 在为世界反法西斯战争的胜利做出不可磨灭的贡献的同时，也蒙受了惨重的牺牲。

③ 译注：黑色宣传是一种相对于公开、正面的"白色宣传"而言的，以传播谣言为核心的特殊宣传心理战方式，通常以匿名形式散布流言，伪装成从敌人国土或敌占区、敌盟国当中流传出的信息。其特点是具有强大的隐蔽性和欺骗性，能及时传播并迅速扩散，对敌方士气起到瓦解作用并给对方的反宣传造成障碍。

他们知道如何以最好的方式为沦陷国家抵抗运动的成员提供行动建议、武器装备，以及其他援助形式。特工们对抵抗组织的行动进行指导，提出建议时，他们还要成为一位能说会道、循循善诱的协商者，能够说服游击队何时出击，何时撤退。抵抗组织独立开展行动时，通常很难甚至根本无法取得什么具有军事价值的成果，还容易导致敌人对当地的平民施以野蛮报复。经过训练的 SOE 特工，要能够意识到鲁莽的游击行动的危险性，努力确保所有的"非正规战"都契合盟军领导人的整体战略目标。

1940 年 7 月，SOE 在极其保密的情况下成立[1]，该机构由另外三个秘密组织合并而成：秘密情报局 [Secret Intelligence Service，即 SIS，或称军情六处（MI6）] D 部门；英国外交部的一个分支机构 EH，或称 CS①；英国陆军部（War Office）的一个最初叫作 GS（R），后来改称 MI（R）的研究团队[2]，这两个缩写分别代表总参谋部（研究）和军事情报（研究）。这几个规模不大、资金匮乏的 SOE 的"母单位"都是在战争爆发前不久才组建起来的。在被并入 SOE 之前，秘密情报局 D 部门——有些评论家认为 D 代表"Destroy"，即破坏，而另一些人则认为这就是一个随意选取的首字母——就已经开始拟定在欧洲大陆实施的各种破坏和颠覆计划，以对抗希特勒的纳粹德国。外交部的 EH 机构也研究了如何进行反纳粹宣传活动，而 MI（R）则开始了对非正规战争的广泛研究（这项任务与情报局 D 部门的研究有重叠）。

四阶段训练计划

位于伦敦贝克街 64 号的 SOE 总部[3]迅速建立了一个庞大的"绝密"机构网络，名为"特种培训学校"（Special Training Schools，即 STS）。SOE 从其两个"母单位"那里只继承了两处这样的培训设施：从 MI（R）那里得到

---

① 译注：该分支是隶属英国外交部的一个负责展示宣传工作的机构。EH 即 Electra House（厄勒克特拉大厦），为该机构的伦敦总部所在地；CS 是该机构的掌控人，加拿大报业大亨坎贝尔·斯图尔特爵士（Sir Campbell Stuart）的姓名缩写。

了位于苏格兰西部高地因弗内斯郡（Invernessshire）阿里赛格（Arisaig）偏僻地区的一片大房子，以及从秘密情报局 D 部门得到的一处设在赫特福德郡（Hertfordshire）布里肯敦伯里庄园（Brickendonbury Manor）的，传授敌后破坏与秘密战知识的学校。

1940 年秋，来自 MI（R）的 F. T. 戴维斯少校（F. T. Davies，绰号"汤米"）[4] 加入 SOE 后不久，便设计了一套包括四个阶段的训练计划，该计划立即被 SOE 的领导层采纳。长期以来，这份训练计划尽管在细节上有一些重要变化，包括引入高度专业化的训练内容，但其大纲从未更改。该计划设有初训学校、准军事学校和精训学校三级训练机构，以及在伦敦准备的一套公寓，以便特工们在被外派之前能在这里听取最后的任务简报。

在初训学校里，学员的性格和从事危险秘密工作的潜力将受到评估，但并不会向他们透露太多有关 SOE 的任务性质的信息。为开设这些训练学校，在1940—1941 年的冬天，SOE 在伦敦周边各郡总共拿到了 6 座大宅子，并在汉普郡（Hampshire）比尤利（Beaulieu）的因奇梅利豪斯（Inchmery House）增设了自由法国学校[5]。正是对这些宅子和其他大型房产——其中不乏一些奢侈豪华者——的零散征用，引发了学员们关于"英格兰豪宅"（Stately Homes of England）的种种调侃。

初训学校的训练大纲包括体能训练、武器操作、徒手格斗、基本的破坏技术（未提及 SOE 具体有什么装备器材）、地图判读、野外作业和基本的信号收发技能。其中大部分是任何一名入伍的新兵都应当接受的训练。

不过，初训学校确实存在特殊的安全保密问题。根据自 1945 年至 1948 年负责 SOE 官方战史修编的 W. J. M. 麦肯齐教授（W. J. M. Mackenzie）的解释[6]，这些学校：

> ……直至 1943 年夏天，它们依然是进入 SOE 工作的主要训练站，但在实际运作中，也证明了这些学校存在一些不足。要编排出不会泄露机密的训练课程绝非易事。各个国家科（Country Sections）① 送来学校受训的学员并不

---

① 译注：即 SOE 内部设置的如"德国科""日本科"等专门负责对某个国家开展间谍工作的科室的总称。

总是精挑细选的精英，这些学员在早期训练阶段的表现很难让国家科发现他们的错误；心急火燎的各国家科往往抱怨初级训练课程耽误了他们三四个星期的时间，总想推动他们手下的学员直接进入后期训练。而这使得 SOE 在那些最终在后期训练中被淘汰的学员身上浪费了过多的精力（其他情报机关亦有此情况），或者，为避免浪费而视其为训练合格（这样更糟）。此举还给 SOE 带来了另一个不利之处：在后期训练中，被淘汰的学员已经了解到不少有关秘密战的知识和信息，因此不能让他们马上回归外部世界。

为了解决安全保密问题，SOE 在因弗内斯郡的因弗莱尔（Inverlair），开设了官方名称为"ISRB 讲习班"[7]的地方——尽管这些"讲习班"并非正式，更准确来说，它们被称为"冷藏箱"。不合格或不走运的特工被关押在那里，直到他们掌握的机密不再危及行动，或不再对国家为赢得战争而付出的努力产生破坏作用为止。将一名特工或学员放进"冷藏箱"并不意味着他已被视为一个潜在的叛徒，甚至也并不是对其品性有了负面评价，只要 SOE 认为有必要，就可以将其与外界隔离一段时间。

直到 1943 年 6 月，一套更快捷、总体效果更好的学员遴选体系终于被 SOE 引进。这套新体系设立了一个学员评估委员会（Students Assessment Board，即 SAB）来取代原先的初训学校。在萨里郡（Surrey）克兰利（Cranleigh）的一座叫作温特福德（Winterford，即 STS 7，之前为 STS 4）的乡村宅院里，SAB 要对候选学员进行为期 4 天的各种心理和实践测试。这与初训学校里为期 4 周的初训课程形成了鲜明的对比，于是人们理所当然地批评初训课程过于悠闲。SAB 的审查小组由 6 名军事测试人员（上尉和中士各 3 名），和 4 名英国皇家陆军医疗部队（Royal Army Medical Corps）的军官组成。4 名来自皇家陆军医疗部队的军官中包括 2 名精神科医生（均为少校）和 2 名心理学家（上尉和中尉各一名）。测试结束后，由 SAB 主席（掌管 STS 7 的中校）、测试官和国家科的代表组成的最终遴选委员会详细讨论每名候选学员的表现，并提出应选择哪些男性学员（有些会议上提出的是女性学员）的建议。不过，最终选择权由遴选委员会主席掌握，只有负责监督训练体系的 SOE 理事会成员——E. E. 莫克勒－费里曼（E. E. Mockler-

Ferryman）准将才能推翻他的决定。在特殊情况下，国家科提出了候选人，STS 7却拒绝录取的，可以向准将提出申诉。

SAB 的学员遴选体系也曾做过少许修改，以满足在人员方面的某些特殊需求，如招收自由法国公民、波兰人，以及组建多支各由 3 名成员组成的 SOE–OSS 杰德堡小组（SOE–OSS Jedburgh teams）[①]，在 D 日（诺曼底登陆日）之后帮助法国抵抗组织抗敌。1944 年秋，欧洲大陆的战火似乎即将熄灭，SOE 的训练项目也大幅削减，SAB 自然而然地于 1944 年 11 月 16 日解散。在此之后，选拔特工的工作通常就由各个国家科单独进行了。

准军事学校

准军事学校，或称 A 组学校，开设于 1940 年 11 月至 1941 年 6 月之间。这些学校的编号从 STS 21 到 STS 25，以苏格兰因弗内斯郡的阿里赛格（Arisaig）和莫勒（Morar）地区的 10 座狩猎小屋为训练基地。学校周围是包括莫勒湖（Loch Morar）和尼维斯湖（Loch Nevis）在内的乡村野地，当地地势崎岖，偏远荒僻，非常适合开展突击队式的军事训练。其中有一所编号为 STS 23b 的学校，以斯沃德兰（Swordland）、塔比特湾（Tabet Bay）和莫勒为基地，起先是提供各种海上行动的训练，但最终其教学内容主要集中在如何使用特种装备攻击敌方船只。另外，在马莱格（Mallaig）格拉斯纳卡多赫小屋（Glasnacardoch Lodge）还设有一所教授外国武器知识的学校，编号为 STS 22a。只有跳伞训练不在因弗内斯郡，而是转至曼彻斯特（Manchester）的皇家空军灵韦机场（RAF Ringway airfield）进行。SOE 的学员和其他单位的受训者一起接受跳伞训练，但 SOE 的学员被安置在机场

---

① 译注：1944 年初，为配合即将展开的诺曼底登陆行动，SOE 向美国战略情报局（OSS）提出联合行动方案，向纳粹德国占领区派遣行动小组，执行秘密任务。最终，欧洲沦陷国家的情报机构也参与进来，英方的倡议演变成了盟国在欧洲实施的首次大范围联合行动。行动以"杰德堡"为代号，派出的敌后行动组被称为"杰德堡小组"。每个小组由 3 人（2 名军官和 1 名无线电操作员）组成，其中一名军官来自英国或美国，但另一名军官必须来自小组行动所在国。自 1944 年 6 月 5 日起的三个月里，共有 93 支"杰德堡小组"潜入了 54 座法国城市，他们在当地游击队的接应下开展工作，帮助游击队与盟军总部建立起联系，同时向游击队员提供行动建议及物资援助，有力地支援了诺曼底战役的进行，并给予法国当地的德军和纳粹政权以一定的打击。

附近的两座安全屋（STS 51a 与 51b）中，与其他单位的人员隔开，不相往来。灵韦机场的跳伞学校（编号 STS 51）可一次性为 70 名 SOE 学员提供至少 5 天的训练，但其中许多人在灵韦机场只待了两三天，训练就毫无预兆地被叫停，然后就被派往伦敦听取行动简报，准备踏上征途。

阿里赛格和莫勒的多所学校最多可接纳 75 名学员。训练课程最初为期 3 周，后来逐渐延长到 5 周。训练大纲上列出的主要科目包括体能训练、无声杀人、武器操作、爆破、地图判读和指北针定向、野外作战技术、初级莫尔斯电码和突袭战术等，其内容细节常有调整。

到 1944 年秋，盟军已经在将欧洲从纳粹暴政中解放出来的道路上高歌猛进，势头正盛，明显已经不需要再培训大批特工投入准军事战争，因此，英国人决定关闭阿里赛格和莫勒的特种训练学校，最后一批学员于 1944 年 12 月 1 日离校。

精训学校

学员们直到进入精训学校［也被称为比尤利地区（Beaulieu Area）和 B 组学校］之后，才被告知 SOE 的工作性质，以及他们正在受训为 SOE 工作。在初训学校里，大多数学员大概都猜到自己接受培训是为了去执行某些特殊任务；而到了准军事学校里，这一点就显而易见了，但教官们从不承认训练的真正目的。不过，许多学员还是推测出了一些接近事实真相的东西，或者至少已经从招募他们的国家科的军官那里知晓了一点 SOE 的秘密工作。

精训学校集中于汉普郡的比尤利村一带，此地如今以英国国立汽车博物馆闻名。在 1941 年 1 月至 1942 年 10 月之间，总共在此开设了 11 所精训学校（编号为 STS 31 至 37b）。精训学校的训练课程分为五个部分，每一部分都单独成系并配备教官。其中最重要一个系是 A 系，该系向学员教授"特工技术、秘密生活、人身安全、秘密组织和通信方法，以及特工的招募和掌控等"——最后一项指 STS 训练的特工掌控的下级特工。训练科目包括特工应如何隐藏身份、如何在警方监视下行动，以及一旦被捕，应该如何应对通常会十分可怕的审讯和折磨等相关细节。B 系开展的是与 A 系教授科目有关的演练，其中一些就在当地城镇进行。例如，学员们在博斯库姆（Boscombe）的一所教堂外和一个公共图书馆内模拟与抵抗运动人员的秘密会面。此外，学员们还会涉及其他一些被委婉地称为"专业科目"的演练，包括入室盗窃，撬开锁具和手铐等。C系负责教授有关敌军各种公开和秘密的军事及谍报组织的知识。课程主要集中在如何对付德国人的如德国国防军（Wehrmacht）、国防军情报局（Abwehr）、帝国保安局（Sicherheitsdienst，即SD）、盖世太保（Gestapo）等组织，但也有很多关于日本、意大利和维希法国同类组织的内容。D系负责教授被称为"士气战"的秘密广播宣传工作，其课程包括各种"白色"和"黑色"的宣传方式。其中"白色宣传"的内容来自"真实的消息来源"，如各同盟国政府或各国抵抗运动，包括英国广播公司（BBC）的广播和皇家空军（RAF）投下或抵抗运动分发的传单。而"黑色宣传"的消息表面上是来自敌方，可能是军事指挥机关或政府部门，但实际上是由盟国的秘密组织编造或散播的，这项工作主要由英国的政战执行局（Political Warfare Executive，即PWE）①和OSS的"士气行动部"（MO）负责执行。"黑色宣传"的范例包括伪造军事命令，以及PWE运作的"加来士兵电台"（Soldatensender Calais）的定期播音，据说"加来士兵电台"的广播信号是用德军的无线电台从法国港口发出的。E系则教授密码、暗号和密写墨水的使用。

训练课程的科目内容不断更新，随时加入来自情报部门的报告、敌方报刊与电台，以及国家科的信息。特工们在结束行动归队后不久，会造访精训学校，并向学员们详细描述他们的行动经历。

其他与最终阶段的训练有关的特种训练学校包括寄宿学校、国家科学校和专门学校。最终，在英格兰中部和南部总共设立了7所寄宿学校——6所设在乡间别墅内，1所在一座城堡里⁸。接受过训练的学员被安置在这些舒适且与世隔绝的环境中，等着被分配秘密行动任务，等待的时间或长或短。这些"国有豪宅"里常常弥漫着紧张的气氛。这是可以理解的，因为在经过严格的训练课程之后，学员们都变得紧张

---

① 译注：PWE是英国于1941年夏成立的一个旨在"削弱和破坏敌军士气，支持和促进占领区的抵抗意愿"、统一领导对欧洲大陆德占区宣传工作的独立机构。该机构主要向敌国和敌占区进行频繁的无线电广播和大量散发传单及各类"非法"出版物，对欧洲抵抗运动产生了积极影响。

而兴奋，渴望亲身体验秘密行动。不过，这类学校中有一些在教学内容上很少或几乎没有什么修订和更新，因此许多才华横溢的爱国青年的学业只能停滞不前。另一个问题是，一些国家科对寄宿学校不感冒，认为在伦敦的安全屋安置学员要比把他们扔到偏远的、不受欢迎的特种训练学校更节约成本，生活和教学也更方便。负责对丹麦、挪威、波兰和捷克工作的几个科，对于它们挑选的有特工潜质的学员的训练事务有着相当大的控制权。这四个科都有自己的国家科学校，并修订了SOE的训练课程大纲，以适应对这些国家开展秘密情报工作的实际需求。

专门学校

SOE需要各种各样的专业人才，并且也有各种各样的专门学校来训练这类人。这些学校中最重要的一所，是设在布里肯顿伯里庄园（Brickendonbury Mano）的STS 17。它既是一个研究中心，也是一所学校。STS 17向学员传授如何破坏工业设施、"反焦土"（防止敌人撤退时实施破坏），以及在作战条件下自制爆炸装置。学员们在专门学校中学习如何攻击的目标，包括工厂的机器、铁路与火车、码头设施、商业航运、电讯、停在地面的飞机、驻泊的潜艇和其他海军舰艇，以及几乎所有有助于敌人作战的机械设备。

从1941年10月开校到1945年6月闭校，STS 17由乔治·T.雷姆中校（George T. Rheam）负责管理。雷姆中校是一位充满灵感的破坏技术发明家，也是一位优秀的教官。他身材高大，有时面色严厉阴沉，令人望而生畏，但仍是一位能鼓舞人心的领导者。他非常支持来自敌占国的学员，钦佩抵抗运动成员的勇敢和足智多谋，尤其是挪威抵抗组织。军事历史学家 M. R. D. 富特教授（M. R. D. Foot）[9]认为雷姆是"现代工业设施破坏技术的奠基人"，他写道：

> 任何受过他训练的人，都能够以全新的眼光来看待一座工厂，能够找出其中为数不多的重要设备，并懂得如何用放置在合适位置的几盎司炸药来让它们停止运作；此外，如果再从附近的同类机器上拆走未损坏的部件，就能让一些被炸药破坏的机器无法很快被修复。

在 1943 年和 1944 年，STS 17 全力运转时，它那狭小逼仄的宿舍内通常能容纳 35 名学员。STS 17 不像其他的 SOE 训练学校，这里没有民族隔阂。通过雇用多名口译员，该校能够以几种语言文字进行长达四周的课程教学。在布里肯顿伯里庄园进行理论研究的同时，学员们——其中许多人并无工业背景——还会前往工厂参观，以熟悉哪些机械应当在行动中加以破坏。此外，学员们还在当地进行各种昼间和夜间的训练。

每一所专门学校都有其特定的教学目的。编号为 STS 37a 的学校训练了一些高级摄影和微缩摄影方面的学员。STS 39 号学校（Special Training Position，即STP，特种训练站）则教出了少数被挑选出来从事颠覆性宣传，以及评估轴心国与被占领国家公众舆论方面的专家级军官。而以其指挥官 J. W. 哈克特少校（J. W. Hackett）的名字命名的哈克特学校（Hackett School），则提供比精训学校更多的高级课程，主要为 PWE 服务。

STS 40 号专门学校开校于 1943 年 9 月，在此之前，特工在使用新近装备的 S 型电话（S-Phone）① 和代号为"丽贝卡/尤里卡"（Rebecca/Eureka）② 的通信装备时犯了严重错误。为了纠正这些错误，这所学校开设了为期 10 天的集中培训课程，课程内容是如何使用和维护这些轻便有效的新型辅助设备，以协助皇家空军的空投行动。

STS 47 号学校提供的是有关地雷和敌方武器的使用方面的高级训练；STS 52 号学校则为无线电报员提供安全培训。

在培训的过程中，时不时会发现其他各式各样的专门培训也是有用的。因此，SOE 开设了关于使用信鸽，以及驾驶不熟悉的机动车辆的课程。还有些学员需要学习巷战方面的专业知识，他们就在伦敦、巴特西（Battersea）接受训练，并且在 1944 年底，SOE 还在南安普顿（Southampton）与其他单位共同使用一片巷战演练区。

1944 年 6 月，SOE 开始了一项与之前完全不同的训练——训练一群代号为"邦

---

① 译注：S 型电话是一款远程语音收发机，小巧到可以挂在特工胸前。
② 译注："尤里卡"是一种陆基雷达装置，它能够将信息传送到安装在舰船或飞机上的对应移动设备，即"丽贝卡"上。

佐斯"（Bonzos）的德国战俘，他们痛恨纳粹，渴望为盟国一方而战。这些人是由 X 科——即负责对德国和奥地利开展谍报工作的国家科——从盟军手中成千上万的战俘中挑选出来的。在伦敦进行初步审讯后，"邦佐斯"们被送往已被改造为战俘营的 STS 2 号学校（位于萨里郡多金镇博克斯希尔路的贝拉西斯）接受深入审讯。那些被认为具备特工潜质的人被送到其他训练学校。虽然与其他学员隔离开了，但这些德国人的训练大纲并没有太大的不同。"邦佐斯"们先是接受了精训学校的部分训练和对工业设施的破坏训练（在 STS 17 号学校进行），这些训练适用于 X 科认为他们可以从事的那一类行动。此后，他们在灵韦机场接受跳伞训练，训练时会再次与其他学员隔离。1944 年 6 月后的一段时间，上级指定对德工作部——这是二战欧洲战场的最后几个月里 X 科的名字——将万博勒庄园（位于萨里郡吉尔福德市普顿汉镇）当作一所整备学校，编号 STS 5，作为从行动中归队的"邦佐斯"们的休整之所，并等待可能的重新部署。根据 G. M. 福迪少校（G. M. Forty）的官方著述《特别行动处训练科史》（History of the Training Section of SOE）所载，有51 名前德军战俘接受了 SOE 的特工训练；而在《古宾斯与特别行动处》（Gubbins and SOE）[1] 一书中，作者彼得·威尔金森爵士（Sir Peter Wilkinson）和琼·布莱特·阿斯特利（Joan Bright Astley）提到，在欧洲战场的最后几个月里，他们中的 28 人被派遣执行任务。这些人中只有少数人的冒险故事在战后被公之于众。[10] 福迪少校还在书中记载，当时有 7 名所谓的"佩里维格邦佐斯"学员（Periwig Bonzos），他们在 STS 19 号学校（位于赫特福德郡斯蒂文尼奇市阿德利镇加德纳路尽头）接受训练，准备进行计划的"佩里维格行动"（Operation Periwig）[2]。

STS 103 号学校（X 营地）

在英国本土之外，也设有几所特种训练学校。1941 年 7 月，注定要厄运临头

---

① 译注：古宾斯，即柯林·古宾斯（Colin Gubbins），二战期间曾任特别行动处负责人。
② 译注：该行动由 SOE 和 PWE 共同策划，设想在 1945 年炮制一个虚构的德国地下运动，希望能借此加剧纳粹政权和德国国防军在第三帝国行将覆灭的绝望日子里的混乱。但由于苏军和西方盟军向柏林迅速挺进，使得佩里维格行动变得多余。

的 SOE 东方处（Oriental Mission）在新加坡开设了 STS 101 号学校。新加坡沦陷后，该校的部分受训学员组成了"敌后留守队"，专门隐蔽在马来亚丛林深处，袭扰日本占领军。STS 102 号学校于 1941 年 12 月，在当时的巴勒斯坦海法（Haifa）附近的拉马特大卫（Ramat David）开校，后来在盟军在意大利站稳脚跟后即迁往意大利，这所学校训练的特工专门从事对巴尔干半岛和中东地区的行动。盟军登陆北非后，在阿尔及尔（Algiers）活动的马辛厄姆处（Massingham Mission）也设立了一批专事敌后袭扰作战训练的特种训练学校，为将要在法国南部和意大利展开的行动提前做好准备。这些学校也都在盟军完全控制了意大利后被转移到了那里。其他的特种训练学校则由位于印度浦那（Poona）附近的 SOE 印度处（India Mission），以及 SOE 的一个分支机构——澳大利亚特别行动处（Special Operations Australia，即 SOA）负责运作。澳大利亚特别行动处在多个假名称的掩护下，专门在日占国家内开展行动。

在 SOE 开设的众多海外训练学校中，最重要的一所——当然也是最有意思的——是设在加拿大的 STS 103。该校如今以"X 营地"的名字为人们所熟知，它也是北美地区第一所秘密特工培训机构。STS 103 开设于 1941 年 12 月 9 日，也就是日本偷袭珍珠港的两天后。它为威廉·J. 多诺万上校（William J. Donovan，诨名"大比尔"或"狂野比尔"）[11] 在 1942 年 6 月 13 日设立 OSS 提供了宝贵的帮助。

1941 年夏，在加拿大开设特种训练学校的想法第一次被摆上桌面商议，当年 10 月，在安大略省（Ontario）的奥沙瓦（Oshawa）附近的一块曾经是农田的土地上，一所训练学校拔地而起。按照最初的设想，这所学校有两个功能：一是训练在加拿大国内招募的学员，如法裔加拿大人和难民；二是为欧洲的 SOE 组织提供服务，并为美国刚刚起步的对外情报机构提供绝密援助——当时美国对战争还持中立态度，这种援助无法在美国领土上进行。但随着美国很快卷入了战争，第二个功能就变得更加重要了。在接下来的几年里，STS 103 训练了一大批在南美地区从事安保和宣传工作的美国人，并帮助 OSS 和另一个美国组织——战时新闻局（Office of War Information，即 OWI）建立起了自己的学校，培训了自己的人员。OSS 的第一批教官，以及第一批高层中的许多人几乎都学习过 STS 103 的课程，或是后来受到过曾在那里任教的人的影响。中央情报局在自己编修的战略情报局史中承认，该组织在创立之初对英国方面的援助和指导建议极为依赖，特别是在"宣传、情报和特别行动方面"。[12] 此外，威廉·R. 科尔森（William R. Corson）在《无知之师》（The army of Ignorance）一书中写道，"是英国提供了一个基地，让战争时期的战略情报局可以在那里培养人员……"[13]

为了方便行政管理，STS 103 由英国安全协调处（British Security Coordination，即 BSC）掌控。BSC 的工作团队驻在纽约，由威廉·斯蒂芬森（William Stephenson，温斯顿·丘吉尔的私人代表）领导[14]，代表着 SIS 和 SOE 在西半球的利益。学校的非教学人员来自加拿大军队，但有关训练的方针和具体实施的决策则由 SOE 在英国的训练主管决定，同时学校的指挥官和教官也由此人任命。

由于 STS 103 的整个教学大纲比其他 SOE 的训练学校都更全面，所以本书几乎包含了所有内容——或者至少是读者可能感兴趣的内容。被省略的部分包括体育课程的详细安排，以及图书馆内藏书和电影的目录。美国学员和那些参与设立 OSS 和 OWI 训练学校的人接受的是精训（"B 组"）学校的培训，以及宣传方面的高级指导。SOE 在加拿大招募的那些准备派往欧洲和亚洲敌占国家工作的学员只接受准军事（"A 组"）学校的训练，其余的教学内容在英国进行。STS 103 不仅是一所独特的训练学校，其内还设有一处电讯综合设施——2 号军事研究中心（Military Research Centre No.2），它是伦敦、华盛顿和渥太华之间进行情报传输的主要渠道。2 号军事研究中心代号"九头蛇"（Hydra），在 1944 年 4 月闭校后仍然存在，由加拿大人负责其运行。二战结束后不久，它便成了加拿大为西方国家监听苏联电讯网络的一分子。

与那些设在英格兰和苏格兰的特种训练学校不同，STS 103 没有用庄园和狩猎小屋之类的现成建筑做校舍，而是精心选择了一片适合特种训练需要的区域，使用的是专门建造的营地。这座营地坐落在安大略湖北岸奥沙瓦附近一个毫不起眼的小城惠特比（Whitby）外。惠特比这个地方除非十分必要，否则没有人会去造访，因此这所特种训练学校可谓与世隔绝，但从学校驱车前往多伦多市（Toronto）倒是很容易。在此说明一下，关于这所学校的非正式名称"X 营地"，学校的教官和学员们偶尔也这样称呼，但通常这所学校还是被称为"营地"或"农场"，因为校舍是建在曾经属于一位农场主的土地上的。当听到从"营地"传来的爆炸声时，当地居民以为这是一片爆破试验场——从某种程度上说倒也是事实。直到战争结束后，他们和大众才了解到这座营地真正从事的事情。

STS 103 前后有过三任指挥官，他们是泰伦斯·罗珀－卡德贝克中校（Terence Roper-Caldbeck）、布鲁克中校［R. M. (Bill) Brooker］和卡思伯特·斯基尔贝克中校（Cuthbert Skilbeck）。其中，布鲁克中校为学校取得的成功贡献最大。

布鲁克中校自学校成立的第一天起就是首席教官，而后从 1942 年 8 月到 1943 年 3 月，又担任学校的最高指挥官。他授课时讲述的各种轶事、笑话，以及对特工生活的生动描述让学员们着迷。在一次讲座中，由于他的言语太引人入胜，使得一位来访的美国战略情报局高级官员高度怀疑他是否就是 SIS 的头面人物。在 20 世纪 20 年代末和整个 30 年代，布鲁克主要以推销员的身份在欧洲各地旅行。他有过各种各样的冒险经历，包括在西班牙内战期间，利用伪造的文书将严禁外流的西班牙货币偷带出境。二战初期，布鲁克参军入伍，之后不久，他就在泰恩赛德（Tyneside）做港口安全官时学会了审讯的技巧。这让他被 SOE 未来的执行主管古宾斯（当时主管训练和行动方略）慧眼相中。古宾斯任命布鲁克为 SOE 精训学校的教官，然后又将其送到加拿大的 STS 103 担任首席教官。英国本土的精训学校和 STS 103 可以说是一对"双胞胎"，虽然被大西洋分隔两岸，但它们的理念是相同的。

布鲁克热情积极地对外推销 SOE 的训练方法，尤其是在他与多诺万和其他美国情报机构领导人的多次讨论中。绰号"狂野比尔"的多诺万并不总是一个好说话的人，但他对布鲁克的建议十分重视。在 1942 年 12 月 27 日致布鲁克的一封私人信件中，多诺万写道："我们的训练计划进展迅速，我相信，这在很大程度上是由于您的启发和指导……我希望我们能够继续协作，不仅是因为它已经证明了它的价值，还因为您在今后的战争与和平的问题上为我们提供了帮助。"[15]1943 年 3 月，布鲁克回到了比尤利，不久之后即被派往阿尔及尔的 SOE 与 OSS 联合设立的训练学校。

罗珀－卡德贝克是苏格兰人，曾就读于著名学府哈罗公学（Harrow School），1941 年 8 月加入 SOE。他曾是苏格兰阿盖尔和萨瑟兰郡高地人团（Argyll and Sutherland Highlanders）的一名正规军军官，战前在上海防卫军（Shanghai Defence

Force)①和西非有过服役经历。被任命为 X 营地的首任指挥官之前，他曾在英国本土的两所特种训练学校担任过指挥官。

由于回应了《泰晤士报》上刊登的一则广告——招聘会讲法语和德语两种语言的人——斯基尔贝克开始了他的战时秘密机关工作生涯。1940 年 3 月，他被授予少尉军衔，在法国马赛(Marseilles)担任了不到一年的战地安全官。1941 年 3 月，他被召回英国，被 SOE 招入麾下。在 1942 年 8 月加入 STS 103 担任首席教官之前，斯基尔贝克曾是比尤利精训学校的首席教官。1943 年 3 月，他接替布鲁克担任 STS 103 的指挥官。STS 103 于 1944 年 4 月 20 日闭校时，斯基尔贝克的战时服役也已完成。在此期间，他为加拿大政府的去纳粹化计划工作，审讯过众多关押在加拿大的德国战俘。

与其指挥官一样，STS 103 (以及许多其他的 SOE 训练学校) 的教官们也有着有趣的经历。被称作"野性的高地人"(the wild Highlander) 的哈米什·佩勒姆－伯恩(Hamish Pelham–Burn) 上尉是另一位在哈罗公学受过教育的苏格兰人，他传授给学员们各种各样的准军事作战技巧，但令他着迷的还是炸药。伯恩上尉时刻都注意着有什么东西可以拿来炸一炸，他在学校里搞出的频繁的爆炸声几英里外都能听到，这使得当地人更加坚定了其看法——X 营地就是一个爆破试验场。

作为苏格兰锡福斯高地团(Seaforth Highlanders) 的一名军官，佩勒姆－伯恩参加了 1940 年的法国战役，在敦刻尔克(Dunkirk) 大撤退的前一刻差点儿成了德军的俘虏。回到英国后，他加入了英国皇家空军，受训成了一名"飓风"(Hurricane) 式战斗机飞行员，直到因为一场小病被迫停飞。1942 年年中，伯恩转入 SOE，在被派往 STS 103 之前，曾在阿里赛格的特种训练学校当教官。极富想象力且技艺娴熟的佩勒姆－伯恩大大增加了营地内和周边野外作业训练的数量和种类。他的创新之举包括使用加拿大皇家空军(RCAF)提供的 3 架"虎蛾"式(Tiger Moth) 双翼机进行训练。他穿着全副装备，教授学员们如何尽可能迅速而安静地

---

① 译注：上海防卫军是 1927 年中国北伐战争期间，英国政府借保护欧洲国民及其在上海的财产不受中国民族主义势力的影响之名建立的，驻扎于上海的一支兵力为三个步兵旅的临时武装部队，当年 8 月，随上海局势的缓和而撤编。

登上和离开这些老旧飞机——这也是当执行空中渗透任务的"莱桑德"（Lysander）式飞机在被占领的法国降落时，SOE 特工必须做的事情。

威廉·尤尔特·费尔贝恩少校（William Ewart Fairbairn）是 X 营地的无声杀人专家。费尔贝恩战前是上海英租界警方的一名高级警官，他有两个绰号——"无畏丹"（Fearless Dan）和"上海煞星"（Shanghai Buster）。他和另一位 SOE 教官埃里克·安东尼·塞克斯少校（Eric Anthony Sykes，他也曾是上海英租界警察），发明了锋利无比的费尔贝恩—塞克斯双刃格斗刀。除了美国战略情报局手中的类似刀具，费尔贝恩—塞克斯格斗刀是在黑夜里切断敌哨兵喉咙的最有效的武器。除了战斗刀，许多武器的非常规用法都是费尔贝恩的专门研究对象。此外，他对东方武术的了解在西方无出其右者。

费尔贝恩是个不苟言笑的人，闲暇时从不读书看报，似乎对需要费脑子的学术知识毫无兴趣。曾在苏格兰接受过费尔贝恩训练的 SOE 特工乔治·朗格兰（George Langelaan）回忆说："下班后，他与人谈话只限于两个词：'是'和'不是'……他所有的兴趣、所有的知识、所有的聪明才智——他无疑是睿智的——都集中在一件事，而且是唯一的一件事情上——战斗。"[16]

与费尔贝恩少校的课程有重叠部分的是格奥尔格·雷韦利斯科夫中士（George de Rewelyskow）教授的徒手格斗课程。他的父亲是奥运会摔跤金牌得主，他本人在战前也是一名职业摔跤选手。

与费尔贝恩和雷韦利斯科夫形成鲜明对比的是 1943—1944 年 STS 103 的首席教官保罗·戴恩少校（Paul Dehn）。在课堂上，他是一流的讲师，尤其对宣传技巧了如指掌。同时，戴恩少校还是一名诗人、词作者和音乐家，他在战后成了一名非常成功的电影编剧，其作品包括著名的《杀人命令》（Orders to Kill）和《柏林谍影》（The Spy who came in from the Cold）①。STS 103 闭校后，戴恩继续为 SOE 工作——最初是在刚刚从纳粹手中解放的法国和挪威，最后改以著书立说的方式，根据比尤利精训学校和 STS 103 的教学大纲编写了一本特工训练手册。

---

① 译注：《杀人命令》是 1958 年英国拍摄的一部战争惊险片；《柏林谍影》（亦名《冷战谍魂》）是 1965 年根据同名小说改编拍摄的一部谍战影片。

学员知多少？

接受过特别行动处训练的男女特工总人数尚不得而知。虽然 SOE 在伦敦设有一个训练处总部，由一名训练主管负责，但该部门并没有集中负责整个 SOE 的训练工作。特别行动处现存的档案[17]中就没有关于在地中海战区受训的特工的数字记载。然而，正如 W. J. M. 麦肯齐教授在他编撰的《特别行动处史》中所说：

> 那里（SOE 的训练学校）输出的学员数量相当可观，但（从行动经验判断）按照伦敦的标准来看，很大一部分被派往巴尔干地区的军官几乎都是未经训练的生手。

在训练处总部所在的英国本土，SOE 为约 6800 名学员提供了大约 13500 课时的训练，这些学员大多是敌占国家的国民，英国学员只有 480 名。麦肯齐还写道：

> 约有 760 名原籍在不同国家的美国人接受了 OSS 的训练，还有许多其他国家的国民被美国人招募。

英国本土有大约 50 所 SOE 的训练机构，训练机构的总数随行动的需要增减。教官和其他特种训练学校工作人员的人数亦随时变化，最多时约有 1200—1400 名军官和其他职级人员。与学员的总数相比，这是一支庞大的训练保障队伍；但如果大幅削减训练队伍的数量，SOE 的学校就不可能培养出欧洲和亚洲战场所需的"毕业生"。

除了培训自己的特工并向 OSS 和 OWI 提供前文提到的帮助外，SOE 还通过开设适合其特殊需求的课程或提供指导建议来帮助其他情报组织。PWE 的特工在哈克特（Hackett）学校（编号 STP/STS 39）接受了先进的宣传技术培训。其他特种训练学校则教授他们关于武器使用、野外无线电操作、跳伞，以及如何隐秘地生活。SOE 还通过从学员评估委员会借调技术人员来帮助 PWE 进行人员遴选。

SIS 所需的所有跳伞训练均由 SOE 提供。最初，平均每周有 6 名 SIS 学员会来到灵韦机场受训。1943 年和 1944 年初，为了训练参加"苏塞克斯计划"（Sussex plan）①的 SIS 特工，这一数字大幅增加，与为"杰德堡计划"（Jedburgh scheme）训练的特工数量相当，接受跳伞训练的 SIS 学员共计 872 名。从 1943 年开始，英国特别空勤团（Special Air Service，即 SAS）的队员也接受了这一训练，其中 172 人在 STS 51 训练。此外，MI5（军情五处）的人员参加了特种训练学校关于秘密战和反破坏的课程。

1944 年秋，SOE 开始帮助法国的学习研究总局（Direction Générale des Études et Recherches，即 DGER）②建立并管理运行一批名为"20 号中心"（Centre 20）的训练学校。英国方面向法国人提供了用以训练教官的各类设施，先后有 9 名英国教官（5 名军官和 4 名军士）在 20 号中心工作，时间最长的一直到 1945 年 5 月。作为回报，DGER 向 SOE 提供了许多有价值的情报，并且使 SOE 获得了很难通过其他途径获得的敌方武器、地雷和特种设备的样本。1945 年初，当盟军的"特种联合空降侦察队"（Special Allied Airborne Rescue Force，即 SAARF）[18]成立时，SOE 向其成员提供了跳伞训练和其他辅助训练。另外，SOE 还曾单独向一些军官，以及陆军部、海军部、外交部和其他机构服务的官员们提供过各种各样的培训指导。

1943 年秋，SOE 训练处总部规模达到顶峰，共有 12 名军官，由一名训练总监（上校军官）领导，其他主要军官还包括，一名为学员招募和类似的人事事务提供建议的心理医师 [来自皇家陆军军医队（RAMC）的少校军官]；一名徒手格斗和武器训练顾问（即前文提到的费尔贝恩—塞克斯双刃格斗刀的共同发明者埃里克·安东尼·塞克斯少校）以及一名来自美国 OSS 的联络官（美国陆军少校）。

武器、装备与特种设备

SOE 和 OSS 提供给抵抗运动的绝大多数武器都与盟军正规军使用的相同。由于战时记录残缺不全，我们不能对世界各地的游击队获得的武器总数做出符合实

---

① 译注："苏塞克斯计划"是 1943 年 3 月由艾森豪威尔将军的参谋们，在登陆法国"霸王行动"的筹备计划框架内构思并发起的，一项旨在将法国卢瓦尔河以北的所有地区都变为战场，以策应配合登陆反攻的大规模敌后侦察袭扰行动。

② 译注：法国情报机构。1944 年自法国流亡政府建立的中央情报与行动局（1940 年）转变而来。

际的估算。然而，权威军事历史学家伊恩·迪厄（Ian Dear）[19] 从已公开的资料中提炼出了一些可靠的数据。例如，根据他的研究显示，SOE 向缅甸、马来亚、法属印度支那和泰国输送了 25000 件小型武器，以及 1300 挺布伦机枪、PIAT 反坦克抛射器[20] 和迫击炮，30 吨炸药和 60000 枚手榴弹。迪厄还补充称，在交付给法国抵抗运动的 418083 件武器中，冲锋枪约占 47%，步枪占 30%，手枪占 14%，5% 为轻机枪，2% 为卡宾枪，还有 1% 为反坦克武器。其中，步枪大多是英军步兵使用的，制式 303 口径（7.7 毫米）李·恩菲尔德步枪，而英军的布伦机枪和斯登式冲锋枪则是最常见的自动武器——斯登式冲锋枪因其制造成本低廉，很受被英国财政部欢迎。在运往法国的 57849 支手枪中，大部分是英国的恩菲尔德和韦伯利式转轮手枪，或是美制的史密斯·韦森转轮手枪。除了盟国援助的武器外，从敌人手中缴获的武器也经常为特工和各国抵抗组织所用。

除了以上这些和其他常规武器，SOE 的特工们还得到了秘密战所需的各种武器、装备和特殊设备。这其中的大部分都是由 SOE 才能出众的科学家和技术人员发明的，他们的领头人是 SOE 的研发总监，达德利·莫里斯·纽威特博士（Dudley Maurice Newiit）[21]，这是一位杰出的化学工程师。他们的绝密工作于 1941 年初在赫特福德郡（Hertfordshire）韦林花园城（Welwyn Garden City）的"9 号工作站"［Station IX，也被称为"研究科"（Research Section）］——一家被征用的名为"福莱特"（Frythe）的私人旅馆——正式开始。不过，除了破坏装置的原型和一些其他重要实验的成果，该工作站几乎没有从秘密情报局 D 部门那里继承到什么。

在福莱特旅馆狭小的房间里，研究科进行着四个方面的主要研究：理化、工程技术、军事行动和伪装。其中前两项是有关爆炸物引信及其引爆装置的学问。这些问题在很大程度上通过"傻瓜式"定时引信和燃烧弹的发明，以及开发出更好的炸药使用方法而得到解决。对化学的研究也已进入生物化学领域。研究科的科学家们调查了毒药、安眠药和自杀药丸的使用情况，并设计了适合在各种行动条件下食用的特殊口粮。

对工程技术的研究则让各种特种装置得以问世，如绰号为"帽贝"的磁性吸附炸弹，以及消音和更容易隐藏的特殊武器的设计。其他的发明还包括韦尔曼式单人潜艇，这种袖珍潜艇的一个放大型号被称为"韦尔货船"（Welfreighter）和"睡美人"（Sleeping Beauty）潜水摩托艇。这些装备都设计精良，可以迅速投入量产。然而不幸的是，事实证明这些玩意儿并不适应 SOE 的任务目标，至少在欧洲是这样。例如，在挪威，人们发现用其他简单的办法来装备特工们更容易，也更安全。正如麦肯齐教授在他的《特别行动处史》中所说，作为一名特工，"最重要的资本是他的技能、耐心和对当地情况的了解，而不是一些'自杀式'的武器，无论这些武器有多么精妙"。但麻烦的是，9 号工作站在这类装备的研发道路上一路狂飙，事先却没有从任何战区收到证明它们可以发挥有效作用的情报。对于这一点，麦肯齐教授解释道：

> ……（这一问题）是所有武器装备研发机构的核心问题，对 SOE 来说，解决这一问题尤其困难。在完全没有行动经验，并且对已经获得的经验也很难加以利用的情况下……它（SOE）的工作就全面铺开了。实施破坏行动的特工通常并非优秀的技术观察员，行动中也不能带着技术顾问，因此，对 SOE 来说就不可能像对其他业务那样对行动研究（Operational Research）予以重视。武器装备的使用者和研发者始终保持距离是十分危险的，这将导致研发工作被浪费在虚幻不实的问题之上。

1943 年 7 月——实在为时太晚——一个名为行动研究科（Operational Research Section）的部门成立了，但该部门的地位却不像一所科研机构，而是附属于一支装备了新式雷达设备的空军夜间战斗机中队。9 号工作站的研究人员并不曾跟随实施破坏的特工一起行动，但他们同各个国家科始终保持交流，并在可能的情况下与其最出色的特工会见面谈。

伪装，在福莱特旅馆这个地方有着特殊的意义。在某些语境下，用"掩饰"（Disguise）这个词应该更为确切。总体来说，科研人员以及 SOE 自身，都认为一名特工的掩饰伪装必须每个细节都完美无缺，而这种不算太麻烦但有效的伪装，是快速隐藏武器、弹药和装备所必需的。最初，特工们的伪装工作由各个国家科自行安排组织，直到 1941 年 11 月，SOE 才任命了第一位伪装方面的技术顾问，J. 埃尔德·威尔斯先生（J. Elder Wills，后来被授予中校军衔）。此人是一名足智多谋的电影技师。1942 年 1 月，一间伪装工场开张了，其工作人员也逐渐由最初的 3 人增加到约 300 人，其中包括许多具备专业知识的熟练工。1944 年，当工场的产出达到最大时，伪装工场升格扩编为伪装科，并从四个主要的工作地开始运作。

"茅仓"（Thatched Barn），即 15 号工作站（Station XV），是位于伦敦北面巴奈特（Barnet）支路上的一座路边客栈。这里是伪装科的总部，也是存放伪装资材的主要生产中心。

位于伦敦肯辛顿（Kensington）女王大道（Queen's Gate）56 号的一所房子（15a 号工作站），是设计服装和其他随身物品原型样品，以准备在其他地方进行批量制作的地方，同时这里也是对特工们的服装进行"做旧"的主要地点，以使他或她的外表形象看起来真实可信。这项工作必须谨慎行事，确保服装的剪裁款式不会显露出其英国出身。最初，难民们提供了足够多的真正的各国服装，但最终这一服装来源逐渐枯竭，于是英国人不得不开始进行大规模生产。这一任务主要是由雇佣难民工作的一个民间包装站来完成的，这些难民工人被要求按照自己国家和民族的风格制作服装，却对这样做的原因一无所知。

SOE 的展览室（15b 号工作站）位于南肯辛顿自然历史博物馆。英国政府的部长们和其他受邀的贵宾，包括国王乔治六世，都曾前来参观过陈列在这里的特工使用的武器、装备和各种奇奇怪怪的小玩意儿。由于 SOE 在政府高层不乏批评者，展览室——实际上有 6 个房间——被 SOE 视为一种赢得朋友和影响人们对情报工作的看法的手段。展览室也允许特工们入内参观，但很少有特工捧场。和伦敦的许多其他景点一样，自然历史博物馆在战争期间并不对公众开放。

伪装科的摄影和化装部（15c 号工作站）占据了位于南肯辛顿特雷沃广场（Trevor Square）2—3 号的一座小房子。和其他情报工作不同，这里专职为伪造的身份文件制作照片——自 1943 年 3 月 1 日至 1944 年 11 月 15 日，共有大约 1620 名特工在此拍过照。这些伪造的文件都是在埃塞克斯郡（Essex）罗伊登（Royden）附近的布里根斯（Briggens，14 号工作站）炮制出来的。

到 1944 年 6 月，伪装科每天乔装改扮并装备齐全的特工数量已多达 16 名。除了已经投入运行的 15 号到 15c 号工作站，该科当时还已在意大利、阿尔及利亚、埃及、印度和澳大利亚设立了分支机构，最后一个分支机构于 1945 年 1 月在布鲁塞尔（前一年9月解放）设立，为渗透到德国的特工提供装备。

SOE 拥有自己的仓库和修理厂——两个在韦林花园城，一个在萨里郡的坎伯利（Camberley）——只有一小部分的特殊器材是在其自己的工场里制造的。秘密战需要的大部分物资，都是SOE用假名通过英国陆军部、海军部或航空部订购获得的。所有的工作组织起来很容易，但设计出一种将装有物资装备的空投箱和包裹妥善包装，并送到一线特工手中的有效方法，却耗费了不少时间。最初每件包裹都是单独制作的（通常是由相关的国家科的军官来做），空投所需的降落伞也都叠好，打包好，存放于皇家空军在亨洛（Henlow）的仓库里。这项工作花费了太长的时间，而且出于安全保密的原因，SOE的人要躲在一个大型降落伞修配车间的一扇屏风后面工作，不让皇家空军的官兵们看见。不过SOE在1942年5月放弃了这种蠢笨的工作方式，成立了由30名主要来自空军妇女辅助队（Women's Auxiliary Air Force）的成员组成的特种降落伞装备科（Special Parachute Equipment Section）。从1942年5月到1945年1月，这个独立工作的科室处理了19863个包裹，制造了10900个降落伞背带，叠好了27980具降落伞，并从事了大量的修配工作。除此之外，特种降落伞装备科还成了研究如何在特种行动中使用降落伞的技术中心。

降落伞空投的技术问题在亨洛得到了解决，而空投包裹里的东西主要由SOE自己的包装单位，即61号工作站来处理。61号工作站最初设在萨弗伦沃尔登（Saffron Walden）的奥德利恩德（Audley End），从1942年4月开始改在圣尼茨（St Neots）的盖恩斯霍尔庄园（Gaynes' Hall）运作。1942年夏天，随着"标准型空投箱"被投入使用，伞降空投行动的数量开始大幅增加，为此，61号工作站建了一座仓库来存放预先包装捆扎好的空投箱。1941年，61号工作站包装了95只空投箱，1942年2176只，1943年13435只，1944年56464只，1945年4334只——总计76504只，重量约1万吨。在一天之内包装空投箱数量最多的是在1944年7月6日，共1160只。在人手最多的时候，61号工作站有约150名勤务人员，另外还有96名陆军士兵和100名空军人员作为补充。尽管SOE一向需要隐秘行事，但在1943年11月还是请求了外界的帮助（通过中间人联系）。结果，一家基德明斯特市（Kidderminster）的地毯公司承接包装了大约18500只空投箱。美国人也为这项工作做出了很大的贡献，一个包装站就雇用了250多名工人。此外，还有大量的空投箱在北非地区进行包装，以支持在巴尔干地区、法国南部和意大利的行动。

"采购"目录

SOE曾下发了一份图文并茂的供特工使用的特殊装备和补给品目录。这份内部传阅的绝密文件就像战前的商品邮购目录，购物者可以从中选择商品进行订购。不过SOE的这份目录针对的"购物者"是其各个国家科和全球地区总部。在需要提供某种武器、设备或特种装置时，"购物者"就会引用目录中的相关代码号。例如，某个国家科需要"空降人员，带Mk. V型水压抗荷服"，就会向上级请求提供"N 265"；SOE的开罗分处需要密写墨水，就会引用代码"HS 69"。"采购订单"将发往陆军部的MO 1处——陆军部根本没有这一分支机构，这也只是SOE总部用以掩人耳目的假名字。

1944年和1945年版的目录列出了SOE仓库里数百种不同种类的军事用品，所有这些物品要么是为SOE特制的，要么是由SOE自己专门制造的。正如马克·希曼（Mark Seaman）所说：

> 到第二次世界大战结束时，SOE已经把武器与装备的研发工作提高到了从前做梦也想不到的水平。各种物资器材都可以从库存中订购，就像从邮购商品目录中选一套新西装或一双鞋子一样容易……[22]

1944年版的目录中收录了关于燃烧弹、照明弹、引信、手榴弹、磁性吸附炸弹、定时笔①、爆胎器、绊线、雷管和许多能够引发爆炸的器材的描述、使用方法和其他基本信息，并且还罗列了适合特工使用的普通工具，如割线器、刀具和撬棍等。其他的"杂项"则包括袋子、气球、夜光标示牌、黏土、磁铁、黏合剂、登山绳、

---

① 译注：一种炸弹定时装置，靠其内部的酸液对拉住撞针的弹簧慢慢腐蚀来引爆炸弹，因其外形酷似钢笔而得名。

绳梯、硝化纸、手电筒，以及特工可以配备在观察哨里的防弹玻璃窗。

此外，装备目录中还有各种非常规的枪支和相关装备，如在波兰和法国用于破坏火车的"铁轨炸药"，被称为"游击队背包"的快脱双肩背包和"袖筒枪"。在目录中袖筒枪被描述为"一种长度很短、安静无声的暗杀武器……这种枪被设计成可以藏在袖子里携带，扳机靠近枪口，结构极为紧凑，当枪从衣袖内滑到手中即可隐蔽射击。该枪在射击时通常应直接抵住目标，但也可以在大约不超过三码的距离内使用……"

水下装备包括两栖呼吸器、"深水—快开"钢制容器、浮标、四爪锚和多种索具。提供给特工的医疗物品和食品中，包括一只小"绷带包"、一只适用于10人以上小分队的小型医疗急救箱，以及外科手术手套和"欧洲型口粮"。食品包括硬饼干、巧克力、干果、脱水牛肉、腌制羊肉，以及每日一人份的人造黄油。此外还有用于晕机、晕船和净水的药片。有时特工们还会携带致死的"L"药片[①]，因为伦敦的SOE领导层完全明白，即使是最无私无畏的男女战士，他们的英雄气概也不是没有极限的。贝克街的参谋们对于盖世太保的审讯者惯常采用的极端暴行不抱有任何幻想，他们承认，在极端情况下，一名特工在被俘时选择自杀，比被迫交代出任何可能破坏整个行动、危及数百人甚至数千人生命的事情要好得多。"L"药片偶尔也会在行动中派上用场。例如，应流亡的挪威军事领导人的要求，SOE于1942年10月派遣4名特工前往挪威，他们的唯一任务，就是刺杀两名通敌叛国、行径恶劣的挪威人。这些特工在行动时就携带了8片"L"药片、15瓶毒药、吗啡注射器和乙醚垫，以及一些普通武器。[23]

"购物清单"上最常被订购的物品之一，是一种精研的金刚砂粉末。当将其混入机器内的润滑油时，会导致机器上几乎所有的机械运动部件停转。这种粉末是破坏铁路机车的一种特别有效的手段。破坏者可以在不引起保安人员怀疑的情况下，用这种粉末混合机油对机车车轴加以"润滑"。之后，当火车全速行驶时，车轮就会卡住，火车就会脱轨倾覆。进行这种破坏的通常是铁路工人，但1944年

---

① 译注：即"lethal pills"，一种自杀用的毒药。

6月的一次破坏行动却是由一对十几岁的法国姐妹实施的，此次行动导致诺曼底前线德军急需的坦克的铁路运输被严重延误。

有一些特工会要求给他们提供瘙痒粉，这些瘙痒粉被装在标为"爽足粉"的罐子里，有时通过瑞士寄到特工手中。这种粉末由细小的植物种子绒毛制成，如果涂抹在皮肤上，会引起极度刺激。在被占领国家为德国军队服务的洗衣女工和家政工人有时会设法将瘙痒粉偷偷带进U艇基地和军营，然后悄悄把它撒在德国人的被褥和内衣上。有时避孕用具上也会被撒上这种粉末，然后再带进德国兵经常光顾的妓院里供其"享用"。在挪威，抵抗运动成员就曾报告说，特隆赫姆（Trondheim）地区的医院经常收治那些因敏感部位莫名疼痛而丧失行动能力的德军士兵。

SOE还向特工们提供一种装在管子里的乳脂状物质，这种乳脂可以让车辆的挡风玻璃和其他大块的玻璃迅速结霜。在包装管上还印有二战前在德国流行的防晒乳液品牌的名字和标志，以便鱼目混珠。SOE装备仓库里的其他稀奇古怪的玩意儿还包括伪装成香烟、公文包和手提箱的燃烧弹，还有小到可以藏在掌心里的匕首等等。

用来长途运输军用物资，被SOE研发人员称为"贝壳"（Shell）和"双层贝壳"（Double Shell）的容器，在1945年版的《特种装备和物品目录》中，有很多关于其使用方法的内容。爆炸物、武器、弹药、微型无线电设备、钞票和食品都藏在"贝壳"的肚子里。"贝壳"有的是一些真正的日常用品，也有用石膏或混凝纸浆做的仿制品。"双层贝壳"的伪装方式包括把军用品藏在铁筒、纸箱，或其他假装装着正常商品的容器内。藏在里面的物品被包装得很严实，这样当容器被抬起或摇晃时，它们不会发出响动；而"双层贝壳"上的标签与其伪装的商品的标签完全相同。此外，SOE还采取了其他预防措施，以尽量减少运往敌占区的军用物资被发现的可能。例如，在准备偷运一批手榴弹到挪威时，每一枚手榴弹都要涂上油，然后密封在一只铁筒内，并在铁筒里灌入少量的水。这样做是为了让任何一名负责检查的敌方官员在摇晃铁筒时都不会发觉有异，而按照标签上所标明的品名将其当作普通进口货物放行。

小到可以放在个人行李里或随身携带的物品——如密码、报文和微缩照片——都藏在钢笔、铅笔、钱包、浴盐、剃须棒、牙膏、爽身粉、口红、美甲用具、海绵、小折刀、鞋跟和鞋底、衣服垫肩、领扣、衫扣，还有打火机里。特工们还把他们的无线电收发装置藏在柴草捆里面，从一个地方偷运到另一个地方。手摇计算机、电唱机、吸尘器甚至家用收音机，也是特工们藏匿无线电收发装置的好地方。微型通信接收机则藏在钟表和其他家用物品中，甚至是一本挖空的德版《圣经》里。战争中已经没有什么东西是神圣的了。

SOE 在 1945 年版的《目录》中还"推送"了各种杀伤性爆炸装置，这些装置被隐藏在日常用品内部或与这些物品的实物一般大小的、通常由石膏或赛璐珞制成的仿制品中。其中一些诡雷是专门为远东战场量身打造的。这些可用于设置诡雷的物品包括生锈的螺母和螺栓、煤块、原木、铁轨接头鱼尾板、油罐、细颈酒瓶、木屐、救生圈、自行车打气筒、食品罐头、肥皂、剃须刷、书籍、中式石灯、巴厘岛木刻、日本味噌罐头，以及老鼠。

50 年后，负责搜集整理英国国内各类档案的"公共记录办公室"（Public Records Office，即 PRO）将 SOE 内部关于这些"老鼠炸弹"的文件公之于众，引来了媒体的广泛报道。这些被制成伪装炸弹的老鼠只剩下一副空皮囊，每一只老鼠体内都填充了塑性炸药和定时笔引信。这种老鼠炸弹发明于 1941 年初，SOE 打着为伦敦大学的科研工作提供动物材料的幌子，哄骗一名来自托特纳姆（Tottenham）的人去收集这些啮齿动物。SOE 国家科里的"F 科"打算让特工把这些炸弹放置在敌占区的锅炉附近，他们相信锅炉工会把这些死老鼠扔进炉膛里，从而引发大爆炸。尽管德国人发现了运往法国的第一批老鼠炸弹，但这次行动却以一种意想不到的方式取得了成功——为了找到几百只应该已经被撒到欧洲大陆各地的死老鼠，德国占领当局耗费了大量的时间。[24]

SOE 是如何组织的

1942 年 2 月之前，SOE 一直由经济作战大臣（Minister of Economic Warfare）[①]

---

① 译注：经济作战大臣是 1939—1945 年间英国政府的一个战时特设职位。SOE 即由该大臣负责掌管。

休·道尔顿（Hugh Dalton）掌控，而在其余的战争岁月里，SOE 的当家人换成了第三世塞尔伯恩伯爵（the third Earl of Selborne）。道尔顿博士是一名工党阵营的知识分子，他最广为人知的身份是英国财政大臣（1945—1947 年在任）。1960 年，道尔顿博士被授予终身贵族称号。塞尔伯恩勋爵来自保守党，20 世纪 20 年代曾在英国政府内担任低级职务，但他却是水泥行业内举足轻重的人物。就是这样两个人先后领导着 SOE 这个被戏称为"非绅士战争部"的小小的政府部门。

在一份可能写于 1943 年底（未注明日期）的备忘录中[25]，塞尔伯恩解释了 SOE 在运作时的指挥架构。根据该文件的摘要，SOE 的相关事务，均由经济作战部部长直接向战时内阁汇报；关于应集中精力达成的战略目标，以及对哪些国家应给予优先考虑，由英军三军参谋长（British Chiefs of Staff）向 SOE 下达指示；SOE 还会从外交部接受关于地下政治活动的目标的指导。当然，SOE 的最终掌控者还是英美两国的军政领导人。秘密战总体战略的实施，由总部设在华盛顿的参谋长联合委员会（Combined Chiefs of Staff Committee）[①] 负责，该委员会由美军参谋长联席会议和英军三军参谋长组成。在第二次世界大战的战火行将熄灭时，欧洲和亚洲战区的盟军最高指挥官对从事非常规战争的 SOE、OSS 和其他组织也曾有过一些直接指挥。例如，SOE 曾接受过来自盟国远征军最高统帅部（Supreme Headquarters Allied Expeditionary Force，即 SHAEF）的指令。盟国远征军最高司令官艾森豪威尔将军也听取过 SOE 的罗宾·布鲁克（Robin Brook）准将关于特种作战方面的建议。[26]

SOE 有过三位负责人（行政主官）。首任负责人是弗兰克·纳尔逊爵士（Sir Frank Nelson），其后自 1942 年 5 月至 1943 年 9 月是查尔斯·汉布罗爵士（Sir Charles Hambro），最后由柯林·古宾斯少将接任直到战争结束。

纳尔逊爵士年轻时是印度孟买一家重要贸易公司的合伙人。第一次世界大战期间，他供职于英国军事情报部门。1924 年至 1931 年，纳尔逊曾担任保守党议员；1939 年至 1940 年初，他担任英国驻瑞士巴塞尔（Basle）领事，任职期间掌握了许多纳粹德国在瑞士境内的秘密活动。

---

① 译注：参谋长联合委员会诞生于 1941 年 12 月的阿卡迪亚会议，由英军的参谋长委员会和美军的参谋长联席会议共同组成，是二战期间西方盟国的最高军事参谋机关。

汉布罗爵士在第一次世界大战中曾被授予军功十字勋章（Military Cross），他是一位商业银行家，同时还是大西部铁路公司（Great Western Railway）的主席。

古宾斯少将也是一位第一次世界大战军功十字勋章获得者，他于1939年夏天参与了一项英军对波兰的军事任务。1940年，古宾斯率领英军的"独立连"（Independent Companies，"哥曼德"突击队的前身），对入侵挪威的德军的通信线路展开袭扰。回到伦敦后，他开始组织"军事辅助单位"（Auxiliary Units，即在英国遭到入侵时可立即动员起来的游击小组）。古宾斯于1940年11月加入SOE，开始负责训练工作和制定行动策略，此时他已经撰写了一些关于非常规作战的小册子，他在被任命为SOE负责人之前曾担任过该组织的副主官。作为一名精瘦的苏格兰高地人，古宾斯不仅是一名语言学家，还擅长与各同盟国的军政领导人进行谈判，他是SOE最杰出的教导员和指挥官。战后，古宾斯被授予英国圣米迦勒及圣乔治爵士勋章（Knight Commander of the Order of St. Michael and St. George，即KCMG），以及美国、法国、波兰、挪威、丹麦、荷兰、比利时和希腊等国类似的荣誉称号。

SOE的特工来源庞杂，五行八作，三教九流，无所不包。他们可以属于任何非纳粹、非法西斯政党，也可以是无党派人士；他们可以有这样那样的宗教信仰，也可以是无神论者；他们可能是任何年龄，比如那对破坏铁路车辆的十几岁的法国小姐妹。哪怕是怙恶不悛的罪犯，特别是那些精通盗窃和撬保险箱等有用技能的人，SOE也对其敞开大门。正如麦肯齐教授在《特别行动处史》中指出的，"很难说SOE始于何处，又终于何处。"他进一步补充道：

> 至于执行一线任务的特工，是有着一系列微妙的层级划分的。由SOE训练、发饷和派遣的英军官兵是一个等级；其次是一些驻扎在英国本土或中东地区的外籍特工，他们完全由SOE提供经费，但同时为SOE和其母国的政府工作。还有一些由这些"英伦来客"在任务当地招募的特工，他们由"英伦来客"付酬并提供行动指导，但这些当地特工从不与SOE直接接触。最后一个层级是抵抗运动的所有成员，他们从SOE那里得到部分经费、武器，或是一些指导，但从任何意义上说，他们都不会对SOE俯首帖耳。

结论

　　SOE 取得了什么样的成就？虽然它并没能像丘吉尔要求的那样"点燃欧洲"，但也为战争的胜利做出了巨大的贡献。即使 SOE 在战争中毫无建树，但仅凭它策划实施的"冈纳塞德行动"（Operation Gunnerside），即摧毁位于挪威维莫尔克（Vemork）的挪威水电公司（Norsk Hydro）重水工厂的行动，也能证明其存在的巨大价值。如果"冈纳塞德行动"失败或根本未曾尝试过，那么希特勒的核武器研究计划就会继续推进。SOE 的另一项伟大成就是它为解放法国做出了贡献。1944 年 6 月，法国的抗德游击队员们对桥梁、铁路和其他重要设施的破坏，严重迟滞了德军增援部队到达诺曼底的时间。获得了 SOE 和 OSS 大量援助的欧洲抵抗运动，被艾森豪威尔将军视为一种战略武器。在他看来，那些由背景、来源五花八门的人员组成的法国抵抗运动，"将（欧洲的）战争缩短了 9 个月"[27]。

原注

1.SOE 于 1940 年 7 月 19 日获得特许，英国战时内阁于三天后批准设立该机构。

2.MI（R）于 1940 年 10 月 2 日正式解散。

3. 尽管贝克街 64 号是 SOE 的总部办公室所在地，但其总部在伦敦当地还有其他办公场所。

4. 戴维斯后来升至上校军衔，并担任了 SOE 的研发与供给总监。

5. 这处校舍后来被 SOE 弃用，做了自由法国部队伞兵连的库房。

6. 载于 SOE 内部刊物《第二次世界大战史：特别行动处——英国与欧洲的抵抗运动》。麦肯齐教授 1933—1948 年任牛津大学莫德林学院研究员；1949—1966 年任曼彻斯特大学公派教授；1966—1974 年任格拉斯哥大学政治学教授。

7.ISRB，即三军联合研究局（Inter-Services Research Bureau），是 SOE 对外掩人耳目的众多假名之一。SOE 其他的掩护名称还有海军部海军情报处（Naval Intelligence Division，即 NID）、陆军部 MO 1 处（该处纯属子虚乌有）、空军部空军情报 10 处（Air Intelligence 10）等，还有一些区域性的掩护机构。SOE 在办公时还一直使用英国经济战务部（Ministry of Economic Warfare）的信笺来隐蔽伪装。ISRB 不应与 ISD（Inter-Services Liaison Department，三军联络部）混淆，在二战期间是 SIS 使用的主要掩护名称。

8. 即格洛斯特郡费尔福德的哈瑟罗普城堡（Hatherop Castle，编号 STS 45）。

9. 见《SOE：特别行动处简史，1940—1946》，第 91 页。

10. 见《杀死元首》，第 115—122 页。

11. 多诺万战前是华尔街的一名律师，后来曾任罗斯福总统的战时情报代表，1941—1942 年任新闻协调官，1941—1945 年担任 OSS 主管。1943 年多诺万被授予准将军衔，1944 年官拜少将。1947 年中央情报局组建时担任相关顾问。他获得了许多美国和外国的荣誉，包括作为英国国家荣誉的骑士指挥官级大英帝国勋章（KEB）。战后多诺万担任了美国驻泰国大使。

12. 托马斯·F. 特洛伊著《多诺万与 CIA：中央情报局的建立史》（美国大学出版社，弗雷德里克，马里兰州，1981 年）。转引自《X 营地：SOE 与美国的联系》，第 17 页。

13. 威廉·R.科尔森著《无知之师：美国情报帝国的崛起》（戴尔出版社，纽约，1977年）。

14. 斯蒂芬森被称为"安静的加拿大人"，是一位富商巨贾，也是电子行业的先驱。由于在第二次世界大战中的贡献，斯蒂芬森被授予爵士头衔、合众国功勋勋章和法国荣誉军团成员称号。他在第一次世界大战中曾是一名战斗机王牌飞行员，年轻时还是一名业余拳击手。

15. 布鲁克所藏的一封信件，转引自《X营地》，第89页。

16. 摘自郎格兰所著《命若游丝的骑士》（哈钦森书社，伦敦，1959年）。转引自《X营地》，第68页。

17. 据估计，85%—87%的SOE档案现已不复存在。战后不久，许多文件在该组织伦敦总部的一场大火中被毁（起因是一场意外导致一家文具店起火）。在北非德军曾一度势不可挡的严峻形势下，一些保存在SOE开罗办公室的档案记录也被有意销毁了。此外，还有一些SOE档案文件的丢失，要么是由于各个战区的敌人直接或间接的行动，要么是因为战时档案保管时有发生的混乱。

18. 成立SAARF（在麦肯齐所著的《特别行动处史》中称之为"特种联合空降侦察队"）的决定是1945年3月17日做出的。SAARF的职责是保护盟军战俘和流离失所的老百姓，避免他们在第三帝国崩溃后的混乱中遭到纳粹顽固分子的屠杀。一旦发生这样的大屠杀或存在这种威胁，按照"杰德堡小组"的模式组织的120个SAARF小队必须尽快赶到现场。

19. 载于其所著《破坏与颠覆：来自SOE和OSS文件里的故事》一书，第32—33页。

20. 即步兵反坦克弹药抛射器（PIAT），一种英制单兵反坦克武器。

21. 纽威特博士在第一次世界大战中被授予军功十字勋章。1942年成为英国皇家学会会员。1945年，纽威特结束为SOE服务后，被任命为伦敦帝国理工学院的教授。

22. 载于其所著《特工的特种装备手册：第二次世界大战》一书的"概述"部分，第13页。本书由公共记录办公室发行，其主要内容包括SOE 1944年和1945年版的《特殊设备和用品描述目录》内页中的照片复印件。

23.《SOE 在斯堪的纳维亚》，第 19 页；《杀死元首》，第 16 页。

24.《特工的特种装备手册：第二次世界大战》，第 20 页。

25. 关于塞尔伯恩备忘录的概要见《SOE：回忆与反思，1940—1945》，第 244—246 页。

26. 布鲁克被经济作战大臣休·道尔顿招募到 SOE，并被任命为他的三个助手之一。布鲁克后来负责监督 SOE 在法国、荷兰和比利时的活动。战后，他在伦敦有着出色的工作经历，于 1974 年被封为爵士。

27. 艾森豪威尔的这句话引自《SOE 内幕：西欧特别行动的故事，1940—1945》，第 605 页。

参考文献

[1] Beevor, J. G, SOE: Recollections and Reflections, 1940–1945, Bodley Head, London, 1981.

[2] Boyce, Fredric and Everett, Douglas, SOE: The Scientific Secrets, Sutton Publishing, Stroud, 2003.

[3] Cookridge, E. H, Inside SOE: The Story of Special Operations in Western Europe, 1940–1945, Arthur Barker, London, 1966.

[4] Cruickshank, Charles, SOE in Scandinavia, Oxford University Press, 1986.

[5] Cruickshank, Charles, SOE in the Far East, Oxford University Press, 1983.

[6] Cunningham, Cyril, Beaulieu: The Finishing School for Secret Agents, Leo Cooper, London, 1998.

[7] Dear Ian, Sabotage and Subuersion: Stories from the Files of the SOE and OSS, Arms & Armour, London, 1996.

[8] Dear I. C. B and Foot M. R. D (Editors), The Oxford Companion to the Second World War, Oxford University Press, 1995.

[9] Foot M. R. D, SOE: An Outline History of the Special Operations Executive, 1940–1946, Pimlico, London, 1999.

[10] Hinsley, F. H and others, British Intelligence in the Second World War, Vols.1–5, HMSO, London, 1979–1990.

[11] Hodgson, Lynn–Philip, Inside–Camp X, Blake Book Distribution, Port Perry, Ontario, 1999.

[12] Howard, Michael, Strategic Deception in the Second World War (a republication of Vol. 5 of British Intelligence in the Second World War), Pimlico, London, 1992.

[13] Howarth, Patrick, Undercover: The Men and Women of the Special Operations Executive, Routledge & Kegan Paul, London, 1980.

[14] Ladd, James, Melton Keith and Mason, Captain Peter, Clandestine Warfare: Weapons and Equipnent of the SOE and OSS, Blandford, London, 1988.

[15] Mackenzie, William, The Secret History of SOE. The Special Operations Executive 1940–1945, St Ermin's Press, London, 2000.

[16] Marks, Leo, Between Silk and Cyanide : The Story of SOE's Code War, Harper Collins, London, 1998.

[17] Michel, Henri (translated by Richard Barry), The Shadow War: Resistance in Europe, 1939–1945, History Book Club, London, 1972 (French title, La Guerre de l'ombre).

[18] Rigden, Denis, Kill the Fuhrer: Section X and Operation Foxley, Sutton Publishing, Stroud, 2002.

[19] Seaman, Mark (Introduction), Secret Agent's Handbook of Special Devices,World War II, Public Record Office, Kew, 2000.

[20] Seaman, Mark (Introduction), Operation Foxley:The British Plan to Kill Hitler, Public Record Office, Kew, 1998.

[21] Seaman, Mark, Bravest of the Brave, Michael O'Mara, London, 1997.

[22] Stafford, David, Secret Agent: The 'True Story of the Specia Operations Executive, BBC, London, 2000.

[23] Stafford, David, Churchill and Secret Service, John Murray, London, 1997.

[24] Stafford, David, Camp X: SOE and the American Connection, Viking, London, 1987.

[25] Taylo, Dr. Philip.M, Munitions of the Mind (war propaganda), Patrick Stephens, Weilingborough, Northamptonshire, 1990.

[26] Wilkinson, Peter and Bright Astley, Joan Gubbins and SOE, Leo Cooper, London, 1993.

教学大纲

营地安排

图书馆馆藏书目 *

影片目录 *

＊表示本书中未收录。

第 1 章

概述

营地安排

姓名 _____

课程编号 _____　　　　　　　　　　房间号 _____

1. 着装

抵达训练营地后，你将获得作战服（或夏季训练服）和必要的配饰。在营受训期间均须着此制服，原因如下：

a) 安全。这里是一处军事机构。为了能让当地居民和来访的物资供应商知悉，最好保持营地作为军事单位的外观。

b) 磨损。训练过程中的许多活动都将在户外进行，穿着作战服不会损耗你自己的便装和军常服。

晚上你想穿什么衣服放松都请自便。

这里不要求你向营地里的军官保持各种军队礼仪。

2. 通信

所有寄给你个人的邮件可寄至：加拿大安大略省多伦多市 2A 站 55 号信箱。

寄出的邮件都要交由行政处办理。考虑到营地的位置是保密的，邮件将在多伦多市寄出。因此，除行政处的职员外，不会有营地工作人员经手任何邮件。

出于同样的原因，即使未经审查，寄出的邮件也不能包含任何关于营地的位置、外观或活动的内容。

营区的电话可以在业余时间拨打，不允许外面打电话进来。

3. 伙食与酒吧服务

a) 伙食每天收费 50 分，每周另收 50 分作为工作人员的小费。请勿支付额外的小费，因为这一费率标准是按照加拿大军队的薪金比例制定的。

b) 酒吧。在目前的配给范围内，酒吧可供应啤酒、烈酒和香烟。酒吧只在 12：15—12：45、18：00—19：00、19：45—22：30 这几个时段开放。

c) <u>账目:</u> 所有伙食费和酒吧的账目将在最终派遣的前一天结算并付清。在此之后如再购买食品烟酒要支付现金。

d) <u>用餐时间:</u>

早　餐	08:15
午　餐	12:45
下午茶	16:30
晚　餐	19:00

在此,特别要求你遵守这些时间。伙房的设施和工作人员数量有限,不守时会带来很大的不便。

4. 介绍性演讲

请你于 × 月 × 日 × 时在演讲厅集合,届时将以介绍性演讲的形式向你讲解训练课程的细节。

5. 离营外出

超过 14 天的课程,可在星期六 12:30 至星期日午夜安排周末外出。周末外出须提交外出申请表,申请表应提前填写并在星期三之前交至行政楼秘书处,以确保能够预订到所需的旅馆和交通工具。

6. 其他要求

如有投诉、会见或提供一般资料的要求,应于下列时间向秘书处提出:

09:00—09:25
12:15—12:30 ⎤ 周一至周六
13:30—14:10 ⎦

10:00—12:00　周日

指挥官

C. 斯基尔贝克中校

非常规战的目标和方法

1. 目标

在欧洲和亚洲，敌人企图从其本国领土、仆从国和被占领土上攫取最大的利益：

a) 政治上——灌输教化、"分而治之"。

b) 经济上——对资源、工厂的利用，对外籍劳工的征募，经济欺诈。

c) 战略上——对通信和交通运输线的利用、对基地的进攻与防御、对卖国贼和仆从国人力的利用。

但自发而起的抵抗遍地开花：

a) 政治上——如挪威的教堂与教师之战。

b) 经济上——如法国对征募劳工的抵抗。

c) 战略上——如米哈伊洛维奇的游击队[1] 和流产的上萨瓦省（Haute Savoie）的起义[2]。

零星的起义无济于事。出于在可能的情况下对抵抗运动进行协调的必要性，反法西斯同盟国实施非常规战的基本目标如下：

a) 政治上

①打击破坏敌人和通敌者的士气。

②提振被占领土的军民士气。

---

① 译注：德拉查·米哈伊洛维奇，南斯拉夫"切特尼克"武装首领。1941 年 4 月德军入侵南斯拉夫后，率部在山区建立"切特尼克"武装进行抗德斗争。初期曾获得英国大力支持。后"切特尼克"因与铁托领导的共产党游击队政治信仰不同，引发彼此的不信任，最终恶化为武力冲突。"切特尼克"转而与德、意合作，进攻铁托领导的人民解放军。1946 年 3 月米哈伊洛维奇被捕，7 月被南斯拉夫人民法庭处决。

② 译注：上萨瓦省位于法国东部阿尔卑斯山区，毗邻瑞士、意大利。二战期间，该地区的人民在英国情报机关与美国 OSS 的指导和支援下，积极开展抵抗运动。萨瓦省的武装抵抗活动自 1944 年初开始愈演愈烈，最终在当年 7 月达到高潮。尽管起义最终被占据优势的德军扑灭，但牵制了超过两个师的德国部队，对诺曼底登陆战役起到了一定的策应作用。

b) 经济上

①破坏敌人的物资。

②通过偷运武器、炸药，破坏行动的装备等手段，改善和增加我方物资。

c) 战略上

①破坏敌人的人力和通信。

②通过渗透"组织者"、无线电台和报务员等，改善我方的人力和通信。

2. 方式

按照定义，这里所说的方式包括正规战范围之外实现上述目标的所有方法。

a) 情报方面

间谍活动：秘密收集敌人的情报并传递给我方部队。

b) 行动方面

宣传：为说服他人，使其产生一种我们所需的情绪或发起行动的艺术。

消极抵抗：以最小的危险应对敌人造成的最大伤害。

蓄意破坏：秘密破坏可为敌用的物资。

秘密部队：入侵欧陆之前及之后开展的行动。

军界—政界的起义。

3. 各种方式之间相互依赖

这些方式方法互为依存。每种方式都与我们的基本目标有关，但如果单独运用这些方法，那么我们的目标永远也不能达成。

4. 目前的形势

分为两个阶段：

a) 入侵行动前——这一阶段在欧洲已经接近结束，主要是根据各个国家的自然地理、族群分布和反间谍活动的程度，以或简单或复杂的方式，将各个国家按地区组织起来。

b) 入侵行动中——这一阶段已拉开帷幕。对你而言，它将包括使用前述方式来达成目标。

5. 提示

　　你将成为一台大机器上的一只齿轮，整台机器能否顺利运转，取决于每只齿轮是否能够有效地起到自己的作用。

　　这就是本课程的目标，它会使你明确你将要扮演的角色，并确保你的表现高效而有效。

第 2 章

自我保护

个人和群体的安全措施

1. 定义

安全措施是指，"个人为保护自身及组织免受敌方侵害而采取的预防措施"。

如果没有这些预防措施，企图单独或与他人联合进行正规战争是危险的，而打非正规战则是不可能的。

2. 应用

a) 敌方反间谍措施明显不到位时，我们绝不能因此过度自信。

b) 个人的非安全状态不仅会危及自身，也会危及与其联络的组织。

3. 情报

高质量的情报是自我保护的基础，特工出发前应尽可能向其提供，但在特工到达行动地时仍需检查和补充。行动所需的情报信息主要包括：当地的行动条件；当地的法令法规；敌人的防谍办法；敌人的人员情况；自己下属的情况。

4. 思想灌输

a) 安全意识不能仅靠经验。这是一种通过自律和自我训练可以达到的心理状态，它将使采取防范措施成为一种"习惯"。（参考过马路）

b) 什么是习惯？习惯就是一项行动频繁进行，以至于成了下意识的行为。我们必须经常采取哪些预防措施，从而使它们成为一种习惯？

5. 通信

答案是"有关通信的行动"。敌人可以通过我们在言谈话语、书面文字、行为举止等方面的无心之举，获取我方行动的机密情报。

a) 言谈话语

出于虚荣心而采取神秘的态度；为缓解紧张情绪而向朋友倾诉衷肠；提及那些"表面上"你不应该知晓，或者看似孤立，但可以串联在一起的事情；告诉别人他不需要知道的事情；乱用或误用暗号，违反有关电话交谈的保密规定（比如在电话中不按照要求说"三只带着糖果和玩具的羊羔需要疟疾方面的指导"，而表述成"三个带着给哈里的东西的家伙需要在我的课上接受指导"）。

b) 书面文字

尽量少写东西。如果可以的话，记在脑子里；如果需要携带文件资料，那么只选择那些必须带的；烧掉所有涉密的废纸和复写件。

c) 行为举止

不要引人注目。在外表（身高、衣着）和行为（饮酒、找女人）方面做一个"一般"的普通百姓，避免出风头。

保持整洁。凡是从事秘密工作的人，日常习惯必须有条不紊。一名特工如果对他物品的摆放位置和房间的布置了然于胸的话，那么他也能够察觉到警察搜查给房内带来的细微扰动。

有良好的"掩护"，即为隐藏其秘密活动而从事或虚构的正常无害的活动。良好的掩护必须与必要的公开行为相符合，这一点不容马虎。

拥有敏锐的观察力，会观察与推理。比如，两次见到同一张面孔或听到同一个人的声音，表明你正在被跟踪；在法国嗅到真正的咖啡的气味，表明有人在从事黑市买卖。

（关于以上几点，具体操作请参考课程 A.4。）

有预见性，能提前发现危险。（比如，咖啡馆里的轴心国特工、警察查验证件）

有应对紧急情况的计划。比如一旦遭遇意外时的备选路线；预先编排好与同僚交谈时的掩护话题内容，以防被敌人突然诘问；留心危险迹象。

无线电台操作人员的安全措施

1. 概述

除《个人和群体的安全措施》一节中所载的一般原则外，本课程将介绍无线电操作人员的安全措施的特殊之处。

2. 无线电台工作场所的选择

a) 工作场所

其选择主要取决于：

①安全方面的考量。

②技术层面的考量。

③安全与技术，以及所在区域情况的综合考量。

b) 安全措施

比较保险的做法是，在较大的区域范围内和有房主或居住人的房屋内，将多部电台分散设置（见下文）。

c) 技术上

电台的工作场所要避开钢架结构的建筑。电台的电键声，或无线电接收器同一电路上工作的声音，在隔壁房间是很容易听到的。要考虑到电台天线的伪装。

d) 电台所在区域

①人口稀少的乡村地区，尽可能是孤立的建筑物，如农场等。

②城镇里的私人住宅或居住地。

e) 一旦选择了"城镇里的私人住宅或居住地"，则需考虑以下因素：

①可供使用性

操作人员必须在不引起邻居或路人怀疑的情况下进出电台所在场所。

②掩护

必须有"真实"的理由频繁造访（比如医生出诊）；利用房内已有的家庭或同住者做掩护。

③房内设施，防范手段

要有用于隐蔽操作人员自己和电台的地方。

要有用于脱逃的（出口）。

要有用于混淆敌人监视的弱点漏洞。

④对人员进入房屋的控制

限制有可能进入房内的人的数量和类型。

3. 一般的安全预防措施

在任何处所（包括居所）都要有安全预防措施。

a) 外出时提防房内被搜查的措施——保持屋内洁净，物品摆放整齐，将叶子、头发等放在锁孔内。

b) 销毁最细微的罪证材料、电报代码等。注意处理掉吸墨纸和书写垫板上的笔痕。

c) 提前准备好藏匿之处，特别是电台设备的——提前考虑室内和室外藏匿各自的优缺点，提前考虑电台设备在藏匿处工作的可能性。

d) 销毁罪证材料的准备工作。

e) 可能的话，电台所在的房间要有两扇门，且操作电台时电灯开关就在手边。

f) 操作电台时有人放哨，有可能的话可以安排门房。

g) 提前设好各种表示安全和危险的视听信号。

h) 检查处所的警戒监控情况，或人员进出情况

i) 一旦出现紧急情况时的备用处所。

j) 处所内不能有不速之客——如有也只可能是中间人。

4. 中间人

a) 定义

扮演中间桥梁的角色，在两名特工之间起联系作用。中间人可能只携带信息

情报，对整个组织的情况一无所知，或者充当联络员。中间人不应进行其他破坏行动。

b) 雇用中间人的原因（对于电台操作人员而言）

①操作人员被人看到与组织者在一起是很危险的。

②操作人员可能不想让其他成员认识自己。

③让中间人挡在操作人员和地方当局中间，代替操作人员与官方打交道，比如收发电报、应付官方询问、租房等。

④转移外人的怀疑，拖延或阻止敌人的搜查。

c) 掩护身份

中间人的掩护身份必须是能够不露声色地与社会上各色人等接触的，比如医生、牙医、牧师、侍者、邮差等。

5. 电台操作人员的安全守则

a) 绝不能从事其他破坏行动，要清楚战斗热情过度的危险性。

b) 除了告诉你的以外，不要试图了解更多关于组织的情况，也不要结识组织成员。

c) 只能使用教名，用编号代替人名是很危险的。

d) 不要携带武器，除非是在没有编好搪塞理由的情况下（如正在操作电台）。

e) 如遇可疑情况，立即报告，比如怀疑自己被跟踪。

f) 牢记应急措施。如告警信号、隐蔽场所、联络关系的切断，以及如何重新建立联络等。

情报工作

1. 概述

没有优质的情报，以下两点都不可能做到：

a) 在与敌方反间谍机关的斗争中保护自己。

b) 策划行动或确定行动时间[参考正规军中负责从 "I(情报)" 到 "O(作战)" 的参谋军官]。

2. 你需要了解哪些情报?

a) 当地情况：

无法得到的东西（比如点错了饮品或香烟的危险）。[1]

交通运输服务（比如火车、巴士和出租车较少），以及限制政策（例如旅行需要提供理由）。

赶集的日子。在"黑市"上寻找货品的危险。[2]

战争带来的新俚语或俗语。

当地居民的基本性情。

b) 当地的法规：

当地的身份证件（到手的证件跟别人的比较一下，如有可能，弄个真的）。

想办法弄到当地的食品配给卡。

当地对人员活动的限制，弄清楚有哪些通行证是必需的。

搞清楚检查站是由敌军还是当地警察把守。

---

① 译注：举个简单的例子，比如在德占国家工作的特工，在餐厅点了可口可乐，或在商店问有没有"好彩牌"香烟这类在德占区无法得到的敌国商品。又比如一位假扮捷克人的特工在酒馆点杜松子酒这种典型的英国酒，而不是捷克人普遍热爱的啤酒、果酒。这些行为都必然会引起注意。

② 译注：在黑市求购药品、电池、证件等敏感或违禁货品极易被人注意，从而导致暴露。

要知道如何从禁区撤离。

当地的宵禁时间。

当地对灯火管制的规定。

自行车——有关的许可、限制等。①

c) 敌方人员及其手段

敌军所在的位置。

距离最近的敌军警察或盖世太保的位置，以及其部署详情或人员情况；当地警察的态度。

当地警察队伍中我方间谍、密探的名字。

d) 关于行动的情报

可能的目标：敌人的通信设施、指挥所、货场仓库、工厂。

敌人生产和通信的瓶颈。

敌方工厂、发电站、铁路等的内部运作情况，例如使用的机器类型。

搞清楚以上地点敌方的人员情况。

进入（上述场所）的办法，清楚其布局、守卫、保安体系等情况。

（可能用得上的）文件：工人的通行证件，建筑物蓝图等。

3. 你如何获取这些情报？

a) 直接询问。

b) 个人不间断的观察。

c) 阅读报纸和收听广播。

d) 线人传递的信息。

关于线人：

a) 线人

---

① 译注：20 世纪 30、40 年代，很多国家汽车尚未普及，自行车是老百姓基本的代步交通工具，跟如今的机动车一样是需要登记办照并受政府管理的。中国在 20 世纪 80 年代中期以前也是如此。

① 线人的身份要尽量保密，要使大部分人对此毫无觉察。

② 从尽可能多的社会阶层、行业、职业等背景当中选择线人。

③ 最好是那些经常与三教九流打成一片的人，例如，牧师、小旅馆老板、服务生、酒吧女招待、医生、牙医、医院工作人员、邮差、电话和电报员、银行家、店主、铁路官员和工人、仆役、所有满腹牢骚和心怀不满的人。

④ 在适当的时候，你可以自己决定接触一些更可信赖的告密者，以招募他们为你服务。

b) 方法

①参考新闻记者在人群中偷听的技巧——表面上正在听一段对话的同时，还能听到并区分另外两段对话的能力。

②利用他人糟糕的保密意识，比如：他人的无心之语；（故意靠近）心怀不满的敌方人员；假装无知，从而怂恿他人宣扬自己的见多识广；故意胡说八道，以引出正确的回答。

③无论情报多么琐碎，多么微不足道，都不要打击有意告密者的积极性——参考记者们的一句格言，"有约勿拒"。

掩护

1. 定义

你的掩护，就是你为了掩盖你心中的真正目的，解释你过往的经历和现在的境况，而向外界展示的生活状态。选择掩护最好考虑到以下几点：过往的经历；过往经历和当下境况之间的联系；当下的境况，以及"不在场证明"。

2. 你的过往

在出发之前，你可能需要在你所在部门的长官的协助下准备好你过往经历的故事，故事的时间跨度要从过去到你抵达行动地之时。但你可能没办法总在出发之前编妥一个完整的故事，而且，当你真正进入敌区投入任务，并且知道你身处何种处境时，你可能还需要对你那个掩盖身份的故事进行部分或全部修改。

不过，如果你到达任务地后立即受到盘问，你必须能够对自己的情况做到自圆其说。

在编造或修改掩护你或其他特工身份的故事时，应考虑以下几点：

a) 身份

①使用你自己的真实身份

好处：你的故事大体上是真实可信的，只有有限的一段时期的经历需要解释清楚，档案记录可以证明你所言非虚。

坏处：你过去的经历中从事破坏行动的部分可能会被敌人或出卖你的人得知。逃亡者通常都会遇到这种情况。

②使用千里之外或已经死去的人的身份

好处：故事真实，前后经历对得上，档案记录至少能证明其中一部分。

坏处：与你所扮演的人相识的人可能会出卖你；你可能并不能完全掌握你冒用身份的人过去的生活情况，所以你的陈述可能会穿帮；被你冒用身份的这个人也可能会在你浑然不知的情况下被怀疑上。

③使用完全虚构的身份

好处：不太会因与他人身份有牵连而纠缠不清，选择面也比较广。

坏处：档案记录无法证实你的故事；在某些情况下，特工们必须在不同的地方使用不同的身份，这种情况应该尽量避免，因为这会导致个人身份的矛盾；注意同时拥有两张身份证件将会带来的危险。

b) 个人履历

①无论你的身份是什么，你的履历故事必须是可信的，并且不能显露出与破坏行动有任何瓜葛。

②你的个人履历应尽可能基于你自己，或你扮演的人的生活事实。不要介绍你不知道的地方或事情，也不要提及你不知道的知识。（如果你不懂工程知识，就不要声称自己懂）

③要特别注意你的故事中与你个人文件中的细节有关的那部分，这些内容需要仔细检查。

④你的近期履历是警方最感兴趣的，但要编造出令人满意的个人履历也是最困难的，要重视对其的准备工作。

⑤虽然在准备个人故事的过程中，对细节的完全掌握是至关重要的，但在重复你的故事时，模棱两可往往更为可取，特别是那些比较久远和不太重要的部分。

c) 个人文件

这些文件都由你隶属的部门来提供，并将尽可能接近完美。以下几点必须记住：

①你必须知道，如果它们是通过合法途径发给你的，你该如何获得它们。

②你需要的所有文件不一定都能在这个国家伪造出来，例如那些经常更换的文件，还有一些国家的食品配给卡。

③如果是那些有存底，特别是有连续编号的个人文件，那么伪造的文件终究会被发现。不过这一点可能要花很长时间才能证明。

④无懈可击的个人文件只能通过当地的官方渠道获得。

d) 衣着与个人道具

①不要携带任何与你的经历故事不符的东西。

② 你身上携带的道具有时可以为你伪装身份背景的"真实性"提供有价值的依据。比如，非官方文件、票据、账单、当地土特产等。

e) 改变外表

①以支持假扮的角色（比如工人粗糙的双手）。

② 以避免和认识你的人在一起时被认出来。

关于伪装的应用将在特别课程中教授。

f) 最终检查

在下列时候，你必须对你自身和住所进行最终检查，查找你与"另一个自己"的联系痕迹并将其消除：

①出发前。

②更换你掩护身份的经历故事的时候。

③如果你想隐瞒最近的一些活动的时候。

④如果你要进行一些特别破坏行动的时候。

3. 从你的过去到你的现在

一抵达任务地，你就必须用掩护身份生活，以保证对你出现在此地能够自圆其说。你必须把编造的过往经历融入其中。

a) 从头开始完善关于你的伪装身份过去情况的细节。真的去做那些你说"你"曾做过的事情，真的前往你说"你"曾去过的地方。这样做的目的有两个：

①如果"你"的故事是真实的，你会获取那些你本来就应当拥有的信息。例如，亲自到过和"你"的故事相关的城镇，了解这些城镇近些年的情况，等等。掌握了这些知识，就可以支持你的掩护身份，如果必要的话，还可以对其进行修改。

②你可以制造证据来证实你的身份背景，比如在你去的地方安排所谓的熟人，或是拥有来自这些地方的东西。

b) 通过一些合法的、不引人注意的行动来建立你现在的掩护身份，行动的效果会在之后显现出来。结交一些安分守法的良民朋友等方法可能会有帮助。

4. 你的现状

就是你目前所过的生活，以及你要讲述的关于你的生活的故事，以解释你的出现。这些信息可以在你隶属的部门的长官的帮助下，在你出发之前计划妥当，或者你可能不得不在抵达任务地后第一时间解决。无论如何，你表面上的生活现状必须能够与你所声称的过往经历相对应。

a) 掩护身份的保持

① 名字

始终保持签名正确，名字被叫到时要迅速反应。

② 总体上的一致性

你的性格和一般行为必须符合你的掩护身份，例如，支出必须与表面上的收入相符；通信的数量和性质必须符合你所处的社会境况；朋友和熟人的性格必须与你的掩护身份的性格相符；个人的文件、服装、财产等必须适合你的身份；礼数、品味、举止、口音、教育和知识水平必须与你表现出来的相符。

③ 掩盖你过去并不在该国①的事实：避免使用外国的词汇、声调、礼仪等；避免使用你从英国的同胞那里学来的俚语；避免展示出你在英国获得的知识，或表达在英国得到的对某件事的看法；适应所有出现的新情况，遵守新的风俗习惯，学会该国发展变化的语言。

b) 掩护性职业

你最好有一份或假装有一份掩护性的职业。（最好是有一份真正的职业，但有时特工们的破坏行动不允许他们从事其他工作）拥有一份职业有以下几点必要性：

① 可解释待在当地的原因。

② 可解释生计的来源。

③ 可避免可能被征发到德国或其他地方工作的情况。

在选择掩护性职业时，请牢记以下的可能性：

---

① 译注：指执行任务时所处的国家。

①不需登记造册的工作，如学生、邮商①。

②一份虚构的工作。在这种情况下，如果有个真正的雇主为你担保，将是你的一个优势。

你的掩护性职业的选择范围受到某些因素的限制，其中一些因素对于虚构的工作也适用。以下因素应予考虑：

①有些工作涉及对资格证书和许可限制的特殊审查。

②你选择的工作应该能给你的活动提供掩护和便利条件；要考虑到工作的工时、工资、步骤、技术上可利用的便利条件（如运输、储存、进出）等。

③你必须有符合该工作要求的技术资格。

c) 结论

好的掩护身份是很难建立的，也是很容易被破坏的。这个东西对你与普通公众的关系来说至关重要。如果能够避免的话，一旦获得了掩护身份，绝不能使其暴露。

但要记住，一番严格认真的调查很可能会使你关于过往经历的文件或陈述的虚假之处暴露无遗，从而戳穿你的掩护身份。因此，一定要避免招惹当局，要准备好一个能够解释说明一切的现成故事。

在某些情况下，即使是在表面上合法的存在，对你而言也已变得不可能。那么你此时必须转入地下，不要引人注意，避免与官方打交道。改变你的外表、习惯、活动路线，和经常出没的地方等。根据情况需要，编出一个你的经历故事，或在原有故事的基础上再编一个。

5. "不在场证明"

a) 自然的"不在场证明"

除了你的掩护身份，你还必须为发生的每一次破坏行动准备好一个不在场证明，不管这个证明多么微不足道，例如和别人的交谈、旅行。这样的不在场证明比你的身份背景更重要。如果它们足够有说服力，你就不会再受到讯问。

---

① 译注：专门从事邮票和集邮品商业性交易的人。邮票及邮品在 19 世纪至 20 世纪中叶，尤其是战争年代曾经一度拥有货币的部分职能，因此邮商也曾是一个常见的行当。

你的活动情况可能会在很多不同的情况下被问及，比如，获取许可证证时、打电话时、接受常规或临时检查时、因为违反规定或作为某事件的目击者被传唤时、在监视下有可疑活动时，而你则不得不隐瞒实情。

b) 编造"不在场证明"

铭记以下几点：

①合理性。不可信的故事才会受到调查，如果你能够对你的活动做出合理解释，当局就不大可能深入调查你，因此你的说辞必须滴水不漏。

②细节。要确定哪些"事实"必须准备好相关细节，哪些"事实"可以含混不清。例如人们会记得会面的时间、火车的时刻等，但不会记得用餐结束的时间。

③自洽性。你的"不在场证明"必须与你当时的情况一致，特别是那些可以立即查明的情况，比如衣着、一般外貌、专业知识、活动等。

④掩护背景。你选择的"不在场证明"应该与你主要的掩护身份相符，但你可能必须为这种情况制造出特殊的掩护背景。

⑤事实。若你的"不在场证明"本身并不可疑，则应尽可能接近事实。时间上可以将其延长，事情发生的日期可以调换，你陈述的故事中很不真实和虚构的部分往往可以排练一下。建立你的掩护身份（如前所述），陈述一个完全虚假的故事是很危险的。

⑥堵死调查之路。在可能结束你的陈述故事时将其结束。不应给对方的深入调查留下太多空间。与外界人士、事件或场所产生关联是危险的。

⑦与其他人统一口径。被要求证实你陈述的故事的人说法必须合理、准确。（要考虑是否有可能提前安排好，让讯问者所有的问题在不同的人那里都能得到同样的回答，例如"描述一场昨天的牌局"，或"任何行动都是由 A 掌握主动权"）

⑧有失脸面的故事。考虑用一个败坏名声的故事作为"不在场证明"的可能性。当第一个故事穿帮时，有时可以将此办法作为备选方案。

注意，只要你的"不在场证明"没有受到质疑，你就可以随意发挥。比如，准备三套说辞，第一套解释你将要做什么，第二套解释你正在做什么，第三套解释你已经做了什么。

化装与伪装

1. 伪装的定义

a) 这里所说的伪装，并不是用油彩和头发遮住你的脸。

b) 你扮演的新角色，必须以个体存在和身心生活的艺术作为基础。重要的是你必须记住，首先要在精神上成为你扮演的那个人，然后才是身体上的。因此，**仅仅只模仿到形似的程度是不够的。**

这就是说，我们不能只模仿某个人的外在，比如这个人的步态、声音、举止风度和个性嗜好等。缺乏恰当的心理准备的外在模仿，必然意味着你的言语和行为都是机械的，而没有全面地认识到你是谁，你从哪里来，为什么来，你想要什么，你要去哪里，你应该成为什么人，你应该做什么，等等。因此，你只是虚有其表，形象空洞，很容易被识破拆穿。

2. 需要伪装的情况

a) 长期

当一位知名人士要回到他自己的家乡开展情报工作，为了他自己及其组织的安全，他必须不被别人认出来。（比如请整形外科医生做手术改变容貌）

b) 短期

①你从情报来源得知，警察正在追捕你，他们知道你的模样，除了逃跑别无他法时。

②偶尔需要你出面的联络工作，而你不想以身犯险时。

③执行特殊任务时。比如，你必须亲自会见一位刚来到你的任务国的合作者，为了多加一份保险而短期改变自己的容貌。如果化了装的你被人看到，他们见到的也只是你伪装过的外貌。

④离开一座正处于被监视中的房子时。这种情况下的化装讲求短平快，心理

方面的要求就不那么重要了。例如，卢瓦丝·德·贝蒂尼（Loise de Bettignies）① 曾装扮成一名女仆的模样。

3. 伪装的准备工作

a) 只能在紧急情况下使用伪装。

b) 永远不要把自己的外表装扮成任何你未曾用心体验过，甚至根本不感兴趣的职业和身份。

c) 记住，你逃跑时，警察可能只能依靠对你外貌的描述来追踪你，因此，伪装要努力改变这个描述。

d) 在你使用伪装手段之前，应该尽可能多用些时间对其进行选择和考虑，这样当你真正需要伪装的时候，就能以最快的速度且信心满满地使用它。

4. 伪装时要考虑到的几个要点

a) 伪装的金科玉律

绝对不要和你装扮的人的特点脱节。也就是说，伪装不仅要注意衣着服饰，而且还要注意精神面貌。比如，如果你的伪装身份是一名工人，那么你就不能穿一身雪白的衬衫，打着黑领带，双手干干净净，举止斯文有礼，像一个受过良好教育的人。

b) 衣着

仔细研究你要穿的衣服的每一个细节，细微之处也不要遗漏，如服装的样式、袜子、领带、手帕等。不同样式和种类的帽子也会改变你装扮的人物类型。

c) 个人道具

香烟、报纸的类型、证件的内容等，还有比如手表这类物品。

d) 头发

应该是长发还是短发？该整齐干净还是又脏又乱？

---

① 译注：第一次世界大战时的一位著名法国女间谍。

e) 面部

应该是脏是净？是刮过胡子还是没刮胡子？皮肤是发白还是晒得黝黑？

f) 牙齿

应该是脏是净？

g) 双手

指甲里是脏还是净？双手是白皙的还是或脏兮兮的，或是一看就是经过辛勤劳作的？

h) 双脚

你穿的是鞋子还是靴子？它们应该是干净的还是脏的？

i) 行为习惯

不断练习，直至把你的旧习惯（比如演奏乐器时用右耳听音）忘得一干二净，让新习惯和你融为一体。

j) 步态

如果你乘车或是走路时的步态和举止有什么特别之处，那就不断练习，直到你克服掉旧习惯，养成新习惯。

k) 书写

这是对于需要签名时而言的，无论你装扮的人是否受过教育。在签下"你"的名字时，你应当表现得很熟练，还是应该好像提笔写字很困难那样？

l) 生活习惯

要使你的生活习惯符合你装扮的人的特征。如果你扮演的新角色不是那种会打桌球的人，就不要在低级咖啡馆里玩桌球。

m) 社交关系

只结交或尝试结交那些契合你新的身份和生活的人。

5. 关于如何改变你的外表形象的提示

a) 服装

改变服装要比改变五官面容更易于操作。简单而直接的服装变化，比如从粗陋的园丁服，到最好的西服便装，只要每个细节都符合人物的特点，就会奇迹般地让你的外表形象大变样。能够改变外表的服装种类是相当多的。

要始终让你的衣着符合"你"的人物特征。如果"你"的身份是一名商船上的水手，就不要穿翻绒皮鞋。

竖条纹单排扣西装会让你看上去更高；格子双排扣西装会让你看起来更矮更胖。

衣服纽扣的位置可以改变穿着者表现出来的身高和体重。通过对服装的适当裁剪，可以打造出圆肩的效果，胳膊也可以通过增加袖长来"缩短"，反之亦然。总而言之，就是要和你日常示人的体貌特征相反。例如，如果你在形体上有什么缺陷——比如溜肩——通常被你的裁缝掩盖了，那么伪装时就特别突出这一点。

b) 头发

尽管没有什么简单易行的方法来加快头发的生长，但你应该让你的头发长得比平时长，这样头部的外观和形状就可以通过修剪头发彻底改变。

①把深色的头发变为金色或灰白色

准备工作："Bitza"牌染发剂——随时待用；双氧水——小瓶装好；蜜丝佛陀（Max Factor）[①]头发漂白剂。

使用方法：将以上物品倒入碟中，用小牙刷涂抹在头发上，注意要让混合物远离皮肤。待其变干后，发色就会变淡。重复操作会使发色更淡。只要把头发两边整理一下，就会有一种灰白的效果。

所需时间：1 小时。

②让满头银发或白发变黑

准备工作：黑色木炭粉。

使用方法：用刷子将炭粉涂在头发上，然后用手指、梳子和刷子不停地揉搓擦拭，直到颜色令人满意为止。

c) 前额

要改变其外形，除了戴头饰之外别无他法。

---

① 译注：1909 年由马克斯·范克特（Max Factor）开创的著名彩妆品牌。

d) 眉毛

眉毛像头发一样，可以很容易地漂白或漂黑。

辅助工具：镊子和油性物质。

使用方法：如果眉毛太厚，或需要拔掉一些，可以将其剃薄。如果是把眉毛拔掉，就用一点滑石粉消除红肿，涂上一点油使双眉平整。

如果双眉挨在一起，就把鼻子上方的眉毛刮掉并涂上滑石粉。

如果眉毛纤细柔顺，则用棕色和黑色的眉笔，顺着毛发自然生长的方向，用眉笔画出线条，再用手指抚平。用梳子逆着眉毛自然生长的方向梳理，可以隐藏眉笔的印记，并带来一种粗犷的效果。

e) 眼睛

辅助工具：深灰色油脂染料、煤灰或烟灰；红色化妆笔和混合型黏合剂；棕色或黑色的铅笔；油脂。

使用方法：

如果双眼非常大且突出，就用烟灰或蓝色油脂勾线来塑造眼皮。

用一般的方法画好眼袋线后，再塑造眼睑和眼睛下方，并混入一点油脂，然后用红色化妆笔画下眼睑的内侧，这种方法将使你的眼睛呈松弛半闭状。

用你的黏合剂固定上眼睑，这样就使眼睛成了小眯缝眼。

要让眼睛显得更亮，就用棕色化妆笔顺着自然的睫毛线的方向画，并且融入周围肤色。

f) 耳朵

准备工作：混合型黏合剂。

使用方法：将黏合剂涂在耳后，让耳朵紧贴头部2—5分钟。这将使耳朵紧贴头部，大约可以保持24小时。耳垂也可如法炮制。

g) 鼻子

辅助工具：钢笔笔管末端，两个小圆螺帽。

使用方法：在螺帽上钻孔，然后放入鼻孔内。这将使鼻子看起来很扁很歪，并且丝毫不影响呼吸。

h) 上唇的胡子

如果学员在出任务前上唇留了胡子，建议留那种浓密的大胡子，因为这样可以比较容易地修剪或刮出不同的形状，唇边的胡子也可染黑或漂白。为了方便快捷，我们可以把任意样式和尺寸的人造假胡子连在鬓角上，用一点化妆胶就可以立即粘上，需要的话在两秒钟内就可摘掉。不同样式的胡子对一张脸的影响是相当惊人的。

i) 牙齿

如果学员只是想让他的牙齿变色，那么碘酒是非常有用的。

j) 面颊

面颊内可以垫上橡胶垫，从而完全改变下半张脸的形状。这些橡胶垫可以由学员自行用海绵制作。

k) 下颌的问题

用一点蜡，再混合一点胭脂，就可以消除下颌中间的凹陷。

l) 面部整体

如果是一张没刮胡子的脸，可以用一小块多孔海绵涂抹棕色或深棕色的化妆品来塑造。只需将化妆品轻轻涂抹在脸的一侧，就能达到预期的效果。烟尘或煤灰如果与多孔海绵一起配合使用，也会产生同样的效果。

如果伪装身份需要满脸皱纹，你可以简单用黑色化妆笔在自己的脸上画上深深的纹路，注意线条需要自然流畅。

蜜丝佛陀公司负责科研的专家，米德尔顿博士，已经对人的皮肤进行了多年试验，他研制的各种装在小瓶内的皮肤染色剂，可根据需要改变皮肤的颜色。

掩盖伤疤：可以在药店或医院买到珂珞酊这种化学品，且很容易使用。

制造伤疤：还是用珂珞酊（灵活方便）。用刷子将其涂抹在皮肤上，然后必须保持一分半钟，以得到所需的伤疤形状。珂珞酊胶体干了以后疤痕的效果仍然存在。假疤痕需要多少就能做多少。

让面容看上去更年轻：刮过胡须之后，再用热毛巾敷脸，然后在脸上涂明矾。这一方法会大大紧致皮肤。再抹上一层滑石粉之后，一副焕然一新的年轻面容就会呈现在眼前。

让面容看上去更老：按所有前文提示的方法来实验。

m) 双手

油、污垢，以及割伤可以使双手变得粗糙。如果想让双手看起来养尊处优，可以把指甲修剪整齐，然后在手上抹上女士扑面粉或护手粉。

6. 结论

长期伪装将会是掩护身份的一个组成部分，因此对它的使用需要在特工奔赴任务地之前很久就进行仔细的研究，并得到专家的协助。

短期伪装应当与一直被特工强烈要求的行动后备支援体系一起考虑（即通信手段、指挥部、隐蔽所和个人外表）。作为一种应急的安全措施，要想取得成功，必须事先研究和练习。

静静地坐下来，用心想一想你新的个人特征，不要忘记你的步态、站姿等行为特点。当你做完这一切后再收拾你的脸。这样，你才能使你的脸更契合你的新角色，而不仅仅只是变了一张脸。

附

在一次海上航行中，上校军官 H 有机会对 64 个人从同一天开始生长的胡须的情况进行检视。第 19 天的检查结果如下：

1 人的嘴唇上下都长满了浓密的胡须，胡须冒出脸皮约 0.75 英寸，唇上髭须茁壮，形状上佳，整个面容彻底变样；4 人的胡须长势喜人，面部特征变化不大；1 人的胡须长得很难看，但面部线条完全被改变，给人一种伊丽莎白时代水手的感觉；30 人的胡须有望在一个月内长到很茂盛的水平；19 人的胡须长势非常不明显，很怀疑他们的胡子能否再继续生长；还有 9 人的胡子根本就没长。

其中，年龄在 23—48 岁的人胡须长得最好；年龄在 17—20 岁，以及 41—53 岁的人胡须长得最差。

一般来说，在甲板上定时值班的人的胡须要比在轮机舱内工作的人员长得更好（只有 1 人例外，此人头发浓密，却一根胸毛都没有）。

胡须长势喜人的 4 人组里有 1 个全秃的；30 人的那一组里有 2 个全秃的，7 个谢顶的；19 个胡须长势不明显的那一组里有 1 个全秃的，1 个谢顶的。

鉴于上述情况，建议关于人体毛发的课程中有关胡须的生长期修改为"上唇胡子 15—25 天，下巴须髯 25—40 天"。

观察

1. 综述

做到善于观察是获取优质情报的最重要的方法之一（见课程 A.3）。

正如情报被描述为一种进可攻、退可防的武器一样，观察也可以被赋予进攻和防御两种性质的用途。

2. 定义

对特工来说，观察意味着"在不表现出好奇的情况下，你对周围正在发生的事情有一种整体上的认知和了解"。

观察并不仅仅局限于用眼睛看，还包括听、嗅、感觉，以及基于观察到的事实而发挥出来的推理演绎能力。

3. 观察力

观察力分为：

a) 先天的

小孩子天生具有极强的观察力，不过他们的推理演绎能力还没被开发。

b) 后天的

观察的能力在我们每个人身上都处于休眠状态，可以通过练习激活。

根据一个人可能具备的记忆类型，可以通过各种各样的方法来提升他的观察力。比如，有些人有过目不忘的能力，有些人对声音的记忆力更强，有些人则对数字更加敏感。以下的方法适合所有记忆类型。

4. 我们的方法

a) 对物

①用那些让你的视觉、触觉、嗅觉和听觉感到愉悦的东西，试着用语言表达它们为什么让你感到愉悦。这样的锻炼会使你观察物体时更加仔细。

②用那些你不喜欢的东西，重复上述过程。

③用那些对你来说可有可无的东西，重复这个过程，问问自己为什么对它们没有特别的感觉。

b) 对人

①对被观察者的外表和声音采取和上面相同的三个练习过程。

②研究一个人的行为，问问自己这个人为什么会有这种行为。

③到目前为止，你已经观察到了这个人的很多方面，尝试判断他的性格特征。

5. 结论

这种方法需要有意识的努力和系统的练习。然而它是有趣的，并且能带来以下结果：

a) 你会对你所在区域内的人有更深入的了解。

b) 你会获知更多关于你周围事物的情况。

c) 你将能够注意到陌生人的出现，你认识的人的缺席，以及任何在以前你可能注意不到的不寻常的事物。

反间谍的目标与方法

1. 概述

反间谍组织是旨在保护某一特定国家或地区不受——"敌方意图在该地区进行或正在进行"的一切形式的——破坏行动或非常规战争影响的部门或政府机构。

反间谍活动是多个不同的政府机构活动的结合体，通常由一个部门集中掌控。诸如警察、移民、海关、财政、政府内的安全部门、电讯安全部门、军事保卫部门——这些不同部门的力量最终被整合为 MI5、法国总参谋部二局（Deuxième Bureau）、德国国防军情报局和美国联邦调查局（FBI）这样的统一机构。

2. 反间谍组织的目标

a) 防止从事任何破坏行动的敌方特工进入某个国家。

b) 在上一点没有实现的情况下，至少要确保让敌方特工无所遁形。

c) 在前两个目标未能实现的情况下，应立即对该国及民众实施严控，削弱敌方特工的活动效果，使其不能造成损害。

所有的反间谍活动总是要受到相关地区的政治和经济状况的影响。因此，在希望通过有效的反间谍活动以实现最大限度的安全，与该国的经济和政治生活需要以尽可能有效和令人满意的方式继续运转之间，总是存在着冲突。认识到这种冲突是必要的，以便评估我们所审视的任何一个国家反间谍活动力度的强弱。

3. 反间谍的方法

为实现上述三个目标，反间谍工作综合了以下几种主要活动：

a) 制定颁布管制条例。这是对全体居民实行的管控制度，使敌方特工的工作更加困难，并使其暴露。

b) 采取侦查措施。用以发现那些违反管制条例，并且使自己暴露的人，同时对一切与正常生活不太相符的活动进行跟踪。

c) 实施渗透。反间谍工作会不断努力对敌人的地下组织和活动进行渗透。因此，它可以被视为连接 a) 和 b) 之间的一道桥梁。

4. 反间谍工作细则

a) 预防性管制条例

①针对身份的。

②针对迁移的。

③针对通信的。

④针对出版的。

⑤针对财政的。

⑥针对行动的。

b) 侦查措施

①列出安保清单。

②突击检查。

③线报告密。

④特务奸细。

⑤保密检查和无线电侦测。

⑥监视。

⑦搜查。

⑧审讯。

c) 渗透

可能采取以下一种或多种形式：

①招募反间谍组织成员加入敌方的地下组织，参考警察对付共产党组织的方法。

②在敌国或中立国工作的反间谍人员，利用敌方保密措施不周、文件丢失、成员之间相互猜忌、偷听敌方人员的谈话等手段，设法找到和联系敌方组织内的人员。

③利用双重间谍。俘虏并策反一名敌方的地下组织成员，利用其通信手段向敌方提供错误情报，或通过这一渠道获取关于敌方的要求或未来可能实施的计划的情报信息。

④利用奸细来煽动人们表达轻率或露骨的言论，参考德国人在被其占领的欧洲国家采用的方法。

5. 反间谍工作中的薄弱环节

a) 之前提到的政治和经济条件。参考在德国的外国劳工；第一次和第二次世界大战期间在英国的中立国海员。

b) 人类自身的因素。所有实际的反间谍工作都受制于人类自身的因素，因此也受制于不断增加的人的弱点。例如行贿受贿、精神懈怠、智力低下。

c) 人员短缺。参考德国在被占领的欧洲从事反间谍工作的人力状况的恶化。

因此，一方面，敌方特工将竭力找出某一套反间谍体系中的漏洞，因为这是其能够成功避开反间谍机构注意的唯一办法；另一方面，反间谍机构会坚持试图填补这些漏洞，并尽可能防止敌方特工准确获知其采用的反间谍方法。打个比方，罪犯知道侦探的存在，但一名优秀的侦探绝不会向别人透露他擒住罪犯的办法。

第 3 章
警方手段与我方反制措施

描述

1. 总论

你可能会被要求:

a) 描述一个人，这样第三方就可以通过你的描述认出此人。

b) 你能通过描述认出被描述对象。

c) 从第三方资料中（有意或无意地）提炼总结出这样的描述。

2. 警方的办法

我们不能在贝迪永体系[①]上耗费时间，我们需要的是一套可靠且快速的办法。

3. 常规办法

要想在人群中迅速辨认出一个人，取决于能否迅速排除那些不需要认出的人。

因此，一个人的特征应按照下列标题的顺序加以描述:

a) 描述中始终要提及的特征

比如性别、表面年龄、身高（由你自行测算）、体型（娇小、高大、壮硕或中等）。

b) 与众不同的特征

①永久性的，例如眼睛、喉结、鼻子的形状。

②不固定的，例如胡子、眼镜、头发、衣服和随身道具。

选取这些特征中的几个（2—4 个）来描述清楚十分必要。

---

① 译注: 法国犯罪学家阿尔·贝迪永 (Alphonse Bertillon) 建立起的现代刑事鉴定系统，由人体测量、准确描述犯人体貌特征的文字，以及标准化的面部照片三部分组成。

4. 细节

以下是一个相当全面的体貌特征列表，包括永久性的和非固定的，如果有与众不同之处，应该仔细观察并有条理地进行描述。当然，像驼背或斗鸡眼这样的身体缺陷是一定要描述的。

在本课程中不考虑刻意伪装的情况。

a) 头形

头是小还是大？是圆还是长？后脑勺是平还是鼓，或是高额头？

b) 脸形

是圆脸、胖脸、宽脸、窄脸、瘦脸、鹅蛋脸、长脸，还是无血色的脸？

c) 肤色

白色，深色，黑色，棕色，黄色，灰黄色，有晒斑的，红色，紫色，有雀斑，年轻鲜活。（这也可能包含种族因素）

d) 前额

陷进去的还是凸出来的？额头是宽、高还是低？

e) 眉毛

拱形眉，直眉或斜眉，厚眉或浓眉，连眉，少眉，薄眉，被拔过的眉毛，粗砾状的，红色的，黑色的，灰色的，白色的。眉毛颜色只在与头发颜色不同时才提及。

f) 眼睛

很少描述眼睛的颜色，但要描述出它们的大小、形状或位置。比如大眼睛、小眼睛，杏仁眼，深眼窝或金鱼眼。

g) 耳朵

关于耳朵的描述有四个要点：是大耳朵还是小耳朵？耳褶明不明显？耳垂明不明显，或是没有耳垂？耳朵是超出头部还是紧贴头部？

h) 鼻子

鼻子形状是笔直的、凸出的还是凹陷的？是高鼻底还是塌鼻底？应该提及鼻子长度与脸的比例；如果鼻孔很大则可以提及。

i) 面颊

比如颧骨突出，肥胖或松弛，面颊凹陷，有酒窝。

j) 嘴

大嘴或小嘴。

k) 牙齿

龅牙，假牙，缺牙，变色，白牙，金牙。

1) 嘴唇

上唇的长度以及厚度，是否是向外翻的；下唇是下垂的还是突出的。

m) 下巴

是后收的还是突出的，小的或尖的，大的或方的，双下巴的，有酒窝的。

n) 脖子

长或短，粗或细，有没有喉结。

o) 肩膀

宽肩，溜肩。

p) 双臂

相对于躯干来说是长还是短。

q) 双手

是艺术家的手还是工人的手。

r) 双腿

长或短，弓形腿或膝内翻，脚踝不明显（女人）。

s) 步态

缓慢还是快速？步幅长还是短？足内翻还是足外翻，或是瘸腿？

t) 体态

弯腰佝偻或笔直挺拔。

u) 声音

柔声细语或粗声大嗓，有没有口音。

v) 言谈举止

任何举止或习惯方面的特征都应该加以描述。

5. 补充要点

a) 一定要描述自己最后一次见到被描述对象时的情况，例如：见到的是正脸还是侧脸，他是坐在桌旁还是站着，戴没戴帽子，有没有喝醉。

b) 一定要给出最后看到被描述对象的日期，以便考虑到由于时间的推移其外貌上可能会有的改变。

c) 描述中绝不要用比喻的方式，例如：脸长得像雪貂一样。除非你很熟悉听取你描述的人的思维方式。

监视

A. 跟踪

成功的跟踪监视行动需要：

1. 合适的跟踪者类型

不引人注目（身高一定中等偏下）；坚忍顽强；足智多谋；善于观察；具备丰富的盯梢工作经验；具备一流的区域知识。

2. 关于嫌疑人的情报

性格与习惯（比如，嗜好烟酒，懒惰，善于交际）；办公和私人的地址；平常的事务和休闲活动。

可能在何时、何地进行监视？需要查明有关嫌疑人的什么情况？

3. 跟踪计划

a) 掩护身份

下列可为跟踪者提供掩护的身份很少单独由一个人扮演，更多的是几种不同类型的身份组合使用，例如：开着车的出租车司机（多数都是"吹牛大王"）；骑自行车的小商贩或邮差；买东西的、找房的；带着小女孩的男子；推婴儿车的女人。

b) 跟踪方法

必须事先进行谨慎周密的谋划。比如，由一人还是多人实施？紧急情况下的分工；跟踪中丢失目标或仍保持跟踪时发出的信号。

4. 装备

一般来说，跟踪者需要以下个人装备：深色、不显眼、外观与跟踪行动有关区域契合的衣服；防水雨衣；不发出声响的鞋子；带足零钱小票；手表；铅笔和笔记本；食物；香烟和烟斗（既能打发尴尬无奈的等待时间，也可以为四处张望提供掩护）；书报读物（只能在适当的环境下阅读）。

关于装备的几点提示：

a) 监视工作开始前一定要上个厕所。

b) 在监视期间可以小心谨慎地改变自己的外貌。例如：开始先戴着帽子或雨衣，随后再脱掉它们；公共场所先假装带个包，随后再把包留在寄存处。

5. 专业技巧

a) 在街道上

与嫌疑人之间的距离要根据人群密度而变化。

尽可能多地利用有形物体做掩护。（比如，让路灯或其他人挡在你和嫌疑人之间；走路时与其他人混在一起，尤其是过马路的时候）

绝不要和嫌疑人同时活动或停下，突然跑起来或慢下来。

如果你是独自一人，最好在街对面跟踪嫌疑人；因为这样不仅不会太明显，而且视野更好。（比如透过商店的橱窗反射，以及在街道拐角处观察嫌疑人）

b) 在公共交通工具上

和嫌疑人坐在同一侧，而不是坐在其对面。

在不实行单一票价的公共汽车上，坐在嫌疑人前面，让他先开口询问票价。

c) 在咖啡馆、餐馆等场合

坐在嫌疑人背对你的地方。

点些即时可用的餐食、饮料。

在他离开之前迅速结账买单。

d) 在任何时间和场合，都绝对不要和嫌疑人对视；利用窗户和镜子里的反射观察嫌疑人；当你或他喝东西的时候再注视他。

B. 被跟踪

1. 假设自己已被监视

无论何时，当你怀着实施破坏行动的意图去某个地方时，都要假设自己正在被跟踪。举个例子，我们曾访谈过一个成功的罪犯，他告诉我们他是如何带着犯罪意图从 A 点跑到 B 点的：

a) 坐出租车——但不要上第一辆或第二辆出现的出租车。（注意第一辆和第二辆出租车的牌号以及司机的编号和特征，以防备他们再从你身边经过。如果发生这种情况，那么你很可能被跟踪了）

b) 为了防止出事时伤及"无辜的"路人和看客，首先给你的出租车司机一个错误的地址，车子开到这个地方后再改变主意。

c) 乘出租车不要直接去到 B 点，而是与其同向的无害地点，例如商店、教堂或公园。

d) 下车后采取这些防范措施以摆脱任何可能的监视：在大型商场花些时间转悠，搭乘电梯；混进人群；顺着街边走，然后突然拐弯。

e) 再次乘坐出租车，重复以上的防范措施。（注意：不要直接从车后窗往外看，利用车窗玻璃的反射进行观察，或者干脆不回头看）

f) 不直接去 B 点，而是再次去 B 点附近的安全的地方。

g) 步行完成最后的路程。

2. 检验自己是否受到了监视

如果你怀疑自己确实受到了监视，可通过以下的方法来检验：

a) 沿着比较空旷的街道走，看看有谁跟在后面。

b) 横穿街道，看看谁也这样做。

c) 走进咖啡馆、餐馆、酒吧，看看谁跟在后面。

d) 走进一家小卖店，看看什么人在外面晃悠，尤其是如果他试图躲起来的话。

e) 把无关紧要的物品（如报纸、手杖）留在小店后离开，然后突然转身回去取。

3. 对监视的反制措施

如果你知道自己肯定被跟踪了，那么可以选择两种反制方法：

a) 通过以下方式甩掉跟踪者：

突然跑去追赶公共汽车。（成功或失败的可能性都有）

正常地登上公共汽车，但要把握好时机。

在有很多出口的大商场搭乘电梯。

走向空旷的地方，再迅速去往人群拥挤的地方。

b) 通过以下方式诱导跟踪者：

放弃一切破坏行动，采取一些让敌人抓不到把柄的行动。例如，与遵规守纪的良民进行合法的交谈；给遵规守纪的良民写、邮寄或传递不含违法内容的"藏字密信"；在"无害的"地方留下"无害的"物品；去看电影，等等。

4. <u>常规警告</u>

在执行有关被跟踪的所有安全防范措施时，以下警告事项必须注意且牢记：

a) 绝对不要有突然的、过于急切的，或是左顾右盼的动作，也不能向跟踪者显示出任何你怀疑正在被跟踪的迹象。

b) 为所有的"甩脱""诱导"和"自查"招数提供良好的掩护。（比如跑步之前看表、利用漂亮姑娘、松开鞋带、点烟，以及出现像汽车回火声等奇怪的街头噪音时观察四周）

c) 如果可能的话，确保所有跟踪者的外貌特征在你的组织内人人皆知。

对人员的搜查

1. 总论

有时你可能必须要携带秘密资料或用于破坏行动的器材。因此，对个人的搜查就成了敌方反间谍人员的一种重要侦查手段。

2. 搜查的类型

a) 例行搜查

通常是针对武器、货币、食品、应予课税的货物的快速搜身，一般在行动人员抵达任务地时或之前进行。

①在边境、分界线等固定的地方。

②在某些固定的时间，例如赶集日（被占国家），或要人来访之前（所有国家）。

③无规律，随时随地进行突击临检。

b) 特别搜查

通常只在有明确的怀疑对象的情况下进行。

下面是按照时间顺序对完美的搜身的大概介绍，搜身工作应由一支组织完善、行动高效的警察队伍进行。

如果你要搜别人的身，那么这就是工作模板；如果是你要接受搜身，则请当心对方是否有偏离本标准的做法。

①嫌疑人可能在毫无防备的情况下被逮捕——通过突然逮捕，或假意声称将要进行的只是例行搜查。

②嫌疑人可能被严密看管，不准会见朋友，不准留下或扔掉任何东西，不准进食、喝水、抽烟或上厕所。

③嫌疑人表面上可能会被单独留在一处，以观察他是否试图销毁或处理掉什么东西。

④在嫌疑人在场的情况下，对其行李进行搜查，不搜查亦可。

⑤让被搜查的人双手扶墙，两脚分开，是一对一单独搜身的好方法。

⑥搜身要从头到脚，有条不紊地进行。

身体：对嫌疑人身体上的搜查有时需要医生的帮助。

衣物：检查过的衣物和未检查的分别放在两张桌子上。

⑦在整个搜查过程中，非搜查者要始终注意观察嫌疑人的情绪反应，比如焦虑不安或一脸轻松（后者通常更危险）。

⑧嫌疑人通常在搜查结束后才会被讯问，但警方可能会试图在不经意的交谈中诱使他说漏嘴。

⑨嫌疑人一旦被搜查过，就不得与未经搜查的人重新取得联络；即使嫌疑人已经获释，也可能会被监视相当长一段时间。

3. 对搜查的反制方法

一般来说，特工不得穿戴或携带任何显眼或不合适的物品，以免引人注意。最好不要携带会遭到指控的物品；但如果无法避免，请注意以下事项：

a) 事先计划

对特工而言，最重要的是提前在两个备选方案之间做出抉择：

①如遇搜查，要设法将此物品处理掉。

②尽可能妥善地藏匿此物品，并且不会试图移走它。

③在第一种情况下，特工必须使此物品放在易于拿到的地方（如放在手中或衣袋里），以便处理（如将其扔掉或放在某个不相干的人身上）。

注意：

①用可食用或可溶解的纸张书写情报信息。

②如果是一件笨重的物品（如装在箱子里的电台），你可以将其丢弃或不承认是你的东西——在这种情况下，你必须确保这件东西无论如何都不会追查到你的头上。

③如果物品被妥善地藏匿了起来，那么在例行的搜查中很可能不会被找到，但请记住：

i) 用绢纸或布料来书写情报信息，以免在被搜身时发出沙沙的声音。

ii) 用衬垫把身上衣服的某些部位撑起来，使这些部位在藏东西的时候外观和平时没什么区别。

iii) 警察应该清楚搜查的方法，即一个人同时用两手触摸外套的两侧、两边的衣领等部位。

iv) 如果是将情报缝在衣服上，则必须使用适当类型的缝线，且针脚必须与衣服上已有的针脚相似。

v) 所有可能藏东西的地方都已经用上了。但还是应尽量选择一个别人最不容易想到和搜到的地方，例如，将物品混在数量众多的东西中间，比如烟丝堆、土豆堆。

b) 被搜查时的反制方法

①如果可能的话，搞清对方的搜查目标并采取相应的行动。

②你的态度必须符合你的掩护身份（例如愤怒、顺从、冷漠、紧张）。

③有人在观察着你的反应。所以不要在千钧一发的时刻表现出焦虑，也不要在搜查过关时表现得如释重负。

④如果可能的话，想办法把搜查者搞糊涂（例如将没搜过的东西放在已搜过的那一堆里）。

⑤在可能的情况下，对搜查的警察进行误导，让其得到一些错误信息，比如在警察检查一些合规无害的物品时表现出焦虑，或者（更好的是）让他们找到一些不太严重的违禁物品（如钱或酒之类的物品），从而忽视掉真正被藏匿起来的东西。

对房屋的搜查

1. 总述

搜查如果能够以正确的方式进行，就能成功找到要搜查的物品，或者至少能得知要找的物品不在此处。但如果搜查工作是以"马虎潦草"的方式进行的，那么物品是否还在此处就要打上问号了。

对房屋的搜查有两种：

a) 在屋内有人居住时进行搜查。

b) 在居住者浑然不知的情况下对房屋进行秘密搜查。

2. 在屋内有人居住时进行搜查

a) 准备工作

①所需的情报

提前获得房屋、周边环境，以及电话、下水道、电力、煤气等设施的尽可能详尽的平面图。根据实际情况，还可能有必要派人对房屋进行侦察。

应获取所有可能跟居住者有关的情况，包括其豢养的狗、猫、鹅或其他家畜。

②获取渠道

官方资料、线人告密、派人侦察。

③搜查执行人员

执行搜查任务的队伍应当精挑细选，要尽可能考虑到他们对此房屋或所在街区的了解程度，尤其要考虑到他们的观察能力和好奇心的强弱。

④行动计划

要清楚要找的东西是什么。确定搜查队伍的规模，确保每个人都知道他在寻找什么，明确自己必须做什么；搜查组突入房子的确切时间最好在最后一刻之前都对队员保密。

b) 进入房屋

必须对单人或整组人进入屋内的方式都考虑到，并根据下列要求加以调整：

①接近要搜查的房屋时，行动不能被发现，并且出乎对方预料。

②如果搜查人员从多个入口进屋，应同时进入。

③房屋的所有入口处都要有人。

④应采取措施防止屋内的人发出警报。

⑤搜查人员进屋后就位的速度至关重要。

⑥对房屋和屋内人员的搜查应尽快开始。

c) 实际的搜查

①应首先搜查居住者，并将其安置在搜查过的房间内。

②每个房间都必须有条不紊地进行搜查。比如天花板、墙壁和地板这些地方，对地板的搜查应按顺时针方向或分块进行。

③搜查房间时要注意以下几点：

测量房间内墙的尺寸，看与外墙尺寸能否对得上。

要听一听内外墙敲击的回声。

对屋内家具进行测量，看其内外尺寸是否一致。

试试所有的木制品，确认其是否都是实心的。

所有的抽屉都要拉出来。

移走地毯、地毡等物品，仔细检查地板。

站在房屋底层，敲击椽子和横梁，听听有没有空洞的声音。

最寻常和最难以接近的地方通常都会被用来藏匿东西，具体取决于要藏的东西的性质。

3. 在居住者不知情的情况下对房屋进行秘密搜查

a) 前述的房屋搜查方法通常也适用于这种类型的搜查。由于每一件搜查完毕的物品都必须放回其正确的位置，并保持其原本的状态，所以进行这种搜查的难度是比较大的。屋内的物品可能被故意以某种方式放置，以使居住者知道它是否被人动过。

b) 挑选搜查组的成员时应当特别注意他们的观察能力。

c) 搜查行动的指挥者必须严格掌控搜查过程，确保不会出现某个房间被重复搜查，而另一个房间被晾在一旁的情况。

4. 结论

所有搜查的成功都取决于精心细致的准备、谨慎周密的计划，以及出其不意且有条不紊的行动。

入室窃取

1. 定义

特工出于以下目的而秘密进入某所房屋：

a) 检查、拍照、窃取对其组织有益的文件或物品。

b) 为实现某些破坏性目的——如暗杀——而对建筑物内部施以侦察。

2. 常规警告

a) 如有可能，应在不引起敌方察觉或怀疑的情况下达成上述目的。

b) 具有破坏性目的入室行动最好不要由组织的领导人亲自出马，而应由其下属实施——最好是当地人。如果入室者被抓住，他们可以用"正常"的盗窃行为来做掩护。（必要的话可以拿走屋内的某些贵重物品，从而坐实只是一般的入室盗窃）

如果雇佣或招募了真正的窃贼来做此事，必须十分谨慎，确保此人不会把组织的情况泄露给敌人。

3. 入室窃取的方法

以下内容来自警方资料和犯罪分子非常可靠的供述：

a) 行动前需要掌握的情况

①屋内居住的人数。

②居住者的生活习惯，如用餐时间（特别是晚饭时间），平时出门和返回的时间等。

③安静而隐蔽的接近与撤退路线，选择走草坪和草地边缘，避免走花圃和有沙砾、灰尘、泥土、泥浆的路。

④如果房子里面有狗，搞清楚狗舍的情况。

平时不吠不闹的狗要比爱吵爱叫的狗危险；用掺了茴香的食物引诱狗，或用毒肉将狗干掉。

⑤窗户、梯子、门（搞到钥匙印模）的情况和状态。

b) 如何才能得手？

①最好能有"内应"提供帮助，如女佣、园丁、清洁工、店员等，但这些人有被警方审问的风险。

②"局外人"可能会很有用，比如推销员、水管工、木工等。

③如果没有可靠的线人，作为一名陌生人对房屋的监测不得超过48小时。

④查实居住者是否出门了，或压根儿不在，可以采取以下方法：

用公共电话打给住户。如果有人接听，必须向住户询问与其姓名不同的人，并为打错电话而道歉（注意：这个小花招众所周知，应谨慎使用）。

如果这所房子没有安装电话，则派人登门并按门铃。（敲空房子的门很危险，会引起别人的注意）如果有人应门，就拿着假造的信件向其询问一个编造出来的人以及相关的事情。

c) 入室装备

上述列出的侦查工作显示出以下这些装备是入室窃取必需的：

麂皮手套；微光手电；普通钥匙或万能钥匙，以及为转动住户留在锁孔里的钥匙而特制的成形粗铁丝——这些东西都包在黑布里携带，以免相互碰撞发出叮叮当当的响动，也便于发生紧急情况时悄无声息地扔掉；为拿到住户插在门背后锁孔里的钥匙所用的报纸；用于破窗的玻璃切割刀、胶布或纸；一双大号旧袜子，以便攀爬梯子时不发出声响；一定数量的遮光材料；撬棍或园艺剪刀（仅在使用其他方法无法进入时使用）。

注意：行动时只从以上装备中选取需要的携带。

d) 进入室内

①入室人员

行动人员最多三人，两人为最佳。

②门

最好的办法是用钥匙开门。钥匙或偷，或用印模自制。（示范）

用万能钥匙开门。（示范）

如住户把钥匙留在锁孔里，则可以用铁丝转动钥匙，或将钥匙从锁孔里推出去，使其掉在从门缝塞进门内的报纸上，再将钥匙拉出门外。（示范）

③窗户

找一扇没关的窗户。或者割开玻璃，进入房内（发出响动的第一时间一定要确保窗户被破开了。因为偶然发出一点响动会将住户惊醒但他们一般不会太在意，再次发出响动他们就会下床查看）。也可以用撬棍或园艺剪刀撬窗。

e) 进屋后的行动步骤

将可用人员按如下方式配置：

①一个人站在远离窗口的地方向外观察，注意看着警察、住户或其他搅局的人可能出现的路线。（对回来的住户要予以确认，看他是否在找钥匙）

②一个人确定一旦触发警报时用于撤离的备用出口。确定了这些之后，这个人就待在窗口"放哨值班"，盯住房子对面。或者，如果入室是在用餐时间实施的，那此人就盯着住户，以防被其干扰。

③要找的东西由带队的负责搜寻。

行动过程中，搜查组成员之间应通过约定的声音进行沟通，禁止开口说话，禁止抽烟。在入室窃取时，不许将烟头遗留在附近的任何地方，因为对烟头上残留的唾液进行化学分析将非常有助于鉴别吸烟人的身份。

f) 搜查方法

①在搜查开始之前，要安排好拖延工作，以防有人意外返回：

如果房间内的灯是亮着的，不要关掉，但要锁上门或把桌子顶在门上。如果房间内没有开灯，则把灯泡取下，切勿挡门。如果必须关灯，悄无声息的办法是把灯泡取下来，而不是转动电灯开关，使其咔嗒作响。

②一般来说，不要改变房屋内任何已有的陈设。如果某样东西必须被拿走，要考虑留下一个外观相似的物品的可能性。

③搜查要有条不紊地进行，从房间里某件明确的物品开始，沿着房间的一个方向进行。搜查只由一个人动手；另一人可以协助，比如帮忙拿着手电筒和工具，但不应干涉另一人工作，以免添乱。

g) 撤离

①未触发警报时

搜查组成员应逐个离开，并且不要再集合起来。

一帮得手后各自分散脱身的窃贼必须再次会合才能分赃。有趣的是，盗窃团伙安排人员会合跟规定危险告警信号的做法，与课程 A.15 的教学内容是一致的。

②遭遇干扰且警报响起时

如果要跑着离开现场，就假装在和朋友嬉笑打闹，相互聊天玩笑。

如果一名搜查组成员被滞留在了房子里，而房主回来了，其他逃走的人可以拉响火警警报，但报出的是对面或附近房子的地址，以便让赶来的消防队分散房主的注意力（这种转移注意力的方法通常被窃贼用来掩护其入室盗窃的行为）。据说伦敦 50% 的火警警报都是入室盗窃者报的。

滞留在屋内的人可以溜进厕所并把门锁上。

如果有狗向你扑来，不要跑。模仿狗的主人，重复主人说的话，鼓励狗去找其他人。

如果你在行动时与某人不期而遇，一定要准备好一套说辞，在他们开口和你讲话之前先跟他们聊起来。

h) 反跟踪措施（参考课程 A.8）

i) 借车

如果有可能借到车：

车牌的数字应该用剪好形状的白色和黑色胶纸来改一下（比利时的车牌数字是红色和白色）。不要改动车辆注册登记信息中的字母，数字也不要有增减。行动结束后可以把这辆车扔到某个地方。

在车旁等同伙时，要假装在给轮胎打气，而不是在鼓捣发动机。如果你装作汽车发动机出了故障，而后又马上匆忙离开，是很可疑的。

审讯

1. 概述

审讯可以分为三类：

a) 由<u>当地警察</u>执行的审讯。一般是因为触犯了一些次要的法规。这类讯问通常限于四个简单的问题。

你是谁？你从哪儿来？你的证件？你是做什么的？

注意，当你抵达任务地后，应该立刻做好应答以下问题的准备：

你是谁？你从哪儿来？你是怎么来的？你要去哪儿？最后和你说过话的那个人是谁？他在哪儿？都有什么人认识你？说说此地的一些详细情况。

如果对以上问题的回答都能使警方满意，嫌疑人一般就会被释放。如果回答有半点差池，嫌疑人就将进一步接受审讯。

b) 由<u>专业警察</u>执行的审讯，以查清某人是否确实值得怀疑。比如在预审中的回答没能让当地警方信服，嫌疑人必须让警方相信他的"故事"和证件是真实的。他对警方问题的答复可能会被核查，也可能有人因为试图编造一些他认为盖世太保不知道的事情而被抓个正着。

c) 被逮捕后由<u>盖世太保</u>或同等权威的机关执行的审讯。这种审讯针对的是有重大嫌疑的人，例如在先前的审讯中的交代未能让当地警察和盖世太保满意的人。这种审讯可能持续 24 小时到数月不等，审讯方法也是多种多样的，没有规则，没有禁忌，"无所不用其极"，但目的只有一个——逼你招供。

2. 审讯的方法

a) 审讯前

①在审讯前对嫌疑人的生活和活动进行详尽的调查，以搜集尽可能多的证据。

②逮捕分两种类型：在午夜或后半夜人最没有精神时突然行动，实施暴力逮

捕；或者以调查不太重要的事情为借口，突然但客气地实施逮捕，然后无限期拘留，以防止其向同伙发出警告。

③对人身和房屋彻底搜查。（参考课程 A.9 和课程 A.10.a、A10.b）

④犯人在狱中的待遇，也是审讯计划的一部分，比如，伙食的好坏，关押条件舒适与否，是较为自由的监禁还是单独监禁，亲友是否可以探访，等等。目的是在进行实质性审讯之前摧毁犯人的精神力量。

b) 审讯过程中

①将犯人置于狼狈处境：让犯人面对强光，无法看清审讯人员；让犯人背对审讯人员，手臂举过头顶；让犯人坐在不舒服的椅子上。审问期间，审讯人员可以随意吃饭、喝水、抽烟，但犯人别想有同样待遇。

单独审讯可以无休止地进行下去，使犯人筋疲力尽。

审问可由两名或两名以上的审讯人员同时进行，或者，更常见的情况是依次上阵的车轮战，例如：

第一个审讯者通常是"恶人"型的。他会试图挑起犯人的怒火或恐惧；给犯人留下关于盖世太保恐怖力量的印象（"Wir wissen alles!"德语，即"我们什么都知道！"）；对犯人使用言语威胁、扔东西之类的手段。

第二个审讯者会抛出清晰、简明、尖锐的问题。如果回答不令人满意，犯人可能会被"修理"一顿。

第三个审讯者属于"好人"型，他会友好地向犯人提供食物、饮料、香烟，并为犯人受到的粗暴对待表示歉意。这种审讯者试图诱使犯人放松警惕，以致言行有失，可能是最危险的类型。

②审问中的小花招

长时间保持沉默，审问者似乎忘记了犯人的存在。其实这是为了稍后出其不意地突然开口发问。

长时间保持沉默，在此期间并不鼓励犯人说话。"先不急着回答，好好想一想吧。试着回忆一下发生了什么，然后跟我们说实话。"

变着花样不断地重复问同一个问题。

夸大犯人在犯罪事件中所占的分量。

由审问者对事件进行重构，但详细情况只讲一半。随后，命令犯人把审问者所讲的事件重复一遍。如果事发时犯人确实在场，他可能会很轻易地在复述中加入审讯者没有讲出来的细节。

暗示犯人已经被他的同伙抛弃了，或是当了别人的挡箭牌。

向犯人出示一份有他的同僚签名的"供状"。

用行刑队吓唬犯人。

以犯人的家人做威胁。

用其他手段来软化囚犯的意志力。

在经过一天筋疲力尽的审讯后，把文件硬塞给犯人命其签字。

3. 反制措施

a) 审讯前

如果与组织里的其他成员关在同一间牢房，什么也别说，小心牢房里装有麦克风。

如果与其他被拘留者关在一起，什么也别说，小心人群里有敌方的耳目。

小心敌方派"友好和善的护士"来看看有没有什么需要。

小心牢房里的镜子。躲在牢房墙后的观察者可以通过"双向"镜子观察你的一举一动。

无论是在审讯前、审讯后，还是在被释放的时候，都要谨慎行事；对你的释放可能只是暂时的，只是为了便于观察你的行动。

尽量让自己看上去干净整洁，如果可能的话，衣着光鲜得体。

b) 审讯过程中

说话时语速放慢，语气清晰、坚定。不要对简单的问题立即作答，而对较难的问题又犹豫不决。

不要自作聪明，不要恶言谩骂。树立一个普通的愚蠢而诚实的公民形象，尽自己最大的努力聪明地回答问题。审问者不会被受审者的眼泪或英雄行为打动。

避免回答那些会导致对方进一步追问的问题，否则你所有的答案都会陷入死胡同。

对你无法解释的事情一概否认。不要试图通过更改或修饰你的故事蒙混过关。

当敌方强迫你做出什么书面声明时，准备好藏于文字或签名中的代码符号，不要对任何人表达出个人感情或兴趣。

小心那些看起来很蠢，让你觉得你占据了优势的审问者。这可能是一个圈套，诱使你在一个吹嘘自夸都会被上报的环境中炫耀你的聪明睿智。

不要被那个假装已经知道你和英国人有勾搭的审问者唬住。经过一段时间，德国人可能已经了解了一些关于你的组织的情况，比如总部、训练学校等机构的所在地，或是人员名单。通过提及这些，他们可能希望使你信服，他们还知道更多。坚持表现出你对他们提及的所有事情一无所知。

如果敌人用乙醚麻醉你，马上开始自己数数。当在麻醉状态下受到审问时，你只用脑海中闪过的数字来回答。

4. 结论

如果盖世太保逮捕了你，不要以为一切都完了。盖世太保的名声是建立在残忍无情和恐怖主义之上，而非情报工作。他们总是假装比实际知道得更多，甚至可能会做出正确的猜测，但记住这只是猜测，否则他们就不会把你抓来审问了。

第 4 章

对特工的管理

对特工的管理

动机

1. 概述

组织的成功将取决于每一名成员的资质和工作能力，因此，无论怎样高估挑选合适人选的重要性都不为过。仓促地投身这项工作并没有好处，每一个可能加入我们、帮助我们的人都必须深思熟虑，并在踏进这道门槛之前考虑清楚个人的安全问题。

2. 哪种类型的帮手是我们所需要的?

a) 各类正规特工和下线特工（参考课程 A.13 的内容）。

b) 可能有某些特殊需求的人（比如对其某些不法行为不予追究，或说服某人对其不予追究，获得某种证件，给予庇护，放弃告发等）。

c) 情报联络人。

3. 如何让别人为你工作?

a) 对你物色的对象进行评估，判断最有可能吸引他加入的理由。

b) 把你的故事包装得符合你选择他的原因。

c) 如果可能的话，请他向你提出建议。

4. 可能的动机以及如何吸引他们

人们的行为通常有着复杂的动机，但总有一个是最重要的。

a) 爱国心

有许多真正的爱国者愿意为任何反抗外敌的人赴险。这里的危险在于，为了说服这样的人为你所用，可能有必要向他透露有关你的组织和你所从事的活动的信息。因此，尽管爱国之情可能是招募特工时最好的动因，但需要特工孤身执行任务时却是危险的。

b) 宗教或政治动机

同样更适用于招募特工，而非特工单独执行任务。这一动机有可能对宗教团体、政治团体或个人的活动产生影响，但也存在产生政策分歧的危险。

c) 某种需求

这种最为重要，最有说服力的动机大多是被征募者没钱以及家庭贫苦。在敌占国家，要获得足够养家糊口的生计往往是极其困难的。因此，无论是作为一份全职工作，还是作为对另一份工作微薄收入的补充，一份稳定的报酬（与贿赂完全不同，只是对其所付出的时间或服务的报酬）可能具有巨大的吸引力。这种动机又可以用以强化前两类动机。

有时被招募者需要的不是钱，而是某些物品或服务。作为特工，必须弄清楚被招募者需要什么，而自己又能提供什么。例如：

物品——食品、香烟、汽油、药品、衣物等。

服务—— 通信、就业、逃逸、代缴罚金、住所等。

这种需求得到满足，可能会激发接受者的感激之情，或者将整个交易作为一种常态化的服务交换。

d) 对德国人的仇恨

由于在德国人手下受尽压迫，吃尽了苦头，许多德占国家的人对德国人怀有一种纯粹的个人仇恨。特工可以向他们说明，表示他们提供的服务将会激怒德国人或给德国人造成麻烦，以此来吸引他们加入而不必透露活动的破坏性质。

e) 对冒险的热衷

这种动机在年轻人中尤其普遍。我们可以把那些正在前线奋战的人和那些待在家里的人放在一起进行比较。

以上所列都是一些良好的动机，可作为招募那些有意与我们合作的人的基础。其他一些动机也可被当作能使我们获得服务或限制危险因素的杠杆。

①人的同情心。 尤其是女人。特工可以把自己描述成一个被德国人迫害、欺

压、饥肠辘辘的受害者，等等。

②贪婪。有许多人并非身处困境，但他们的贪欲会对贿赂做出响应，无论是金钱还是物质。

注意：

在某国工作的特工必须注意该国的风俗习惯，收受贿金的人的职业、阶级以及他的个性。如果公开行贿不合适，那么还有许多秘密贿赂的方法（例如通过牌局、生意往来、向其妻子赠送礼物等方式，使此人能够在不经意中把钱装进腰包）。但很显然，一个受贿的人是不值得信赖的。

③性。以一些特殊形式拉个皮条在某些事情上可能是有用的。为了避免任何危险的后果，这种事情应该雇用组织以外的人。

④自负。比如对纳粹分子的监管心怀反感的地方官员。我方特工可以通过给他一个好名声来讨好他，并说服他不要顾忌纳粹分子，自己的命运自己决定；或者用奚落和嘲讽的激将法，也能达到同样的效果。

⑤势利。有权有势的人有时可以用这个来吸引势利小人的注意和好感。

⑥恐惧。尽管尽可能避免用讹诈胁迫的手段招募下线是最明智的，但在紧急情况下，这个办法可能也是有用的。因此，任何有关他人的私生活和弱点的情况都应该牢记在心。

招募新人

1. 概述

在考虑了需要什么类型的特工这样的一般性问题，以及可能吸引他们加入的动机之后，现在我们来讨论实际招募的问题。

首先，组织者要亲自招募自己主要的下级特工。之后最好再让下级特工招募自己的下线。这一流程可能会一级一级不断地继续下去，或者作为一种替代办法，组织者可以任命某些特工充当招募者。

由于招募工作是破坏行动中最危险的部分，因此必须极为小心，并恪守以下三个原则：

a) 操之勿急

被招募人员的质量必须重于数量（尽管某些类型的敌后破坏行动需要由较大规模的组织实施才能奏效）。只招募可靠人员，最大限度地确保组织安全，在招募新人的初期阶段特别重要，因为这时组织者正在挑选合适人选作为他的主要助手，并且正在建立其组织的核心队伍。

b) 掌握招募的主动权

对于主动向组织者提供帮助的人，应始终对其保持警惕，因为这是特工们喜欢使用的一种伎俩。

c) 因人就事，勿因事就人

组织者可以记下以后可能对他有用的人，但在这些人确定能派上用场之前，不应招募他们入伙，否则他们就会有一段危险的空闲期。

顺便说一句，在大多数情况下，招募适合秘密情报工作的人，会省去为他寻找掩护身份的困难。

2. 优秀的应征特工的素质

a) 他必须在民族或国籍特征，以及个人形象上都能够使人对其有信心。

①民族或国籍特征。 他即将从事的任务可能会有相当大的风险，因此，他所接触的人必须完全不会对他生疑。

②个人形象。 即使所招募的特工在民族或国籍方面没有什么值得怀疑，但与他接触的人（可能是个居家男）仍可能认为此人太年轻、经验不足，或者怀疑他的判断力。

b) 无论处于哪个阶层、从事什么行业，被招募的特工都应该是精于人情世故的人，能够轻易地与不太熟悉的人说上话，更重要的是，能够搞好人际关系。具体包括在与某人接触的过程中对其表现出明显的兴趣，使其感觉到自己在你心目中分量不轻；做一个懂得倾听的人，等等。

c) 帮别人一些小忙，或者请求别人帮自己的忙，这通常是一个不错的计划，因为这样会给双方带来某种责任义务关系。

3. 寻找特工人选的方法

这将完全取决于指派给组织者的工作区域的类型、他希望执行的任务类型，以及他自己想找的特工的类型。以下是一些一般提示。

a) 列出一些可以为新招募的特工提供一个大展身手的舞台的组织团体，可能是退伍军人组织、工会、行业协会、社团（如共济会），以及宗教团体等。

b) 推举可能适合的人选。对他们的性格、诚实度、才智，以及已知的观点主张加以考量。那些自己正在受苦或家人遭到迫害的人都是潜在的新特工。

注意：提防那些把自己的不满到处公开宣扬的人。

c) 收集所有你能收集到的关于潜在的新特工的信息。所有的信息都是有用的，特别是关于此人的弱点（性格和处境上的——比如他是否有任何家庭成员被敌人控制住了），这样的信息可以避免对组织的安全造成损害，也能对今后更好地控制此人起到作用。此外，找出有什么动机最有可能促使他做出抗敌行动也非常重要。（参考本课程《动机》一节）

在招募女性人员时，有关她们个人感情归属的信息最有用，但这些信息可能会被证明是危险的。绝不应招募一个完全感情用事的女人。

d) 不要接触任何你知道(或怀疑)为其他组织工作的人。如果那个组织出了事，你以及你的整个组织都可能会被卷入灾难之中。

e) 提防那些准备同时为数个组织效力的职业特工。在第一次世界大战中，一些这样的职业特工将他们手里的情报转卖给了多达五个不同的情报机构。

4. 接近潜在的应征者

安全是需要考虑的主要因素，招募者应该在接近潜在的应征者之前尽可能确定他就是自己要找的人。

a) 引荐

如果应征者可以通过第三方引荐，不仅节省时间，而且可以更快地评判他是否适合这个行业——前提是第三方本身就是一个可靠的评判者。

如果应征者必须毛遂自荐，那么他应该尽量让招募者觉得是自己主动迈出第一步前来投靠的。注意使用能够赢得对方信任的技巧。

b) 言归正传

关于招募新人的事应当始终以这样的方式来谈，即如果商谈的结果不令人满意的话，应征者就不必做出任何承诺，而且能够反悔退出。

如果可能的话，具体的建议应当总是由应征者提出。双方的交谈可以以这样的方式加以引导，从而实现这种可能。

招募者应该注意观察应征者对任何有关反德和破坏行动的言论的反应。

招募者可以问一些问题或提出一些假设性的评论，这些问题或评论并不是招募者自己的看法，但可能会引出应征者心里的实话，比如，"我想知道他们是如何组织这些袭击行动的""从事破坏行动一定很危险""麻烦在于敌人对家人的报复"等。

招募者不应强行说服应征者加入。相反，他应该让应征者了解这项工作的所有困难和危险。

招募者应该给人留下一种他隶属于一个庞大而高效的组织的印象。

招募者不应透露任何有关组织的真实情况；最好是把自己伪装成所知有限的中间人。招募者不应透露自己的身份或地址。

5. 新人加入

在某些情况下，某种加入组织的仪式可能会对新人的工作态度和表现产生正面影响（比如保密宣誓），这种场合和方式可以使他深刻地认识到他的责任。不过，招募者必须要小心，不要把这类仪式用在会给人留下不可靠的印象的家伙身上。

6. 对新人的测试

应该将一些安全无害的事情派给新人去做（例如去传递一份无害的情报）。这不仅能测试他的可靠程度，还会让他感觉自己正在为组织尽心尽力。

当此人最终被正式录用的时候，招募者最好淡出人们的视线，并引入一名中间人，让新人未来与这名中间人打交道。

掌控

1. 报酬

给特工的报酬从一开始就应该建立在交易买卖的基础之上。尽管爱国主义是招募特工的最佳动机，但通常最好还是付给特工酬金（他们可能也需要钱，并且这也提供了控制他们的另外一种手段）。

a) 组织者应当建立起长期稳定的特工薪资标准。最开始给一名特工的报酬不应太高，因为日后再降薪不是什么好事，但存在涨薪空间还是受欢迎的。为特工们的工作支付稳定的薪资比不定期给予经费更能令他们满意。后一种方式会鼓励特工们自表功劳，但这些功劳都需要仔细调查核实并可能产生争议。不过，为特别出色的工作颁发奖金是允许的。

b) 组织者应该像个好老板照顾手下雇员一样照顾他的特工们。可能的话，在特工被招募时就应向其保证，在他或他的家人患病、身处险境（有可能组织他们逃离敌占区）或被捕时，组织会给予其帮助。

c) 特工的薪资和支出应明确区分。也许有必要要求特工提供支出的凭据，但必须考虑到安全的需要。如果某个特工不想拿固定薪酬，那么也可以通过拨付大量的经费来保证他个人不受经济损失。

d) 给特工的钱应当始终准时发放，在有可能的情况下还应预付。如果组织者承诺的付款不能按时兑现，他应该非常坦率地告诉特工，如果可能，最好向特工说明这笔钱预计什么时候能够支付。

e) 事实上，最好的给钱方式是在与特工会见时当面给现金（参考课程 A.16）。同时还可以借见面的机会警告特工，过度挥霍是有危险的。付钱给特工不需要对方打收据。

f) 不允许在财务问题上和特工出现争执。如果有特工在金钱上的索求超出了合理范围，组织者应和他好好商量此事，并付给他第一次要求的数额，但应明确地告诉他下不为例。

g) 有时给特工实物作为报酬要比给现钱更有用。

h) 特工的薪资要保密，不要让一个人知道另一个拿了多少钱。

2. 训练

所有新招募的特工都应接受一定的训练，或是从招募者那里，或是通过联络接头人。训练内容主要包括两个方面：

a) 安全

如果一名特工是为某项特定的工作而招募的，那么他就不需要找到一个新的掩护身份，但必须要让他认识到始终保持掩护身份的重要性，以及他所做的每件事都要有充分的理由。

必须教他懂得其他各种有关人身安全的规则，特别是要做到不引人注意、谨慎行事、了解敌人的行事方式，以及计划好如何应对紧急情况等；应当鼓励他在日常安全防范措施方面自学自练，培养他的观察力和记忆力；还应让他接受组织上关于安全保密规则方面的指导。

尽早对一名新人的安全性进行测试并时常审查可能是很有好处的。

b) 他的工作

如果一名特工是为某项特定的工作而招募的，那么就需要对他进行符合这项工作要求的训练，以及一定的技术指导，比如实施破坏行动的方法。和他一起提前演练一下他将要在工作中使用的特殊方法也许是有必要的。

3. 晋升

总的来说，组织者会希望在他开始创建行动组织时就挑选他的左膀右臂，而不是以后再对他们加以提拔。然而特工的晋升问题还是会时不时地冒出来，那么应记住以下几点：

a) 一个人不应该被赋予凌驾于曾与他平等共事过的人之上的权力。对于获得晋升的特工，最好是把他调到另一个部门去。

b) 可能需要考虑到他在作为掩护的职业中的资历。

c) 即使是组织者最重要的下属，也应时常从安全保密的角度对其进行审查。

4. 纪律

特工队伍的纪律性将首先取决于组织者的个性。对此应注意以下几点：

a) 组织者应该让每一名特工都将组织的权威铭记于心，组织将保护那些对它忠心耿耿的人，惩罚那些背叛它的人。应当巧妙地让组织内的成员知晓这一点，以为特工自身的安全上一道保险。

b) 组织者还应该让每个特工对组织的办事效率留下深刻印象。要做到这一点，最好的办法是靠组织者的守时、谨慎、决断能力、一诺千金等能力和品质，让招募入伍的新人看到自己高效的行事能力。在面试挑选特工前，特别是初期的面试前，组织者应当在这方面进行非常细致的准备。

c) 对工作结果的态度。 组织者要对组织成员表明他希望任何工作都能成功完成；他应当对完成任务表现出信心，但不能低估任务的危险和困难；他应当夸奖获得成功的特工，但不要过度赞扬；在特工不幸遭遇行动失败的情况下，他应该对其表示同情和鼓励。

d) 对低效无能的态度。 重要的是要通过核实特工的陈述，以及观察他的行动等方式来找到其工作低效无能的真正原因。如果组织者认为某个特工的低效表现是由于工作过度或紧张，那么组织者应当坦率地和这名特工交流，让其休息调整一下，且薪金照付。如果是由于愚蠢，组织者可以在将来给他一个更轻松的工作，或者告诉他他已被敌人怀疑，必须潜伏起来。

e) 对背叛行为的态度。 如果在对一名特工进行审查和测试后，查实他已叛变投敌，那么组织者要么对其进行恐吓，要么让他拿钱走人（两种方式都很冒险），要么就干掉他。如果一个人假装自己受到了敌人的讹诈，也可以用同样的办法对付。

不过，在招募特工的初期阶段就强调该组织的冷酷无情和神通广大，以防止出现背叛行为——这是最好的办法。虽然一名叛变的特工认识的只是那几个他能够背叛的人，但他的上司对他的活动了如指掌，随时可以对其实施报复。

附录——招募

1. 概述

组织的力量来自每一名成员，无论这个成员从事的卧底工作是一线的还是基层的。

2. 安全

由于存在被渗透的危险，我们的组织在招募新人时是最脆弱的。因此必须采取最大限度的防范措施。

a) 始终掌握主动权——不要什么人都硬塞给我们。我们会考虑需要什么类型的人，然后去找到他们——避免选择那些有备而来的人。

b) 运用安全性审查和个人评判手段。

3. 对所需人员类型的考虑

a) 单独进入敌占区或敌国工作，或与现有的情报网取得联系的<u>秘密特工</u>。

b) <u>半秘密特工</u>：实施短期行动——比如发起入侵前——的行动组。

c) <u>准军事人员</u>。

d) <u>宣传人员</u>。

e) <u>无线电报务员</u>。

f) <u>在中立国家活动的人员</u>。

g) <u>总部的主管人员</u>。

h) <u>总部的或一线的教官</u>。

人员的选择常常由其本来的身份决定。许多优秀的特工压根儿没有掩护身份。

4. 应征的动机

人的行为动机是很复杂的，因此要考虑这些因素的综合作用：爱国心，政治或宗教动机，热衷于冒险，通过执行一线任务实现某种需求，以及自尊自大、贪婪、恐惧（受到讹诈、复仇）。

必须确定哪种动机对新人最具吸引力，次要动机服从主要动机。

5. 征募人员的程序

a) 关于安全的铁律——却常常被违反：始终尝试为某项工作找到某个合适的人，而不是为某个人找到某项工作。无视这一规则，敌方人员就可以在你面前摆出一个有吸引力但含混不清的计划，以争取打入组织，实现对组织的渗透。而注意遵守这一规则，有助于使组织成员即使未得到执行任务的机会，也不会在士气和斗志方面出现问题。

b) 人员的质量第一。

c) 操之勿急——匆忙行事会给其他特工甚至整个组织带来危险。

d) 激发信心。

①国家层面：必须让新人认为整个国家都是他的坚强后盾。

②个人层面：必须让新人认为与他打交道的是组织内的高级别人物。

6. 几个要点

a) 将工作中最不吸引人的一面展示给新人。

b) 不要极力说服或收买应征者，要在他心生疑虑时劝阻其不要加入。

c) 研究新人的性格——尤其重要的是研究其性格弱点，比如酒、女人，或是不会说谎。

d) 要给犯错的新人一个挽回颜面的台阶，因此让他知道太多事情是不明智的。

e) 想办法让新人尽快投入工作。

7. 结论

一根链条的结实程度是由它最弱的一节决定的。一切工作的成败都依赖于个人的表现。为完成特定的工作，我们必须确保拥有最优秀的人员。

第 5 章
组织

组织

对房舍的使用

组织

第 I 部分

1. 概述

为了使敌后破坏行动取得实效，组织性是必不可少的。组织的类型将取决于破坏行动的性质、当地条件和总体行动方针的要求（参考课程 A.1）。本课程正是从一名被派去某个新地区组织敌后活动的特工的角度来探讨这个问题。

2. 对行动地区的调查

组织者要做的第一步，一定是对他所在以及他所计划的行动相关的地区进行调查，在开展行动之前进行这项工作是十分必要的。在此过程中他应当考虑的事项有：

a) 该地区的地理情况。

b) 该地区存在的团体（经济、社会、政治、民族、宗教、破坏性等方面的团体）。

c) 该地区的民情——如反轴心国情绪，各团体间的争斗。

d) 各团体的成员情况——特别是其领导人的情况。

e) 敌情——敌反谍机关的情况。

这项调查工作将帮助组织者决定在何处，以及如何组织敌后破坏行动。比如，宣传战线的斗争最好由团体来组织实施；军事组织的组建必须以地域为基础；如果某一地区存在我方士气低落或敌人力量较强的情况，那么在该地区内开展任何破坏行动都有可能受到阻碍。

3. 计划设置组织内的各个部门

接下来的一步是决定需要在组织内设置哪些部门来执行计划。可以考虑将所有部门归为两大类——行动类和支援类。

a) **行动类部门的任务如下：**

①宣传。对于负责宣传的部门，组织者希望招募到作家、印刷工、抄写员、派发员等专业人员。

②消极抵抗和轻微破坏。这两类行动都需要类似的组织来实施——即规模相当大，并且包括那些在"内线"的协助下打入特定目标（见后文）内部而建立起来的基层组织。

③重大破坏。这种行动需要一种完全不同的组织，即训练有素、装备精良的，当地或机动的破坏小分队。可能还需要"内线"的助力。工程师显然很适合这种行动。

④准军事部门。为了组建特殊的准军事单位，或与现有的组织联络，可能需要专业军人的加入。

b) **支援类部门的任务如下：**

①内部通信。负责组织内部的所有通信工作。包括：

通信员。在某一特定区域内以掩护身份旅行的人。如商业旅行者，火车或卡车司机。

"信箱"（法语：Boites-aux-lettres）。负责管理各阶层人士经常出入，可以用来传递信件的场所（如商店、售货亭等）的人。

临时通信员。经常通过邮局收到大量信件的人，如各类商务人士。

②安全保卫部门。负责监视、报告敌人的反间谍活动，获取证件、通行证等文件，保证组织和成员的安全。

③接应部门。负责会见来自国外的人员，照看物资，如农夫、乡民和业主，以及安排好夜间行动时必需的掩护和闪光电筒等。

④物资的储藏和分发部门。负责储藏属于本组织的物资和装备，并在需要时分发。五金商、建筑商、仓库管理员、木匠、牧师和农民都是适应本部需求的人员类型。

只设立几个主要的物资储藏点，并辅以若干个分发中心是比较明智的做法；即使是将要使用这些物资的人，也应尽量不让他们知道这些地点。

⑤运输部门。 为了实现物资和人员的运输，与运输服务有关的人员，有卡车、货车等可使用的公司，甚至农民的马车都能派上用场。为"零时 (zero hour)"[①] 而囤积的油料储备，可归本部门使用。

⑥财务部门。 负责特工们的薪酬和其他费用开支。在规模较大的组织中尤其必要，因此如出纳、记账员和会计人员等都有很大的用处。

⑦招募部门。当组织规模变得庞大之后，可能有必要吸收一些能够"慧眼识才"的人，由他们自主招募特工。

⑧医疗部门。 医生和医院是必不可少的，特别是在实施准军事行动时。

⑨应急部门。 负责安排组织成员的隐蔽处、安全屋和逃亡场所，搜集积累有关监狱、行动路线等方面的优质情报的特别部门，

以上这些部门内可能编有许多特工，也可能只有一两个，重要的是每个部门都应各自进行组织。

4. 形成一个组织核心

在决定需要哪些工作部门后，组织者必须征募少量的"参谋人员"，这些人将形成组织的核心。他们将会主持一个或多个工作部门，并将有助于组织的扩充。

只要能够保证他们的安全，这个组织就能挨过各种灾祸存活下来。

由于组织者必须限制与其联系的人的数量，"参谋人员"的人数不能太多。因此，在一个设有许多部门的大型情报组织中，一名"参谋"可能同时负责好几项行动，手下还要掌管好几个部门领导。

大多数组织者都有一个目的有限的任务，并且只需要建立一个不大的情报组织。即便如此，上述原则同样是适用的，而且组织的核心总是最重要的。

5. 组织设置的原则

在列举以下这些规划组织设置，为实现最大限度的安全而应遵循的原则之前，

---

① 译注：指盟军反攻欧洲大陆行动开始的时刻。

应当指出，安全与效率之间始终存在冲突。

要保证最大限度的安全性，就应当像舰船的水密隔舱那样将各部门隔离开，而工作效率却取决于各部门之间的密切联系，因此必须在这两者之间取得一种平衡。由于安全性降低的风险总是存在的，而一旦安全性脆弱到一定程度就很难再提升改进，所以最好从一开始就以实现组织最大限度的安全为目标。

a) 不要把组织的规模搞得太大。许多工作（尤其是消极抵抗、轻微破坏和宣传）可以在组织成员的鼓动下，由组织以外的人来完成。

b) 组织者应当只对接 4—6 名下属，这些下属通常是组织者的"参谋人员"。

c) 团队或部门的领导通常会自行招募人员，但须向组织者提供详细资料（人员姓名除外）以供批准。

d) 每个部门必须有明确定义的职能，并坚持不变。

e) 组织者必须限制各部门之间必要接触的最少次数，除此之外禁止部门之间有其他联系。

注意：要避免组织内的部门和人员的过度集中，以及内部过多的横向联系。

f) 每名特工在组织内的联络人的数量应越少越好。

g) 每名特工掌握的有关组织的情况应越少越好。

h) 必须留有一定数量的后备人员，以便在紧急情况下填补关键岗位的空缺。

i) 应尽量多使用中间人（见后文）。

第 II 部分

中间人

a) 定义

中间人，或称中介，是指在两名特工之间或一名特工与外界之间建立联系的人。中间人可能对组织的情况知之甚少，只负责传递消息，也可能是一个联络员，能够答复一些问题并决定一些事务。但重要的是，中间人不应参与执行任何破坏行动。

b) 使用中间人的原因

①两名重要特工（尤其是来自组织内不同部门的）在一起被人注意到是非常危险的。

②一名特工可能不希望与之联络的另一名特工认识他本人。

③特工希望在自己和官方机构之间设置一道屏障——比如在发电报、接受官方询问、租赁房产时。

④使用中间人可以防止或拖延敌人怀疑我方人员，并且能够对特工们的活动起到串联作用。

<u>注意</u>：必须向下属解释清楚一名中间人的重要价值，使用中间人并不代表组织对下属们缺乏信心。

c) **掩护身份**

①一名中间人应该能够不引人注目地接触到由他居中联络的两名特工中的任何一位。如果这两名特工的职业职位大不相同，那么这名中间人的人脉关系范围也必须相应地扩大。工作与生活环境迥异的人尤其有机会扮演中间人的角色，例如侍者、出租车司机、邮差等，此外还有习惯于接受社会各阶层询访的专业人士，如牧师、律师、医生、银行经理等。

②中间人应该能够迅速消失，从而缩短警察的询问时间。

第 III 部分——基层组织体系

1. 基层单元

对于许多需要由较大规模的组织来实施的破坏性活动，如宣传、消极抵抗等，都需要在众多的基层单元的基础上加以组织动员，这样能够加强行动的安全性。

a) **定义**

所谓基层单元，就是存在于某些现有的团体人群内部，如德国国内的工厂、政党、协会、工人团体等，从事破坏工作的小组织。

b) **扩充**

①基层单元最重要的功能之一是招兵买马，扩大力量。最好的方法是让小组中的每个成员都担负起从外面再招募一名成员，从而再建立起一个基层单元的责

任。同样，新的单元中的另一名成员会再招募到一名组员，以此类推。

②由于第一个基层单元中的招募者是唯一与第二个单元的组织者有联系的人，因此整个组织的安全得到了最大限度的保证。这样做的价值在于，一旦一名特工被列为怀疑对象，警方将耗费很长时间来追踪其他特工，而且即使基层单元的一部分被敌人发现，也不一定会暴露整个组织。

③另一种方法是辐射式招募，即由基层单元的各个成员去招募多个新的单元的组织者。这种方法的扩张速度更快，基层单元和其成员之间的通信联络也更直接，但安全性降低了。

④链条式的招募体系最适合不需要复杂的命令或精准时间的简单行动，比如宣传。对于反应速度和协调力至关重要的组织来说，辐射式的招募体系是最好的，比如秘密部队。

c) 控制

①方针政策必须由组织高层制定，并在整个组织内统一执行。

②没有任何基层单元可以凌驾于其他单元之上；命令的传达只能自上而下。

③每个基层单元的人员招募链条的范围应该受到限制。比如限制在某座工厂内的一个车间，这样每个基层单元都与其他组织各自保持独立运作，并受到被指派来对其进行管理的特工的掌控。

④组织者应限制每个部门或团体内基层单元的数量。单元的成员还将作为"奇袭部队"，以实际行动对组织以外的人产生影响，鼓舞他们也投入到破坏行动中来。

d) 内部工作

①成员数量：一个基层单元应只吸纳少量成员（3—8 人）。

②成员的职能分配：基层单元内的所有成员都从事着某种活动，这也正是他们被招募来的原因。他们还必须收集所有有用的情报并将其传回总部。此外，他们还必须确保个人和基层单元的安全，出现任何表明基层单元的安全受到威胁的情况，如某位成员突然缺勤，应立即向基层单元的上线和下线报告。

主管负责上述工作的基层单元小组长还应与单元的上级保持联络，对情报进行整理，传达命令，保证安全。与一个新单元的组织者的联络工作由招募他的特工负责。

注意：补给和仓储等工作最好专门指派一个人来负责。

e) **应急计划**

必须事先制定好紧急情况出现时的应对计划，以防止基层单元的联络链条断裂，从而使一些成员陷入信息不通、孤立无援的处境。应急计划可以包括：

①关于在紧急情况下应采取的对策的一般性指示。

②联络链条上最后一个成员与整个链条的组织者建立联系，从而使联络链条实现闭环。

③应急联络地——比如藏在事先约定好的报刊广告内容中。

f) **结论**

基层单元体系有明显的缺点，比如响应速度慢、工作效率低、只能对其远程遥控。然而，它是唯一能够为规模较大的组织提供必要程度的安全性的组织体系。

这种组织体系特别适用于简单的行动中某一场旷日持久的斗争。如宣传、消极抵抗、轻微破坏、罢工，以及为一次武装起义所做的基础准备工作。它也可用于渗透某个组织，并对其政策和活动产生影响。

2. 为"零日（ZERO DAY）"[①] 做准备

a) 组织者须对其组织的架构布局进行规划，这种规划不仅要着眼于目前战争期内的行动，也要着眼于与盟军的入侵作战同步实施的行动。

b) 组织者可能会组建一个特别部门来处理这一问题，或者计划在盟军入侵时对其组织的正常架构进行调整——或者两者兼而有之。

c) 在为"零日"做准备的第一阶段，组织者必须设置更为快捷的通信联络方式来替代原先迟缓的，却是保证安全所需的通信方式。此时可以弃用中间人，组织内的要员们互相之间也可以直接接触。

d) 组织者必须有后备人员来接管关键岗位。敌人对他的组织的了解可能比

---

① 译注：指盟军反攻欧洲大陆行动开始的日期。

他想象的要多，敌人会任凭他的组织存在，在"零日"来临之前才对其发动突袭。

e) 组织者必须提前安排好在"零日"实施的行动和使用的识别信号。

f) 组织者必须特别注意收集物资，包括武器、弹药和爆炸物，以及有关"零日"目标的情报。

3. 组织成员的安全守则

a) 每名成员都必须接受自我保护和组织安全守则的培训。

b) 每名成员都应有自己的专属职能，不得从事其他任何职责。要认识到过度热情地尝试过多或不适合自己的工作的危险性。

c) 任何成员都不应试图了解更多关于组织的情况。

d) 每名成员都必须清楚他在组织中使用的是什么名字，并坚持使用这些名字。（对于一个小型组织来说，用教名是最安全的，并且也是够用的；如果成员使用数字代号，那么不应使用连续数字）

e) 除非没有伪装身份加以掩护，否则任何组织成员不得携带武器。

f) 未经特别许可，任何人不得与其他组织的成员联系。

注意，与其他可能已被敌人渗透的组织联系的危险性已经摆在眼前。如果一定要与另一个组织联系，应当采取最谨慎的方式，通过联络中间人来进行，在准备与之联系的其他组织中安插一个人来调查其安全性也许是个明智之举。

g) 对于发现的任何可疑事件，组织成员必须立即向组织报告，例如他本人遭到跟踪，或某个组织成员没有露面。

h) 每名成员都必须知道一旦发生紧急情况时应当如何行事。包括：

该发出何种告警信号。

他必须亲自向其他哪些成员发出警告。

该去哪里隐藏起来，该设计怎样的说辞等。

必须放弃哪些联络方式和活动。

如何与其他成员重新建立联系。

4. 紧急情况下组织者的行动

如上所述，组织者必须尽可能提前准备好应急方案。一旦紧急情况出现，如特工发现自己已被监视，或特工遭到逮捕——则组织者必须：

a) 确定组织的哪些联系人、行动计划和场所受到影响。

b) 警示联系人采取事先安排好的应对措施。

c) 推迟或取消任何受到影响的活动。

d) 清理所有受到影响的场所，即销毁或隐藏各种物资、文件，停止使用接头点。

e) 尽可能给在该国的我方特工总部送去消息。

f) 如果有特工被逮捕，查明其被逮捕的原因以及此人是否已经招供。

g) 在不损害组织安全的情况下，协助被逮捕的特工脱逃。

对房舍的使用

对房舍的使用带来了一些特有的安全问题。

1. 概述

a) 在组织建立起来之前，不应急于设立该组织的指挥部。

b) 在组织建立初期，应尽量少使用房舍。各种计划和文字记录应当被保存在组织者的大脑里，以及散于各处的特工那里。

c) 随着组织的壮大，设立指挥部来达成前述的目的将是必要的。组织者可使用住宅或商业场所作为指挥部。

d) 可能还需要额外的房舍作为仓库、印刷厂、运输站、安全屋等。

e) 将某个已有组织的所有者或管事人招募进来为自己所用，而不是建立一个新的机构，安排新的人员。

f) 分散原则最重要。将过多的活动集中于一个地方并非明智之举。比如不要把文件存放在特工们见面的地方。

2. 选择房舍

选择何种房舍将取决于具体在哪个国家或地区。在人口稀少的乡村地区，可能有机会使用单独的房屋，如给徒步旅行者或滑雪者使用的小屋。而在人口密集的国家，则可能需要用到城镇中的私宅或商业建筑。在选择后者时，应考虑以下因素：

a) 可达性。对此房舍完全陌生的人能够找到去往那里的路，而不会因为到处打听，或其外表举止在当地显得很不协调而引起怀疑，这一点非常重要。

b) 掩护。在可能的情况下，应设法利用现有的公司企业场所作为掩护。对一家公司企业来说，任何新业务都很有可能被怀疑并受到询问，因此应当保持正常的办公时间，正常支付账单，并且以各种方式开展真实的业务。

此房舍必须与背景环境相匹配，例如，如果是一家商店，则必须是适合该地区档次的商店。

房舍必须为来访的特工提供掩护，既适用于定期前来的中间人，也适用于不定期的访客或完全陌生的人，例如来自国外的人。访客必须准备好"真正的"来意。

必须建立起对这处房舍的掩护。如有可能，在破坏行动开始前应做些真正的生意。

c) 设施。从防御的角度来看，应当注意该处房舍的适用性，即：

是否有可以隐藏人员和物品的设施，例如加厚的墙壁。

是否有逃生设施（备用出口）。

是否容易被监视

d) 对人员进入房舍的控制。在城镇中，对于人员进出房舍的控制有三个级别的权限：

"普通"店铺，这种场所无法阻止警方和间谍进门。

为客户提供个人专属服务的场所，如裁缝铺、诊所、公寓。

为特定客户群服务的私人办公室。由于拜访这种场所需要有充分的理由，同时这类地方外面的等候室提供了各种可能性[①]，这给警方的渗透侦察造成了极大的困难。组织的保险箱和文件也可以存放在这种地方。拥有具备这些条件的办公室的专业人士，可以将指挥部和中间人的职能结合起来，扮演组织者的代表人的角色。

以上可以看出，对房舍的安保力度的变化与为其提供掩护的设施的水平成反比。

3. 安全防范措施

对于任何房舍而言，包括特工自己的住所在内，都应尽可能多地采取以下安

---

① 译注：指有意混入办公室的人可能会被拦在等候室，不得进入，或是办公室内的人借助门外等候室的拖延而有时间提前做好应对准备。

全防范措施：

a) 特工必须始终能够知道在他离开期间房间是否有人进入和搜查过。保持房内的整洁是最好的防范措施。其他的一些办法，如在锁孔里留一片树叶、在门下放一根发卡，都不能太过明显。有可能的话可以留下诱敌上当的陷阱，例如便笺纸[①]。

b) 房屋内应尽可能少存放会导致获罪的物料。任何不再需要的东西都应销毁，比如密码文字、密写纸。还要注意吸墨纸和书写板上的笔痕。数量较大的武器和爆炸物应存于专门的储藏处。

c) 应当准备好藏匿之处。永久的和应急的都有必要设置——应急藏匿处只有在使用违禁物品时遭到突击搜查的情况下才能使用。

应该避免用壁炉和任何其他警方早已知晓应当重点关照的地方为应急藏匿处。有鉴于此，任何关于警方成功实施搜查行动的情报资料是最有价值的。

永久的藏匿处应该是难以接近的，这一点比难以被发现更重要，比如埋入地下。

文件资料不应藏在可能有大宗物资的地方，以防人们在此寻找食物。

d) 对于因太危险而无法藏匿的违禁物品，应做好将其销毁的准备。

注意：大量的纸张即使是在被汽油浸湿的情况下也会烧得非常慢，纸灰除非被打碎，否则其上的字迹仍有可能被破译。

e) 应准备好供人们藏匿时需要的食品和用品，或设置一条逃生通道（备用出口），并清除所有的痕迹。

注意：有盖世太保同时从所有方向冲进来的危险。

f) 如果身份允许，应始终有人保持警惕，站岗放哨。如果有人——比如旅馆的勤杂工——能加入组织充当岗哨，并且安排好通信警报系统，那么可能非常有助于安全（特别是对坐落于大街区的房屋来说）。

g) 应预先安排好代表"平安无事"和"有危险"的信号——视觉上的或语言上的，比如事先约定的某种颜色的物体，摆在特定位置的擦鞋垫。在夜间灯火管

[①] 译注：指写有一些虚假的，有误导性的信息的便笺纸。

制目视观察有困难时，最好使用"正常的"信号来显示危险的存在。可能的话，要限制电话的通话时间，只传达信号。

h) 应始终有人把风放哨，以观察房舍是否受到了监视。当有人进出时，要检查他身后是否有跟踪的尾巴，如果已被跟踪，要想办法向其发出警告，比如给其留下便条。

i) 对于那些常来常往的人，聪明的做法是稍微改变一下他们的着装和来到的方式，以免引起注意。

j) 如果一座房子受到了怀疑，应马上准备另一座，并编造好必要的幌子。改换房子后，继续想办法助长警方对第一座房子的怀疑。

k) 除非用于掩人耳目的"假房主"以前就从未及时支付过租金和税金，否则应及时支付房屋的租金和税金，以避免受到询问。

第 6 章

通信联络

情报交流——人员会面

A. 总述

好处：

a) 可以传递更多的情报消息。

b) 可以对情报消息加以更正和强调。

c) 可以即时得到答复。

坏处：

a) 会面可能会被怀疑。

b) 可能会为目前还未被怀疑的接触招来怀疑。

c) 会面可能是个圈套。

B. 方式

为扬长避短，这里讲三种类型的人员会面：

1. 彼此熟识的特工之间的会面

a) 会面的伪装

偶遇。（先到的人一定不能表现出不耐烦）

故意碰面。（不要与偶遇混淆）

b) 会面地点的选择

糟糕的选择：火车站、公众集会、旅馆、妓院、队列（见线人）、邮局。（如果一定要选择其中之一，注意使用"危险"信号）

较好的选择：小旅馆、餐馆、酒吧、咖啡厅。

更好的选择：街头、花园（法国的除外）、天主教堂、墓园、土耳其浴室或泳池、博物馆、美术馆、海滩、公园、汽车上、第三方租赁的房屋、私人住宅或办公室、"休闲"场所（比如周日挪威奥斯陆近郊的森林），以及不受管控的舞厅或娱乐场所（挪威不许跳舞）。

注意：无论在任何地点会面，都要为你的出现做好掩护。

c) 交谈

交谈要打好掩护。抵达见面地点时安排。

除非是讲黄色笑话或是谈情说爱，否则不要耳语（讲悄悄话）。

尽可能多地微笑和大笑（这类提示对特工永远有效）。

d) 传递情报

如果能在不被注意的情况下传递情报（比如在厕所里），就不要用一些障眼法。

如果需要使用障眼法，则要带上相应的道具。（交接双方使用相同的道具——对调公文包、火柴盒、报纸等）

情报传递完毕后发出确认信号。

e) 安全防范措施

要事先在接头地点进行几次"无害到访"作为掩护。

预先做好确保见面安全的工作。比如，见面的时间和日期分别通知，并且不用同样的方式（如打电话）通知。共产主义者的招数是通知的见面时间要比实际时间晚一个小时——因此警察总是姗姗来迟。

表示"安全"和"危险"的信号。比如，不戴手套表示有危险。

准备好备用接头地点以防万一。

要守时。（见面双方对好手表，或提前安排好以附近的某一公共时钟为准）

提防录音窃听。（打开收音机、浴室水龙头、留声机）

不能无休止地在会见地点等待下去。

提防有人监视。（如果可行，在灯火管制时见面）

频繁改换接头地点。

2. 彼此互不熟悉的特工之间的会面

a) 掩护

必须采用偶遇的见面方式。

b) 对外貌特征的描述

正确的外貌特征描述（参考课程 A.7）要比多种组合记号的辨识度更高（比

如戴红玫瑰，喝绿色饮品）。记号应当仅作为对符合外貌特征的人进行核实之用。

c) 接头暗号

绝不能太过惹人注意，即戏剧化的、与环境身份不协调的，或是有失体统的语言或行为。所以接头暗号一般都平淡无奇，但有明显的标志性内容，特别是在回答的时候（通过语气停顿、手势，以及使用特殊但司空见惯的词）。

接头暗号应言简意赅，一字不差。（人在压力之下容易忘记暗号）

作为暗号的话语应该自然地引出。（有些暗号是很好的"开场白"式话语，其他一些作为暗号的话语则需要一步步引导）

立刻回应对方的暗号。

（举个例子：有个特工用一个选得很差劲的暗号和一家旅馆里叫 Viveau 的先生接头，但他搭上的这位 Viveau 先生看起来很是惊异。这名特工后来发现旅馆里有三个人都叫这个名字。）

3. 特工与组织以外的人之间的会面

安全防范措施

如果你心生怀疑，就不要去接头地点。

在见面的时间、地点、日期上，不接受组织以外的人的建议。

派中间人去接头地点，把这位"外人"带到别的地方。

亲自出马在半路拦住他，带他到别的地方去。

事先派人对接头地点进行侦察。

让他跟着你走。

见面前自己对见面地点多多侦察。

附录

《组织报》（L' Organisateur）是比利时的一份共产党地下报纸，仅在党员中发行。在 1943 年 7 月的一期中，该报严肃地发出警告，许多党员之所以遭到逮捕，都是由于疏忽大意，没有遵守秘密抵抗运动必需的安全防范措施。于是该报简要地列出了一些秘密工作的主要安全规则。

1. 安排会面

不能将有关会面活动的全部安排一五一十地写在一封信中。首先，应当送出一封内附会面日期和时间的信件，如果要见面的两名组织成员互不相识，信中还应约定一个可以使他们认出彼此的标志物。接下来，<u>至少过一天之后</u>，寄出第二封信，信中写明见面的地点。在任何情况下，无论形势多么紧急，都不能忽略这一基本的安全规则。如果组织中有人有紧急情况要报告，他必须传口信把他想要报告的人叫到某个会面地点。地点可以用隐晦的方式提及，例如，"我们最后一次见面的地方"。注意，不要把任何东西记在笔记本上，写东西时也不要用直白的文字。签名时要始终用一个数字或首字母代替。

2. 组织成员的识别标志

实践证明，如果见面的两名同志互不相识，那么单一的识别标志是不够的，而且可能会带来麻烦，因此，针对这种情况，应确定两个识别标志。如果其中一个标志是某种款式的服装，则必须详细说明，比如只说接头人戴着"一顶棕色的帽子"是不够的，而再加上一项特征——"胸前口袋里插有一块某种颜色和图案的方帕"，就容易辨认了。

接头暗号的答语必须明确。例如，如果一名同志用问路的话对暗号，另一名同志应该回答"还远着呢"，或者"有五公里呢"，绝对不能给出"我也正去那儿呢"

这样稀松平常的答语。

3. 火车站和火车的使用

绝不能在主要车站和大城市的车站上下火车。不管在大站有没有人认识自己，党员同志都要始终使用郊区或小城镇的车站。

4. 会面地点

会面不得安排在车站附近或某个固定的地点。会面方式应当设计为一名同志在散步时与另一名同志相遇。一名同志在某个确定的时间离开"X"点走向"Y"点，另一名同志在某个确定的时间离开"Y"点走向"X"点。万一两人没能相遇，则每个人都应该走完全程再折返，让对方能够遇上自己。如果两人一直没能接上头，则应在规定的见面时间过去一个小时之后做最后一次尝试。

两名同志见面时，要像纯粹是偶遇一样互相打招呼，闲聊一阵，注意看周围是否有人盯梢，确认安全。

5. 党员同志，尤其是传递消息的通信员

应当停止一次次地在相同的地点，或者在距离相同的地点仅几步之遥的地方安排人员会面。各个会面的地点之间应该相隔至少需步行一刻钟的距离，并且在会面期间，党员同志们要注意确认是否被跟踪。

6. 当两名同志不期而遇时

比如一名党员在街上意外遇到另一位同志时，不要试图和对方说话，甚至不应表现出认出对方的样子。曾经发生过这样一件事，有一个从来没有参加过任何反德活动的人，仅仅因为和一位正在被盖世太保跟踪的老朋友握了个手，就遭到了逮捕，至今仍身陷囹圄。如果组织没有安排见面，同志们在街上相遇时，应当彼此视而不见，把任何想传的闲话留到明天再说。

7. 每一支团队和组织的领导人都有责任确保这些安全规则得到遵守。

通信联络

对内

1. 概述

组织者必须能够做到与同事保持经常联系。如果所有下属都觉得通信联络手段是确定而可靠的，就表明组织的工作水平已经得到了提升。

必须记住，特工在进行通信联络活动时，会给他自己和亲朋好友带来危险。因此，保持高度警惕是必不可少的。

有必要对各种各样可供使用的通信联络方式进行研究，并根据具体情况采用最合适的方式。

2. 邮件通信

这是彼此相距较远的人员之间最简单的通信联络方式，但联络速度慢、不确定因素多，而且很容易受到警方调查。在敌占区，信件，特别是进出那些禁区的信件经常被检查，可疑人员的信件肯定会被拆开。因此，使用邮件方式通信时要考虑采取以下措施：

a) 必须使用暗号（密语）或密写墨水。

b) 如果已经受到怀疑，则不要使用邮政途径进行有关破坏行动的通信。

c) 除非有规定，否则应避免在信头书写确切的地址。如不得不留下地址，那么使用实际存在的地址——如某座旅馆的真实地址、合法无害的地址、第三方的地址、卖国贼的地址——要比一个臆造的地址更为可取。

d) 打印信件时要避免使用带有水印的纸张，以及非标准品牌的，或打出的字体具有可识别的特征的打字机。打字机只有在进行秘密工作时才能使用，不用时要将其藏好。

e) 信件签名要用教名或绰号。

f) 避免使用特殊类别的邮件（航空邮件、挂号邮件、包裹邮件）。尽量使用明信片和商业信函，特别是商业报单。

g) 信件要在不同的邮筒和远离住处的地方投递。请记住，如果被寄信人跟踪，那么寄信人寄出的信件是可以被识别出来的（比如，跟踪者在寄信人把信件投入邮筒后紧接着向邮筒里投进一张报纸[①]），因此要注意提防被盯梢。

h) 通过邮政渠道寄送指示时，要考虑到由于战时条件而导致的延时交付。

i) 使用临时通信点为通信联络提供了更高的安全性，尤其是如果此地能接收大量邮件，提供组织者提供不了的掩护的话；不要把你的地址和身份告诉你的通信员。送出的邮件必须装作是给某个中间人的，不要夹带其他东西，并根据临时通信点对外的招牌性质由专人或邮政传递。邮件外皮加以特殊的标记，可以表明里面是哪一类秘密情报。临时通信点要经常更换，最多只用两名通信员。避免邮件被留局待领——这样的邮件会受到监视——只有在没有其他通信地址可寄时才可如此。

3. "信箱"

这些所谓的"信箱"是可以供特工们或他们的中间人留下和收集情报消息的地方，是不愿见面的重要人物之间的一种有效的联络方式。用这种办法可以使警方很难通过监视一方来掌握另一方的行踪。

"信箱"必须为经常有人进出其中准备好掩人耳目的伪装，例如装扮成烟店、咖啡馆、报刊亭等。

切记：

a) 必须招募传递情报消息的中间人，但不必让他了解组织的性质。

b) 通信员传递信件应秘密进行，如果需要大大方方地留下信件则要做好掩护。要研究各种传递情报的方式，例如藏在报纸的字里行间，塞进食品中，夹在零钱

[①] 译注：报纸会将寄信人刚刚投入邮筒的信件盖在下面，与之后被投入邮筒的其他信件隔开，以便于随后检查识别。

里等。

c) 应准备好诱骗敌人上当的假信和备用的掩护送信的办法（如黑市交易），以备发生紧急情况。

d) 应准备好危险警示信号，以备发生紧急情况。

e) 定期清理"信箱"。

4. "死信箱"

"死信箱"的功能与前述的"信箱"相同，但无人值守，比如公路边的里程碑、盥洗室等。联络人可以利用这些地方相互联系而无须见面。

注意：

a) "死信箱"没有来自中间人的风险。

b) 如果"死信箱"被敌人发现，我方将得不到示警，此时"死信箱"可能会受到敌反间谍机关的监视。

c) 为"找到"被放在"死信箱"内的情报准备好掩护说辞，比如说是无意中发现的。

d) 警方可能会在联络人不知情的情况下监视信件往来情况。

5. 交通员

交通员通过随身携带或口头传达的办法来绕过当局的通信检查制度，传递情报。这种办法的传递速度相对较慢，但比其他方法更可靠。在紧急情况下，情报可以被销毁。另一方面，如果交通员遭到逮捕和审讯，可能会对多名组织者带来迫在眉睫的危险。预防措施如下：

a) 交通员必须有很好的掩护身份，并且对路线了如指掌。

b) 传递的情报最好记在脑子里，但在办不到的情况下，则应将其写在易于销毁和藏匿的纸张上。如绢纸、宣纸、卷烟纸。

c) 交通员不应了解情报的内容或破译密码。

d) 交通员应接受过如何应对搜身和突击临检的指导。交通员不应与两边的联络人有直接接触。

e) 采取由多名交通员连接起多个"信箱"，短途分段传递的"接力式"情报传递制度是比较好的办法。在这一制度下，每名交通员都相当熟悉自己负责的路段，并且只在自己路段内活动，不会越界。

6."无生命的"交通员

可以将情报消息藏在不知情的人的车上或行李中送走。适用条件与"死信箱"相同。

7. 电报

拍电报是相距遥远的双方互通简短消息的一种简便快捷的方式。然而这种联络方式非常显眼，一定会招来当局的审查，而且使用也受到一定的限制，要慎用。拍电报时发报人几乎肯定要自报身份，电报内容在收发两端也会留下永久记录。不过电报仍然是一种发报人告知对方自己所在地点、安排会面和答复问题的好方式。

防范措施：

a) 必须使用伪装良好的密码暗语。

b) 利用中间人，以中间人的名义发报。

c) 确保收报人具备接收电报的社会资格。

d) 电报发往临时通信点。

8. 电话

打电话对于那些进行远程通信联络的人来说是一种非常快捷的方式，但要始终做好电话中的交谈已被监听的思想准备。

可疑分子的电话经常被当局自动录音。

因此，打电话请使用公共电话亭。拨打通过总机转接的电话时可能需要自报家门——因此可能要严格限制使用需要总机接转的电话。

打电话时一般禁止讲外语，但必须把精心编排的暗语和平常的对话结合起来。敌人可能会注意到电话中可疑的字眼。

电话方式最适合用于安排会面、答复问题等。

9. 广告

广告是一种可以合情合理且快捷地同时与许多人进行联络的方式。广告可以被用作某种标志或隐蔽的加密情报。采用这种联络方式是不可能识别出接收人的。其最佳用途是作为一般性的警告或行动标志。记住：

a) 在报刊上插入广告的人的身份通常必须是确定的。可能会使用中间人。

b) 广告的措辞必须正常无异，因为敌人的反间谍机构可能会对广告内容进行仔细审查。

c) 必须插入广告词的信息要有良好的伪装。刊登"寻物启事"比"待售"或"求购"一类的通知更可取。

d) 定期的广告插入必须由正规广告商来做。

e) 用广告传递消息会耽搁时间。

10. 一般的防范措施

a) 情报消息通常可以分为两部分送出，其中任何一部分都无法单独解读。例如，情报正文由交通员送出，而密钥则通过邮递寄出。

b) 在一起工作的重要组织者之间应当至少有两种联络方式，以防其中一种被敌人破获。

c) 重要情报应一式两份发出。

d) 可能有必要对收到情报后的回执确认做出安排。

e) 切勿给传递的情报编号。

对外

1. 总述

一线特工和基地之间的通信联络至关重要，需要精心组织。明智之举是准备数条备用联络渠道，以防其中某一条被敌人破获。以下是几种主要的方式：

a) 无线电报——适用于简短、紧急的情报和要求立刻回复的情况。

b) 交通员送信——适用于较长的、紧急和不太紧急的情报，以及地图、物资等。

c) "清白的"信件——在特工与其组织成员失去联系时使用，送往中立国的某个地址的简短消息。

其他可能采用的方式：

d) 向中立国打电话或发电报。

e) 在报刊上登广告。

f) 使用外交包裹。

g) 使用信鸽。

2. 无线电报

发送无线电报是唯一能够迅速实现联络并立即得到答复的通信方式。但这种方式被使用的次数越多，就越有可能被侦测到。无线电报务员都是训练有素，并且拥有特殊的掩护身份的人。为了保护传递信息双方活动的安全，应采取以下防范措施：

a) 报务员不应被作为他用。

b) 其他特工不得前往报务员的住所或报务地点，如果他们与报务员没有直接联系则更好。

c) 如果报务员必须躲藏起来，必须留有备用的联络方式与之保持联系。

d) 只有在使用其他渠道传送情报不方便时才使用无线电报。

e) 报文的长度必须控制在150—400个字母之间。

3. 报务员的安全措施

a) 按手提箱的样式对无线电台进行伪装。

b) 抵达任务地时将电台埋起来。

c) 用当地的线材制作的带伪装的天线。

d) 报务员必须有允许不定期缺勤的掩护性工作。上下班规律的工作不能做掩护之用，除非老板就是组织里的人。

e) 由于发报按键声会被人听见，所以报务员应和同僚们住在一起以得到掩护。住所必须有可以藏匿电台的地方。

f) 电台设备和天线应不断转移。

g) 按计划限制发报的次数和时长。

4. 交通员递送

一组交通员组成一条传递链，携带情报和物资，分段接力递送。递送路线上可能有数个"终点站"，每个"终点站"都与一个传递链上的"支路"或"主路"相连接。这种联络方式比无线电报慢得多，但通常更安全。一般来说，递送路线上的每个站点都有交通员负责。工作中应注意以下几点：

a) 每个交通员都应该对自己负责的"接力"工作具备专门的知识，并能为自己频繁出行找好理由。

b) 每段路线可安排多名交通员，这样就可以经常执行递送任务。交通员在某条路线上常来常往，可使递送工作在外人看来正常无害。

c) 交通员与其他人以及托付情报的人的联系应尽可能通过"信箱"进行。

5. 在边境或海上的困难

对于在陆上或海上越境时出现的特殊问题，可采用以下方法：

a) 用走私犯、火车上的服务员、卡车司机等充当交通员。

b) 用火车、汽车以及其他交通工具充当"无生命的"交通员。

c) 让物资顺河漂流，或装在容器内（如掏空的芜菁）扔过边境线。

d) 用鼓点和烟雾等视听信号。

e) 利用中立国的海员做交通员。

f) 用潜艇、水上飞机、渔船等交通工具偷运物资。

g) 利用码头或机场工作人员将物资藏匿到船上或飞机上。

6. 寄往中立国某个地址的信件

这是一种安全，但非常缓慢的联络方式。信件内容可包括：

a) 较长的密写情报。

b) 较短的密码情报。

c) 事先安排好的暗号，比如告警，"平安无事"等。

d) 特工的所在地。当特工与组织的其他成员失去联系时，这是最常用的办法。

防范措施：

①收件人并不清楚信中内容的含义，但相信自己是那些身处敌占区，希望写信给盟国却苦于无法直接联络的无辜平民与盟国之间的一座桥梁。事实上，很多清白无害的信件也是以这种方式传递的。

②寄信人必须采取一切防范措施来对付当局较之于国内信件更为严格的对外信件审查，例如收件地址的选择、寄挂号信和航空信的危险性，以及信件的篇幅等。

③不要向同一个中立国地址寄出太多的信件。

④隐藏寄信人的身份比隐藏几乎没什么危险的收信人的身份更重要。

7. 电话联络

与中立国家往来电话，互通情报有时是允许的。使用电话联络必须提出正式申请，交谈所用的语言要受到限制。通话内容一定会受到当局的审查，因此，良好的掩护至关重要。除非是老练的行家，否则在电话中使用暗语代号是极其危险的。电话联络一般只适用于安排见面，提供地址等。

8. 电报联络

电报联络需要考虑的事项与电话联络相同。电报用于表明发电报的人的地址。

9. 在报刊上登广告

在这个国家一周之内就可以找到合用的敌国报纸。在报纸上频繁地插入情报信息需要极佳的伪装掩护手段。

10. 信鸽

除通知有关安全到达的消息外很少使用。使用信鸽传递消息，特殊的训练指导是必不可少的。

a) 优势

可以携带微缩的地图、图纸等情报，并且比除了无线电以外的其他方式传递速度更快。

b) 局限

①将信鸽带入敌占区并妥善藏匿比较困难。

②信鸽的饲养和训练比较困难。

③信鸽在经过一段时间后会失去归巢本能。

④用信鸽传递消息存在送信距离和方向的限制。

⑤鸽子在暗夜或大雾天气时无法"回家"。

无线电报务员

1. 无线电报务员的重要性

a) 他是组织中唯一能与总部基地保持迅速可靠的通信联络的成员。

b) 他是受过长期训练的专业人士。

c) 无线电报务人员的补充极为有限。

d) 是敌方反间谍机关孜孜以求的捉拿目标。

2. 工作中的报务员

a) 电台设备

有多种型号可供使用。

尺寸：包括电池在内，长、宽、高不超过 2 英尺、1 英尺、6 英寸。

重量：不超过 40 磅。

伪装：伪装成手提箱、留声机。

b) 天线

与一般电讯接收设备上的天线类似，电台天线在选择发报的架设位置时，要比收报时更仔细。

例如，电台天线应架设在远离树木、钢结构、架空输电线和电站的高处。

c) 电台的供电

有两种供电来源：

①输电线路

利用输电线路供电，电台的用电量将被记录在电表上。因此，报务员必须在输电线路进入电表前，给电台搭接一根电源线。

②电池

必须做好给电池再充电的准备。

d) 报务计划

在奔赴任务地之前，报务员会收到一份完整的"报务计划"，其中包括收发报的时间表、电台呼号等。这份计划属于绝密文件，甚至比电台本身更加重要。报务员必须按照计划进行工作，任何更改必须得到总部基地的批准。

e) 报文

报务员应尽可能长时间地处于不发报状态，而发报时间应尽可能短。因此，报文必须简明扼要，所有多余的词语都要删掉。

f) 密码

如果可能的话，报文的加密和译电工作应留给组织者来完成，报务员只需要负责报文的发送和接收。不过在某些情况下，报务员可能不得不从事报文加密和译电工作。

3. 敌方反间谍机关侦测非法电台发报的手段

敌方侦测非法无线电台发报的组织是一支行动高效、讲究科学的队伍。其使用以下一种或所有方法进行侦测：

a) 禁止私人电台的使用。

b) 通过线人举报，掌握可疑的人和事。

c) 突击临检，以检查是否有人在转移电台。

d) 对怀疑有非法电台正在工作的地方进行搜查。

e) 截获电讯，记录可疑的电报并尝试破译密码。

f) 使用下列无线电测向设备：

①定位发报机所在的大致区域的固定无线电测向站。这种测向站数量较多。

②使用多个移动测向站来定位发报机的位置。

两个或三个测向站一起工作。

伪装成普通车辆，车身采用非金属材质。比如厢式货车、救护车、洗衣店运货车等。

③在汽车开不进去的地方使用的手持式无线电测向仪。

④在可疑区域上空盘旋并且可以低空掠过测向站的低速飞机。

⑤在怀疑有非法电台发报的区域逐街分段停电。

非法发报机在乡下最容易被发现，但绝大部分无线电测向设备都在城里。因此，郊区被普遍认为是发报最安全的地方。

4. 报务员的防范措施

在与敌方反间谍机关的斗争中，报务员必须时刻注意自我保护，并且应牢记以下几点。

a) 打掩护——为发报和去发报站点时的工作缺勤找好借口。

b) 准备备用设备——如果可能，准备几台备用的电台设备，并在不同的地点，不同的日期和时间使用。

c) 找好备用场所——供报务员在有合适机会时转移电台设备之用，电台应尽可能经常转移。

d) 安排助手——敌方的移动测向站接近时提醒报务员，并帮助报务员转移设备。电台设备的搬运转移不应由报务员亲自动手，换一部电台要比换一个报务员容易得多。

e) 设置观察点——在报务员工作时注意观察无线电测向车的接近。

f) 安全措施——报务计划和会引起怀疑的物件应当与电台设备分开藏匿于某处。报文的抄件只有在绝对必要的情况下才能保留。电台应该与手枪放在一起。

g) 发报——报务员每次的发报时间必须尽可能短。报文必须简明扼要。

h) 电台的电源——为了应对敌方的分区断电侦测法，电台应配有电池以便能在断电时继续发报。

5. 组织者与报务员之间的关系

组织者必须尽一切可能保护报务员和组织的安全，避免因其受到怀疑而导致的严重后果。

报务员必须能够照顾好自己，不要指望组织者能够为他做任何事情。

这种关系应基于以下考虑：

a) 组织者和报务员之间的直接联系应减少到最低限度。二者的通信联络应该通过"信箱"或"中间人"来进行，而不是私人之间的会面。

b) 组织者可能需要帮助报务员寻找其电台设备的备件、安排电台的维修、找到合适的发报地点等。

c) 组织者应尽可能少地向报务员告知有关组织的情况，只要能让他完成分内的工作即可。

d) 只有非常紧急的情报才应交给报务员发报；组织者在电台之外应该始终掌握有第二条联络渠道。

e) 组织者可以自己完成电文加密和译电工作，也可以把它们交给报务员来做。

f) 组织者和报务员将各自对以他们个人名义发出的电报进行编号。

g) 必须为无线电台报务员做好面临紧急情况时的常态化安排，比如逃跑路线、中立国的联络地址。

6. 无线电台报务员与组织内的其他成员之间的关系

a) 应当尽可能少地让报务员结识该组织的成员，以及那些他不应该知道真实姓名或地址的人员。

b) 报务员和组织内成员之间的联络应通过"信箱"或"中间人"来进行。

c) 报务员对组织内成员活动的了解应尽可能少。

d) 无线电台报务员应当为自己招募助手。助手负责诸如运送报务员的电台设备、在敌人的无线电测向车活动时向报务员示警等工作。

7. 报务员被逮捕时

a) 如果一名无线电台报务员被敌人抓到，他可能并不会被处决，而是会在敌人的"劝说"下交代自己所掌握的机密，这样他就可以被敌人用来"钓鱼"。敌人所谓的"劝说"是很难扛得住的。因此，报务员必须事先安排好"安全查验暗号"夹在报文中，以便收报人知晓电文是在被胁迫的情况下发出的。

b) 如果组织者认为报务员已被敌人抓获，并且正被敌人用作"鱼饵"，必须立即通知总部。

第 7 章
行动

消极抵抗

1. 消极抵抗的发展历程

1940—1941 年，纳粹德国横扫欧洲，不可一世。欧洲广大人民被纳粹的宣传机器和"第五纵队"的叛徒卖国贼骑在头上多年，显然无力抵抗。

英国一直在咬紧牙关，日复一日地等待着敌人的入侵，在海上蒙受着损失，无力再向敌占国家提供援助。而美国仍然严守中立。

欧洲的广大人民遭到了自己内部的一些人的抛弃和背叛，他们的盟友也被敌人逼入了绝境，这一切令他们大失所望。在某些情况下，这种希望破灭的情绪在那些肆行侵略的野蛮人的煽动下，转变成了对英国某种形式的憎恨。

然而，还有一件武器可以用来对付入侵者，如果加以良好的协调与组织，这件武器的力量将极其强大。这件武器就是消极抵抗。英国方面意识到了这一点，于是制定组织和协调对消极抵抗运动的长期计划，以使这种抵抗在敌占区能够不时地爆发。很快，敌占国家开始间歇性地出现消极抵抗现象。

2. 消极抵抗的定义

消极抵抗由多种行为组成，这些行为的可行程度和价值高低取决于其具备的以下几种特性：

a) 非技术性——任何人都可以做到的行为。

b) 无风险性——要么是由于抵抗者难以被发现，要么是由于抵抗者拥有绝佳的掩护。

c) 不太会对平民造成不好的影响。

d) 能够被大规模地共同执行。一场有组织的消极抵抗运动就好比数百只蚊子叮咬一个人，即使每只蚊子只是轻轻叮这个人一下，最终都将迫使他抱头鼠窜。

3. 目的

一场消极抵抗运动的主要目标应是：

a) 阻碍敌方的生产。

b) 阻挠敌方的行政管理

（举例——见课程 A.18.a。）

4. 具体目标

对敌人的以下几处弱点应加以注意：

a) 人员——数量不足，素质较差。

b) 敌方人员的思乡之情和对家人亲友的担忧。

c) 敌人的性格弱点。比如爱慕虚荣、自私自利、缺乏幽默感。

5. 消极抵抗的组织

a) 如果要使消极抵抗运动有效果，对其进行组织和指导是必不可少的。

b) 总部可能会不时地发来指示，指导消极抵抗运动。但在没有指示的情况下，组织者遇事应运用自己的判断力与专业知识自行决断。来自国外的对消极抵抗的指示往往非常有效，例如，"V"字运动，"磨洋工（Go-slow）"[1]。不过对风险较大的破坏行动下达的指示则是另外的情形。

c) 专业的宣传工作者是效果最好的组织者。

d) 由于并不一定需要严密的组织，因此基层单元也可以动员组织起一场消极抵抗运动。

e) 在消极抵抗的具体做法中，专业化有时是十分重要的，但组织者必须做好面对敌人苦心孤诣的精细搜查的准备。

---

[1] 译注："V"字运动是二战中德占国家的民众在盟国的号召下自发对敌开展的一项卓有成效的心理战宣传运动。参与运动的各国民众利用一切机会，在各种公共场所用粉笔写上代表"胜利""自由"等含义的"V"字，用各物品摆出"V"字造型，制作各种"V"字形标志，鼓舞本国民心，打击侵略者的士气。"磨洋工"则是指德占国家的民众在工业生产、交通运输、行政管理等领域推行的消极怠工，效率低下的工作方式，借以从细微之处潜移默化地削弱德国的战争能力。

f) 应当通过一些激励方式来保持参加消极抵抗的人们的热情。比如，向大家宣传，每天在工厂里浪费的几分钟积少成多，就相当于击沉了一艘德国潜艇。

6. 消极抵抗对普通百姓的影响

在平民百姓中组织起来的消极抵抗运动：

a) 让他们有事可做——使他们从认为自己既无用处，亦无希望的情绪中意识到，每个人都可以用自己的方式与敌人做斗争。

b) 使他们从简单易行的消极抵抗运动中获得了继续前行的信心，即进一步向简单易行的破坏行动发展，然后再发展为更大规模的破坏行动，甚至开展游击战。

c) 在以上两点的共同作用下，提升民众的士气，同时鼓舞他们团结一致，努力开展对敌斗争，并为敌人可能实施的残酷无情的报复做好准备。

附录

示例:

1. 阻碍生产

a) 在装作蠢笨、无知、过分谨慎的掩护下,或是担心被敌人怀疑是有意搞破坏时,工厂里的工人可以通过这些手段进行阻挠:要求见到书面命令;问一些没必要问的问题;为避免被指责为蓄意破坏生产,频繁地对设备、工具等进行检查;拒绝接收或使用一切不完美的东西;以相当慢的速度做好工作;对产品质量要求过高;不管结果,一板一眼地遵守工作规程,例如在分拣包裹时,仔细读取所有的地址信息;对接到的命令进行错误理解,比如将卡车派往错误的地址。

b) 工人们可以假借因空袭或营养不良以致筋疲力尽,用这些方式造成生产延误:略微提高事故率;蓄意怠工;略微降低工作效率;对他人的错误不予纠正。

c) 工人们可以假借抱怨代用品的质量不佳,增加生产原材料的消耗和机器设备的总体磨损程度。

d) 在没有严重风险的情况下,可通过这些方式制造更多的麻烦:不断提出"合情合理"的抱怨;不配合敌人的海上救援计划;不传授技术知识给不熟练的工人;在被质疑的时候,用冗长而难以理解的解释来应付对方。

2. 阻挠行政管理

在装傻、无知、过分谨慎、过分热情、过分礼貌的掩护下,作为非专业人员的普通百姓可以通过以下方式阻碍占领当局的行政管理:

a) 错误地理解各种行政规章。

b) 错误地填写各种表格。

c) 向当局咨询各种不必要的问题。

d) 做足没有必要的礼数。

e) 把信件写得又臭又长。

f)（匿名）谴责卖国贼、德国官员等人物不可靠。

g) 向占领当局报告虚构的间谍、可疑事件或危险。这一招在盟军发动入侵行动的时候特别有用。可能给敌人造成严重麻烦的虚假报告包括：码头或道路上有水雷、地雷；有未爆炸的炸弹；有德国人被埋在建筑物废墟中；有盟军伞兵着陆；有身穿轴心国制服的盟军人员；有游击队活动、有人打冷枪等；有可疑事件发生。

注意，这些报告应当模棱两可，似是而非；细节足够丰富，值得进行调查。

如果可能的话，用他人的旁证来证实报告——几方讲述的故事不应高度相似，否则容易令人生疑。

报告的事情最好是二手消息，如果不是，报告人必须为自己获取消息的来源提供掩饰性的解释。

对敌军的瓦解

1. 武装部队和平民的本质区别在于**纪律**。纪律的腐蚀剂则是**利己主义**。

2. 能够在敌占领军中挑动利己主义的情绪有：不满；焦虑；恐惧；孤独感；被剥夺感。

（注意：恐惧情绪可以通过作战、逃跑或躲藏来化解；但焦虑不能。）

3. 在敌军中挑起以上心理情绪的刺激因素，由我方的心理战策划者从敌军的士气报告中挑选出来，并由特工们以口头和图表的形式传播，应用：

a) 敌对的方式：有效，但有时不太安全。

b) 富有同情心的方式：有效，且通常更为安全。

4. 目前盘踞在欧洲的德国军队中已经出现了上述情绪，一些已知的刺激因素如下：

a) **不满**

①内部不和：

官兵之间。比如，驻挪威、波兰的德军部队军纪严明；而驻扎在法国、比利时的德军军官则常有机会对士兵进行敲诈勒索。

盖世太保和普通士兵之间。

轴心国势力范围内不同地域的族群之间。比如，奥地利人和德国人之间，苏台德的德意志族人和德国本土人之间，以及在雅典和波尔多的意大利人和德国人之间的各种不和。

②薪饷不公。

b) **焦虑**

①德军士兵的家属正在遭受盟军的轰炸。

有关的消息被政府封锁掩盖。

②对妻子或女朋友在家中的行为心怀猜忌。众所周知，德国鼓励非婚生育，

因此可以从两条思路展开对敌攻心：

有传言说，德国国内党卫队的家伙们可以随心所欲地和姑娘们鬼混而不受惩罚。

提醒德国士兵，在德国有 200 万外国战俘和 600 万外国劳工——数量如此之多，使得德国的姑娘们没有安全感。

（<u>注意</u>：可以通过交换照片的方式来进行富有同情心的攻心。）

③被调往俄国前线，尤其是当调防被谎称成休假。

④ 有传言说，俄国前线的重伤员都已经被"清理"了。

c) **恐惧**

①惧怕当地人民的暴力抵抗。

②惧怕遭到谋杀，担心自己成为残废和被阉割。

d) **孤独感**

①与祖国远隔千山万水。

②来信很少，而且总是延误。

③抑郁症。

e) **被剥夺感**

①食品短缺——不过此攻心手段只能在有基于事实的情报的支持的情况下使用。

② 缺乏维生素。

③性需求得不到满足。

阻止妇女们与德国士兵发生性关系，<u>除非</u>是为了传播性病。

袭击目标的选择与评估

1. 目标选择

a) 袭击的目标主要有两类：

长期目标：即在任何时候或自始至终都是可以攻击的目标（如敌人的士气、铁路运输）。

短期目标：即只有在收到"零时"信号时才可攻击的目标（如欧洲"第二战场"范围内的目标）。

b) 组织者应列出各个目标的优先攻击顺序。目标的选择取决于：上级总部的预选；组织者在总的指导方针下发挥主观能动性。

c) 我们只需要考虑组织者发挥主观能动性的情况。在这种情况下，目标的选择将由以下因素决定：

①与总体指导方针相一致：盟军的战略，是要求对敌人当前的交通运输、粮秣供给、人力资源、军心士气，以及工业体系等目标进行攻击。

②敌方的重心：从总部或自己的线报那里获得关于敌人的瓶颈之处、关键人员等方面的情报。

③脆弱性。

④可用资源：游击队的配合，盟国空军的支援，补给状况，以及行动组织的人手。

⑤对当地百姓的影响

直接影响：破坏行动导致的食品、电力的短缺等。

间接影响：被扣为人质、遭到报复。

⑥时机：与其他攻击行动同步进行。

2. 情报

优质的情报是所有破坏行动的序幕。这可以通过三种方式获取：定期接收情报、线人报信、人工侦察。

你将从你的线人那里得到有关攻击目标的情报和需要了解的内部情况，例如从工厂的工人那里获知敌人的工业情报等。

组织者应亲自对目标进行侦察，或选派认真负责、办事可靠的部下来实施。同时查看从其他渠道获取的情报，以使自己能够制定详尽的攻击行动计划。

3. 需要的情报

在策划攻击行动时，确定你需要了解关于目标的哪些情况是很重要的。没能对目标的某一重要情况进行确认将意味着行动失败。

以下所列的重要情报中的大部分都是实施攻击行动所需要的：

a) 组织的安全是否存在风险？蓄意的破坏是否看起来像是意外事故？撤退路线如何安排？要对被敌人发现后可能产生的最坏结果进行评估。

b) 关于警卫——他们是否很警觉？他们是否能被哄骗或收买？注意搜集敌方警队或军队的行动命令。

c) 墙、栅栏等——是否可以用梯子、钢丝钳等工具来克服这些障碍物？

d) 入口——是否有严密的保护？

e) 周边环境——能否提供掩护？

f) 月相情况——夜里何时会漆黑一片？

g) 天气情况——坏天气能否有所帮助？

h) 节日——安保措施是否会有所削弱？

i) 日期——破坏行动何时实施最有效？

j) 时间——行动当天的哪个时间动手最有利？

k) 造访者——派什么样的人前往要破坏的目标？

l) 通行证件——是否可以伪造、窃取或借用？

m) 工厂招工情况——我方特工能否混入其中？

n) 工厂雇工们的可靠度——他们是否容易被收买？

o) 工厂中大多数常见的差错和事故——它们能否被人为地再次制造？

p) 瓶颈之处——什么程度的破坏会对目标造成最大损害？

q) 是否有制造火灾、水灾等灾害的可能性?

r) 引导空袭的地标、设施——这些是否能由我方加以设置或设立?

s) 可用资源——能否从总部获得协助? 学员们可以提出其他因素。

4. 对攻击方式的评估

根据上述情报信息, 可以拟定出一份关于最佳攻击方式的评估报告:

a) 目的——"使目标丧失其功能。"

b) 需要考虑的因素 ——这些因素将与上文《需要的情报 》一节提出的问题的答案对应, 例如:

①安全性——攻击只有在以火灾的方式出现时才会看起来像是意外事故。

②目标的警卫极为有效。

③墙壁、围栏都牢不可破。

④入口受到严密保护。

⑤在被探照灯扫过的临近地带找不到掩护。

⑥(敌人) 不太可能会在节日时期放松警戒。

c) 可供选择的方式

在攻击某个目标时, 有以下几种攻击方式可供选择:

①在有外部指导 (或没有外部指导) 的条件下进行消极抵抗。

②在有外部指导和物资补给 (或没有外部指导和物资补给) 的条件下实施轻微破坏。

③在有外部物资补给和协助 (或没有外部指导和协助) 的条件下, 由我方内应人员实施的重大破坏。

④在有内应协助 (或无内应协助) 的条件下, 由外部人员实施的重大破坏。

⑤空中轰炸或海上攻击。

其中的一些方式通常可以被立即排除在外, 余下的则要逐个对各种相关因素加以考虑, 然后有理有据地做出选择。

d) 计划

在计划中应简要说明选择的攻击方式, 这一选择应是通过之前的论证而得出的符合逻辑的结果。

行动命令

1. 行动命令

用语准确、语气坚定地发布行动命令至关重要，因此拟定的行动计划和命令中各部分内容应有明确的标题：情报、行动意图、行动方式、行动管控、内部通信联络。

请记住这个框架，遵照这一简单的命令格式将会避免向下属传达命令时有所遗漏。对这些标题加以具体考虑是有必要的。

a) 情报

①与目标有关的。每一个参与行动的人，都将收到在已获得的可用情报中与他负责的工作直接相关的那一部分情报。如有必要，可以绘制目标的简图，但使用后应立即销毁。

②涉及己方武装力量的。对每个参与者来说，在行动中做好自己的分内之事是最重要的。作为一种鼓舞士气的手段，可以向行动参与者说明我方正动用强大的力量实施行动。举个例子，假如行动得到了外部配合，应当让行动参与者知道。

b) 行动意图

每个参加行动的人员都将收到关于行动意图的简要说明，这也关系到参与者的具体行动内容和士气。出于对安全的考虑，不要向行动人员提供超过整个行动的目标最低限度的情报。但有些情报可能有必要向行动人员笼统地加以说明，以便使他们认识到行动的重要性。例如，行动中的消极抵抗行为能造成的总体效果、某一个部门全体员工进行消极抵抗时能产生的总体效果等。

c) 行动方式

在这里必须分别向每个行动参加人（或小队）给出详细的行动指示，明确告知需要他在行动期间做些什么，以及应当如何去做。应对下列各要点认真考虑：

①实施破坏行动的武器——火、水、干旱、沙尘、消极抵抗、锤子，以及对

仪器或爆炸物的违规操作等。用炸药爆破只是万不得已的手段。

② 如何使蓄意破坏看上去像是意外事故？

③躲过目标的安全保卫措施的办法。

④如何接近目标？

⑤如何撤离？

⑥使用的军械类型及其使用方式？

⑦行动的日期、时间和持续时长。

d) 对行动管控的安排

这里谈及的是一般的行动组织问题，应特别注意行动之前和之后的时间段——须包括下列各要点：

①每一名行动人员的掩护身份——包括公开的或秘密的，不能是二者的混合体。

②行动队队长或联系人的身份（如有必要）。

③武器、炸药、资金、食品和服装的供应，以及获取的方式和地点。

④如何处理伤亡人员（如果是大张旗鼓的公开行动，可能不需要操心伤亡人员的处理问题；如果是秘密行动，可能需要将伤亡人员藏匿起来）。

⑤运输问题，如有。

⑥通行证件。

⑦行动前搜罗所需的服装。

⑧行动人员的手表需要同步。

⑨行动完成后参与人员的疏散。

e) 内部通信联络

在行动前、行动中、行动后，行动人员（或行动方）之间的通信联络最为重要。因此，应考虑到以下几点：

①口令或识别信号。

②行动信号。

③行动取消的信号。

④通用的告警方式。

⑤个别使用的危险信号。

⑥其他通信联络手段。

⑦行动期间队长所在的位置。

2. 确保安全的总体要求

为最大限度地确保行动的安全，组织者及行动队的队长必须遵守以下规定，并在必要时向行动成员传达：

①发布行动命令的时间应尽可能晚。

②避免将行动命令写下来。

③命令应尽可能分别向每一名行动人员（或行动队）下达。

④不要向任何行动人员透露他需要知道的东西以外的情报。

⑤具体的行动开始时间要压到最后时刻再确定。

⑥告诫行动人员，行动计划可能在没有明确理由的情况下于最后一刻被取消。

⑦行动命令下达后要询问大家有没有问题，接受口头命令时要复述。

⑧告诫行动人员在行动后不要与他人进行不必要的会面，并且要避免在行动获得成功时显露出意得志满的样子。

行动前的最后安排

（在本节课程的讲授中，将要求学员们就行动的一些要点和可能有用的物品提出自己的建议。）

1. 概述

在出发执行任务前的一段时间里，你应该对你的身份伪装和个人证件的细节进行仔细检查，以求烂熟于心。

在你出发之前，一定要将所有需要的东西带好，不要携带任何与你的伪装身份不相符的物件。

检查的顺序如下：

2. 全身

仔细检查你的全身：

a) 头发、胡须的修剪是否符合你的伪装身份？

b) 双手、指甲、双脚的模样是否符合伪装身份？ 例如，体力劳动者的手上有老茧；从双脚能够看出某人是否经过长途跋涉。

c) 手指上的烟渍是否需要去除？

3. 服装

要仔细检查：

a) 剪裁和质量是否符合伪装身份？

b) 衣着是否合适？

c) 更换不合适的标签，送洗时的标记要处理掉。

注意：要避免在衣服上显露出裁缝师傅的标记，但外国产的衣服并不一定会令人生疑，许多外国服装是现在的德占国家于战前进口的。

d) 鞋子——需要格外注意商标等标记。不要忽略鞋子的修理痕迹，例如补过的橡胶鞋跟等。记住，经过长途跋涉的人，从他们鞋子是能够看出这一点的。

4. 随身道具

检查所有你要随身携带的物品。比如手表、戒指、钱包、牙刷、梳子、钢笔、铅笔、香烟、烟盒、雪茄及雪茄盒、烟草及烟草袋、信件、照片等。那些制作得不合适或与你身份不搭的物品应留下不带。没有随身道具的人是很引人注意的，所以要尽可能带上各种合适的物品，例如那些在你应该去过的地方购买的纪念品、能反映出你虚构经历的信件等。

5. 习惯

检查一下你的个人习惯，并且让旁人也来评判一下。你的个人习惯是否会引起旁人的注意？它们和你的伪装身份和经历一致吗？例如用餐礼仪、着装方式、书写方式等。

6. 个人证件

这些证件都是极佳的伪造品，没有真货；你应当确保这些证件的细节，如年龄、描述、出生地、签证等都是无懈可击的。

7. 装备

仔细检查一下你需要携带哪些装备。可考虑以下几种：

a) 地图——是那种你在你将要前往的国家里可能获得或能够使用的地图，还是那种仅在当时使用，使用完毕应立即销毁的地图？

b) 指北针和手电筒——它们是哪里制造的？你是否能保留它们？能保留多久？

c) 急救包、水瓶、小扁酒壶——跳伞着陆或乘船登陆后继续保留这些东西是否明智？

d) 铁锹和麻布片。这些东西必须在跳伞装备埋好以后马上扔掉。当你挖坑埋伞的时候，要确保你有诸如麻布片之类的东西来堆放挖出的土。[①]

e) 手提箱。对于你要前往的国家来说，手提箱应该是常见的个人行李物品。箱子的颜色或其上的图案太过与众不同会容易引人注意。

f) 钱。确保携带的币种正确。比如，银币可能已经退出了流通；带足小面额的零钱很有用处，大面额的钞票容易引起注意，同时搞清楚在哪里换零最好。

g) 食品。如果准备携带的食品不适合带进你要前往的国家，则必须在你离机跳伞前吃完或留在飞机上。

h) 任何有必要携带的辅助物品，任何根据计划实施的行动或当地情况可能需要的物品。

8. 武器

a) 你是否需要带上一支枪？一般来说，只有当你进行的是可以不需要掩护身份的活动时才用得上枪，例如伞降。在其他时候，携带枪支可能是一种累赘。如果你带了一支枪，着陆后须决定如何处理它。

b) 还有其他一些相对不那么可疑或显眼，但有时同样有用的武器，例如指虎、铅头棍、警棍等。

9. 药品

请决定是否携带下列药物：

a)L 药片。

b) 强效麻醉剂。

c) 苯丙胺类。[②]

d) 维生素 E 胶囊。

---

① 译注：将挖出的土堆放在坑边麻布片上，方便快速回填，也可减少在坑边地面留下的堆土和锹痕，降低所埋伞具被发现的概率。

② 译注：苯丙胺是一种刺激中枢神经系统的兴奋药物，因其有提神清醒作用而在二战中被许多国家的军队和情报机关使用，当代已被列为毒品。

e) 治疗食物中毒的药片。

10. 最后检查

所有的要点和所需的物品列成清单，确保出发时没有任何遗漏，并且在出发前几个小时再进行一次检查。

a) 周身复查——头发上不要打过多的发油。

b) 服装复查——衣袋清理干净，不要遗留小片的烟叶等有气味的物品，确保鞋子干净。

c) 随身道具复查——仔细查看衣服内外，避免漏带如车票、硬币、火柴等道具，检查是否有东西从衣袋里的破洞漏出来。

d) 个人证件、装备、武器、药品——从头到尾再查验一遍，确保没有任何遗漏。

抵达任务地和最初几日的行动

1. 抵达任务地

特工可以以公开或秘密的方式前往其执行任务的国家。

a) 公开的方式

这是特工的伪装身份成立的重要组成部分，所以不要对此心存偏见。无懈可击的个人证件和前往某国的理由是必需的。以公开方式前往某国应遵守该国的各项规定（如入境管制、海关检查等），不要试图混过这些管制检查来获取该国当局认为的违禁物资。物资稍后可以以更安全的方式和渠道提供。

b) 秘密的方式

①伞降。按照指示进行演练。

②海上偷渡。须学习航位检查、隐藏或破坏船只的方法；小心提防地雷、诡雷、巡逻队；利用夜间从海岸向内陆（禁区）运动。

③陆路渗透。事先调查边境情况；记住地标；注意反复穿越边境的危险性；使用向导（内应）时须谨慎；越过边境后至少要继续前进 20 公里，或到达最近的城镇以外的某处，然后折返回到城镇，这样可以使自己看起来似乎是来自内地。注意：沿海和边境地区的检查站可能设在进入内陆一段距离的地方，不一定就在海岸线或边境上。

2. 第一步

a) 转移

可能需要走相当远的路。一般来说，除非是在禁区内，否则最好在白天转移。如果在白天被拦下检查，那属于正常的例行公事；而到了夜里，被拦下检查可能会招致严肃的审问。

几点提示：

①不要两人以上成群活动。

②在夜间，所有的汽车、摩托车和自行车都意味着潜在的危险（这些交通工具只允许德国人或其合作者使用），因此在夜间遇到车辆这种紧急情况下一定要躲藏起来。

③转移的时间：注意宵禁和黄昏时分；最好在人流高峰期行动；要特别关注赶集的日子。

④避免乘坐长途火车，旅程尽量分段完成。注意：如果你的掩护身份允许，请乘坐头等车厢；不建议在乡村小车站乘车下车，因为在小地方陌生人会很显眼；当心大车站和枢纽站的常规检查；注意是否可能有备用出口。

⑤一定要办的事情放在白天办，尤其是在城镇里。不要四处闲逛。

⑥如果遇到盟军的飞机被击落，或附近有什么骚动（比如逃亡、枪击、降落伞引起的恐慌），请保持冷静低调。

⑦在可能的情况下，避免携带包袱或手提箱，除非你的伪装身份需要你带着它们。

b) 用于伪装的虚构经历

①虚构的个人经历可以为你当前和近期（特别是由着陆/登陆地前往距离最近的城镇这段时间）的重要活动和行为做出解释说明。

②有必要装作是从别的地方来到此处的。因此要尽快检查核对你说辞中的细节——例如搭乘火车的时间。

③注意衣服、鞋子的状况等。着装千万不要和你伪装的身份经历相悖。

c) 和官方打交道

在抵达任务地后的初期尽量避免与官方接触。如果与某位官差面对面相遇，与其"溜之大吉"，不如准备好某个问题接近他。

d) 获取情报

在任何时候都要在不引人注意的情况下搜寻情报。应特别注意异常情况的迹象，例如当地的警戒状态，由于社会动乱而实施的特殊检查措施等。

3. 友方接应

a) 如果在任务地能与接应人员会合，则许多前期的困难都将不复存在。

b) 如果没有与接应人员会合，但有联系地址，则应当尽快与其取得联系（接应人员将为你提供掩护、情报、可能的工作等）。

①与陌生人建立联系时，不要只依靠其姓名和地址。还应通过外貌描述来认人，以及，如有可能，使用暗号联络。

②再次联系接应人时要检查其有关情况是否已更新，比如是否还在之前的地址，是否受到监视或已被破获。

③为上门找接应人准备好伪装的身份经历。你可以把这当作常规掩护的一部分。如果你不认识此人，就不要假装认识。

④谨慎选择联系的时机——注意不要把自己暴露给此人其他的家庭成员、仆人或子女，除非你是在伪装掩护之下。

⑤联系你家中的亲戚时永远要多加小心，尤其是你的父母，除非他们可能也是我方组织的成员。

⑥任何情况下都不要托人捎信带话。

4.住处

执行任务的特工可能需要找个临时住处。地点的选择主要取决于特工的掩护身份。应考虑以下选择的可能性：

a) 大旅馆

好处：人多，人员流动性大，不引人注意，行动自由。

坏处：旅馆通常会被监视，存在有人告密的风险。"国际性"的大旅馆不适合特工长住，但如果伪装身份允许的话，可以住小旅馆。

b) 廉价客栈

住这种小客栈不太容易被警察监视。但缺点是行动缺乏自由，以及其他房客的好奇多事、闲言碎语等。如果认识完全可靠的老板，则可以住这样的客栈。

c) 租房

租房居住很难被人发现，有陌生人到来也非常明显。不过房东太太可能会对你感到好奇并向警方报告。如果要选择租房的方式，须尽早用一些看似可信的说辞来博得房东太太的同情。

d) 付费借宿

付费借宿的家庭很难被安排用作临时住所，但如果这家人没有受到怀疑的话，则有可能长期居住。有可能不得不将内情告诉这家人。

e) 乡间别墅（见于法国和比利时）

这种宅子适合永久性居住；通常独立存在，远离外界。最好不要独居，女人是最好的掩护。

f) 慈善机构的庇护站

为水手等居无定所的人设立。但这种地方有遭遇大规模搜捕行动的危险。

g) 妓院

存在有人告密和受到警方监视的危险。除非是在真正紧急的情况下，否则不算是合适的住所。

h) 妓女自己住的公寓

在紧急情况下是一个可能的住所，并且肯定要强于妓院。但这也是一类危险的住所，因为妓女很容易被收买，而且可能会是警方的线人。

5. 最初一段时间的活动

a) 保持低调，不要从事破坏行动。

b) 建立起你的掩护身份，编造好你近期的经历，让你的行动不断为你掩护。

c) 检查各种个人文件，侦察当地反间谍机关的管控情况。

d) 寻找永久性的住所。

e) 检查着陆／登陆的场地（如接到指示）。

f) 联络已在当地的无线电报务员或其他组织成员。

g) 对该地区展开调查。

上述所有活动都涉及通过个人侦察和必须从一开始就建立起来的线人关系来获取情报。

空投点的选择与接应安排

1. 概述

某个组织，或者某个组织的某个成员，为了成功地实施破坏行动，可能不得不要求外部提供人员或物资上的援助，或是两者都需要。为了确保空运援助能够安全抵达，必须高度注意：

a) 空投点——即空运物资将要投放的地点——的选择。

b) 地面上为接应空投援助所做的安排。

空投行动将在有明亮月光的夜晚，大约 500 英尺的高度进行，飞机的飞行速度为 100—120 英里 / 小时。

2. 空投点

首先，关于如何选择一处空投点，以及空投点的大小，必须牢记以下几条总体原则：

a) 不小于 600 平方码（约 500 平方米）的一片开阔地。在预计飞机会空投多个物资箱和人员的情况下，空投点的面积至少为 800 平方码（约 670 平方米）。这片区域适应任何风向。

空投点要避开农田，因为：

①可能导致空投人员受伤，尤其是脚踝。

②会留下落地的痕迹、损毁的庄稼等证据。

避开沼泽湿地。

开阔平坦的草地是空投人员的理想场所，但如果是空投物资箱，大多数类型的场地都是合适的。

空投点附近应该有掩护空投人员或装备的地方，但掩蔽处应避开周围全都是高大树木的区域，因为降落伞有被树木挂住的风险。

b) 空投点周边区域不能有高压电线或电报电话线。

c) 空投点的中央不能有树丛。对于一架飞机来说，要想从 500 英尺高处看到指示空投点的火光或灯光，后者应该至少距离高 100 英尺的树 500 码远。

d) 如果可能的话，在空投区域一英里的范围内应该至少有一处"安全屋"，但出于安全原因，"安全屋"距离空投点不能少于一英里。

e) 必须考虑到空投在"风向偏移"影响下的落点误差。在空投飞机以前述的高度和速度飞行的前提下，根据估测，风速每增加 5 英里 / 小时，空投落点就会有 60 码的偏移。当风速超过 20 英里 / 小时，不得实施空投作业。

3. 空投点的选择

三个主要因素需要考虑：

a) 运载机的安全。

b) 选择的空投点在夜间必须容易识别。

c) 对于地面接应工作的安排必须考虑到最细微的环节。

第一步

a) 确保运载机的安全。

以下几项主要原则应考虑在内：

①空投点不应靠近敌方重兵把守的区域；低空飞行的飞机会立即遭到轻型防空火力的攻击。

空投飞机的进近航线同样应当避免靠近这些地区，以避免遭遇敌夜间战斗机的危险。

敌方机场附近的区域极度危险，由于显而易见的原因，空投点必须避免靠近敌机场。

②选定的空投区域应尽可能平坦开阔。尽管选择空投区域时应避开高地、山地和丘陵地带，但考虑到飞行导航的难度，也可使用面积尺寸合乎要求的平坦的高原台地。山谷不适合作为空投点，除非其宽度能达到数英里。

大型飞机加速较慢，因此如果利用山谷实施空投，则山谷必须够长够宽。大型运载机在完成低空空投后，飞行速度必须从 100 英里 / 小时加速到 160 英里 / 小时才能爬升，如果空投时为了减速还放下了起落架的话，那么飞行速度就需要再提高数英里才能完成爬升。夜间空投时，飞机航路前方的高地和丘陵（比如高出空投点 1000 英尺以上的山丘）应在空投点 10 英里以外。

③空投作业必须完成，空投飞机必须趁着夜幕飞离敌占区，因此必须考虑到从空军基地到空投地点的距离。

b) 选择的空投点在夜间必须容易识别。

空投点在夜间容易识别是至关重要的，这决定了整个空投作业的成败。以下这些地标地物可以在月光下从 2000 英尺的高度清楚地看到，因此它们能够最大限度地帮助飞行员在黑夜里准确找到空投点。飞行员将在 2000 英尺的高度上，借助这些地标地物开始检查自己的航位。

①海岸线。 如果可能，借助容易从空中辨别的拍岸浪花来确定海岸线的位置。超过 50 码宽的河口、刺入海中的尖锐岬角，以及海湾也是很好的导航地标。

②自然河流与人造运河。 二者在夜间都能反射月光，对飞行员而言，这将是十分有用的地面标识。河岸树木繁茂会大大减少反光，但一般来说，用作地面标识的河流宽度应不少于 30 码。人造运河则不需要这么宽，因为它们笔直的河道很容易分辨。如果航路上的河流不止一条，就可能有混淆的危险，因此最好只有一条。

小溪、小河完全不适合作为地面标识物。

［德国飞机曾以 6000—7000 英尺的飞行高度，从牛津（Oxford）沿着泰晤士河（Thames）飞往伦敦实施夜袭。］

③大型湖泊——面积不小于半平方英里。湖泊的反光也可作为一种导航指示。小池塘毫无用处。如果航路上有两个或两个以上面积大小相同的湖泊，则应特别小心。

④森林和林地。 在作为一种地面导航标识时，这些区域应该有明确的边界或不会使人搞错的形状，并且面积至少应有半平方英里。要留意地图出版的年代，以免出现林地近年面积缩减而与地图不符的情况。不规则的林地毫无用处。

⑤笔直的道路。 笔直地向前延伸至少一英里，如果有一个或多个交叉路口的主干大路，可以作为相当好的地面标识物；路面有积水时更是如此。大路上沿路一个一个的水坑，对于空中导航相当有用。蜿蜒曲折的道路和小路几乎是毫无用处的。

⑥**铁路线。** 几乎无法加以利用。只有在冬季的几个月里，地面被皑皑白雪覆盖，一条铁路干线在白色的大地上画出一条醒目的黑线，此时铁路线才能起到地面标识物的作用。

⑦**城镇。** 如果城镇处于灯火管制之下，那么几乎对导航没有任何用处，除非城镇的规模相当大，比如有2万居民。而一座比这个规模更大的城市防守可能更加严密，这一点不容忽视。

很明显，宽阔的水面是在黑暗中能够迅速识别的最好的地面标识物，而一些小的建筑物，如教堂、水塔、村庄等，就完全起不到作用。

理想的情况是借助多种地面标识物来实现空中导航，在这种情况下，一条铁路线就可能会是一个相当有价值的地标。重要的是必须记住，最后的标识点距离实际空投点不应超过3公里。

空投点的位置将被一种地面照明系统标示出来。后续课程将对这种照明系统进行更加全面的介绍。（在此介绍现有的供行动使用的照明系统）

第二步

在选择空投区域时必须要先考虑到从空中观察的难易程度，这一点很重要，因为飞行员必须能够确定空投点的位置。

这种"鸟瞰视角"最好是通过认真研究地图来获得。重要的是，首先要从地图上选择空投地点，然后再通过个人实地侦察来检验其适宜性。空投点应当多选择几处，可能会多达二三十处。

一张大比例尺的地图可以提供空投所需的大部分信息，如：

①能够计算出空投区域坡度的等高线。

②空投区的自然地面、沼泽、森林、灌木丛等情况。

③可能实施空投的场地范围。

④附近的房屋。

⑤高压线的位置。

⑥大片的水域，以及河流、运河等。

事实上，地图会将关于空投区域的实际适用性的许多信息，以及所有重要的地形地标直接摆在你面前，这些地形地标可以被用来作为易于从空中识别的标志。

一旦可以预见到某一名特工将在哪个地区工作，就将从地图或航拍照片中挑选出一些看上去适合实施物资或人员空投的地点。特工将在他到达任务地后对这些地点进行实地侦察，以确定是否适于空投行动并报告总部。

　　这些地点将各自获得一个代号，这个代号由分配给特工的代号的前三个字母组成，后面再跟一个数字。

　　特工在出发前会研究这些地点并将它们记在心中。如果出发前选择的所有地点都不合适，特工会继续寻找直到找到合适的地点，然后将它们的确切位置上报总部。

　　在报告空投点的位置时，将使用常规的地图基准参照系统。（只使用 27 英尺和 13 英尺的投影坐标系地图，向学员讲解米其林地图参照系统）

　　c) 对空投接应工作的考虑。

　　空投作业必须在有明亮月光的夜晚进行，在满月前后的 5—6 天为宜。对于某些空投点，特别是那些远离海岸线超过 20 英里的空投点来说，可以在一个月当中较长的一段时间内进行空投接收。

　　组织应研究空投接应队可以在哪几天的夜里在空投点待命，鉴于空投时间的不确定性，建议至少连续守候 5 个晚上。但无论选择哪 5 个晚上，接应队都必须一晚不落地在空投点就位等待。当向总部要求物资或人员支援时，应给总部留出大约 14 天的宽限，以便他们做出安排。

　　空投接应队要负责处理所有的空投物资箱。

　　6 个人能够很方便地搬运一只空投箱，但如果这些人对他们的工作足够了解的话，就没有必要为每只空投箱配备这么多人手了。由于空投箱上的提手较细，搬运时会把手勒得很疼，所以每个队员都应戴上手套。

　　如果空投点附近有比较深的湖泊或河流，空投箱可以很方便地沉入水底；如果要将空投箱掩埋起来，则应事先选定合适的掩埋点，可能还需要挖深坑——始终记住，对装物资的空投箱的处理必须是永久性的。

　　为了方便携带，可以用带子或绳子将空投的东西绑在人的后背上。用这种方法，单人就可以毫不费力地带走一件物资。

第 8 章

有关纳粹德国的情报

纳粹党及其附属组织

纳粹德国的警察组织

德国军事情报机关和军队

纳粹党及其附属组织

1. 总述

在德国的报纸上，任何官方活动的报道中几乎总是能看到"来自党、政府和国防军的代表均有出席"这句话。这是德国行使政治权力和保持武装组织的三类主体，即：

党——纳粹党及其附属组织。

政府——德国的警察组织。

国防军——德国的武装力量。

这三个机构都直接对希特勒本人负责。

2. 纳粹党

纳粹统治的主要原则是"元首原则"（Fuhrerprinzip），或称之为"领袖原则"。根据这一原则，领袖有权统治、施政或颁布法令，其行为不受制约，只需对自己的良心负责。领袖原则首先适用于纳粹党党魁希特勒，其次适用于其他所有党的领导人。对他们而言，这一原则已被修正为较低层级的领导人只需要对较高层级的领导人负责。

由希特勒和他的亲信们引入德国，并在该国发展起来的所谓领袖原则，赋予了他们几乎无上的权利。然而，仅凭希特勒集团内的寥寥几人，是无法管理一个当前拥有 8000 万人的国家的，他们需要一个成员数量众多、组织严密的政治上的"追随者"。这种政治上的"追随者"就是纳粹党。

纳粹党现在是，将来也仍将是德国人民中的一个少数党，该党有 400 万—600 万党员。1933 年，希特勒大权独揽之后不久，纳粹党便停止广泛吸纳新党员。从那时起，除了那些纳粹特别需要的显赫人物之外，纳粹党的大门只对那些从希特勒青年团（Hitler Judeng，简称 HJ）出来的德国青年敞开。加入纳粹党的人被称为

"党员"（Parteigenosse，简称"Pg"）。

纳粹党的职能：使人民成为政治战士，即在全体德国人中保持和传播纳粹的意识形态及其行为，同时确保普通德国人的行动，包括个人的和专业的，都按照纳粹主义的政治路线进行。此外，对国家组织实施控制，使其成为国家社会主义组织并保持这一性质。这一任务由以下机构来执行：

a) 全国指导部（Reichsleitung），或称"党的决策层"（Party Cabinet），由 23 人组成。

b) 政治领袖团（politischer Fuhrerorden），由所有在纳粹党的行政部门中担任一定职务的党员组成。

c) 准军事团体（Gliederungen）——由纳粹党管理运作的半军事化组织。

d) 附属组织（angeschlossene Verbande）——由纳粹党从合适的党员中挑选并提供领导人的集体组织。这些附属组织准备覆盖德国所有的贸易和专业协会。

注意：纳粹党自身、各种政治团体和附属组织合称"运动"(Die Bewogung)。这个"运动"包含全体德国人民。

3. 全国指导部

纳粹党的管理者。纳粹的政策的构建与成形由全国指导部实施，全国指导部下属许多分支部门，负责纳粹党的工作以及关乎其利益的各个方面，如新闻出版、教育、宣传等。

4. 政治领袖团

这一组织在地理上覆盖了整个德国，并渗透了每一个德国人的生活。其区域组织形式如下：

a) 大区（Gau）。纳粹德国的大区近似于一个省。整个帝国由 42 个大区覆盖。每个大区的纳粹党党魁叫作"大区领袖"（Gauleiter），负责其大区内除准军事团体以外的一切党务活动。大区内还设有一个大区指导部（Gauleitung），职能类似于全国指导部，但规模比全国指导部小。

b) 地区（Kreis）。每个大区又被细分为众多地区，每个地区由地区领袖

（Kreisleiter）和地区指导部（Kreisleitung）进行管理。在德国有超过 822 个地区。

c) 分区（Ortsgruppe）。每个地区又细分为各地的分区，每个分区管理一个中等城镇或一个大城市的外围郊区。分区由分区领袖（Ortsgruppenleiter）和分区指导部（Ortsgruppenleitung）管理。纳粹党在德国全国有超过 2.8 万个分区。

d) 支部（Zelle）。每个分区被进一步分为若干个基层组织，即支部，每个支部控制一个社区，由一名支部领袖（Zellenleiter）管理。与上述几级党组织的官员不同，支部领袖不是一个拿薪水的全职官职，党支部除了 3 名小吏以外，没有设置行政管理机构。在德国共有 9.3 万个党支部。

e) 小组（Block）。每个党支部被分成数个党小组，每个党小组控制着大约 40 户家庭，由小组长（Blockwalter）负责管理。小组长也是一名兼职的政治工作者。在德国大约有 48.2 万个党小组。

党小组有时还会被划分成几个家庭小组（Hausgruppen），每个家庭小组控制 8—15 户家庭。在家庭小组里管事的党员并没有正式的头衔。

党小组长的职能：

①扮演"政治牧师"的角色，对他管辖的 40—50 户家庭进行管理，确保这些人的思想和行为都符合纳粹党的路线方针。

②监督辖区内的民众都参与选举投票。

③报告辖区内民众任何政治上的不轨行为。

④每月报告任何他认为反映出民众态度的重要的事情，比如对新颁布的规章制度口吐怨言、认为社会秩序不公正、对政权的热情的增减等。这些月报由整个第三帝国的纳粹党党小组长们编制并呈送给他们的上级党支部，在那里汇总后再呈送至纳粹党的各个分区等组织，最终使纳粹党的领导层完全了解到人民的情绪。

于是纳粹党的领导层就将：

①始终了解掌握德国人民的思想状况。

②拥有一个非常管用的间谍网来确保德国人民对纳粹的忠诚度。

③为大量的官僚提供饭碗，这样就使得德国人中数量相当可观并具有影响力的一部分人的个人利益与纳粹政权的存续直接挂钩。

政治领袖团的制服是棕色束腰外衣加马裤，配以棕色衬衫和黑色马靴。它与冲锋队（Sturmabteilung，简称 SA，或称"褐衫军"）制服的区别在于：

a) 领带为黑色，非冲锋队所用的棕色。

b) 政治领袖团戴的平顶军帽上有一圈棕色天鹅绒帽墙镶边，与冲锋队的平顶圆帽款式不同。

c) 分区领袖以上官员束金色腰带。

<u>德占领土</u>。纳粹党组织只被引入已经被并入第三帝国的被占领土内。在那些纳粹打算永久保留而不并入德国的地区，一个稍做修改的为日耳曼族裔的人的纳粹党组织正在建立。被占领国家的卖国贼政府也正试图在自己的国家复制德国的纳粹党体系——例如挪威。

5. 纳粹党的准军事团体

这些团体组织是纳粹党出于特定的目的而发展起来的，主要是一些军事或半军事组织。它们的领导层和资金与纳粹党的领导层和资金密切相关。除了大部分党员外，这些团体组织还包括几百万其他德国人。

a) 冲锋队

冲锋队的最高领袖是希特勒本人，他在冲锋队里的副手是冲锋队参谋长。冲锋队由许多区队（Gruppen）组成，其组织规则是，一个区队负责一个大区，区队又下设若干旅队（Brigaden），旅队下设若干旗队（Standarten），旗队下设若干突击大队（Sturmbann），突击大队再细分为若干突击队（Sturm）。冲锋队最早的成员，是罗姆（Ernst.Julius.Röhm）在纳粹运动初期为希特勒个人纠集的一群青年匪徒，用以保护纳粹党的集会不受德国共产党的干扰，同时破坏德共的集会。

经过 1934 年 6 月的党—军危机[①]之后，冲锋队只在所有纳粹党的集会场合充当"背景板"，但自 1939 年 1 月起，该组织奉命负责德国人参军前和退伍后的军

---

① 译注：1934 年，政治野心膨胀的罗姆倚仗手下数百万人的冲锋队组织，向时任德国总理的希特勒提出了以冲锋队取代德国国防军和其个人更高政治地位的要求。此举不仅招致德国国防军所有将领对冲锋队的仇视，也使得纳粹党内部对罗姆极其反感，希特勒本人也将罗姆及其冲锋队组织的庞大势力视为政治威胁。于是通过幕后大量的利益交换，希特勒于 1934 年 6 月突然以武力清算了冲锋队，逮捕并处决了包括罗姆在内的一批冲锋队高官。

事训练工作。

成为一名冲锋队队员很容易。除最高级别的大头目，参谋人员和下至突击大队的每一级组织里的一两名行政士官以外，所有队员都是兼职的。冲锋队队员们白天忙于生计，在业余时间身着制服参加训练。低至旗队长（Standartenfuhrer）级别的冲锋队领袖，皆为全职，少数已被指定将要进一步晋升的冲锋队下级官吏也以同样的方式任职。冲锋队总人数约为300万。

自战争爆发以来，大部分冲锋队队员都被征召入伍，剩下的人则被派去看守战俘营等地。

<u>制服</u>。棕色马裤；棕色领带；黑色或棕色马靴；带有表示所属区队的彩色帽墙镶边的褐色平顶圆帽；有时穿棕色束腰外衣。冲锋队队员只携带一把装饰性的匕首，通常不配备其他武器。

<u>德占领土</u>。在现在已经被并入德国的他国领土上，各种一般形式的冲锋队组织已经组建起来。而在那些眼下纳粹党组织正在以改头换面的特殊样式出现的被占领土上（如波兰等国），也成立了一些冲锋队组织。到目前为止，在那些应该只是被德国暂时占领的国家内，还没有任何关于冲锋队设立的报道。但从另一方面来看，挪威的"希德曼"组织（Hirdmen）[1]和荷兰的"荷兰国家社会主义运动"（NSB）党徒们就等同于德国的冲锋队。

b) **国家社会主义汽车团**（National–Sozialistisches Kraftfahrer–Korps，NSKK）

这一组织被赋予了让德国人民实现"摩托化"的使命，并且负责对准备参军服役或曾经在陆军摩托化部队服役的德国人进行参军前和退伍后的军事训练工作。国家社会主义汽车团和冲锋队在组织形式上的唯一区别是，国家社会主义汽车团的"突击大队"一级建制被称为"分队"（Staffel），最高首领被称为"总队长"（Korpsfuhrer）。

<u>制服</u>。除了裤子为黑色而非棕色以外，国家社会主义汽车团的制服与冲锋队相同。该组织成员戴黑色野战帽，专用的鹰徽标记缀在帽子侧面；上身穿棕色束

---

[1] 译注："希德曼（Hirdmen）"即挪威语中的"北欧武士"。该组织是二战期间挪威亲德法西斯政党"民族统一党"旗下的武装部队，相当于挪威的 SA。

腰外衣，上衣有该组织的徽章。有时其成员还会戴一顶类似冲锋队那样的棕色平顶圆帽代替野战帽。该组织的平顶圆帽上总是有一道黑色镶边，而且上面的鹰徽标志不是普通款式，而是国家社会主义汽车团的专用鹰徽。

注意，国家社会主义汽车团也有如下穿着：

①军服样式的束腰外衣，棕色衣领，戴黑色野战帽，帽侧和左袖上方缀有专用鹰徽。

②蓝色的空军制服，但戴有该组织徽章。

<u>德占领土</u>。自战争爆发以来，国家社会主义汽车团连同它们的首领们一起被德国军队大量收编（不像冲锋队那样是队员个人被收编），而且被广泛使用于德国军队出现的所有地方。除了从事技术性的运输工作，国家社会主义汽车团的成员还充当信使、通信员，有时甚至是交通警察。

比利时和荷兰似乎是仅有的两个被德国占领，其国内的非德裔公民被招募到国家社会主义汽车团的国家。

c) **国家社会主义飞行团**（National–Sezsolistisches Flieger Korps，NSFK）

国家社会主义飞行团成立于1939年，由其前身德国航空运动协会（Deutscher Luftsport Verband）重组设立。该组织由德国航空部掌管，但组织形式与其他准军事组织相同。国家社会主义飞行团为德国青年提供飞行前后的培训，与希特勒青年团的各飞行单位之间合作密切。

<u>制服</u>。团员着褐色衬衫，与冲锋队衬衫款式相同，但裤子、束腰外衣和帽子（贝雷帽）为空军蓝色。

<u>德占领土</u>。该组织不在德占领土上活动。

d) <u>党卫队</u>（Schutzstaffel，或称黑衫队）

党卫队最初是作为冲锋队的精英群体而组建的，比如对队员的身高和身体素质有更高的标准，这也是为了彰显其成员的"政治可靠性"。自从希特勒掌权以来，党卫队的人员就被分成了职业的和兼职的两类。党卫队在德国拥有很高的威望和权威，是纳粹运动的精英。

党卫队的头目是党卫队全国领袖（Reichfuhrer SS）——海因里希·希姆莱（Heinrich Himmler）。

①普通党卫队（Allgemeine SS）

这是一个兼职组织，其成员约有 25 万人。

该组织是武装党卫队、帝国保安局和普通警察的人才储备库。

普通党卫队在组织上分为：

大区——相当于军队的军区（Wehrkreis）。

地区总队——相当于军队的师。

旗队——相当于团。

突击大队——相当于营。

突击队——相当于连。

②党卫队特别机动部队（SS Verfugungstruppe，党卫队的辅助部队）

党卫队特别机动部队的成员须全职服役 4 年，但该组织并不隶属于警察或军队。事实上，它是一支私人军队，其主要功能是确保纳粹党内部和德国国内的安全。应当参军服役的德国青年，如果有意愿且身体和政治条件都合适，就可以自愿加入党卫队。加入党卫队后，服役年限由 2 年延长为 4 年。党卫队特别机动部队被编为 4 个团级单位：党卫队阿道夫·希特勒警卫旗队（SS Leibstandarte Adolf Hitler，即希特勒的私人卫队）、党卫队"德意志"旗队（SS standarte Deutschland）、党卫队"元首"旗队（SS Standarte Der Fuhrer）、党卫队"日耳曼尼亚"旗队（SS Standarte Germania）。

这支队伍拥有自己的火炮、侦察部队、运输工具和支援武器。其成员将接受全面的军事训练，并按照摩托化部队的水准加以装备。除了在和平时期在重要的国事场合上充当"作秀"的卫队外，该组织还承担着驻防卫戍的任务，以便在国内发生民变时能够迅速采取行动。

③骷髅部队（Toten kopfverbande）

该部队为执行集中营守卫任务而组建，是一支完全军事化的队伍，服役期为 12 年。

自战争爆发以来，德国人以"党卫队特别机动部队"和"骷髅部队"为骨干，组建了数个特殊的党卫队师级战斗部队。这些作战师都是摩托化师，被人们称作"武装党卫队"（Waffen SS）。它们是：

i) 武装党卫队"阿道夫·希特勒"师（SSDvision Adolf Hitler），摩托化师。

ii) 武装党卫队"帝国"师（SSDvision Das Reich），摩托化师。

iii) 武装党卫队"骷髅"师（SS Totenkopf Division），摩托化师。

iv) 武装党卫队骑兵旅（SS Ritter Brigade），摩托化师，由来自挪威、丹麦、芬兰、比利时、荷兰的志愿者和德国士兵混编而成。

v) 武装党卫队"警察"师（SS Pollzei Division），非摩托化师，其成员从德国国内的保安警察和普通党卫队队员中征募而来。

自战争爆发以来，在武装党卫队的序列内又新组建了许多专业作战单位，包括防空部队、山地部队等。武装党卫队总共有 9 个作战师。

和平时期的制服。棕色衬衫外面罩黑色制服（包括马裤、束腰外衣和军帽）。这是目前非从事军事任务的党卫队队员的穿着。骷髅帽徽佩戴在军帽正中。制服右领口上有党卫队的"SS"标志，左边领口上佩戴军衔标志。左袖口有一圈绶带，上面显示佩戴者所属的突击队番号或旗队的名号。

战时制服。现役的武装党卫队各师都穿着德国陆军的田野灰色制服，但与陆军制服有以下区别：

i) 国徽（Hoheitsabzeichen，即鹰徽）不佩戴在右胸，而是戴在左衣袖上方。

ii) 领章为黑色，其上缀有党卫队徽章。

iii) 肩章上佩戴普通的军衔标志。

德占领土

i) 除了作为一线精锐部队参与作战外，如果在德占领土上出现或遇到什么麻烦，德国人也会调集党卫队前来平息。执行此类任务时他们将与特别机动警察（Verfugungspolizei）合作。

ii) 在德国占领区随处可见穿着黑色制服的德国党卫队成员。他们可能是隶属于德国占领当局的党卫队高级军官，或者是身着和平时期制服的高级警官。据我们所知，武装党卫队人员在非当值时也会穿他们的黑色制服。

iii) 在一些德占领土上，党卫队组织已经建立起来，普通党卫队和武装党卫队均有。后者包括由挪威人组成的"北欧"团（Nordland Regiment），荷兰人组成的"西欧"团（Westland Regiment），由丹麦人、荷兰人和弗莱芒团（Flemish

Kreikorps）^① 组成的部队，以及一些由芬兰人编成的战斗单位。前者则包括挪威和荷兰国内的普通党卫队，以及"佛兰德斯亲卫队"（Schut Scharen Vlaanderens）^② 等组织。德国报界现在经常使用"日耳曼党卫队（Germanische SS）"一词来表示这些党卫队部队不是为他们各自的卖国贼政府服务，而首先是为德国出力卖命——这一事实也在他们向希特勒宣誓效忠时被加以强调。

e) 希特勒青年团

所有德国儿童，无论男女，都必须在 10 岁时加入希特勒青年团。在该组织中，男孩所属的官方分支组织叫作"德国少年团"（Deutsches Jungvolk），女孩所属的官方分支组织叫作"德国少女团"（Deutsches Jungmadel）。

到了 14 岁，孩子们就被转入正式的希特勒青年团或德国女青年联盟（Bund Deutscher Madchen，BDM）。希特勒青年团在第三帝国内部是以地区为基础组织起来的，其最大的组织是区队（Gebiet，通常覆盖一个大区），区队之下分为数个旗队（Banne；每个旗队通常覆盖 1—2 个地区，每个地区都有其所属的旗队），每个旗队再分为十个左右的分队（Stamme；每个分队 450 个男孩）。分队之下还有更低的层级，最低一级是小组（Rotte；每个小组 3—5 个男孩）。德国的少年们在希特勒青年团里接受半军事化训练，学习国家社会主义理论。

德国人通过这个组织控制德国的青少年人力资源。

自旗队长（Bannfuhrer）以上的青年团领袖均为全职。

希特勒青年团还进一步被分为普通青年团、航海青年团、摩托化青年团、骑兵青年团和航空青年团等专业分支组织。

女孩们在 21 岁之前都要一直留在德国女青年联盟中；男孩们满 18 岁后将退出希特勒青年团，进入帝国劳役团（Reichsarbeitsdienst，RAD）。

f) 帝国劳役团

该组织将对德国青年进行 6 个月的役前训练，包括军事纪律培养和武器使用

---

① 译注：由来自比利时北部弗莱芒地区的志愿者组成的一支德军仆从部队。
② 译注：由来自佛兰德斯地区（地理上包括比利时的东弗兰德省和西弗兰德省、法国的加来海峡省和诺尔省，以及荷兰的泽兰省等地）的志愿者组成的一支德军仆从部队。

训练，但大部分时间还是从事土地开垦等劳役工作。自战争爆发以来，该组织被发现在被占领国家修建机场等设施。在与德国陆、空军作战部队密切相关的建筑工程的修造上，也会用到帝国劳役团的建筑工程营。

工作服——浅灰色工作服。

常服——深卡其色制服，夹克剪裁类似于军官束腰外衣。

左臂佩戴红色的纳粹"卐"字符臂章。

建筑工程营都佩戴带有陆军或空军鹰徽标志的钢盔。

6. 纳粹附属组织

这些纳粹的附属组织旨在作为所有德国的公共和私人活动的代表，从而取代1933年以前存在的所有政治或非政治组织。德国国内所有重要职务和大部分非重要职务都由纳粹党员把持。每个附属组织都由纳粹党组织的一个部门管控。比如，所有的教师都被纳入"国家社会主义教师联盟"（N. S. Lehrerbund）这一组织，所有的工人都是"德意志劳工阵线"（Deutsche Arbeitsfront）组织的成员等。这些组织的成员并非是被强制要求加入的，但除非某人是某一组织中的一员，否则他是找不到工作的。

7. 德国人的成长历程

通过以上介绍可知，在一个德国人从童年开始的成长过程中，纳粹通过以下这些组织控制他的活动，塑造他的思维：

a)10—14岁，参加希特勒少年团/少女团。

b)14—18岁，参加希特勒青年团。

c) 参军服役前在帝国劳役团受训6个月。

d) 服兵役2年（或是在党卫队服役4年）。

e) 工作期间加入各种专业组织。

f) 业余时间加入冲锋队、党卫队、国家社会主义汽车团、国家社会主义飞行团等组织。

纳粹们非常关心德国未来领导人的教育问题。于是经过特别挑选的男孩子们被送入学校，如阿道夫·希特勒学校（Adolf Hitler–Schulen）和国家政治教育学院（Nationalpolitische Erziehung–sanstalten）等（其中前者始终由党卫队高级官员督办，后者最近也采取了这种管理模式），在那里接受带有大量种族学、政治学和军事训练内容的一般教育。如果一个小伙子在从学校毕业时，参加帝国劳役团和服兵役时表现出有很大的潜力，那么在纳粹党组织内的较低层级工作短暂的一段时间后，他将被送到纳粹党的"帝国培训城堡"（Schulungsburg）接受训练，以成为更高级别的领导者。

通过这种方式，纳粹控制了德国大众，并且通过希特勒学校这类教育机构，妄想着他们已经在德国奠定了延续纳粹主义统治的基础。

纳粹的这套体系不仅相当新颖，而且相当违背人的自然天性，它肯定不是德国人民与生俱来的民族性格中的产物，这一点可以从纳粹党的领导人为之设计的保障措施中得到证明。例如，他们建立了全世界有史以来最强大、最无孔不入的警察和间谍组织。当然，这个组织不能被排除在政治之外，它不能作为一个超然的（以及专业的）国家权力机构来运作。正如我们在研究纳粹德国的警察组织时所看到的那样，它必须与纳粹党的组织保持最密切的联系。

纳粹德国的警察组织

概述

有四类警察和安全机构对我们的特工构成威胁：德国民事警察、学员母国的国家警察、德国情报部门、德国军事警察。

总述

从我们对纳粹党的研究中可以清楚地看出，被纳粹控制的国家的治国理念是建立在一个非常简单的原则之上的，即维护拥有最高权力的独裁者的权威，独裁者只对他自己负责。这一原则通过以下手段实现：

1. 无情消灭一切政治对手。

2. 确保公民在工作和私人生活中的所有思想、行为都符合纳粹主义。

拥有一支体制、权限和政治观念符合传统民主制度的警察力量，这在纳粹德国是不可能实现的。

历史回顾

在魏玛共和国（Weimar Republic）时期，德国每个州都有自己的制服警察部队。此外，还存在一支遍布德国全国各地——被称为"政治警察"（Politische Polizei）的特别警力。政治警察是刑事警察（Kriminalpolizei）的一个分支，专门处理有关外国人的事务，以及对付在德国境内企图公开或秘密推翻宪法的政治势力。政治警察的职权范围非常有限，办案效率也不是很高。

因此，纳粹的计划包括将全国的制服警察统一化和纳粹化，以及为未来无比强大的国家警察塑造核心力量。

纳粹党内部已经存在一些间谍和情报机构。其中一个是由从党卫队队伍中挑选出来的成员组成的，该组织在莱茵哈德·海德里希（Reinhard Heydrich）1932 年被任命为其领袖后迅速发展起来。海德里希后来曾公开承认，在那些日子里，这个名为帝国保安局的党卫队分支机构，已经为自己未来成为强大的警察部队做好了准备。

1933年希特勒上台后，海德里希和他同事们的精心准备被付诸实践。纳粹对他们对手的情况了如指掌，并且掌握了详尽的黑名单和强大的行政大权，使得他们能够不断削弱政治对手，最终将其彻底干掉。

然而，只有在党卫队中的一个小集团（即保安局）迄今为止所做的工作得以持续和正式化——换句话说，只有在计划了这么长时间的强大警察部队组织起来——的情况下，这种状况才能得到维持和扩大。于是这件事毫不耽搁地开始了。

1933年春，希姆莱被任命为慕尼黑警察局局长。海德里希作为他的手下，当上了该市政治警察部门的头目。在几个星期内，海德里希从保安局招募人员，重新配备了他的部队，并彻底重组了他们的工作和办案程序。

同年，赫尔曼·戈林（Hermann Goering）在普鲁士（Prussia）组建了一支权力广泛的国家秘密警察部队——盖世太保。经过一年的密谋，希姆莱说服戈林任命他为普鲁士盖世太保的副首领，不久之后，他在德国各州通过"渗透"的方式，将自己的活动扩展到了对旧政治警察的控制，最终由保安局成员和纳粹党的权贵们取代除最配合的官员以外的所有政府官员。通过这一"渗透"过程，纳粹党进一步增强了党和中央行政机关对警方的影响力，削弱了联邦当局的影响。1934年1月颁布的一项法令使联邦当局和联邦警察最终屈从于第三帝国政府。

1936年，希特勒通过法令设立了一个意为"帝国内政部警察首脑"的新职位，并任命党卫队全国领袖希姆莱就任此职。因此希姆莱成了"帝国内政部警察"（Polizei in Reichsministerium der Innern）的首领，从而将国家和党的职能结合起来。

下文对纳粹德国警察队伍各个分支组织的详细描述，将比历史记录更清楚地揭示"被选中"的小小的纳粹党核心集团对数百万普通德国公民的控制程度，还将使学员们了解到德国警察在欧洲纳粹化的过程中已经和正在起到的作用的核心实质。

希姆莱将德国警察的职能分为：

A. 警察上将（Generaloberst der Polizei）库特·达吕格（Kurt Daluge）治下的普通治安警察［Ordnungspolizei，俗称"奥波（Orpo）"］

1. 城市治安警察［Schutzpolizei，俗称"舒波（Schupo）"］

a) 职责：通常在德国国内工作，执行普通的巡逻和交通执勤任务，一般负责有关法律与秩序的事务，是一个半军事化组织。

b) 组织：在大的城镇，"舒波"按照大队、区队和小队来编组。大队建制只在柏林、汉堡和维也纳三地有，一个小城镇可能只有一个"舒波"小队。

c) 制服：城镇治安警察着棕色袖口和衣领的田野灰绿色制服，戴高筒军帽，穿黑色马靴或裹腿。随身装具为黑色。警察的官方徽章（被一个橡树叶花环包围并在其之上的老鹰和纳粹"卐"字符）戴在左袖和军帽（或野战帽和钢盔）中央。

注意：现在的德国警察仍然会穿旧式警服的深蓝色束腰外衣和黑色马裤，特别是那些被派到城镇警察局代替奉命前往被占领土工作的现役警察的后备警员。身穿蓝色制服的后备警员偶尔也会出现在德占领土上。

2. 驻防警察（Kasernierte Polizei）

a) 在德占领土上的职责：到目前为止，德国人只在挪威、荷兰和波兰部署驻防警察，法国和比利时无此警种。除了对付民乱的主要职能外，驻防警察还被赋予其他多种治安任务，例如镇压游击队、搜剿非法武器、转移人口、押送囚犯或其他被强制劳役的人、保护德国的通信线路等。驻防警察的很多工作需要与战地秘密警察（GFP）、宪兵（FG）、盖世太保和帝国保安局密切合作

b) 组织：驻防警察实际上属于城市治安警察的一个部门。警队以营为建制，住在营房里。警察营通常又被进一步编成警察团——每团辖3个营，每个分区一个团。在德占波兰，这些驻防警察团使用其所在分区的名称来命名，如华沙警察团（Polizeiregiment Warsaw）。这些团要么整体驻扎在某分区的重要城镇，要么分散驻扎在多个较大的城镇——如卢布林警察团（Polizeiregiment Lublin），团部驻卢布林（Lublin），麾下各营分别驻卢布林、海乌姆（Chelm）和扎莫希奇（Zamosc）。

除了这些警察团之外，驻防警察的编制内通常还有一定数量的独立警察营。警察团和警察营的组织与装备类似于相同规模的摩托化步兵部队。一个营的警力

为 500—700 人。每个团和独立营都设立了所谓的"狩猎排"（Polizei-Jagdzuge），这些排由 40—50 人组成，受过特别训练，拥有特殊装备，还配备卡车和摩托车，随时待命出击。

c) 制服：德国陆军军服样式的田野灰绿色制服，但领口为深棕色，每只袖口缀两颗银色纽扣。制服上不带国徽图案，但左袖上方和野战帽的正面戴警察徽章（一个巨大的月桂花环，包围着一只展开翅膀的鹰）。肩章上的军衔标志与军队一样。

d) 训练：新募警员在接受密集的军事和警务训练（尤其是街头巷战和游击战）的同时，还要接受政治教育。

3. 乡村警察（Gendarmerie）

a) 职责：负责乡村地区治安。

b) 组织：乡村警察在那些没有"舒波"的地区工作。

c) 制服：与城市治安警察相同，但乡村警察的靴子、裹腿和装备均为棕色，而非黑色。

4. 机动警察（摩托宪兵，Motorisierte Gendarmerie）

a) 职责：负责普通道路和高速公路的交通管控。在这场战争中，机动警察偶尔也会被派到德占领土上管理交通，并防范敌人对其后方的破坏。

b) 组织：机动警察实际上是宪兵的一个分支，是一个完全摩托化的半军事机构。

c) 制服：与"舒波"的制服相同，但机动警察的左臂上还多戴一条细袖标，上面写有"Motorisierte Gendarmerie"字样。

5. 铁路警察（Bahnschutzpolizei）

a) 职责：保护车站和铁路枢纽、铁路机车修理厂、铁路运输（到站的或运输中的）、铁路桥梁；遏制食品等物资的非法运输；检查旅客。

b) 组织：铁路警察被编为许多支"铁路守备队（Bahnschutzwachen）"，驻守于各个车站，执行守备任务。

c) 制服：尚不清楚德国铁路警察制服的情况。最近获得的情报显示其有三种不同的制服：蓝色的旧式铁路警察制服；与旧式制服款式相同但颜色为田野灰；武装党卫队的制服，并佩戴"SS Bahnschutz"字样的袖标。

d) 工作方式：在执行铁路守备任务时，铁路守备队将得到德国陆军、党卫队或警察营的警卫单位的协助。不过在西欧的个别国家[①]，铁路警察的工作由该国的国家警察队伍负责。

6. **水上警察**（Wasserschutzpolizei)）

a) **职责**：作为普通的港口警察，以及负责口岸安保和管制的警察，德国的水上警察与安全机关一起，履行着多种多样并且非常重要的职责。

b) **组织**：水上警察负责内河航道和德国全国各个港口口岸的治安执勤。他们还为驻扎在被占领的欧洲的所有海岸沿线、多瑙河（Danube）上的，以及其他地方的岸防警察（Marine-Kustenpolizei-MKP）提供人员。

c) **制服**：水上警察身穿深蓝色制服，外加一件双排扣夹克和一顶蓝色尖顶帽。岸防警察也穿着同样的制服，但多一条黄色袖标（国防军袖标）。

7. **技术援助部队**［Technische Nothilfe，俗称"泰诺（Teno）"］

a) **职责**：负责重要通信设施的修复、照明设备的安装，以及故障机械的修理等工作。

b) **组织**：由技术专家组成的辅助队，专门处理公共服务设施的故障。一些"泰诺"突击队已被派往德占领土，配合德国军队工作。他们受帝国警察总监节制指挥。

c) **制服**：该组织成员在德国国内穿深蓝色制服；在国外其制服为军服式样，距制服左袖底8英寸处有细袖标，袖标为黑底，上绣白字"Technische Nothilfe"。

8. **辅助警察**（Hilfspolizei）

a) **职责**：协助正规警队工作。

b) **组织**：战争初期，德国人通过报名登记的方式在柏林组建了多个辅助警察营。从那时起，居住于被征服国家的德国国民就被招募并登记在册，业余时间与警察一起执勤。此外，在荷兰和波兰，为同样的目的也招募了一些荷兰人和波兰人加入辅警队。

c) **制服**：通常与普通"舒波"的制服相同，但在不同的国家也有一些改动。

---

① 译注：指法国。

B. 由恩斯特·卡尔滕布鲁纳（Ernst Kaltenbrunner）指挥的保安警察［Sicherheitspolizei，俗称"希波（Sipo）"］

1. 刑事警察［Kriminalpolizei，俗称"克希波（Kripo）"］

a) 职责："克希波"的具体任务是侦查和防范没有政治动机的刑事犯罪。德国人在西欧没有部署刑事警察，但在波兰有。

b) 组织：德国的所有主要城镇和地区都设有刑事警察局（Kripostellen）。对于农村地区或小城镇，则在距离最近的刑事警察局的指导下，由宪兵从事刑事工作。

c) 制服：德国刑警均着便装。

2. 秘密国家警察（Geheime Staatspolizei，盖世太保）

a) 职责

盖世太保在各个国家的工作任务情况各不相同，但主要有以下几项：

①发现并摧毁所有正在或可能对国家社会主义工人党、纳粹德国或日耳曼民族造成损害的势力，不论该势力是否存在组织。

②对国家和国民生活各个方面的领导人进行选拔和持续审查。

③强制推行规范社会经济和政治生活的规章和命令。

b) 组织

总部位于德国柏林阿尔布雷希特亲王大街（Prinz Albrechtstrasse）的科隆比亚大楼（Colombia House）。盖世太保设有三个主要处室，它们彼此密切合作，但职责权力各不相同。

一处。负责盖世太保的组织和管理，政府机关的安保，档案资料卡片索引和集中营的监管工作。

二处。处理与纳粹党和国家安全有关的政治事务。该处监视着所有反对派组织的活动（如共产党和社会民主党、共济会、教会等）。

三处。负责反间谍工作。该处又分为三个主要科室：东方科、西方科以及南方科。每个科都下设数个专门在一个或多个国家开展反谍工作的小组。在德占领土上，三处管理和控制着当地的政治生活和一切社会活动，与所有危害国家政治生活的病症——秘密组织、地下报刊等——做斗争，并留意着所有居住在该国的德国人的忠诚度。除此之外，该处还对关键职位上的人实施监视。

c) 德国国内的盖世太保组织

盖世太保官僚体制的组织方式按各级机构的重要性排列如下：

①地区指挥部（Staatspolizeileitstelle，简称"Stapolste"）。

②设立在较大的城市的市警察局（Staatspolizeistelle，简称"Staposte"）。

③市警察局下属的警察分局（Aussenstelle）。

④边境哨所（Grenzdientstelle）。

在只有一名普通警员派驻的村子里，这名警员不得不仰人鼻息，看盖世太保的脸色行事。只要盖世太保的官员们愿意，他们就可以干预或接管警务。

d) 德占领土：盖世太保的组织结构并不是死板不变的，而是会根据当地的情况进行调整。重要的分局机关的工作是公开的，但它们对其他一些重要岗位的指挥和掌控则是秘密进行的。这些秘密岗位的数量将根据该地区的重要性、人口密度和地下反抗活动的活跃度而有所不同。

e) 盖世太保是如何工作的？

①盖世太保从社会各个阶层招募特工，通过这个特工网来运作。广泛使用少数民族[①]。

②对收到的报告和观察到的结果进行整理（建立黑名单）。

③给各行各业的杰出人士（警察、市长、实业家等）编制个人档案卡片并进行监视。

④挑衅（异见分子建立秘密的亲盟国组织）。

⑤渗透。

⑥大规模逮捕——从黑名单和特殊的行业名单等之中选择逮捕对象。

⑦恐怖手段——酷刑、报复。

f) 盖世太保凌驾于法律之上。它的行为由政府当局或国家在背后撑腰，不能受到质疑或追究。比如不经审判的预防性监禁。

g) 人员：盖世太保的所有官员都曾接受过严格训练，但由于德国占领了如此

[①] 译注：这里是指德国盖世太保招募特工和为其服务者的手段。比较典型的实例有：在苏联，招募乌克兰、爱沙尼亚、高加索等地区的少数族裔，利用其历史和现实中对俄罗斯／苏联的仇视和反感，为己所用；在巴尔干地区利用当地错综复杂的民族构成和旷日持久的民族矛盾挑拨离间，扶植亲德势力。

大的敌国国土，因此盖世太保的队伍有必要进行较大规模的扩充。新招募的人员素质较差，也未曾受过训练。据悉，驻法国的盖世太保已经招募了非德国人。

h) 结论：盖世太保不得不越来越多地倚重叛徒卖国贼、恐怖主义、贪腐与贿赂的手段。没有叛徒从旁协助，盖世太保几乎无法有效地运作。而腐败也殃及盖世太保自身。

i) 制服：和平时期着便衣或党卫队的黑色制服。战争时期着浅灰色开领制服，内搭棕色衬衫和领带；领章与武装党卫队和党卫队的军衔领章相似，同时肩章上也带有普通的军衔标志。制服剪裁款式类似武装党卫队，左袖上佩戴鹰徽，并且在左袖口上方有与黑色制服上相同的黑色镶边，上写白色字母。

2. 边防警察（Grenzpolizei）

a) 职责：检查那些具有危险影响的，以新闻消息、人员和走私物品等形式渗透德国的东西。审查从国外以非邮寄方式输入的文字物品。边防警察还要在"奥波"的协助下负责证件检查和巡逻执勤。

b) 组织：管控隶属于保安警察（即"希波"）体系的边防警察实际上是盖世太保的责任，管控从当地的盖世太保总部，至边防警察局，再到边防警察哨所一路贯穿而下。边防警察被编成许多个装备摩托车和自行车的中队（Staffeln）。边防警察局等机关里的人员主要由党卫队成员担任。

c) 制服：边防警察着党卫队制服，胳膊上有一道窄袖标，上缀"Grenzpolizei（边防警察）"字样，边防警察装备有转轮手枪、卡宾枪、冲锋枪和轻机枪。

3. 帝国保安局

a) 职责

帝国保安局的职责主要有三个：

①对一切可能对国家社会主义有益或有害的政治团体进行研究并加以渗透。

②从事各种反间谍、反破坏和反宣传工作，特别是预防和侦查德国官员的腐败行为。

③在不完全受德国控制的中立盟国——如匈牙利和维希法国——进行间谍活动。帝国保安局和盖世太保看似做着相同的工作，但保安局的层级更高。实际上，保安局指导盖世太保的谍报工作也是有可能的。由于保安局的人员都是由特别挑

选的党卫队员组成的，因此该组织对我们而言毫无疑问更为危险。

b) 组织：虽然我们对于帝国保安局的活动知之甚少，但我们清楚，这一机关在每个被占领的国家都设有一个高效的组织。

希姆莱在 1936 年攫取了德国警察部门的全部权力后，他便用许多来自保安局的人来充任警务人员，但保安局本身仍继续保留。帝国保安局在运作和行政管理上与盖世太保相互协调。这两个机关都由海德里希领导。

c) 战时制服：款式与盖世太保的相似，但在制服的左袖底部佩戴有一个绣有白色"SD"字样的黑色菱形袖标。

学员自己国家的警察

关于学员所属的国家的警察，所有能得到的资料都将提供给学员。

德国民事警察在德占领土上的管制

A. 东欧

在完全由德国人统治的东欧地区，警方的管制权掌握在高级警察与党卫队首领（H. SS. PF）手中。这一官职实际上就是一个小希姆莱，负责指挥一个国家内的所有警察和党卫队。尽管这个国家的许多警察职责由其本国人承担，但他们只能在德国的警察组织中任职或直接由德国人控制。

B. 西欧

在西欧，警方管制采用的是另一种不那么明显的方式。一般来说，德占西欧国家的民政机关要么以不同方式由德国直接控制（如挪威、比利时、德占法国），要么仍然掌握在本国政府手中（如丹麦、维希法国）。

无论德国人是否会为某个国家任命一名高级警察与党卫队首领，该国的警察都要在德国人的监督下，并按照德国人的指示去执行那些制服警察（有时是便衣警察）的部门的大部分职责。因此，民众对于镇压的憎恶首先落在了这些伪警察的头上。

C. 结论

因此，德国警察在不同国家的管制方式是不同的，学员们将得到有关自己国家的最新情报。

德国军事情报机关和军队

1. 军事警察（宪兵，FELDGENDARMERIE）

a) 职责：军事警察（宪兵）的职责分为两类——

①一般职责：执行如管制交通（也是其最常见的任务）、收容掉队人员、埋葬死者，以及管理消防、战俘营等工作。

②执行常规保安措施：包括监督被占领国家的警察；自主进行，或更常见的是根据战地秘密警察的指示进行的小规模调查与管制行动。如果是自主行动，则必须始终向秘密警察通报情况，由秘密警察来决定任何必要的进一步行动。

只要军事警察有要求，德国武装部队的所有成员都有义务向其提供帮助。

b) 组织：宪兵是军队指挥下的军事警察队伍。其编制为宪兵营、宪兵连、宪兵排和宪兵队。通常一支集团军级部队内会编有至少一个宪兵营，各军或师内编一个宪兵连，各野战或地方司令部内设置一支宪兵队。

c) 制服：德军宪兵着陆军制服，外加——

①左臂上方的警察徽章（鹰徽加椭圆形橡叶上纳粹"卐"字符）。

②左臂下部缝有一道棕色细袖标，上面用铝色哥特字体绣着"Feldgendarmerie"字样。代表兵种的绲边为黄色。

在执勤时，宪兵的脖子上挂一条白色金属链，链下悬挂着一块刻有"Feldgendarmerie"字样的半月形铜牌。

d) 人员：宪兵部队的官兵主要从国内民事制服警察中选拔，但军队人员如果合适的话，也可以被征召加入宪兵部队。这些应征者还必须是士官级别。

2. 战地秘密警察（GEHEIME FELDPOLIZEI）

军事领域的主要保安组织机构是战地秘密警察。

a) 职责

①发现并消灭敌方的间谍、破坏组织和准军事团体。

②确保所有保安措施的执行。

③为以德国陆军总司令部的安保军官（Ic/AO）为主的，以及所有其他的安保军官充当安全顾问。

b) 组织

①它是一个纯军事组织。通常给每支军级部队配属一支战地秘密警察队。

②德占领土。情报显示，在军事管制地区的大多数重要城镇内都配备有一支战地秘密警察队。这些队伍又被分为若干个分队，每个分队专门从事某些工作，例如反破坏、反准军事团体等。

c) 制服

①绝大部分着便衣。

②着制服时，通常为国防军军官服，肩章上用黄铜饰有"GFP"字样。

d) 一般与特殊权力

①凭借他们的浅蓝色通行证，战地秘密警察的官员们：有权在紧急情况下，在其职责允许的范围内，要求野战宪兵或任何其他武装部队人员立即听命效劳；有权进入任何军事机关或建筑物，通过任何军事哨卡，可以使用一切通信手段。

②根据希特勒于1941年8月15日下达的命令，战地秘密警察有权对德国军队中所有的士官和普通士兵发号施令。

③战地秘密警察有权临时对武装部队人员和平民实施逮捕。

e) 战地秘密警察的运作：有大量的特工为战地秘密警察工作，其主要依靠的手段有渗透、挑拨、告密等。战地秘密警察总部从不接待为其工作的特工，与特工的会面在专门为此安排的住宅里进行。

在一般的安保事务上，一些不太重要的调查和检查行动则动用野战宪兵队和国家警察进行。

f) 人员：战地秘密警察的人员通常并非职业警员，而是身着制服的平民，比如律师、教授、会计、演员等。

3. 情报机关

a) 总述

情报局（Intelligence Service）是德国国内外的高级情报机构，地位高于盖世太保和所有其他保安、警察和边防机关。因此，全面研究德国的反间谍机构，了解其组织和职责是非常重要的。

b) 历史沿革

①在上次大战中，由沃尔特·尼科莱（Walther Nickolai）上校领导的德国情报机关负责新闻审查和维持国内士气，以及主要的情报工作。

在目前的战争中，大部分情报工作已由纳粹党接管。

②根据《凡尔赛和约》的规定，德国被允许维持一个反间谍部门，但不能拥有进攻性的情报机构。这个反谍部门被称为"Abwehrdienst"，意为保卫局，或简称"Abwehr"（阿布维尔）。没过多久，这个所谓的反间谍部门就变成了一个有着各种伪装名称——如"Oberseedienst"（海外局），看上去像是一个商业性组织——的具有进攻性的秘密情报机关。一些声名显赫的实业家也开始雇佣前情报局官员担任可以从事隐秘勾当的职位。"Abwehr"的头目是（或者说直到最近还是）海军上将威廉·卡纳里斯（Wilhelm Canaris）。

c) 组织

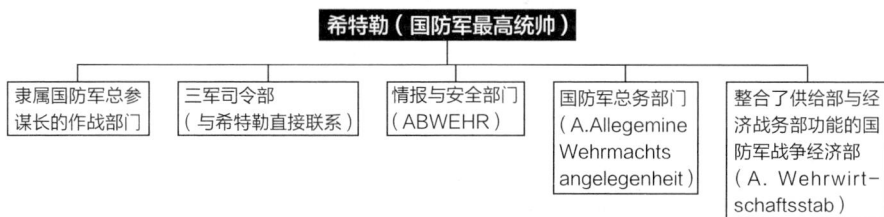

▲ 德国的军事指挥组织体系
德国国防军最高统帅部（O. K. W.）关联机构示意图

① "Abwehr"是一个为德国陆、海、空军以及战争经济部工作的跨军种情报组织。它是隶属于德国最高统帅部的德国国防军的一个组成部分，负责所有的情报工作——间谍、破坏、反间谍，以及一定数量的宣传工作。

② "Abwehr"的总部位于柏林，被称为"Abwehramt"，即国防军情报局，直接或间接地控制着"Abwehr"在世界各地的所有站点。国防军情报局分为三个主要部门（或称"处"）。

一处——谍报工作。

二处——破坏行动。

三处——反间谍。

情报局在横向关系上被划分为分别负责陆、海、空军和经济情报的科室：

	陆军	海军	空军	经济
一处	谍报			
二处	破坏			
三处	反间谍			

因此：

一处 H 科负责陆军感兴趣的情报。

三处 M 科负责（与海军相关的或海上的）反间谍工作。

三处 Wi 科负责工业保护。

一处 Luft 科负责空军感兴趣的谍报活动。

一处又被进一步划分为若干负责某一地区的子部门，比如西方科（I–H 科）。

三处也被进一步划分为许多带编号的子部门，如 III–H–4 科。

二处的组织形式似乎与其他处不同，其划分如下：

（东欧 & 东方）

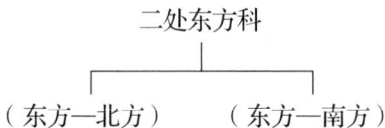

（西欧 & 西方）

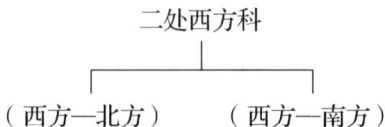

③在德占领土上的组织

情报分局（Abwehrstellen，简称 Asts）：在德国控制的领土内，情报局在一些比较重要的城市设立了分支机构情报分局。情报分局在限定的区域内履行情报局总部的职能，并以与总部同样的方式在纵向和横向上加以细分。

在德国本土，除了 21 个军区（Wehrkreis）中的 3 个以外，其他所有 18 个军区都设立有较大的情报分局。18 个分局中有 5 个控制着国外的情报站。

柏林分局：负责管理在伊比利亚半岛、意大利、斯堪的纳维亚半岛、俄国和其他一些国家的情报站。

汉堡分局：负责英国、南北美洲、土耳其和其他一些国家。

维也纳分局：负责巴尔干半岛以及近东地区。

威斯巴登分局：负责法国和法属殖民地。

斯图加特分局：负责瑞士和其他一些国家。

情报分局的头目被称为"Leiter"，意为"领导"。如果情报站点的规模足够大，那么它的三个工作部门都各将有一名 Leiter。

情报分站（Nebenstellen，简称"Nests"）：情报分局的下属机关。其组织结构与分局相同，三个工作部门之间的职责划分也是明确的，尽管这可能意味着一个人要承担三种不同的工作职责。Nests 的职能在很大程度上取决于当地情况，比如，挪威海岸地区的 Nests，其职能可能主要与海军有关。

情报点（Abwehrort，简称"AO"）：情报分站的下级单位，编制大致为一名军官加五名士兵。

联络信箱：通常是一种可以让特工接收情报、指令，以及送出报告的信箱。使用这种信箱联络的目的是不向特工暴露比较重要的情报站所在的位置。

可以肯定地说，在德占领土上没有哪个主要城市未曾设立德国国防军情报局的站点，即使是欧洲的中立国也绝少有例外。例如，奥斯陆情报站控制着卑尔根、奥勒松、特隆赫姆等地区。巴黎情报站控制着瑟堡、勒阿弗尔、布列斯特等地区。

每个情报站都是情报局总部的翻版，尽管它里面的人手可能非常少。情报站是情报三部门的陆、海、空及经济所有四个情报科室的综合代表，尽管它也可能专门从事某些类型的工作。

④海外组织

海外分站（Aussenstellen）：情报局在不受德国控制的国家也建立了情报站，一般都配有电台设备，并接收从德国国内某情报分局发来的指令。例如，土耳其的情报站可能接收来自汉堡的命令。

驻外使领馆：情报局也通过德国驻外使领馆的渠道开展情报工作，并且目前正在一些不便动用德国使领馆的地方使用日本、西班牙，以及瑞士等国的大使馆和领事馆从事谍报活动。

情报分队（Abwehrkommandos）：这是与德军入侵部队一起出动的机动谍报单位。它们通常是在德军入侵行动即将开始前不久，从离准备实施作战行动的战场最近的情报分局征召人员组成的，作战结束分队即行解散。

情报分队的任务包括：开展短期宣传；防止敌方对德军重要物资和建筑物的破坏；按照情报局的黑名单抓捕该国公民。

4. 情报局各处的主要职能

a) 一处

一处的主要职能，是通过秘密特工在一个非常广阔的范围内，为陆、海、空、经济四个科室获取情报。例如：战争爆发前同盟国战争潜力的详细情报；全面的航运情报；通过设在格陵兰岛和北欧其他地区的气象站提供气象情报；土耳其总参谋部内的特工提供的详细军事情报。

b) 二处

二处的任务是对敌人的战争机器进行破坏，包括散布谣言和从事宣传。

二处在工作上与各军种密切配合，其基本原则是，破坏行动应按照总体计划来进行，而不是各行其是。这些联合行动的目的，在于破坏敌人的通信和补给，挫伤他们的士气。

事先做好细致周密的准备是基本规则。例如：在入侵前以及入侵期间组织"第五纵队"的破坏行动，制造到处是间谍的假象，让敌人草木皆兵，疑神疑鬼；在西班牙实施对英国航运的破坏行动。

c) 三处

三处负责国防军内部的反间谍、反破坏和反宣传工作，即最广义上的防谍反谍，以及大量使用渗透手段打击敌谍报组织。

5. 工作方法

a) 为获取情报，情报局雇用了大量的线人、当地警察、卖国贼，并采用重金悬赏，特别是敲诈勒索等手段。

b) 他们的渗透体系非常发达。比如假意建立协助反德人士逃亡的组织，假装代表某个亲盟国的组织招募某国国民为其工作，并允许他们建立自己的团体，甚至纵容被招募者从事轻微的破坏行动。

——这样的一个小团体迟早会认为自己是在与一个真正的盟国方面的组织接触。

——情报局会精心准备，让他们的一名特工渗入某个组织相当长一段时间，然后再根据他报告的情况对该组织采取行动。

——情报局经常为掩人耳目而逮捕自己的特工。

c) 无线电侦查测向工作虽然隶属于一个独立的军事组织，却由情报局严密控制。

d) 电检审查制度可能由情报局掌控。

e) 为了能够一网打尽，他们对于摸清敌方谍报组织的作战序列和抓获一名敌方特工同样感兴趣。

f) 国防军情报局在占领区的主要执行机构是战地秘密警察。他们还经常向盖世太保请求协助。

g) 当敌方在某一军区内广泛开展颠覆破坏行动时，战地秘密警察、宪兵、盖世太保、帝国保安局和当地警察可能会在国防军情报局三处的指挥下统一行动。

6. 国防军情报局与帝国保安局以及盖世太保的关系

三个机构之间的合作非常密切。它们之间的区别如下：

a) 帝国保安局处理的全都是政治事务。例如，当里宾特洛甫（Joachim von Ribbentrop）在伦敦担任德国驻英大使，调查英国国内鼓吹和平主义的团体的情况时，帝国保安局曾派遣特工与里宾特洛甫一起工作。帝国保安局的许多特工还要为入侵法国前一段时期法国政客和实业家们的贪腐堕落负责。

b) 国防军情报局负责与国防军相关的间谍、破坏和反间谍活动。

c) 盖世太保负责为帝国保安局和国防军情报局执行任务。

这三个组织机构的职能不可避免地会发生重叠，因此相互之间会产生一定程度的分歧。众所周知，这种情况在国防军情报局和盖世太保之间是曾经发生过的，后者为了提高自己的威望，故意在情报局掌管的地盘上偷偷抓人。

7. 人员及其招募情况

国防军情报局通过以下渠道招募其成员：

a) 纳粹党，特别是通过德侨组织（Auslands Organization）。该组织与德国人和海外的德国同情者保持着密切联系，并运作着一个招募机构，以便让这些人与情报局取得联系。

b) 集中营，一些人以充当德国特工，为情报局工作为交换条件从集中营获释。这些人对被送回集中营的恐惧是如此强烈，使得这种伎俩的效果达到了预期。例如 1941 年 5 月在英格兰被捕的代号"KR"的德国特工，他就曾在受训结束后，被派往英国之前，被情报局送回了集中营。此举是为了让他明白，如果他失败了会发生什么。

c) 职业介绍所，特别是在港口码头。

d) 以暴力威胁招募对象本人及其亲属。

e) 讹诈要挟。

人员情况

德国国防军情报局的大多数特工，至少那些被抓获的特工，都不是德国人。这些人的素质与品格低下，对金钱的渴望和出于恐惧是他们从事间谍工作的动机。

国防军情报局里当官的通常是从军队中抽调的德国人。

在 1940—1941 年间，根据与潜入英国的国防军情报局特工有关的证据显示，他们受到了德国人糟糕的对待，组织度也很差；他们对英国的情况不甚了解，对薪水和待遇也十分不满。对此，可能的解释是，由于德国人认为对英国的入侵已是迫在眉睫，因此他们不顾特工的质量，将这类特工大量派往英国，希望其中一些人能够蒙混过关。

但是，我们必须这样假设，大量极为高效的德国国防军情报局特工仍然在进行谍报活动，因为敌人确定无疑地经常收到有关盟军活动的优质情报。比如关于潜艇战的。

8. 训练

在德国本土和德占领土上设有许多为国防军情报局设立的训练机构。

情报局二处经常出动勃兰登堡特别教导团（Lehr Regiment, Brandenburg）实施破坏，充当入侵行动的急先锋。

这个团成立于1940年1月，招收的都是海外归国的德国侨民。目前该部已经发展为3个营的规模。勃兰登堡特别教导团在行政上自行其是，灵活且富有弹性。该部无团徽标识。

设立该部队的主要目的，是训练德军以小分队为单位在军事行动中为陆军大部队打先锋，以及执行与军事行动相关的特殊任务。例如在隆美尔率军进入埃及之前，该部对北非达巴（Daba）地区铁路线的攻击。

9. 结论

国防军情报局由德国最高统帅部指挥，并且在行动上与总参谋部密切合作；情报局的活动常常给最高统帅部的运筹帷幄提供参考，例如：

a) 情报局在1940年以前的活动主要是直接针对法国的。

b) 法国陷落后，他们的活动集中在英国，以期对英国实施入侵。在1940年9月至11月期间，有超过25名情报局的特工潜入英国。

c)1942年，有关情报局维也纳分局及其与中东地区联络的情报表明，德国最高统帅部正计划在埃及和高加索地区采取军事行动。

d) 德国人对于情报分队的招募和动员常常能为我们提供有关其军事行动的线索。例如，在德军入侵南斯拉夫的战役开始前六个星期，对情报分队的人员筹备工作就在维也纳展开了。

关于国防军情报局活动的一些说明

1. 其活动集中在战区的中心

a) 自 1933 年至 1939 年，德国国防军情报局对英法两国积极开展行动。这期间大约有 30 名德国特工被我方发现，这些特工都由汉堡分局控制（例如杰西·乔丹夫人，布兰迪夫人）。其中：11 人自首；6 人被对其起疑的人举报；9 人因给掩护地址寄信暴露被捕；3 人在官方行动中被捕；1 人因密信被查获被捕。

德侨组织在英国的发展表明，其成员有可能被用于从事破坏行动；战争爆发时大批德国侨民被捕。

国防军情报局对法国倾注了最大的工作力度，通过如赖伐尔（Pierre Laval）之流的法国政客贪腐堕落，削弱整个国家的抗敌士气。

b) 法国陷落后，情报局的间谍活动更多地集中在英国，以期对英国实施入侵。德国人的间谍活动在 1940 年秋达到顶峰，而当皇家空军在不列颠之战中击败德国空军后，其数量又有所减少。

1940 年 5—7 月，6 名德国特工在爱尔兰的被捕（以赫尔曼·戈尔茨为首），可能对德国的战略计划产生了深远的影响，其中当然包括对爱尔兰的入侵。

1940 年 9—11 月，已知有超过 25 名德国特工以空投或乘小艇的方式潜入英国。这些特工都是与入侵计划有关的短期潜伏特工。（包括德鲁克小组、瓦尔蒂与埃里克森小组、特尔布雷克小组）

1941 年 3 月至 9 月间，多名德国特工从挪威乘小艇登陆英国。从刺探英国海军的情报到伪装成流亡者对英国反间谍机关进行渗透，其任务多种多样（如 M. V. 赫尼）。

在 1940 年和 1941 年期间，国防军情报局出于各种目的派遣了许多担负长期潜伏任务的特工（如哥特·范·维克），还从伊比利亚半岛国家招募了许多海员，向其报告盟国方面的航运动向和海岸防御等情况。（如蒂默尔曼）

据我们所知，1941 年 9 月到 1942 年 3 月，国防军情报局针对英国的活动实际上已经偃旗息鼓了。英国已经取得了"不列颠之战"的胜利，德国最高统帅部现在满脑子都是该如何应对"大西洋之战"。

2. 情报活动在作战地区之外的扩展

德军在 1940 年夏天占领欧洲的大西洋沿岸后，"大西洋之战"演变成了一种更危险的形式。同时，德国国防军情报局开始在挪威、伊比利亚半岛和西半球发展其组织。巴尔干半岛也成为威胁苏伊士运河区以及中东地区的重要基地。

与此同时，国防军情报局还负责获取气象报告，为此，他们在格陵兰岛（Greenland）和扬马延岛（Janmayen）上做了些特别安排。情报局的其他许多特工也被要求要将获取气象报告作为常规任务。

挪威

奥斯陆分站（Abwehrstelle Oslo）是国防军情报局在挪威的总部，该站利用设在卑尔根（Bergen）、特隆赫姆（Trondheim）、特罗姆瑟（Tromsoe）和希尔克内斯（Kirkenes）等地的子站，控制着挪威的五个主要地区。

其主要职能是：

①针对挪威和盟国情报工作的反间谍（或称 III—F）活动。

②从事海上谍报活动（I.M）——用小艇对英国实施偷渡。

③从事对苏谍报活动。

卑尔根站

由于挪威爱国者在该地区的活动，卑尔根站的主要精力放在了反间谍工作上。

该站非常积极地组织"难民"前往英国，借此对英实施情报欺骗工作。

组织渔船沿挪威海岸巡逻，防范"逃亡者"并对其组织进行渗透。

特隆赫姆站、特罗姆瑟站和希尔克内斯站

负责海上谍报活动。

伊比利亚半岛

由于德国情报机关在西班牙内战中以及之后的西—德两国关系中有恩于西班牙，因此国防军情报局在这里拥有许多优势，例如：

a) 利用有外交身份做掩护的西班牙特工为其工作。这种人在西班牙驻伦敦大使馆里随处可见。

b) 获取西班牙使馆的外交报告。其中很多都非常详细地描述了英国空袭警报

鸣放的时间、英国的士气情况、空袭破坏情况等情报。

组织：在马德里和里斯本设有两个总站。

a) 马德里总站

①马德里总站有 20 名全职的德国情报员，另有约 30 人在总站下属各分站工作。马德里总站设在德国大使馆内。

②圣塞巴斯蒂安（San Sebastian）、毕尔巴鄂（Bilboa）、维哥（Vigo）、维尔瓦（Huelva）、加的斯（Cadiz）、阿尔赫西拉斯（Algeciras）、加那利群岛（Canary Islands）、西属几内亚（Spanish Guinea）、圣费尔南多港（Fernande Po.）等地均设有情报子站。

③圣塞巴斯蒂安子站负责德国特工的中转；巴塞罗那子站负责海上谍报（IM）和经济谍报（IW）工作，这里应该设有一所特工训练学校。

④国防军情报局三处在马德里总站也有代表。

b) 里斯本总站

①组织上类似于马德里总站，但规模没有马德里站大；所有情报官都在德国使馆工作。

②所有海外的永久分站——如亚速尔群岛（Azores）站、佛得角（Cape Verde）站、比绍（Bissau）站和洛伦索马克斯（Lourenco Marques）站，大部分由葡萄牙人管理，但他们的水平不是很令人满意。

③比绍分站的情报工作触角进入了冈比亚（Gambia）和塞拉利昂（Sierre Leone），洛伦索马克斯分站则把手伸进了南非。

④国防军情报局三处在里斯本总站也有代表

活动

①派遣特工从被占领的比利时经伊比利亚半岛前往南美洲或盟国国内。

②由外勤特工以密信或信使的方式进行通信联络，以掩藏其在西班牙或葡萄牙的据点地址。每艘西班牙船只上都有一名德国特工，通常就由此人担任信使。

③由国防军情报局三处对盟国情报机关实施渗透。

④破坏行动——这里的破坏行动比其他任何地方都多，主要是针对直布罗陀的盟军航运和军事目标。

破坏行动的装备器材在西班牙制造，爆炸物的延时装置在德国制造，并用外交邮袋来运送。西班牙人曾实施过破坏行动，但他们最不靠谱（比如维尔瓦的醉鬼特工）。情报局二处鼓励西班牙警方，宁可逮捕任何忠诚度可疑的成员，也不要让他们被盟国渗透。

里斯本方面没有发生太多破坏行动。

⑤ 在直布罗陀海峡两岸都安插有一支由精兵强将组成，装备着精良技术设备的监视组织，专门监视直布罗陀港的一举一动。

西半球

美国站：直到 1941 年秋美国联邦调查局破获了德国在美国的间谍网之前，美国站都是国防军情报局一个非常重要的获取盟国航运和生产情报的基地。通过美国站，纽约和柏林之间定期进行情报沟通，为德国的潜艇战和德国空军服务。

这是美国联邦调查局对敌谍报组织进行渗透的很好的范例，实际上联邦调查局已经完全掌握了对方的通信，只待一切准备就绪，即行出击。

自此以后，关于美国方面的情报须经由南美站中转才能传回德国。

显示美国站实施破坏行动的证据很少。

南美站：规模较大，主要针对航运情报。特工大部分招募自当地的德国人，这些人受到德侨组织多年的教育熏陶，素质较好。主要的中心机构设在巴西里约热内卢（Rio de Janeiro）和智利的瓦尔帕莱索（Valparaiso）。

破坏行动：有实施破坏行动的可能，尤其是在那些存在政治纷争的国家和地区，但没有任何协调行动计划的证据。

结论：德国人在南美织就的每一张情报网都非常强大和高效，这一点已经从被俘的德国潜艇艇员那里得到了验证。

巴尔干国家与土耳其

南斯拉夫站：德国国防军情报局二处在德国入侵南斯拉夫的战役中发挥了重要作用。维也纳的情报分局总部控制着设在其他巴尔干国家首都的子站。

1941 年 4 月前，从事破坏行动的德国特工们主要聚集在斯普利特（Split）、萨格勒布（Zagareb）、贝尔格莱德（Belgrade）和斯科普里（Skoplye）等南斯拉夫城市，他们住在当地的德国领事馆内，由贝尔格莱德的德国大使馆武官直接指挥。

南斯拉夫的德国特工是从当地的德意志族人中招募的，并得到了当地德国企业的协助，勃兰登堡特别教导团也发挥了作用。他们有用之不竭的资金经费，但被严令禁止过早采取任何行动。其广泛使用耸人听闻的谣言和宣传手段，以求在南斯拉夫各族人民中制造分裂。

希腊站：意大利军队入侵希腊时，德国国防军情报局二处就已经做好了充分的准备。

占领希腊之后，国防军情报局一处围绕着爱琴海，在希俄斯（Chios）和莱姆纳斯（Lemnas）等地建立了情报子站，以获取有关土耳其军事部署的详细情报。

为了训练亲德的阿拉伯人，在雅典（Athens）和萨洛尼卡（Salonika）设立了训练学校。

情报局二处设在雅典的希腊站总部与隆美尔保持着密切联系，并控制着潜伏在叙利亚、伊拉克、亚美尼亚等国的德国特工，同时对埃及的希腊军队和叙利亚的法国军队进行渗透，打击破坏其士气。

土耳其站：情报局汉堡分局在安卡拉（Ankara）设立了一处分站，但柏林分局也控制着那里负责近东国家与地区谍报工作的“近东工作站（Lietstelle Naher-Orient）”。两个机关的头目争权夺利，吵得不可开交，不得不由卡纳里斯上将亲自出面进行协调。

在1941年被雅典、萨洛尼卡和伊斯坦布尔取代之前，安卡拉一直是德国情报机关在近东的主要情报来源地。

到1940年底，土耳其已有相当数量的破坏分子存在，他们计划摧毁工厂和发电厂。德国人把土耳其当作德国向东方，甚至向印度进军的出发地，也把该国作为招募亲德阿拉伯人的基地。

直到1942年土耳其政府对德国开始采取更强硬的态度之前，很多情报都是从安卡拉的土耳其官员那里获得的。

佩拉宫酒店（Pera Palace）爆炸事件① 是国防军情报二处所为。

中东
准备工作

1938 年，阿尔弗雷德·罗森堡（Alfred Rosenberg）② 对中东产生了兴趣。于是德国人与柏林的阿拉伯裔居民接洽，并成立了一个"常设防务委员会（Permanent Defence Committee）"与阿拉伯世界联系。但阿拉伯人和德国人之间只是相互利用，彼此对对方的利用程度半斤八两。

叙利亚：直到法国兵败如山倒，国防军情报局在叙利亚地区的工作才取得了较大的进展。情报局随后在贝鲁特（Beirut）设立了地区总部，目的是使其成为德国在中东地区（1941 年秋天时有 400—500 名德国特工）的谍报活动中心。

英军入侵叙利亚迫使情报局撤回了土耳其。

伊拉克：情报局在伊拉克的活动围绕德国驻巴格达的大使馆展开，德国大使格罗巴博士（Dr. Fritz Grobba）旅居伊拉克多年，是一名相当成功的阿拉伯事务专家。1939 年，耶路撒冷的"穆夫提"（Mufti）③ 迁至巴格达，这也有助于使这座城市成为阴谋活动的中心。

伊朗：国防军情报局谍报活动的基地就是德国驻德黑兰大使馆。德国大使埃尔温·艾特尔（Irwin Ettel）控制着三个级别的特工：

a) 他自己的手下，当地人和德国人均有。

b) 驻伊朗德国武官手下的一群军官。

c) 一个由"穆夫提"建立的组织。

---

① 译注：佩拉宫酒店位于土耳其伊斯坦布尔市内，是土耳其历史上第一家欧式豪华酒店，葛丽泰·嘉宝、欧内斯特·海明威、阿加莎·克里斯蒂、希区柯克、爱德华八世等名人都曾在此下榻。阿加莎·克里斯蒂的名作《东方快车谋杀案》，即创作于该酒店。1941 年 3 月 11 日，德国特工指使下的当地亲纳粹破坏者在酒店内引爆炸弹，造成包括两名英国外交人员在内的 6 人死亡，另有 25 人受伤。

② 译注：阿尔弗雷德·罗森堡（Alfred Rosenberg, 1893—1946 年），纳粹德国政界的重要人物，是纳粹党党内的理论家、哲学家、思想领袖，也是纳粹党最早的成员之一，被誉为希特勒的"精神导师"。罗森堡曾担任纳粹刊物主编和德国在苏联的东部占领区政府局长。战后被盟军逮捕，于 1946 年执行绞刑。

③ 译注："穆夫提"是阿拉伯语音译，意为"教法解说人"。伊斯兰教教职称谓。即教法说明官。"穆夫提"有权解释伊斯兰教法，可依据教法对社会事务和诉讼案件提出正式的法律意见，因此在伊斯兰国家的社会生活中具有崇高的地位。

埃及：在埃及的德国侨民由海外德侨组织按照通常的等级制进行组织，有证据表明海外德侨组织与国防军情报局机构联系密切。

战争爆发时，由于许多德国人作为嫌疑分子被逮捕，情报局不得不求助于意大利情报机关。毫无疑问，德国人当时在罗马已经有了相当大的影响力。

意大利参战后，德意两国都转而依靠日本方面提供情报协助。而日本随后也加入了对盟国的战争时，西班牙大使馆似乎成了轴心国阵营的情报来源。

德国国防军情报局在埃及的活动已经变得极其复杂，令人难以捉摸。这是因为：

a) 没有建立一个分局来统管埃及地区的谍报工作，因此各色人等都参与其中。

b) 这些情报分局的重要性起伏不定，如安卡拉分局。

c) 意大利情报机关发挥了重要作用。

阿拉伯半岛：德国人将外约旦、沙特阿拉伯和也门交给了意大利人，而意大利人也对巴勒斯坦感兴趣。墨索里尼将这一地区视为自己的势力范围，并向叙利亚民族主义领袖提供资助。

伊本·沙特（Ibn Saud）[①] 拒绝与德国人有任何关系，意大利设在吉达（Jedda）的领事馆——也是意大利情报机关的工作中心——于 1942 年 2 月关闭。

意大利人在也门比较成功，他们通过设在各个城镇的医疗站为也门百姓提供免费医疗来开展情报工作。但是也门的"伊玛目"[②] 拒绝与英国人作对。

意大利人于 1934 年在亚丁（Aden）也建立了一个情报站。

众所周知，汉堡、安卡拉、昔兰尼加、里斯本和索非亚的地方局（索非亚分局由德国空军管理）都向阿拉伯半岛派遣了特工。

巴勒斯坦：1941 年 3 月起，德国情报局在巴勒斯坦地区的活动有所增加。

除了向巴勒斯坦地区派遣训练有素的德国特工以外，情报局还利用始建

---

① 译注：伊本·沙特（Ibn Saud，1881—1953 年），本名阿卜杜勒－阿齐兹·本·阿卜杜拉赫曼·本·费萨尔·阿勒沙特。沙特阿拉伯王国的开国国王。
② 译注："伊玛目"为阿拉伯语音译，伊斯兰教教职称谓，意为"领拜人""表率""率领者"。本指清真寺内率领穆斯林举行拜功的领拜师。逊尼派穆斯林以"伊玛目"尊称穆斯林领袖和教法学派创始人、著名宗教学者；对什叶派而言则是对政教首领的称呼。

于 1880 年的、亲纳粹氛围浓厚的当地德国殖民地的居民，以及那些逃离了反犹迫害但仍然亲德的犹太人来为自己工作；但主要还是使用阿拉伯人、叙利亚人和亚美尼亚人。此外，情报局还派一些德国特工以志愿者的名义打入英国军队。

3. 在战区以外的地区的活动

<u>西非</u>：有迹象显示在德国殖民地的老居民之间存在着一张特工联系网。

<u>南非</u>：情报局二处在当地持不同政见者中相当活跃。葡属东非被德国人当作向南非渗透的跳板。

1942 年 1 月，与罗比·莱布兰特（Robey Leibrandt）有关的破坏行动在南非四处开花。莱布兰特接受过德国人在政治和纳粹宣传方面的培训，并承认在 1941 年被派往南非发动叛乱。但南非的颠覆组织，奥瑟瓦·布兰德威格（Ossewa Brandwag）① 拒绝与其合作。

情报局总部已指示其特工，不要实施孤立的破坏行动，而要按照事先安排好的计划行事。目前尚不清楚这种以迫使南非部队撤出北非战场，从而影响利比亚战役为目的的破坏行动的爆发是操之过急还是恰逢其时。

<u>印度</u>：印度在战前就已有海外德侨组织的各分支存在，这些分支机构可能被作为通常的谍报准备活动的基地。

德国和意大利在阿富汗要弄的阴谋诡计可能是由设在印度的地区总部掌控的。

情报局二处在德国卡塞尔（Kassel）组织印度人进行特工训练，打算将他们空投到苏联—印度边境发动叛乱。

<u>中国</u>：直到 1941 年，德国情报局在中国上海一直有一个组织，用以刺探获取有关盟国海军的情报。

1939 年，德国情报局汉堡分局在荷属东印度群岛地区安插了一名特工，以获取新加坡以及盟国海军和航运活动的情报。

---

① 译注：一些荷兰裔南非人于 1939 年在南非建立的一个极端仇英的、亲纳粹德国的政治组织。

澳大利亚：在澳大利亚和新西兰均有一处非常小的德国人社区，每个社区通常都有海外德侨组织，但没有从事颠覆破坏行动的迹象。

德国军队的总体组织架构

A. 德国国防军

了解一些德国陆军的历史，对于正确理解其今天的地位和特点是至关重要的。

1. 1918 年以前

在与协约国集团缔结凡尔赛和约之前，德国军队是由来自普鲁士（Prussia）、萨克森（Saxony）、巴伐利亚（Bavaria）和符腾堡（Wurtemburg）等邦国（Federal States）的部队组成的。每个邦国都有自己的军政大臣和军队，每个邦国的国王都可以自行任命其麾下的军官，但是武器和训练都是统一的。

这一时期的德国陆军是一支拥有 85 万人的征兵制军队。第一次世界大战停战时，德国陆军共有 240 个师——约 500 万人。

2. 凡尔赛和约

该条约的目的，是断绝德国再行侵略的可能性。这就意味着要对其采取以下限制措施：

a) 德国军队削减为 10 万人，其中军官最多 4000 人，分为 7 个步兵师和 3 个骑兵师。

禁止征兵，实行志愿兵役制。士官和普通士兵须服役 12 年，现役军官须连续服役 25 年，以使德军无法建立起一支训练有素的后备力量。

b) 武器装备也受到限制。德国不许装备飞机、装甲战斗车辆，以及口径超过 10.5 厘米的火炮、高射炮或反坦克炮。要塞堡垒被拆除，莱茵兰（Rhineland）地区非军事化。不允许设置总参谋部或其他军事团体。

c) 对德军拥有的其他武器和弹药的数量同样加以限制。

3. 魏玛防卫军

这样一支规模有限的陆军，加上同样规模有限的海军，被合称为"魏玛防卫军"。魏玛防卫军的最高指挥官是魏玛共和国的总统，他将他的军权授予国防部长，由国防部长来统管陆、海两个军种（没有空军）。国防部长据此任命各军种的总司令。

魏玛共和国国防部长任命的防卫军首任陆军总司令（Chef der Heeresleitung）是冯·塞克特（von Seeckt）将军，这是一位旧帝国军队的将领。防卫军的其他军官也是这种情况。一个共和政体的、遵行社会主义和和平主义的国家，却拥有一支完全由保守反动的君权主义和军国主义阶级所完全领导的军队，这种不协调的局面必然会给国家带来麻烦。

在非政治化的表象之下，隐藏着魏玛防卫军反共和政体的本质。他们专注于建立一支一流的"精英"军队——即一支"士官统率的军队"。

冯·塞克特于 1926 年被解职。在他的继任者中，最著名的是 1934—1938 年在任的冯·弗里奇（Werner Freiherr von Fritsch）上将。

4. 德国军队对凡尔赛和约的规避

魏玛防卫军很早就开始设法规避凡尔赛和约中关于解除德军武装的条款，魏玛共和国政府也默许这一做法——部分原因是魏玛政府担心会失去军队这样一个强大的团体的同情，另外一方面是所有的德国人都对军国主义趋之若鹜，即使是社会主义者亦是如此。

a) 藏匿武器装备，不向协约国军控委员会（Inter-Allied Disarmament Commission）上交。

b) 秘密训练参谋军官，建立起一个总参谋部的骨架。

c) 用提前退役和警察军事化的办法增加接受过军事训练的人员的数量。

d)1922 年与苏俄签订《拉巴洛条约》（Treaty of Rapallo）后，在俄国领土上秘密进行毒气、航空兵和坦克部队的训练。

e) 将容克 52 这类民用飞机改装为轰炸机。

f) 在国外和国内的秘密工厂制造武器装备。有这样一个故事，一名工人的妻子刚生了孩子，于是这名工人就从一家童车厂里偷出零件，想拼出一辆婴儿车。但他把零件装配在一起时才发现，摆在他面前的是一挺机枪！

所有这些手段早在希特勒上台之前就已经开始了。

5. 希特勒时期——加速扩充军备

1933 年 1 月，希特勒出任德国总理，德国加快了扩充军备的速度，保密工作也逐渐被取消。

1933 年 10 月	德国退出国际联盟与国际裁军会议。
1934 年 6 月	罗姆和冲锋队另立武装的野心，使纳粹党和军队危机四伏。希特勒除掉了罗姆和另外 1182 人，决定目前由纳粹党负责政治性工作，军队负责军事。希特勒在等待时机。
1934 年 8 月	兴登堡去世；效忠希特勒的军队誓词出台。
1935 年 3 月	承认德国空军的存在，实行征兵制。
1936 年 3 月	莱茵兰非军事区被占领。
1936 年 7 月	义务兵役期延长至 2 年。
1936—1938 年	介入西班牙内战，将西班牙作为德国武器装备的试验场。
1938 年 2 月	勃洛姆堡结婚①。国防部长勃洛姆堡、陆军总司令弗里奇以及其他 12 名将官被解职。随着弗里奇消失在德国军界，对纳粹侵略图谋的最后束缚也烟消云散了。
1938 年 3 月	入侵奥地利，奥地利军队被德国军队吞并。
1938 年 9 月	苏台德危机，德军准备开战。

6. 各军种的重组

1938 年 2 月，希特勒借清理德国军队高层之机②，对军队进行了重组。

a) 与魏玛共和国的 10 万陆军联系在一起的"防卫军"这一名称被"国防军"取代。德国国防军包括陆、海、空三个军种。

b) 国防部长的职位被取消，希特勒成了德国国防军的最高统帅（Oberster Befehlshaber）。听命于希特勒的参谋机关是国防军最高统帅部（Oberkommando der Wehrmacht；或称 OKW），其头目是陆军元帅冯·凯特尔（Chef des Oberkommandos der Wehrmacht，国防军最高统帅部参谋长）③。

c) 对德国国防军最高统帅部负责的海陆空三军总司令是：

陆军——瓦尔特·冯·布劳希奇（Walther von Brauchitsch）

海军——埃里希·雷德尔（Erich Raeder）

空军——赫尔曼·威廉·曼戈林（Hermann Göring）

---

① 译注：陆军元帅维尔纳·冯·勃洛姆堡（Werner von Blomberg，1878—1946 年），1933—1937 年任德国国防部长，1935 年兼任纳粹德国武装部队总司令，是纳粹德国 30 年代扩军备战的执行者。勃洛姆堡因反对希特勒的战争计划而遭到猜忌。1938 年勃洛姆堡再婚，但婚后即有人举报说新娘曾是风尘女子。希特勒得知后便借题发挥，勒令勃洛姆堡辞去了在军中的所有职务。

② 译注：即前文所述的"勃洛姆堡事件"。

③ 译注：原文有误。实际上凯特尔非容克贵族出身，其姓名中并无代表贵族身份的"冯（von）"字头。

7. 德军新的高层指挥机制

1938 年 2 月建立的指挥机制仍然有效，但德国军队已由希特勒亲自接管，雷德尔元帅也被卡尔·邓尼茨（Karl Dönitz）取而代之。

1941 年冬，冯·布劳希奇被解职，希特勒亲自接管了军队的指挥权，这在很大程度上是一种宣传伎俩。希特勒被标榜为有史以来最杰出的军事天才，因此，他不得不找个人为德军在俄国制造的灾难承担责任，而冯·布劳希奇就是那只替罪羊。

B. 今日德国军队的组成

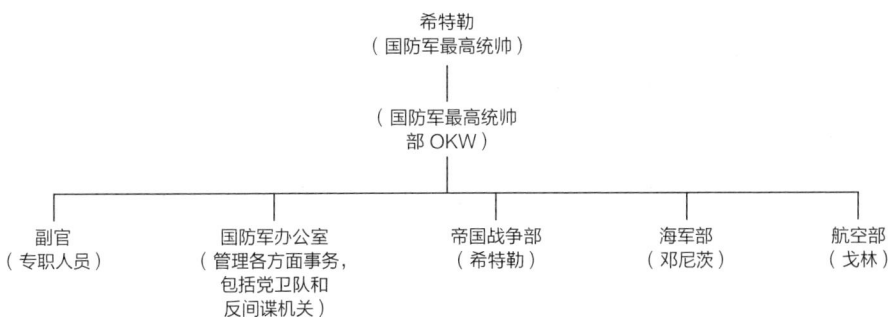

希特勒
（国防军最高统帅）

（国防军最高统帅部 OKW）

| 副官
（专职人员） | 国防军办公室
（管理各方面事务，
包括党卫队和
反间谍机关） | 帝国战争部
（希特勒） | 海军部
（邓尼茨） | 航空部
（戈林） |

德国陆军由以下几类师组成，并且在编制上分为军、集团军和集团军群：

步兵师	用于进攻的	163 个
	用于防御的	55 个
	后方勤务	43 个
装甲师		27 个
摩托化师		11 个
武装党卫队师		9 个
轻装师		8 个
山地师		7 个
合计		323 个

说明：

①武装党卫队师中的 2 个师目前已被归为装甲师，1 个师正在转为装甲师，此外还包括 2 个摩托化师，2 个山地师，1 个步兵师和 1 个骑兵师。

②用于防御的师负责保障通信线路、后方训练和边境守备（自 701 师至第 720 师为边防师番号）。这些师除非得到加强，否则不适合从事机动作战。

③德国国内的训练师和"特别任务师"（Z. B. V. Divs.）[①] 均被归为后方勤务部队。

这支由 323 个师组成的军队分散在欧洲各地。这些师中有许多都在执行占领区的治安警备任务，而且德国人也绝不可能在一次作战行动中将所有的师投入部署。不管怎样，德军在俄国制造的军事灾难会使这个数字大大减少。

C. 希特勒治下的德国军队

在德国武装力量发展壮大的这些年里，希特勒一直在追求三个主要目标：

1. 消除 1918 年战败的记忆。

密集的宣传和战争初期的势如破竹，使得希特勒在这一目标的实现上取得了相当大的成功。

然而现在的形势已经逆转，每个德国士兵心中都明白德国有可能会战败。德军士兵害怕被占领国家的人民会采取报复行动，害怕被派往俄国前线，担心盟国日益增长的物质力量很快就会压倒德军。虽然在西线的德国士兵薪饷优厚，生活舒适，然而士气却很低落。不过，我们不应该据此认为他们会不战而降。德国军队的某些单位——特别是武装党卫队和空军——将会和我们战斗到底。但是一般来说，德军的抵抗可能会在最初的激烈战斗之后即告崩溃。

2. 使德国军队不依赖外国的战争原料物资，并且在武器装备上胜过任何敌人。

---

① 译注："Z. B. V"是"zur besonderen Verwendung"的缩写，即"特殊任务专用"。在二战德国陆军中存在多支这样的部队，它们被授予单独的番号，配备一些特殊装备（如带潜水装置的坦克、Nb. Fz 多炮塔试验型重型坦克等）或缴获装备，从事一些测试任务、反游击治安任务或特殊作战行动，如计划以装备有缴获的苏制 KV-2 坦克的 Z. B. V 装甲单位强攻马耳他他岛。部分部队还直接隶属于谍报部门［如国防军统帅部谍报部门直属的第 800"勃兰登堡"特种教导团（Lehr-Regiment Brandenburg z. b. V 800）］。但"Z. B. V"部队绝不是通常意义上的"特种部队"，它们中的大多数使用的都是些二线装备、废旧装备或缴获装备，从某种意义上来说属于装备极差的二线部队。

在实现自给自足的努力中，德国人取得了相当大的成功。虽然他们还有着许多困难，但他们在原料物资方面的短缺迄今为止尚未严重影响到武器装备的质量。

3.**维护坚持纳粹党在一切大政方针问题上的影响力，军队的职责仅限于执行命令。**

纳粹党和德国军队之间的矛盾长期存在，纳粹党缓慢但坚定地挫败了军队的反抗。不忠于党的军官已经被退役，甚至被暗杀，取代他们的是像冯·蔡茨勒（von Zeitzler）[1]这样只会唯命是从的彻头彻尾的纳粹拥趸。

纳粹党的私兵，武装党卫队，在纳粹党的指挥下已经发展成了一支相当可靠的武装力量。当然，这导致了德国国防军与党卫队之间的嫉妒倾轧。

D. 结论

德国军队已经被战争拖到了极限。我们在德占领土上的各种组织，通过对德军实施破坏行动（当下），以及对其进行武力打击（今后），可以为盟军解放欧洲的事业提供宝贵的帮助，给敌人施加额外的政治军事压力，从而导致纳粹德国军队的崩溃。

---

[1] 译注：库尔特·蔡茨勒（Kurt Zeitzler，1895—1963 年），纳粹德国陆军参谋长，二级上将，是出色的参谋和机动作战专家。1942 年接任哈尔德上将的总参谋长职务。1945 年被解职。战后被盟军逮捕，送交纽伦堡受审，1947 年被释放，1963 年去世。蔡茨勒出身于平民家庭。原文仍然错误地给蔡茨勒安上了"冯（von）"的贵族名号。

第 9 章

宣传

宣传工作入门

1. 什么是宣传?

宣传分为两种:

a) 心理准备性质的

一种劝导说服的艺术,目的仅是在受众心中建立一种心理观念。

比如,戈培尔先是蛊惑德国人接受"生存空间(Lebensraum)"这一概念,并具备某种心理观念上的态度,然后再号召德国人为实现此概念不择手段,为所欲为。

b) 军事性质的

一种劝导说服的艺术,目的是使受众付诸行动。

比如,我们当前的宣传仅仅是让法国人相信德国人蠢笨如猪,这是毫无用处的。我们的宣传还必须起到指导法国人如何把德国人赶出法国的作用。

我们现在对于敌人和敌占国家的宣传主要是军事性质的。因此,应当始终包含将说服劝告和行动指导二者相结合的内容。

2. 宣传能起到什么作用?

这里的课程只讲授关于地下秘密战的宣传,也就是将宣传作为从事秘密战的所有武器中的一种。诸如消极抵抗、破坏、游击战、内部革命等武器,必须在宣传的作用下,整合串联为一个整体。

这样,以消极抵抗为主旨来号召民众的宣传,就可能导致对敌人的消极抵抗;消极抵抗加上宣传,就可能进一步导致针对敌人的破坏行动;消极抵抗与破坏行动,再加上宣传助力,就会发展到游击战等更激烈的抵抗形式。

因此,宣传虽然是一种重要的武器,但从来都不是一种单独运用的武器。它必须与我们手中的其他武器协同配合使用。(参考戈培尔的演讲《第四种武器》)

3. 你为什么需要了解宣传战？

如果你被指派加入某个谍报组织，宣传将是可供你使用的武器之一。因此，正确的做法是去了解它的应用范围、威力，以及它与地下秘密战之间的关系。

如果我们详细了解一下一个从事宣传工作的特工的职业生涯，从他在英国被告知要从事宣传工作的那一刻起，一直到他向他的祖国人民散发第一张传单为止，我们就可以更好地了解这些事情。

4. 工作起点

宣传工作者通常从与政治局势相关的事件中寻找素材。全面、透彻地了解能够给宣传工作领域带来影响的事件，是宣传工作取得成功的必要条件。

5. 政治

宣传工作者在政治上应采取何种方式，应取决于两个主要的考虑因素：

a) 在我们祖辈的那个时代，政治上的立场态度是相对固定的，但在现在，这个东西已经易变无常了。（参考苏联参战后英国政治右翼和左翼的和解）

作为一名宣传特工，应当一开始就在其心中绘制出一幅在他的业务范围内的政治场景的清晰画面。这种画面不应该像一张各种细节刻板僵硬的图表、地图或照片，而应该像电影院里的电影片那样——框架保持不变，但内容是动态的。

b) 对宣传工作者来说，政治不是或不仅仅是政党政治，而是对能够影响存在于其宣传活动领域内的每个团体、阶级和组织自身利益的因素的详细考察。

6. 分群归类

宣传工作人员的前期职责之一（甚至是在离开英国前往任务地之前），就是查明在他的工作区域存在哪些政治上的群体类别。这就引出了两个问题：

a) 为什么要这样做？

在确定了对其工作区域有所影响的某一特定政治事实之后，宣传工作人员很容易发现，每个群体对同一政治事实都抱有不同的态度。

因此，我们对这一事实的宣传，必须因每一个群体而异。

例如，针对德国佬掠夺农产品的宣传，如果面向的是目睹了掠夺发生的乡民村夫，就必须与面向可能只知道自己没饭吃的市民的宣传有所区别。

通过面向一个规模相对较小的特定群体来开展我们的宣传，而不是面向一个庞大的不特定群体，我们可以确保我们将更直接地为该群体的利益大声疾呼，从而更容易地鼓动它去实施我们所需要的行动。

事实上，这是我们派遣一名宣传特工进入某个国家展开工作的主要原因之一，因为在我们所有的宣传媒介中，只有他的传单可以准确地针对某一特定群体并向其散发。而英国广播公司的电台广播和皇家空军的空投传单是不能确定做到这一点的。

b) 如何去做?

对于任意一群老百姓，都是可能用 8 类"主题词"来加以分群归类的：政治党派（保守派、自由派、社会主义者等）；社会职业（矿工、律师、记者等）；地域（城镇、乡村、滨海地区等）；宗教信仰（天主教徒、新教徒、不可知论者等）；年龄（学生、青年运动组织、体育俱乐部、领恤金的退伍军人等）；性别（工人的妻子、女权运动组织等）；经济地位（雇主、工人、工会组织等）；民族（少数族裔）。

7. 目标的选择

我方宣传工作人员须从众多的群体中选择最利于他的宣传攻势发挥威力的少数几个群体。

比如，为了更有效地将宣传工作集中在一群人中的"观望者"身上，则可能要忽视对那些极端亲盟国的人（已经足够积极活跃）和极端亲纳粹的人（已经死心塌地）开展工作。

一旦选定了某一特定群体，宣传者就必须（很概括地）确定前述 8 个"主题词"中哪一个是该特定群体的主导因素。比如，社会主义者——大多可以按政治党派归类；学生——大多可按年龄归类。

此时宣传人员必须确定其他 7 个因素对于他所选择的群体的影响是否足够重要，以确保可以将该群体再细分为更小的次级群体。比如：

问:"社会主义者中包括老、中、青各个年龄阶层的人,这一事实是否决定了我必须将这一主要群体进一步加以分解?"

答:"也许不需要。"

问:"社会主义者有贫(实践者)与富(理论家)之分。这一事实是否决定了我必须将这一主要群体进一步加以分解?"

答:"也许是需要的。"

8. 结论

完成了对人群的归类分群,选定了一个特定的群体作为目标,我们的宣传工作的第一个准备阶段即告完成。

此外还有两个准备阶段的步骤有待着手实施:

a) 确定所选定的群体对一个或数个既定的政治事实的民意态度。

b) 收到上级机关关于宣传路线或政策的明确指示。

这两个步骤就是后续课程的主题。

民意抽样调查

（注意：本课程涉及的民意抽样调查行动只能在明确的命令下进行，并且与每个学员具体的人身安全措施有关。教官必须非常明确地表明，他并不是在教导学员抵达任务地后就展开民意调查。不过，从与民众的交谈中归纳总结出来的民意总体情况，对于评估某任务地的环境是很重要的。）

1. 宣传以事实为依据。

宣传工作者必须了解政治时局的事实情况（参考课程 C.1）。对这些事实的宣传方式受宣传所针对的公众的民意的影响。快速而准确地调查民意的多种方法构成了与民众沟通交谈的主题。

2. 信息不足的危险性。

我们不断收到一些报告，这些报告常常是特工们以生命为代价换取的，其大意是"德国人的宣传正在取得成功""某地区 80% 的民众心向英国"。这些报告毫无价值，因为它们提供不了足够确切的事实来作为开展宣传工作的基础，并且全是闭门造车的猜测之词。我们需要的是准确性毋庸置疑的，亲眼所见的事实的报告。

3. 将调查工作视为一门科学

民意调查的科学近年来取得了长足进步，商业广告和市场调研活动中巨额金钱的流转实际上就是由民意调查的结果决定的。关于这一点可参考《财富》（Fortune）、盖洛普调查（Gallup Surveys）、文摘民调（Literary Digest Straw Votes）、民意调查（Mass Observation）等报刊和社会调查组织的操作。

建立在对民意或好或坏的解释之上的政治和商业宣传具体案例。（例如对贝当元帅的评价；对力士香皂的宣传）

4. 调查工作管理原则是相通的

和平时期那种全面彻底的调查方式显然不适合我们现在的战时宣传工作。但是，全面调查的工作管理原则对我们是同样适用的，就像管理英国广播公司的海量外宣的工作原则一定也适用于在地下室烛光下忙碌的小镇印刷工一样。

5. "随机抽样法"

这是最准确的民意调查方法。广义上可以这样描述：

比如我们正在对一个大的集合（集合"A"）进行调查研究，此时取其中一个样本（样本"a"），如果对样本的选取准确无误，即如果样本"a"可以完全代表集合"A"，那么在该样本中得出的意见趋向也将是这个大集合的意见趋向，且比例相同。对于组成比较复杂的集合（ABCD）来说，当样本 a、b、c、d 按照"a"对应"A"，"b"对应"B"，并以此类推成比例抽取时，可以得到类似的结果。

为了能够得到准确的调查结果，某些规则需要严格遵守：

a) 选取的样本不需太大

例如，盖洛普调查仅仅基于美国 1.3 亿人中的 2000 人的观点，就对罗斯福第二次参选总统的得票率做出了预测，并且这一预测与最终准确的数字的出入还不到 1%。而对于小城镇、本地百姓或小农场居民的调查而言，一个少得多的样本数量就足够了。

请注意，盖洛普调查和其他基于商业盈利目的而组织的全国范围的调查活动，对准确度的要求很高，而调查的准确度偏差不超过 10% 或 20%，对我方的宣传就有指导价值。

注意：当学员对英语掌握不佳或对数学的领悟力很差时，第 5 节的概述和本段可以略去不讲。

b) 调查样本必须随机选取

不要让任何随机因素影响你的选择。例如，如果我们在煤矿里做调查，不要选择工头领班、最先到达矿井口的十个人、当地工会的干事、你的三亲六戚，或者任何不具备典型特征的人。

c) 调查事实胜于调查观点意见

人们往往不会毫无保留地暴露其内心的观点。事实上，在不严重影响个人利益的问题上，大多数人倾向于给你一个他们认为你想要的，或者一个能够使你相信他们的答案。他们的行动要比言辞更能反映他们的观点。例如，不要向别人询问他们对皇家空军撒下的传单有什么看法，而是看他们是否把传单散发出去。

d) 多观察，少提问

人们读些什么报纸？他们在哪里买东西？他们是否和德国人交谈？他们看不看德国的新闻影片？他们收不收听英国广播公司的广播？诸如此类的这些细节是你需要注意观察的。

e) 避免所有假设性的问题

不要问"如果你没有参军你会做什么？"，而要问"当你被征召入伍时你正在做什么工作或申请什么工作？"。

f) 避免使用意义含混的词语

像"经常""很多""偶尔"这样的词往往会掩盖事实而不是揭示事实，这些措辞往往会为各种一厢情愿的想法和猜测打开大门。

g) 绝不要试图提示别人

当很难得到被询问人的意见时，人们就会忍不住提示对方。这是一种常见的谬误源头。没有答案要好于在提示下得到的答案；没有情报总比误导性的情报要强。

6. 在情况报告中，绝不要把事实与对其的解读混为一谈

有时解读可能是有用的，但在报告时，一定要清楚地区分事实和对事实的解读。报告应该是这样的：

事实——在过去的 Z 天里，布兰克镇的 X 名矿工和 Y 名铁路工人自愿去德国工作。矿工们给出了理由 A、B、C；铁路工人给出了理由 B、C、D。

解读——"基于以上事实，我的看法是，德国对俄国的攻击，已经导致布兰克镇工人阶级圈子明显倾向于与德国人合作。"

（要求学员对这份报告中的错误或遗漏进行批评。）

以上述方式收集到的可靠资料为基础，有助于我方制定有效的宣传战方针。

7. 安全防范措施

a) 提问

在理想情况下，就同一政治事实，向一个群体提出的所有问题本身都应该是相同的。

因此，在牢记上述原则的情况下，应谨慎措辞，以求在任何交谈中都能够不经意地无痕插入要调查的问题。

如果出于安全原因而不可能做到这一点，则注意所有问题的措辞，以通过将回答"累计汇总"而得到需要的答案。

例如，对同一主题，一个问题的答案是"是"，而另一个问题的答案是"在一个周三"，这样两个答案并列在一起是毫无用处的。

b) 行为

应用课程 A.3《关于线人》所列的情报收集方法。

不要太张扬地频繁活动于某一地区，也不要明目张胆地培养某一特定行业的成员。

情报是可以在不开口询问的情况下获得的，比如你可以在咖啡馆和排队的人群中偷听到各种流言蜚语，也可以对受到宣传影响的人群的行为进行观察。这一点已在人们曾经的实践中得到证明。

宣传工作实务

I. 基本原则

概述

好的广告基于既定原则，好的文章基于深刻的感受，而有力有效的宣传则需要二者兼备。出色的宣传工作者会用后者来对前者加以掩饰。我们可不是派人回到被占领的欧洲去推销肥皂，绝不能在宣传工作中让这些原则"露馅"。在宣传工作中必须始终遵循以下基本原则：

1. 言简意赅

a) 中心清晰

要让每一张传单只表达一个中心思想——不要离题万里。

b) 论点鲜明

为了支持宣传的中心思想，宣传人员可以抛出一些具体的观点。这些观点应该在逻辑上相互联系，并且这种逻辑联系应当十分严密，以至于使读到它们的人不可自拔地踏上"精神台阶"，按照我们的需要一步步对其现有的观点进行引导。

当这种逻辑联系能够将宣传文字完全串联在一起时是最为有效的（示例见附录 A）。但如果无法做到这一点，则应该始终在具体的观点之间建立逻辑联系。

c) 语言精练平实

宣传语言要精练，但一定不要用像学者给渔夫写信那样的居高临下的口气。先将你的心理状态降低到"渔夫"的水平，再动笔行文。

2. 言之有物

a) 要像避免瘟疫一样避免使用抽象的词。因为：

①诸如"民主""自由""爱国主义"这些字眼，已经成了毫无意义的陈词滥调。

②即便是那些还未沦为陈词滥调的抽象名词，也永远不会像具体的措辞那样能够强有力地影响读者对自身利益的关切。例如：

将"爱国主义"表述为"对法兰西的爱"。

将"饥饿"表述为"空空如也的肚皮"。

将"热爱和平的荷兰人民正在反抗德国的压迫"，表述为"以种植郁金香和制作奶酪见长的荷兰人民，现在将匕首刺入德国人的后背"。

将"德国人在俄国的死亡率正在上升"，表述为"德国人的尸体在血流成河、骨肉横飞的俄国战场上堆积如山。"

b) 要打动读者，使其产生对自身利益的关切，须记住，关注自身利益通常要两个角度出发：

于私——"德国人抢走了你的牛"。

于公——"德国人奴役了法兰西"。

最能打动读者的是综合了公、私两方面的言辞，即："因为德国人奴役了法兰西，所以你的牛被他们抢走了。"

3. 反复灌输

a) 这意味着选择一个紧迫的、令人信服的中心思想，并从各种不同的角度，通过多种不同的方法——如传单、广播、谣言等——反复传播这一思想。

b) 通过不断地重复灌输，我们可以确保：

①获得更多的受众。

②即使不能使人确信无疑，至少也会对受众的心理产生影响。参考戈培尔的反犹太和反捷克宣传。这种影响的效果通常可以通过以下方式得到加强。

4. 行动

必须始终鼓动民众开展对敌行动。因为：

a) 行动是所有宣传工作的目的所在。

b) 行动可以使人们明白不厌其烦地反复宣传的说服力所在，也就是说，如果人们能将宣传者的话与自己参与的行动联系起来，他们就会记住宣传者的话。

①德国人会记得戈培尔的反犹太宣传，因为他们曾见过、读过，或参与过对犹太人的迫害。

②他们会记得戈培尔的反捷克宣传，因为德国赢得了对捷克人的"不流血"的胜利。

③他们不会记得戈培尔在 1934 年 7 月搞的反意大利宣传，因为德国政府未就此事采取什么行动。

II. 方法细则

概述

那些创作的主要目的是取悦自己，偶尔也顺便取悦一下读者，漫无目的、"乱枪打鸟"式的作者，是极为糟糕的宣传人员。

宣传人员创作的唯一目的就是吸引读者的兴趣。他要精确瞄准，因为他不能失手。因此，宣传人员的工作以现代广告的套路为基础，其工作内容也与现代广告大致类似。区别仅仅在于，宣传人员在掩饰其宣传手段上比广告文案的撰稿人更难更费劲。一则广告的读者绝不会被广告激怒，因为"不过就是个广告而已"。如果可能的话，永远不要让宣传品的读者疑心他读到东西的是宣传。

在实际编写传单之前，宣传人员必须：

A. 提出下列 7 个基本问题并作答。 作为一种自律的方式，宣传人员应当将问与答写在纸上。

1. 我所要尝试推销的总体主旨是<u>什么</u>？

参考本课程《I. 基本原则》，不要偏离单一选项。

参考戈培尔对美国的孤立主义的明智选择。

2. 我要尝试将此想法推销给谁？

回忆课程 C.1 中的《分群归类》一节。

删掉传单文字中"目标受众"不感兴趣的单词、短语和句子。

3. 我在<u>哪里</u>传递出我的信息？

取决于问题 2 的答案。

"社会地理学"的相关知识能揭示特定人群居于何处，以及他们的生活条件是怎样的。

4. 我的信息必须于何时传递出去？

消息的价值。

季节性因素，年度纪念日。

5. 对手是谁？

可能的话，预测敌人的宣传。如不可能预料到敌人的宣传，则用更有力的证据来加以反驳——如果完全沉默更可取，就绝对不要断然否认。

6. 我的信息来自何人？

在秘密宣传工作中，宣传的信息最好是来自有关国家的侨民和某个组织，而非个人。

7. 我以来自问题 6 的论据，如何才能最好地传达问题 1 的总体观点，在问题 3 的地点，问题 4 的时间，针对问题 5 的对手，吸引问题 2 中我的受众产生对自身利益的关切？

B. 确定宣传的信息将起到三个作用：

1. 使受众群体确信他们应当采取必要的行动。

2. 使受众群体确信他们能够采取必要的行动。

3. 使受众群体确信需要他们采取的行动所带来的个人风险是合理的。

为符合这三项要求，大多数的宣传鼓动可以以下列三个要素为基础：

1. 诉苦叫屈。（"我们现在处境糟糕。"）

2. 给人以希望的信息。（"不过还没有糟到极点。"）

3. 号召人们发起行动。（"如何摆脱这种糟糕的处境？"）

（见《附录——传单提纲模板》。）

注意，现在要求比较聪慧的学员就一个规定主题写一张传单。完成后，将下面的问题清单交给他们，让他们据此对拟就的传单进行检查：

内容

1. 我是否偏离了主旨？

2. 我写的"故事"是否符合我所知道的事实？

3. 我写的"故事"的各部分内容是否：

a) 符合逻辑？

b) 有条理？

c) 相互关联？

4. 我是否最大限度地发挥出了：

a) 信息的绝对价值？

b) 信息的宣传价值？（宣传价值——一种看待已知的事实的新方法）

5. 我把这个信息同我要表达的要点联系起来了吗？

6. 我是否尽可能地使用了证据和实例？

7. 我有没有联系到读者对自身利益的关切？比如这种联系是实际而具体的吗？

行文

1. 我写的信息：

a) 是否清楚明白？

b) 是否简洁易懂？

c) 是否明白无误？（不会产生歧义）

d) 有无前后矛盾之处？

e) 是否具体？

2. 我是否：

a) 使用了短句？

b) 使段落简短？

c) 使各段落间存在联系？

d) 充分使用了副标题？

目标

我是否还记得宣传是为了某种**行为**（即一种心理状态或行动的方式）的产生而设计的？换句话说，我的读者是否清楚地知道**我想让他做什么**？

附录——传单提纲模板

假定背景

德国在其占领下的卢里塔尼亚（Ruritania）[①] 强征劳工。

1. 宣传主旨——去德国搞破坏。

2. 向谁宣传——卢里塔尼亚布兰克维尔（Blankville）的工人。

3. 在何处宣传——注意布兰克维尔当地强制征发劳工的程度。

4. 何时宣传——下一批劳工出发去德国前两天的清晨。

5. 对手是谁——敌人在卢尼塔尼亚和德国的反间谍机关以及保安措施。

6. 消息来源——已经在德国的卢尼塔尼亚工人。

7. 怎样宣传——通过确立这样一个事实，即纳粹对劳动力的需求是其一处弱点，应该可以在合理的、确保安全的前提下对这一弱点加以攻击。

模板：

1. 不满	**你如何才能杀入德国——征发劳工，现在我们的耻辱可以变为我们的骄傲了。** （详细描述德国人在布兰克维尔强征劳工的程度。"我们是没有牧草吃的牛——而他们还有鞭子！"）	**标题**必须引人注目，激起读者继续读下去的兴趣。如果能用标题引发读者对自身利益的关切并提供新的信息，就一定要这样做。通常这种有用的小窍门（以及宣传效果）是以"如何""为何"等词开场的。
2. 希望	但现在我们可以执鞭了。 （因为缺人，于是纳粹来征召我们这些他们最痛恨的敌人，这一事实本身就表明了他们的虚弱。我们可以打击纳粹的这一弱点。）	副标题并非必需，但常用于增强大标题的效果。不过副标题不应透露所有宣传内容。 副标题有助于整篇文字的分段，使其更具可读性，并且应在论证中起到标记作用。
3. 行动	我们该怎样反杀那些屠夫？ （假设读者赞同这是他的职责，并且传单中明确地告诉读者如何在没有太大的风险的情况下打击纳粹的生产和士气。如果所有人齐心协力，相信一定能成功。） 你是杀入德国的前沿先锋…… 卢里塔尼亚工人联盟，于德国……	结束语有时有助于明确宣传文字的感染力。 签名或留下标志符号（如有需要）。

---

① 译注：作为教学示例的一个虚构的国家。

附录 A

以下摘自英国军队时事总局（British Army Bureau of Current Affairs）发表的一篇文章，说明了用"更充分有力的证据"来驳斥敌人远比采取"断然否认"的方式更有益于我们的宣传工作。

1. 希特勒说："犹太人把持着英国的新闻与出版。"

在英国的 116 份日报和 17 份周报中，犹太人只对 1 份拥有所谓的"掌控"地位。

2. 希特勒说："犹太人控制着金融业。"

英格兰银行的董事会里没有一个犹太人，伦敦证券交易所的经理中只有一个犹太人，"五大"银行总共约 150 人的董事会里只有 3 个犹太人。

3. 戈培尔说："犹太人要对黑市猖獗负责。"

在希特勒统治下的德国，根本不允许犹太人从事商业交易，因此黑市才繁荣起来。

4. 戈培尔说："犹太人鼓动战争，但他们不参与战争。"

在英国的犹太人口总共约 40 万（包括妇女、儿童和难民在内），其中有 5 万人正在军中效力，其中单在皇家空军服役的就超过 8000 人。在敦刻尔克战役杰出表现者的名单上，有 30 多个犹太人获得勋章或受到表彰。

宣传品的复制与散发

宣传品的复制

A. 印刷

注意：

①培养一个大师级的印刷高手需要七年时间。我们的目的是向宣传工作人员充分传授关于印刷的基本知识，使他们能够招募到印刷业的专家并重视自己存在的问题，甚至，在某种程度上，指导宣传工作人员从事他可能还不习惯的秘密印刷。

②在被德国人占领的国家，我们的质量最高的印刷工作是由友善的印刷工人在德国控制的报纸印刷厂里完成的——通常就在纳粹们的眼皮底下，这是因为：纳粹们已经赶走了所有的反对通敌的作家，但做不到把印刷工人都炒掉；德国人所控制的报纸不太会在金属字、油墨和纸张方面供应不足；临时接活儿的印刷工总是比报纸印刷工更容易被怀疑，因此会受到更严密的监视。

③因此，我们的指导教程对利用公开的报纸印刷制作宣传品的主要方法进行了概述，并从做好隐蔽的角度增加了对每种方法优缺点的介绍。

1. 印刷的定义

"将纸张覆在涂有油墨的，浮雕着（反向）文字的金属表面上。"

在任何印刷工作都不可缺少的金属字、油墨和纸张三种原料之中，我们只讨论金属字和纸张。

2. 金属字

a) 类型

① 莫诺铸排字（MOMOTYPE）。用金属铸造出单个的字母；用机器或手工在排字盘中组合起来；整篇的文字用金属字框组成的框架锁住，并由填充物和字锁固定在适当的位置——这一整套东西称为"字范"。

这种金属字可以被"不慎"掉在地上或是弄得乱七八糟，以避免偷拿时被察觉。

但这种金属字通常难以偷偷从印刷厂的一个车间转移到另一个车间或带出印刷厂。

②莱诺铸排字（LINOTYPE）。用金属将文字一行一行地铸造出来；每一行像莫诺铸排字一样，也是用机器制作并手工组合的。

为避免偷带时被人发现，莱诺铸排字可以被"不小心"掉进每台莱诺铸排字机标配的熔铅容器中。

莱诺铸排字可以很容易地从印刷厂的一个车间送到另一个车间，或带出印刷厂。它可以方便地装在口袋里或由邮递员随身携带，再由印刷车间内友善的排字员或安全可靠的个体印刷工，抑或在外面有自己的印刷场所的宣传特工，按正确的顺序排列起来。

可以隐秘地"混在"合法的印刷工作中。举个例子，一个莱诺铸排字机的操作工在监视之下可以很容易地先设置好比如七行"葛林果（Gringoire）"①，然后，当工头一转过身去，一行煽动破坏的传单的文字就跃然纸上。

（展示莫诺铸排字和莱诺铸排字。）

b) 印版

通过照相法转印到感光金属板上，使画面（反向）凸现出来的图像。

这幅被称为"原件"的图片，可能是绘制、打印或印刷的。

印版的两种主要样式：

①线条凸版：锌制，复制纯黑色和白色。

②半色调网目凸版：铜制，用像照片一样的色调渐变复制。

线条凸版比半色调网目凸版更易于秘密印刷，更适合传单的复印。

用制作中的线条凸版样品（"锌版"）来展示：原件、负片、印制、半蚀刻印制、全蚀刻印制、"完成的"印制、切割完毕准备安装的锌版、铸模或模具（以便于秘密分发）、安装好的立体字模、样片。

记住印版在安全方面的两点好处：

①印版制作工在独立的车间工作，很少受到印刷工头的检视。

---

① 译注："葛林果"是歌剧《巴黎圣母院》中担任全剧"主述"的游唱诗人的名字，在此处指代诗句。

②它们可以将"原件"缩印到便于分发、隐藏和阅读的尺寸。

3. 纸张

a)"布纹纸"——制成后在毛毡上晾干。

b)"条纹纸"——制成后在条纹筛上晾干。

"布纹纸"很难被追查到来源，而"条纹纸"由于各种条纹筛的尺寸不同，容易被追查。在可能的情况下，用全国性使用的报纸用纸来制作传单，并且纸张不要有水印。

B. 商用复印机

1. 更安全，更容易获得，但印出来的东西的权威性不如一般的印刷品高。

2. 不可能通过复印的印刷品追溯到某一台复印机。在其他安全因素允许的情况下，可以"借用"别人的复印机。

3. 尽可能使用**基士得耶**（GESTETNER）或**罗内欧**（RONEO）品牌的复印机。

4. 只使用吸水纸或半吸水纸。

5. 如果是非专业的印刷生手和还当不了专业印刷工助手的人，可以用商用复印机在安全合法的场合进行练习。干得不熟练容易使印刷显得很脏。

6. 当心机器的噪音。

7. 谨慎选择打字机。（见下文）

C. 打字机

通过复制的宣传品不能追溯到复印机，但可以追溯到某一台打字机，所以要考虑以下安全防范措施：

1. 你的打字机只能用于秘密工作；千万不要"借用"别人的打字机；打字机不用的时候要藏好。这几条都是金科玉律，其余的是辅助性的防范措施。

2. 为避免敌人通过打印的宣传品上的缺损字母找到打字机，请使用比较新的机器，并考虑每打印一批传单就有意地轮番清理和弄脏打字机字键的可能性。

3. 进行秘密打印工作时不要用新色带。

4. 当使用打印的"原件"制作线条凸版时，用复写本的"原件"。这会模糊有缺损的字母的轮廓，使敌人的侦查更加困难。

复制与散发相结合的方法

A. 连环信

1. 定向发给特定人群有困难，因此连环信坚持报道"纯新闻"。

2. 始终保持信件内容简短（5—6 条经过审查的新闻足矣）、清晰、易读，以免收信人懒得阅读。

3. 如果是用机器复制，请加上手写的个人信息和签名。

4. 证明了德国人的应对措施的有效性。

B. "小物件"

1. 粉笔

应随身携带，前提是携带粉笔的人有很好的掩护身份，例如裁缝、店主、教师、学生。

2. 贴纸

如果贴纸是规则的形状，则要在某一侧留一个小豁口，以确保在黑暗中用手一摸就知道正确的粘贴方向。观察"粘贴练习"（已经给学员示范过）。

3. 漏喷板

和贴纸一样要在一侧留个豁口。

以上各种工具应在灯火管制时使用，尤其适用于：

a) 丑化敌人的宣传。

b) 有意地挖苦嘲讽。

c) 诱敌上当的假宣传（无意义的标记符号等）。

C. 谣言

由于存在混淆视听和自相矛盾（宣传界最可恶的罪行）的风险，这种专业方法绝不能轻易使用。散布谣言的基本要素包括：

1. 严密的组织

a) 授权的谣言发布源要严守纪律。

b) 消息来源不能让实际的"传谣者"知道。

c) "传谣者"之间不能互相认识。

2. 明确的指向

a) 谣言必须有明确具体的目标。

b) 谣言必须使人容易相信，但很难消散。

c) 谣言必须言之有物、确切明白，绝不能抽象、含糊。

d) 宗教和迷信性质的谣言例外。

3. 有效的散布

a) 对于谣言，你自己尽量只说一次，要让别人去谈论，让你口中的"无心之言"在你有意的安排下，貌似不经意地被热衷传播谣言的人听去——比如絮絮叨叨的理发师、好传闲话的酒吧女招待、西班牙大使等。

b)"Jetsam"[①] 是一种投放煽动性信件或信件片段的方法，这些信件中含有诽谤、中伤和造谣的内容，被放在接收者发现这些信件时是独自一人的场合，例如旅程开始时的火车车厢、电话亭、公共厕所等。

散发

A. 人工散发

1. 间接方式

a) 通过信箱和住址散发。

b) 将传单插入公共图书馆的书报页间。

2. 直接方式

a) 随身携带的传单绝不能超过一份，唯一的传单也只是你偶然捡到的，或者是陌生人给你的。永远不要让人觉得你就是"发传单的"。

b) 在散发传单之前，要将传单纸折起来，这样收到传单的人（如果之后受到询问）就可以说这是邮寄给他的。

B. 邮寄散发

1. 这是对传单接收人而言比较安全的方式，接收者只会因保留或散发传单而非实际接收传单被处罚。

---

① 译注：本意为"被抛入海中并漂流到岸边的船上物品"。

2. 对散发传单的人来说，只要他采取以下预防措施，邮寄也是比较安全的方式：

a) 检查你是否被人一路跟踪到邮筒。（见课程 A.8）

b) 如果你总是使用同一个邮筒，那么就没有必要跟踪你了，你已暴露无遗。因此，要在不同的时间用不同的邮筒邮寄传单。

c) 在大城市里，邮寄传单最好的时间是商业邮件投递时间。（可携带大量同样的信封作为掩护，且无须担心应付邮递员的询问）

d) 在小地方，不要在同一个邮筒里投递两封或三封以上或笔迹相同，或信封相同，或信封上邮票贴法相同的信件。

盟军对德占国家宣传的基本计划

I. 引言

A. 盟军宣传工作的目标

1. 以对野蛮的侵略者的共同仇恨来团结卢里塔尼亚人。

2. 鼓励对侵略者采取不合作态度。

3. 鼓励对侵略者进行消极抵抗。

4. 鼓励进行不易被察觉的破坏行动。

5. 让每一个卢里塔尼亚人都为 "D 日" 做好准备。

B. 盟军的宣传工作纲要

为了实现上述这些目标，盟军的宣传工作分为五大主题：

1. 盟军胜利的必然性。

2. 对德国人的憎恨。

3. 卢里塔尼亚的未来由盟军的胜利来确保。

4. 卢里塔尼亚在坚持战斗。

5. 卢里塔尼亚人如何助力胜利早日到来。

这些主题是始终不变的，但每一项下的重点可能会有调整变化，每一项主题下的中心思想和论据也必然会有变化。

II. 宣传计划

A. 盟军胜利的必然性

对这一点直到 1942 年还在盟军的宣传中被着力强调，但之后随着盟军胜利的必然性越来越毋庸置疑，这种强调也日益减少。

1. 对双方潜力的比较

这种比较的目的有两个方面：

通过展示盟军的优势，加强盟军必胜的信念。（但只是把"潜力"与盟军真实的胜利联系起来）

通过展示轴心国确定无疑的劣势，鼓励德占领土上的友方武装对敌人展开攻击。

a) 军事工业潜力。

b) 人力资源潜力。

c) 食品供应的潜力（强调目前双方情况的比较）。

d) 运输潜力。

2. 战略

有三个宏观的战略主题是我们关心的：

a)"德国是主要的敌手"。

一旦德国被打败，我们就可以集中精力对付日本。参考罗斯福与丘吉尔的会谈。

b)"无条件投降"。

参考卡萨布兰卡会议公报。

c)"最后的阶段"。

强调"最后的"，和"最后阶段"还要多久。

B. 对德国人的憎恨

关于这一点今天主要讨论一个"统一化"的主题。

1. 揭露德国人"分而治之"的统治政策。

2. 揭露德国目前对卢里塔尼亚进行安抚的倾向，即使由于以下原因，德国人有了友善行为的个例和不厌其烦的善意承诺。

a) 德国以对俄战争为其第一要务，以及防卫"欧洲堡垒（Festung Europa）"的需要。

b) 德国需要卢里塔尼亚在经济上与其合作。

c) 德国人对卢里塔尼亚人的敌意心存恐惧。

但纳粹对卢里塔尼亚真正的目的是：

a) 推行反智教育。

b) 推行去工业化 。

c) 减丁：招募卢里塔尼亚的工人去德国；用殖民计划转移和割裂卢里塔尼亚的人口；扣留卢里塔尼亚的战俘。

C. 卢里塔尼亚的未来由盟军的胜利来确保

1. 书面承诺。

2. 口头承诺。

3. 对卢里塔尼亚流亡政府的安全保卫。

4. 盟军的利益——"盟国需要一个更加强大的卢里塔尼亚来协助看管德国。"

5. 食品发放：见英国政战执行局和美国战时新闻局关于联合国善后救济总署（United Nations Relief and Rehabilitation Administration；"UNRRA"）[①] 工作方针的报告。

D. 卢里塔尼亚在坚持战斗

1. 国内抵抗的消息。

2. 国外抵抗的消息。

E. 卢里塔尼亚如何助力胜利早日到来

以行动来打击：

1. 德国的战争潜力

a) 通过在卢里塔尼亚国内和德国进行消极抵抗和不被察觉的破坏行动，打击德国的战争工业潜力。

b) 通过对德国行政人员采取不合作和消极抵抗、破坏德军的士气、破坏德国平民的士气，打击德国的人力资源潜力。

c) 通过对铁路、公路和海上运输进行消极抵抗和不被察觉的破坏行动，打击德国的运输潜力。

d) 通过开始进行囤积活动，打击德国的食品供应。

---

① 译注：联合国善后救济总署创立于1943年，由美国总统罗斯福倡议发起人。其名称内之"联合国"并非指后来于旧金山组成的联合国组织，而是指第二次世界大战期间的同盟国参战国家。成立该组织的目的，是在战后统筹重建二战受害严重且无力复兴的同盟国参战国家。战后中国、波兰、希腊等国均不同程度地得益于该组织的救济扶持。1947年，根据第二届联合国大会决议，联合国善后救济总署宣告解散。

2. 德国的战略规划

通过向秘密军提供援助。

通过对 D 日之前搜集到的德军情报进行整理校验。

3. 德国人发布的消息

通过四处传播盟军方面发布的消息和真理福音。

4. 德国占领军的目的

反智教育：抵制纳粹或卖国贼治下的神职人员、教师和宣传机构。

去工业化：见"军事工业潜力"。

减丁：拒绝在德国工作（如有可能）；互相协助；揭露德国人的殖民计划；鼓动卢里塔尼亚战俘归国。

宣传是一种劝导说服的艺术，目的只是使受众付诸行动。

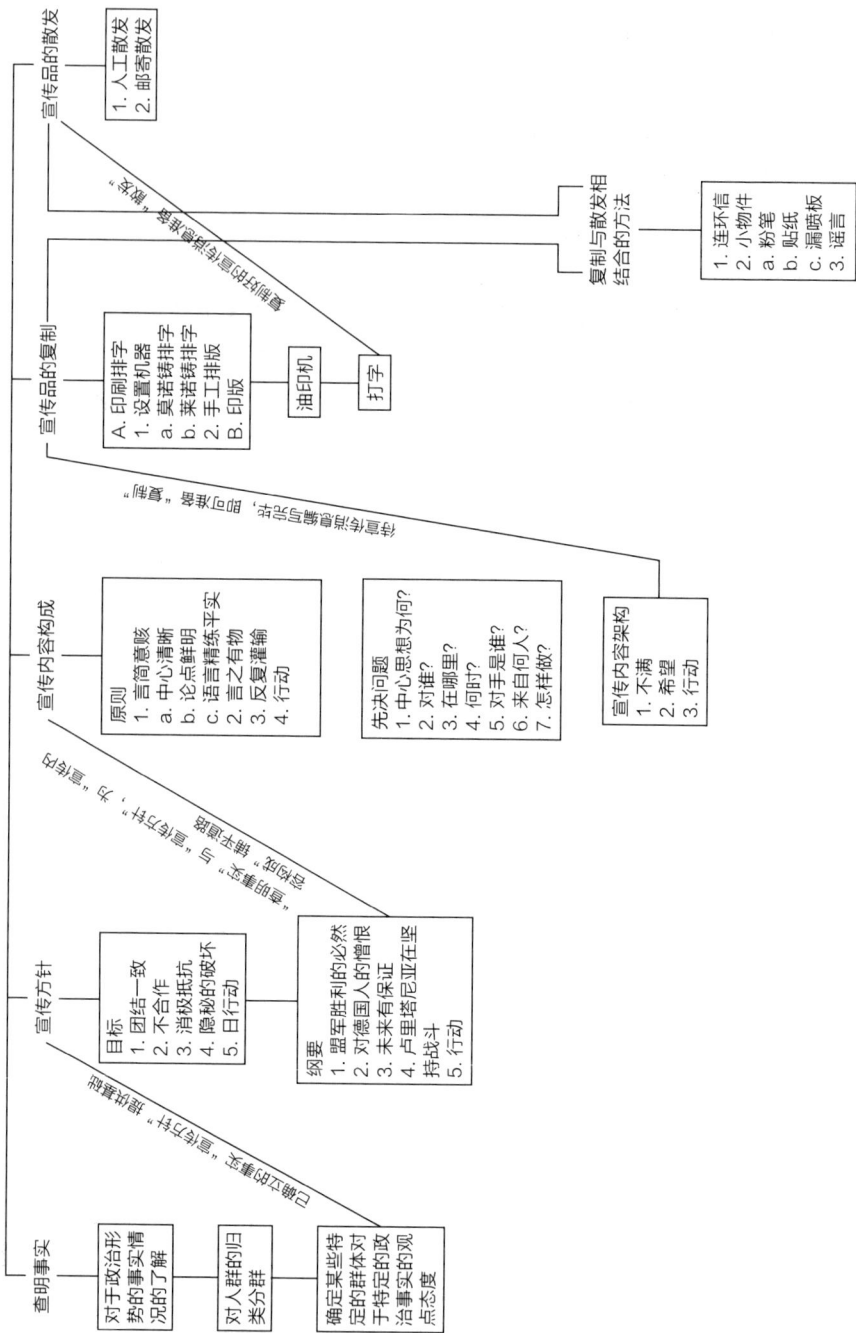

查明事实
- 对手政治形势的事实情况的了解
- 对人群的归类分群
- 确定某些特定的群体对于特定政治事实的观点态度

宣传方针

目标
1. 团结一致
2. 不合作
3. 消极抵抗
4. 隐秘的破坏
5. 日行动

纲要
1. 盟军胜利的必然
2. 对德国人的憎恨
3. 未来有保证
4. 卢里塔尼亚在坚持战斗
5. 行动

宣传内容构成

原则
1. 言简意赅
 a. 中心点清晰
 b. 论点鲜明
2. 语言精练平实
3. 言之有物
4. 反复灌输
4. 行动

先决问题
1. 中心思想为何?
2. 对谁?
3. 在哪里?
4. 何时?
5. 对手是谁?
6. 来自何人?
7. 怎样做?

宣传内容架构
1. 不满
2. 希望
3. 行动

宣传品的复制

A. 印刷排字
1. 设置机器
 a. 莫诺铸排字
 b. 莱诺铸排字
2. 手工排版
B. 印版

油印机

打字

宣传品的散发
1. 人工散发
2. 邮寄散发

复制与散发相结合的方法
1. 连环信
2. 小物件
 a. 粉笔
 b. 贴纸
 c. 涂喷板
3. 谣言

第 10 章
暗号与密码

引言

1. 目的

a) 情报消息应当能被收信人理解，而敌人却不明白其中含义。

b) 不应让敌人觉察到有秘密通信正在传递。拍发一份包含一组"BXGCT"字母的电报与一份写有"把桥炸掉"字样的电报一样令人生疑。

注意：所有国家都存在一种对在国内传递的信件进行随机抽查的审查制度。躲过这种审查制度是大多数秘密文件的终极目标。

2. 何时使用

需要进行书面通信时，就可能有必要使用代号和密码。例如：通过国内或国外的邮政进行书面通信；通过信使传递情报消息或行动计划；用信鸽传递情报信件；用电报传递；通过报刊上登载的广告。

3. 基本要求

a) 确保安全

加密的文件或密写墨水的制剂一旦被发现，其所有者就会被严重怀疑。为了将这种风险降到最低，我们为学员们特别精心挑选了关于密码系统和密写墨水的培训课程。

所有用于加密或破译信息的纸张，以及所有在使用密写墨水书写或读取信息时用到的原材料都必须销毁。除非绝对不可避免，否则不要保留任何有关密码编排的文字记录。

b) 保密

除了实际的通信者外，任何人都不应该知道所使用的密码暗号体系、密钥以及墨水的情况。

组织者可以与组织内的每个成员约定好不同的密码暗号。组织者应当了解所有的加密方式，但是每个成员只应该知道自己使用的方式。

c) 谨慎细致

一个错误就可能导致信息无法解译。

粗心大意可能使审查人员心中起疑。

d) 隐匿

如上所述，必须对敌人隐匿正在传递的秘密信息。这通常由密码系统本身来做到。但是特殊的纸张可以帮助携带信息的人将其隐匿隐藏起来。（示范：在薄纸上练习书写）

4. 暗号与密码

为了达成我们的工作目的，暗号和密码可以按以下定义区分：

暗号是一种隐匿信息的方法，以使其看起来"清白无害"。

密码是一种把信息转换成符号代码的方法，这种符号代码看上去并不"清白"，但对一个没有密钥的人来说毫无意义。

下面将对各种暗号和密码进行解说。

5. 简单的暗号文字

a) 概述

一种简单的文字暗号。是用约定好的特定的词或短语来表示其他的词或短语的意思。这样的暗号只能传送有限种类的消息。

b) 使用场合：电报、电话、个人广告。

c) 实例

在电报中："君久未来信可安好"这句话可能是电报收发双方商定的"**按既定计划执行**"的意思。

在电话里：一般来说使用着力掩饰与警觉谨慎的话语就足够了，例如"老时间老地点"；但也可以使用暗号暗语，例如，"猫"这个词可以是表示刚刚有第三者进入房间的一个警示词。

在个人广告上："9 月 24 日晚于 de la Paiz 咖啡厅遗失金戒指一只；如有寻获者，请归还至 de la Croix 街 6 号。"这可能是对所有组织成员的一般性警告，警告大家若非另行通知，否则请勿前往组织者处拜访。

6."藏字密信"

a) 概述：隐藏在看上去完全合法无害的往来通信中的字码。

b) 使用场合：在国内通过邮政送出消息，以及从任务一线向总部发送情报时。

c) 具体方法：见课程 D.3。

7. 普莱费尔密码

a) 概述：一种本身很容易被破译的换字密码。

b) 使用场合：将一条信息以明文的形式隐藏在一封"藏字密信"之中时。这种组合方式极难被破译。

c) 具体方法：见课程 D.2。

8. 双重替换密码

a) 概述：一种"纯粹地道"的密码，即一种看起来像密码的密码。如果采取了适当的预防措施，这种密码非常安全。

b) 使用场合：用无线电台发报时；情报由信使携带时；与密写墨水结合使用，比如通过邮政邮寄情报时；在举行武装起义时作为军用密码。

c) 具体方法：见课程 D.4。

普莱费尔密码

这种密码在 1914 年至 1918 年的第一次世界大战中首次使用，其保密性相对较高，且非常简单。普莱费尔密码以一个大方格为基础，内含 25 个小方格。

编码时，首先记下至少包含 8 个不同字母的关键词或短语，再将这个关键词写进方框。每个字母只出现一次。

示例：密钥——巴尔干寿百年（BALKAN SOBRANIE）[①]

B	A	L	K	N
S	O	R	I	E

然后将字母表中剩下的字母写进去，填满所有的小方格。

因为我们只有 25 个小方格，所以多出来的一个字母要么弃之不用，要么与另一个字母组合在一起。

B	A	L	K	N
S	O	R	IJ	E
C	D	F	G	H
M	P	Q	T	U
V	W	X	Y	Z

加密

把要加密的信息每两个字母编为一组。

比如　　　　ARRIVE CHARING CROSS AT FIVE.

　　　　　　AR RI VE CH AR IN GC RO SS AT FI VE.

---

① 译注：英国一种烟草的品牌。

当同一个字母在一组中出现两次时（如上面的"SS"），则必须用一个之前就为应付这种情况而选定的闲置或无用的字母将这两个字母隔开。当信息的末尾剩余有单个字母时，则再添加一个闲置字母，将该组补齐。

比如：AR RI VE CH AR IN GC RO SX SA TF IV EX

现在每组的两个字母可能以三种方式在方块格中出现：在同一行；在同一列；在一个矩形的两对角。

1. 一组中的两个字母在同一行

立刻用其右边的相邻字母将其替换。

比如　　　　C G—D H

　　　　　　P Q—Q T

当一行的最后一个字母需要被替换时，回过头来用这一行的第一个字母替换（循环顺序）。

比如　　　　N—B

　　　　　　E—S

　　　　　　Z—V

以及　　　　M U—P M

　　　　　　K N—N B

2. 一组中的两个字母在同一列

立刻用其下边的相邻字母将其替换。

比如　　　　A D—O P

　　　　　　I G—G T

当一纵列的最下面一个字母需要被替换时，回过头来用这一列最上面一个字母替换。

比如　　　　X—L

　　　　　　V—B

　　　　　　Z—N

以及　　　　C V—M B

　　　　　　U Z—Z N

3. 一组中的两个字母在同一矩形的两对角

用另一条对角线上的两个字母来替换它们，比如：

(i)

B	A
S	O
C	D

(ii)

S	O	R	I	E
C	D	F	G	H
M	P	Q	T	U

(iii)

T	U
Y	Z

(i) B D—A C

(ii) M E—U S

(iii) Z T—Y U

注意：始终从被替换的字母组的第一个字母那一行的对应字母换起。

4. 加密后的信息为"LOESZSDCLOEKHDIR……"等

注意：i) 数字应在事先约定的编码方式中以字母代替。

比如　　　　A—1

　　　　　　B—2

A	B	C	D	E	F	G	H	I	O
1	2	3	4	5	6	7	8	9	0

有时有必要在这些字母前加上"FIG"或一些诸如此类的标记，以表明这些数字是加过密的。

ii) 应使用标点符号使信息的意思清楚无误。"STOP"是唯一一个必须且应当被完整拼写的词。

iii) 为了能将字母完全打乱嵌入方格中，关键词中可以包含"U、V、W、X、Y、Z"等字母中的两个。

比如：EVIDENTLY

E	V	I	D	N
T	L	Y	丶	丶
丶	丶	丶	丶	丶
丶	丶	丶	丶	丶
丶	丶	丶	丶	丶

解密

a) 选择关键词并填满方格，省略掉约定好不用的字母。

b) 两两字母一组拆分密文。

c) 将这些字母组在方格中一一进行替换，对加密的动作进行反向操作，比如：

①横行　　　　　　　用左边的字母逐字替换

②纵列　　　　　　　用上方的字母逐字替换

③矩形对角　　　　　取另一条对角线上的字母

结论

这种密码只能用于传递简短的情报。

当与里默（Rimmer）密码体系在"藏字密信"中结合使用时，普莱费尔密码的安全性是很高的。

藏字密信

1. 描述

一种将加密的信息隐藏在一封看上去完全清白合法的信里的方法。

2. 制作方法

a) 建立起密信的文字书写构架，然后按照一定的间隔将密文字母嵌入其中。由此可得到：

L			O		E		S etc.

b) 以密文的字母为你的密信内文单词的首字母，写入一封语义正常合法的信中，就像这样：

Let＇s	all	go	Out	together	on	Easter	Sunday	as	Soon	as etc.

3. 对加密方式的约定

使用藏字密信必须事先做好以下约定：

a) 提示收信人信件中隐藏有密文的暗号，例如日期、地址、签名、敬语的书写形式。

b) 密文的起始位置。例如在第2段开头、在第3行第3个单词等。（建议以"数字方式"约定）

c) "有含义"的词出现的间隔。

d) 将连字符和带撇号的词当作1或2个词处理。

e) 对带 X 的词的处理办法（如有必要）。比如，"有含义"的词以"ex"开头。

f) 密文结束的位置。比如，某个特殊的词、短语、标点。（不建议以"数字方式"约定）

注意：尽可能简化约定的记号以方便记忆。例如，以每2个单词为间隔；密文从第2段第2行开始；带连字符和撇号的单词看作2个词。

4. 内容、主题和风格

根据最近从我们的信件审查制度中了解到的情况，在准备一封包含密文的信件时，应注意以下几点：

a) 内容

①寄信人的地址

通常不需要在信的抬头写上你完整的地址。例如，在法国，当你从一个城镇寄信到另一个城镇时，只要把城镇的名字和日期写在一起就足够了。而在向国外寄信时，通常需要把地址写在信的抬头和信封外面的口盖上。

绝对不要写你自己的真实地址（除非不可避免），或者使用一个虚构的地址，或者用卖国贼的地址。

商务信函应该用印有信头的纸。

②敬语

我们的审查制度告诉我们，以"亲爱的朋友"这样开头的信件通常会受到一些怀疑。因此应当避免在信件中使用这类没有明确对象的开场白，因为敌人的审查同样很可能会注意到这一点。

b) 主题

①信件的主题

对于在密信中应该包括哪些内容，很难制定明确的规则。当然，我们应避免在整封信中反复强调同一个主题。信件的篇幅应长短适中，太短的信件会引人注意。信中提到的人和事都应该很容易得到证实。如果写信的人留下了自己的实际姓名和地址，那么他应该有充分的理由和证据来证明他在信中讲的一切。最好避免使用含糊的暗示，以及用"我们之间已知的"这样笼统的表述来提及一些事情。

②风格与主题一致

为了使制作出来的密信看起来更真实一些，对于学员来说，应当总是用同样的行文方式来给自己的秘密联络人写信。我们并不总是能够判断这些信件是否会被审查机构监视，但对读到信的人来说，行文风格和信件主题一致会更有说服力。

建议学员选择一个他在现实生活中真正认识的人，并致信给他——在信中谈及他们共有的一些东西，并使用学员在现实生活中会使用的行文风格。如果所有的信件都以这种方式处理，应该没有理由引起怀疑。（而实际发生的情况是，学员第一次寄给他的秘密联络人的密信是一封商务信函，下一次成了一封情书，再下一次又变成一份假期的拜访预约。如果审查人员正盯着这些信件的话，笔迹就会被认出来，必定会引起怀疑）

c) 行文风格

①一致性

整封信的行文风格必须保持一致。开篇行文风格流畅，在隐藏密文的部分却断断续续不连贯，而到了结尾又恢复流畅，这种写法是不行的。

②掩护伪装

信中的语气腔调必须符合寄信人和收信人的身份伪装、谈吐风度等。

③标点符号

最好避免使用夸张的标点符号。书信检查人员总是警惕着藏在标点符号中的暗号与莫尔斯码，因此，如果用标点符号来表示密文的开头或结尾，则应尽可能精确地将其样式记下来。

④大写字母

专有名词可以使用大写字母，但不能用得过多，而且不能只用于有含义的词的字头。

⑤生僻字母

通常，要在信件正文中传递的信息将使用普莱费尔法、复合字母法、换字法等编码方式加密，而从伪装的角度来看，不得不对某些罕用生僻的字母加以处理。如果密文中包含过多的这类字母，信件文本的编写就会受到很大的影响，因为以一种"清白无辜"的方式在正文中插入密文会变得很困难。如果出现这种困难，则最好用新的方法重新编排信息，以避免出现这些字母。

双重替换密码

这种加密方式适用于较长的信息，但一次发出的信息长度不应超过 200 个字母。如果必须发送更长的信息，则应将其分为几个部分。最好是在内文或开篇中对这几部分密文进行编号，以作区分。

1. 密钥

这些词的长度应该在 8—20 个字母之间，并且应该设计好第一个和第二个关键词彼此之间在概念上没有同质性。比如，炸鱼和薯条、托特纳姆热刺队（Tottenham Hotspur）等。

密钥本身没有价值，只是起到辅助记忆的作用。由于密钥是将词语中排列有序的字母打乱后衍生而来的，因此任意一串字母都可以充当。以 "ELEMENTARY"（基础的）和 "CRYPTANALYSIS"（密码破译）这两个词为例：

E　L　E　M　E　N　T　A　R　Y

2　5　3　6　4　7　9　1　8　10

C　R　Y　P　T　A　N　A　L　Y　S　I　S

3　8　12　7　11　1　6　2　5　13　9　4　10

取第一个关键词 "ELEMENTARY"。方格阵的每一纵列写一个字母，然后将报文消息横跨各列写出：

E	L	E	M	E	N	T	A	R	Y
2	5	3	6	4	7	9	1	8	10
F	O	U	R	E	N	E	M	Y	A
I	R	C	R	A	F	T	S	H	O
T	D	O	W	N	O	V	E	R	B
E	N	G	H	A	Z	I			

---

① 译注：报文内容为 "FOUR ENEMY AIRCRAFT SHOT DOWN OVER BENGHAZI（在班加西上空击落四架敌机）"。

应留意填字母时不要填满所有空格。注意数一数字母的数目。<u>注意：</u>

a) 为了使语义更明确，可能需要用到标点符号。标点只使用"句号"（或"逗号"），且应以文字表述，完整拼写。

b) 在替换过程中使用数字是不安全的，因为它们会提供字母排列顺序的线索。应采用简单的字母来替换数字。比如：

A B C D E F G H I J

1 2 3 4 5 6 7 8 9 0

c) 如果根据信息画出的是一个规则的方格，可以额外添加一些没有含义的字母，以在局部追加一行字母。按纵列列首所示数字的顺序，纵向垂直摘出各个字母：

MSE/FITE/UCOG/EANA/ORDN/RRWH/NFOZ/YHR/ETVI/AOB

由此产生的一串文字就被称为"单一的"或"简单的"的替换密码。

然而，这一密码体系的安全性取决于进行进一步的替换操作。

取<u>第二个关键词</u>"CRYPTAN ALYSIS"，各字母按顺序编号，与对应编号数字纵向填入方格阵。将之前第一个关键词方格阵中按纵列编号顺序简单替换后的报文信息横向依次写入，就如同它们是一个清晰明确的报文：

C	R	Y	P	T	A	N	A	L	Y	S	I	S
3	8	12	7	11	1	6	2	5	13	9	4	10
M	S	E	F	I	T	E	U	C	O	G	E	A
N	A	O	R	D	N	R	R	W	H	N	F	O
Z	Y	H	R	E	T	V	I	A	O	B		

再一次以每一纵列列首所示的数字为顺序，<u>纵向</u>摘出各列中的字母。在此过程中注意检查是否遗漏或多写了字母。

<u>经此双重置换</u>后产生的文字就是要传递的消息。通常以每五个字母为一组，例如：

TNTUR　　IMNZE FCWAE RVFRR SAYGN BAOID EEOHO HO

双重置换报文信息的安全性与其长度成正比，因此不适合使用该编码体系传递简短情报，或者隐藏在一封藏字密信中，容易被擅长拼字游戏的人破解。

<u>注意：</u>如果多条报文是用同一对密钥加密的，并且这些报文都在同一天或相隔不久发出，则安全措施是将各条报文的长度限制在 10 个字母以内，例如一份有 80 个字母的报文不应与另一份有 70—90 个字母的报文一起发出。

2. 解码

只要记住解码的过程仅仅是加密的逆向操作，就不会遇到任何困难。因此，在对双重置换密码进行解码的每一个阶段，都要做与加密操作相反的操作：

a) 取第二个密钥（最后使用的那个）并牢记。

b) 需要将整个方格阵重建起来，否则无法确定纵列的长度。用报文的字母总数除以关键词所产生的列数，由此得出纵列的数量，如有余数，则从方格阵左起加上一行，即37（报文字母数）除以13（关键词字母数）= 2（行数）余11（增加一行的方格数）：

3	8	12	7	11	1	6	2	5	13	9	4	10
M	S		F		T	E	U	C			E	
N	A		R		N	R	R	W			F	
Z	Y		R		T	V	I	A				

按关键词字母的序号指示将字母纵向替换到各列中。

方格阵被完全填满，此时即是第一次置换加密后，写在使用第二个关键词建立的方格内的报文的模样。再以同样的方式，用第一个密钥的词正确填充方格阵。横向提取字母，然后再将所有字母纵向填回方格阵。例如：

2	5	3	6	4	7	9	1	8	10
F		U					M		
☒		C					S		
T							☒		
E									

最终的结果就是原始报文。

这种密码很容易以多种方式加以变化，其中最受欢迎的是被不填字母的"实心格"打乱的不规则方格阵，如：

2	5	3	6	4	7	9	1	8	10
		■				■		■	
				■				■	
		■							
						■			
				■					■

3. 密钥词的变化

为了使密钥的长度和方格阵行列的顺序尽可能地不同，防止密码专家的破译，一套置换密码可以使用多种形式的密钥词，例如：

a) 记住一首诗或从中选取某一段落中的特定文字。此时需要一组起指示作用的字符来显示密钥是什么。

b) 通信双方用两本完全相同的书制作密钥，例如：第149页，第20行，略去前5个单词。

我们假设在书中每行固定略去5个单词，那么每一行的剩余词语将产生不同长度的密钥。在上面的范例中，起指示作用的字符组就应该是14920。这个指示字符组可以通过与私人电话号码做加法的办法来进行伪装，例如：

14920 —— 实际的密钥

52135——个人电话号码

67055 ——发出的指示字符组

FGOEE——以字母形式表示

字符组67055就是可以以正常方式发出的密钥指示暗号。

第 11 章

密写墨水

密写墨水

密写墨水

一般来说，只有在战争中和战争准备时期，密写墨水才会被正儿八经地投入使用，并且必然伴以阴谋和间谍活动。犯罪团伙和秘密社团组织也使用这种墨水进行私人通信，但由于他们只是为了搞秘密联络，而不是要在积极而警惕的邮件审查制度之下刺探情报，因此他们使用的墨水和密写方法通常比较原始。罪犯或煽动分子往往都不是化学家，他们倚仗的是经过反复试验的墨水和信件的隐秘性，以及一般情况下能够避免被警方盯上的本领，而不是煞费苦心研究的化学配方。

战争时期的邮件往来已无秘密可言，但只要谨慎小心，避免信件或收寄地址引起怀疑，配方简单的密写墨水仍然可以在特工手中有用武之地。

柠檬汁这类简易的密写墨水早已为人们所知，但现代高品质墨水几乎全是因第一次世界大战带来的需求而催生的产物。从化学，特别是有机化学蓬勃发展的时期（如 19 世纪 60—80 年代）开始，到一战爆发的 1914 年，这期间所有的战争都很短暂，持续时间都没超过一年，也没有一场战争是在低科技水平的国家或政权（比如布尔人）之间进行的。在这些战争中，靠众人皆知的简单化学变色反应达到密写效果的老式墨水被继续使用着，如铁明矾与亚铁氰化钾或硫氰酸盐之间产生化学反应（反应可逆）；对醋酸铅、硫化铵、淀粉、碘，或牛奶、果汁或葡萄酒等天然的液体进行加热等。

在第一次世界大战早期，这些原始的密写方法仍然被使用着，双方都希望能够尽早取得胜利。在英国曾抓获过用柠檬汁和亚铁氰化钾当作密写墨水的敌方特工。

在此之后，战局陷入了僵持，战争很可能长期化，这些原材料已经不能满足密写墨水的性能需要，于是交战双方都着手对此加以改进。必须承认，德国人在精细化工行业和技术人才方面一直占据着优势地位，一直到战争临近尾声，各协约国都在奋力追赶。

起初，德国人盯上了可以随身携带而不会引起怀疑的普通常用药品，用这些药品来调配密写墨水很是好用，比如作为许多头痛药和退热散的基础成分的安替比林、氨基比林和非那西汀等。但德国科研人员很快就发现，协约国已经获得了这方面的经验，而且能用于调配密写墨水的最上乘的普通药品或日用品也已经消耗殆尽。于是，德国人开始使用一些原本并不常见常用的原材料制作密写墨水，并将这些原材料藏在空心肥皂块里，或者牙膏管、毛刷、剃须棒等物品的空腔内提供给特工人员，这些原材料也因此变成了违禁品。后来随着协约国对这种手段越来越留意，德国人成功地另辟蹊径，研究出了一种让特工人员把经过化学药剂浸渍的衣物、袜子、领带等物品在水中浸泡一定的时间，就可以调制出密写墨水的方法。出于保密需要，特工人员通常对这种墨水的化学性质一无所知，甚至对其显影原理也不甚了解。类似这种对密写墨水进行伪装隐藏的方法今天仍被使用着。后来，德国人使用了可以很容易做成药片形状，以便隐蔽携带的胶体银，用胶体银墨水书写的文字必须像照片一样进行显影。可以被冠以不同的名称作为杀菌剂出售的蛋白银也是一种类似的密写墨水原料。

第一次世界大战中的对阵双方都想找到一种万能的显影剂，不管密写文字是用什么墨水写就的。1917年，协约国方面偶然发现处于蒸气或特殊溶液状态下的碘可以做到这一点，其方法是在一个正面镶有玻璃的木制盒子底部放一些碘晶体，然后通过加热这些碘晶体使盒内充满碘蒸气，碘蒸气附着在密写字迹上，可以使其呈现清晰可见的棕色。当密写文字情报被阅读或拍照完毕后，再将其暴露在阳光下或二氧化硫气体中，即可重新隐去字迹。另一种类似的方法是用碘溶液涂抹带有密写文字的纸张，使字迹显影，然后再用"海波"溶液①将其还原。这样一来，对敌方的密写情报进行窃读后再原封不动地发出——这通常是必要的——就可以避免打草惊蛇而使敌人主动切断通信渠道。

在协约国的化学家们破解这一显影方法后不久，人们就发现这个方法对于有些已经确定知道存在密写文字的文件却不再起作用，因为敌人已经想出了反制措施。碘测试法所依赖的并不是化学反应，而是水分对纸张的纸浆纤维的干扰，这种干扰是任何墨水都无法避免的。因此即使是用纯蒸馏水书写的文字，碘测试法

---

① 译注：即硫代硫酸钠。

也可以使其显影。最见效的反制办法是通过熏蒸或用水擦拭，让纸张整体均匀地湿润，以此来破坏纸张结构。（当然，当墨水能够与诸如碘、氯化锡或一般的还原剂等物质产生化学反应时，这种方法是无效的）

随着战争的发展，精心研制的高保密性密写墨水被投入使用。如同暗号和密码一样，战争各方都必须学会如何破解敌方的密写墨水，同时研究出敌方破解不了的新型墨水，前者在技术上尤其困难。每出现一种新型密写墨水，化学家们都必须对其中的微量化学物质进行研究，尽可能通过分析推测出应使用何种显影剂，在反复试验后搞清楚墨水的配方、使用条件或其他特性。这是一项需要极高的技术和极大的耐心的工作。

第一次世界大战结束后不久，人们发现紫外线有助于检验伪造的印刷品，如假钞和伪造债券。而用于这一用途的汞蒸气灯在密写墨水研究领域被证明是一种很有价值的辅助手段。

除声波以外，已知的最重要的波是电磁波。电磁波不受空气影响，可以在声波无法传播的真空中传播。这些电磁波的特性各异，对人类生活的影响也有很大差别，显然，决定各种电磁波特性的唯一因素就是波长。

对于赫兹波（或称无线电波）来说，其波长可能从一英尺到一英里或更长，短则可以短到相当于一个原子大小或一亿分之一英寸（波长最短的 X 射线和镭放射线）。

在从紫光（波长约 0.00002 英寸）到红光（波长约 0.00004 英寸）这个巨大的变化范围中，可见光线只是很窄的一个波段。波长比可见光线稍长的射线是红外线或热射线，稍短一些的是紫外线，这两种射线都是不可见的，但特性与其他射线相比却很像可见光，因此紫外线俗称"黑光"。

许多物质都有吸收这类射线的能力，并且发射出波长较长的能量，也就是光或可见光，这种特性叫作"发光"。如果这种物质能够吸收并"储存"这些射线，当外界刺激停止时将"储存"的射线发射出来，这就是"磷光现象"。如果该物质只在接收到刺激射线时才发射能量，则称之为"荧光现象"。手表上的夜光涂层就是利用了磷光现象。荧光现象在日常生活中很少见到，因为它由日光或弧光引发，但同时又被日光或弧光掩盖。

能够产生荧光反应的物质有机油、橄榄油、奎宁以及多种染料。荧光色与常见色无关，事实上，色调看起来也绝少完全相同，例如机油（蓝绿色）、罗丹明①（鲑鱼粉色）、树叶（深红色）。

许多密写墨水在水银灯下很容易被检测出来，水银灯中有一个滤光器，可以吸收几乎所有可能起到掩盖效果的可见光，只让微弱的紫光和黑光通过。纸张通常会有淡紫色的荧光反应，信封上的胶水则呈现胭脂白。人类的皮肤和牙齿也有荧光反应。

用密写墨水书写的文字可能会有荧光反应，或者通过吸收能够使纸张发出荧光的黑光而使其看起来更暗。淡黄色的化合物尤其如此。破坏纸张结构的办法并不能预防这种不会在纸上留下痕迹的测试。在射线下显影的文字是可以拍照留存的。不过通常水银灯只能显示出纸张上有密写文字，不能保证字迹清晰可辨。想要阅读这些文字必须找到其他方法。

以上是对密写墨水的总体介绍，接下来我们有必要考虑到更多对密写墨水的细节要求：

1. 它必须能充分溶于水。

2. 它必须是非挥发性的，没有明显的气味（显然薄荷醇和樟脑不能达标）。

3. 它不能在纸张上结晶，而且在掠射光下不可见。

4. 在紫外线照射下不可见。

5. 它不会分解、腐败或给纸张上色（不褪色墨水中的硝酸银成分会在纸张或布上慢慢呈现黑色）。

6. 它不应与碘或其他常见的显影剂发生化学反应。

---

① 译注：罗丹明，一种可用作生物荧光染色剂的由三苯甲烷衍生的染料。

7. 研发人员应该尽可能少。

8. 它不应在高温下显影。

9. 如果可能的话，应该能让非专业人员毫无困难地搞到，因此它至少应该有一种合法无害的用途。

符合所有这些条件的密写墨水将会是一件不可多得的工具。实际上，上述第6条几乎总是与第9条相互矛盾，因为几乎所有可以作为密写墨水的常用化学物质都有已知的显影剂。很少有化学混合物能够充当密写墨水，因为这意味着会有更多的药剂能够使其显影，但是缺失了一些成分特性的化学混合物是可以使用的。

密写墨水分为两个级别。首先我们来看B级：

B级密写墨水包括动物的分泌物，天然或半天然液体——如唾液、尿液、精液、柠檬或任何果汁、葡萄酒、溶解的树胶或黏液、牛奶、稀释的蛋清、肥皂泡沫、稀粥、稀释的血液或血清。

这些是已知的最古老、最简单、最容易被发现的密写墨水，它们中没有一个能躲过正规的测试。尿液、唾液（一般情况下）、精液、酒以及黏胶，在紫外线下都无所遁形；用加热的方法也可使果汁、牛奶、蛋清、葡萄酒、唾液、尿液、稀粥和肥皂泡沫等显形。

稀释的血液需要用特殊方法进行测试，因此当然是这些物质中隐蔽效果最好的（血液在静置时会凝固，析出清亮的稻草色血清，将血清稀释为原浓度的约十分之一后使用）。

尽管这些墨水并不安全，但由于它们在一国之内很容易获得并使用，因此它们仍然很有价值。囚犯们就经常用人体的分泌物搞密写。如果信件不会受潮，那么甚至可以用水做密写墨水。但在任何必须通过邮件检查的地方，只有在别无他法，即使可能被发现也必须冒险一搏时才可以使用这类墨水，而对于需要严守机密的情报来说则不应使用这类墨水。

A级密写墨水通常由（通常意义上的）各种化学物质组成，从简单（且不安全）的墨水，如明矾、亚铁氰化钾、铁明矾、鞣酸、醋酸铅等，到最现代化的和保密程度最高的高等级墨水均有。

在此有必要对密写墨水加以进一步的分类。

高等级密写墨水可以被称之为任何外国情报机关都无法显影的墨水。这种墨水永远是需要严防死守的机密。当某个外国情报机关发现了这个机密，这种墨水就不再是高等级的了，但它仍可在技术较为落后的国家，或者重要性不高的情报工作中使用。如此一来，我们就可以对密写墨水按性质做如下分类：

1. 如上文定义的高等级墨水。

2. 含有秘密成分，但不再属于高级品的墨水。

3. 其成分和显影剂已为所有国家的有关人员普遍知晓的其他化学墨水。这类墨水类似前文所说的 B 级墨水，在敌方检查人员警惕而可怕的目光下并不安全，在 B 级墨水的介绍中提到的需要考虑的因素通常也适用于这类墨水。

现在让我们从邮件检查员的角度来考虑如何检测密写墨水，这对于我们的工作很有用处。

拿到一份可能有密写墨水书写的文字的文件后即对其进行测试。化学家用掠射光检查文件纸张表面是否凹凸不平，或是有油脂、蜡痕之类的痕迹。然后用放大镜在强光下检查纸张上是否有任何不合常规之处。检查文件上用可见的墨水书写的文字是否有任何模糊或纹理，是否有任何关于如何进行显影处理的暗示（例如"加热"一词，或任何可能告知收件人此文件中存在隐藏文字的记号）。由于不小心将纸张打湿而导致的纸面起皱会立即引起怀疑。

接下来，这份文件将被滤过的紫外光照射，碘蒸气熏蒸，以及其他任何可以不改变文件外观的方法来进行检查，比如用氨气代替酚酞（通常作为泻药出售，在碱性环境下会变成洋红色）。

显然，对于邮件检查人员来说，知道了某封书信上有密写文字，意味着他已经快要取得一场情报战的胜利了。然后，他会尽其所能将密写文字读取出来，必要的话会花上几天时间，并利用一切已知的手段和资源。否则，如果一封信件的文字密写与纸张润湿得都很好，而使用的密写墨水至少能够顺利通过上述的检测手段，从信件外观上又找不到怀疑的理由，那么这封信件很可能因为不会再受到更多的检查而获准过关。一般来说，将纸张加热到炭化的温度，促使密写文字显影是黔驴技穷的招数，但可以尝试用不超过 175 摄氏度（350 华氏度）的温度让密写字迹显影且不留痕迹。

对于隐形文字来说，书写用的墨水显然很重要，但把字写在什么东西上面——通常是纸张——同样重要。绝不能忽视在布料、衣物等材质上进行密写的方法，因为它避免了使用纸张的一些麻烦，但是用这种方法通过邮政来传递常规情报很难不引起怀疑。这种方法的用处在于可以将很难记忆的较长的情报密写在衣服上，再将衣服穿在身上或夹在行李中过境通关。现在已经出现了用密写墨水将情报写在人的皮肤上，之后让人坐在火前烤火使身上的文字显影的方法，但一般不太会有人采用这种方法。一个足智多谋的特工如果对各种情况了如指掌，能够随机应变，就可以设计出多种多样既隐蔽又好用的密写方法。不过对于密写墨水来说，90% 的情况下都是以纸张为介质的。

密写用纸绝不能是蜡光纸，更不能是任何厚浆涂布美术纸，在光线的照射下，这种纸会立即显示出字迹。另外密写用纸不能有字格线，因为字格线经常会暴露密写文字所在的位置。

纸张的表面越暗淡越好；如果是白报纸，则上浆越差越好，可以用隐形墨水点对报纸上的字母和单词进行标记。当然，邮件检查人员也知道这一点，并且对成捆的报纸定期被寄往某个特定地址的情况心存警觉，除非这些报纸是直接从报社寄出的。当然这里还有一个老套的把戏，那就是用比较容易被测试出来（但也并非易如反掌）的墨水写一条（或在报纸的字词上点墨点）看似机密但实则并不重要的信息，而真正的情报则用真正安全的密写墨水来写。许多检查人员都栽在了这一招上，但这一招可以使用的时机是有限的，因为检查人员通常会有意让带有情报的报纸继续被寄送，然后发出对收取这些报纸的人进行监视的指示。如果第一条起掩护作用的信息编排得很好，看上去只是有关私人的（比如家庭）事务，并无违法之处，那么真正的情报就可能会获准进入中立国领土或直接被忽略。

一名特工应当经常对他准备使用的密写墨水和纸张进行试验，以确定效果最佳的墨水黏度，以及使用气蒸、润湿和熨烫使其显影的条件。

如同使用暗号和密码时一样，只要是某种密写墨水被投入使用，就应该对其取样进行显影试验，以确保使用时黏度合适。

密写墨水应始终以最好的显影剂能够测试到为限，在最高的稀释比下使用，此稀释比应事先确定。记住这一点非常有用：

将 1 克显影剂溶于 100 立方厘米或毫升水中，制成 1% 稀释比的显影溶液。与以上稀释度相等的英国药剂师的配比为 15 格令显影剂加 3.5 液体盎司。其他稀释比可据此计算得出。勺子和杯子并非可靠的容积计量器，但药瓶通常会标明其以液体盎司为单位的容积。

有一种行话称作"洋葱皮（onion skin）"的纸，这种纸又薄又结实，晃动时沙沙作响，因为它本身就带有像因密写墨水的浸润而产生的皱褶，因此通常很适合作为密写用纸。然而，邮件检查人员也清楚这一点，因为这类纸张通常并不用作书写用途（除了有时用于航空邮件），因此也许不用最好。笔者曾见过一封写给德国战俘的信被送去做密写测试，原因无他，就是使用了这种纸张。

球形笔尖书写灵活流畅，已被正式用于密写用途，但在战争时期拥有带球形笔尖的笔①足以让一个人上绞架。另外比如名气很大的"韦弗利（Waveley）"牌的翘尖笔也不错。只要墨囊中有墨，将笔拿平拿稳，保持与纸面的最小夹角，轻触纸面即可书写。

要始终使用干净的笔尖，最好是铜笔尖。

除了众所周知的"藏字密信"这种隐蔽联络方式外，密写墨水相比通常的暗号和密码还是有其优势：暗号和密码会立刻令人生疑，只要有足够的时间，掌握足够的文字素材，它们总是可以被破解的。如果制作精良，"藏字密信"可能是最佳的隐蔽联络方法，但它对信件收发双方的智力和受教育水平都有明确的要求。如果在这方面有所欠缺，或者根本无法对密码进行解译，那么使用得当的密写墨水便是最好的选择。不管怎么说，密写实际上只是"藏字密信"的一种变体，因为密写文字绝不会写在一张无字白纸上寄出去，而总是夹在一封打印或手写的、正常合法的书信之中。

---

① 译注：即圆珠笔。当时的圆珠笔相比今天还比较原始，但已被英国皇家空军和盟国军队广泛使用，在德占区属于"敌国军用物品"。

参照表

隐显墨水	荧光反应 （紫外线下肉眼可见）	最佳显影方法
醋酸	有反应—很微弱	加热、紫外光
明矾（硫酸铝钾）	有反应—很微弱	加热、紫外光
氯化铵	有反应—很微弱	硝酸银和光照、加热
蒽	有反应	紫外光
阿司匹林（乙酰水杨酸）	有反应	紫外光、加热
苯甲酸	有反应	氯化铁溶液、紫外光
小檗碱	有反应	紫外光
血液	有反应—很微弱	联苯胺和双氧水、酒精中的四溴荧光素、紫外光
硼砂	无反应	加热
硫化钙（荧光性）	有荧光性	黑暗环境
柯苯胺	有反应	紫外光
柠檬酸	无反应	加热
氯化钴	有反应	加热、紫外光、氢或铵、硫化物
氯化钴镍盐	有反应	加热、紫外光
硝酸钴	有反应	加热、紫外光
氯化铜	有反应	紫外光、加热
硫酸铜	有反应	加热、氢或铵、硫化物、碘雾、紫外光
湿纸压写	无反应	碘雾
四溴荧光素	有反应—橘黄色	紫外光
七叶苷	有反应—蓝色	紫外光
氯化亚铁	有反应	铁氰化钾、紫外光
硫酸亚铁	有反应	铁氰化钾、紫外光
三氯化铁	有反应	亚铁氰化钾、硫氰酸钾、鞣酸、氢或铵、硫化物、紫外光
五倍子（鞣酸）[①]		三氯化铁
氯化金	有反应	加热、紫外光
阿拉伯树胶（阿卡狄亚粉）	有反应—很微弱	灰尘和粉末、紫外光
盐酸	有反应	硝酸银和光照、加热、紫外光

---

① 译注：五倍子，同翅目蚜虫寄生于漆树科植物及其同属其他植物的嫩叶或叶柄而生成的一种囊状聚生物虫瘿。干燥后可从中提取鞣酸物质。

隐显墨水	荧光反应 （紫外线下肉眼可见）	最佳显影方法
洗衣房用隐显标记墨水	有反应	紫外光
乳酸	有反应—微弱	加热、紫外光
醋酸铅	有反应—微弱，橘色	氢或铵、硫化物、加热、碘雾、紫外光
柠檬汁	有反应—微弱	碘雾、加热、紫外光
二氯化锰	有反应	硝酸银与光照、氢或铵、硫化物、紫外光
硫酸锰	有反应	氢或铵、硫化物、紫外光
氯化汞	有反应—微弱	加热、硝酸银与光照、碘雾、氢或铵、硫化物、紫外光
硝酸汞	有反应	加热、紫外光、氢或铵、硫化物
牛奶	有反应	碘雾、紫外光、加热
植物黏液（经稀释）	有反应	加热、紫外光
鼠毒素	有反应—黄色	紫外光
氯化镍	有反应	加热、氢或铵、硫化物、紫外光
柠檬油	有反应	紫外光、墨水
洋葱汁	有反应	紫外光、碘雾、加热
洋葱汁 & 唾液	有反应	碘雾、紫外光、加热
草酸	有反应	加热、紫外光
矿脂	有反应	紫外光
酚酞	有反应	碱、紫外光
铁氰化钾	有反应	氯化亚铁、紫外光
亚铁氰化钾	有反应	氯化铁、紫外光
氢氧化钾	有反应—微弱	加热、紫外光
硫氰酸钾	有反应	氯化铁溶液、紫外光
邻苯三酚	有反应—黑紫色	碱、紫外光
重硫酸奎宁	有反应	紫外光
硫酸奎宁	有反应	紫外光
还原的品红	有反应	空气和日光、紫外光
水杨酸	有反应	紫外光、氯化铁溶液
唾液	有反应—很微弱	碘雾、加热、紫外光
硝酸银	有反应	任何可溶性氯化物、光照
苏打（烘焙用）	有反应—微弱	碘雾、加热、紫外光
苏打（洗涤用）	有反应	碘雾、加热、紫外光
肥皂水	无反应	碘雾、加热
食盐	无反应	硝酸银、光照

续上表

隐显墨水	荧光反应 （紫外线下肉眼可见）	最佳显影方法
环烷酸钠	无反应	紫外光
淀粉溶液	有反应—很微弱	碘、加热
硬脂酸	有反应	紫外光
蓄电池酸液（稀硫酸）	有反应—微弱	加热、紫外光
糖水	有反应—微弱	加热、紫外光
单宁（鞣酸）	有反应—微弱	氯化铁溶液、紫外光
氯化锡	有反应	紫外光、氢或铵、硫化物
氧化钛	有反应—淡蓝色	紫外光
硝酸铀	有反应—黄色	紫外光
尿酸	有反应	紫外光
尿液	有反应	碘、紫外光、加热
蛋清	有反应—微弱	碘雾、紫外光
葡萄酒	有时	加热
硫化锌	有反应(也具备荧光性)	紫外光

密写墨水清单（可用紫外光探知）

墨水	显影方法	效果评价
5%浓度的盐水	5%浓度的硝酸银（用于治疗皮肤疣和制造感光材料）	相当好
牛奶、水溶液	用石墨	很差
1%浓度的明矾	加热	较好，容易获得
75%浓度的抗芘（作泻药用）	10%浓度的氯化铁	较好，"高等级"墨水
酚酞（作泻药用）、氨水（氨与水比例约1∶3）	饱和碳酸钠（苏打）溶液	
1%浓度的醋酸铅	5%浓度的硫化铵	较好，但硫化铵难以获取
非常稀的稀硫酸	加热	不佳
溶入醋酸（白醋）的少量粉笔颗粒	将纸烫熨到开始变黄，用0.5%浓度的硝酸银冲洗，再熨烫一次	非常好，但显影困难
1%浓度的糖水	加热	差
尿液（紫外），稀释	加热	差
硫酸盐、1%纯度的镁、浴盐、硫酸锌、硫酸钙、巴黎石膏、硫酸钠 芒硝	用1%浓度的醋酸铅冲洗纸张；用流水中清洗；浸泡在5%浓度的硫化铵中	较好，但硫化铵难以获取

墨水	显影方法	效果评价
洋葱汁	加热	差
柠檬汁	加热	不佳
唾液（紫外）	加热或用 0.5% 浓度的亚甲蓝（稀释的"水晶宫"牌墨水）	差
1% 浓度的淀粉液	加热或微量碘	相当好
蜡纸（包水果用的）	石墨或木炭	简单易行效果好；可用于打字机，也可在其上手写或打印文字。蜡纸有时被用来包裹硝铵炸药
1% 浓度的碘化钾溶液（易变色）	2% 浓度的氯化金	较好，但难以获取。让溶液中的碘酒蒸发直到无色，所剩残渣即碘化钾
溶入醋酸的少量氧化镁颗粒	将纸烫熨到开始变黄，用 0.5% 浓度的硝酸银冲洗，再熨烫一次	非常好，但显影困难
苏打／盐水，纸张用苏打水浸渍，用盐水写字	用 5% 浓度的硝酸银溶液冲洗；在 10% 浓度的硫酸中清洗／冲洗；在 3% 浓度的硫化铵溶液中清洗／冲洗	相当好
氨基比林	2% 浓度的铁氰化钾溶液和 2% 浓度的硫酸铁溶液的混合物（新制）	很好，但广泛被德国特工使用
0.5% 浓度的硫氰酸钾	10% 浓度的氯化铁溶液	较好，原料难以获取
亚铁氰化钾（颜色可见，除非浓度很低）	10% 浓度的氯化铁溶液	差，在碘类显影剂下无所遁形
钼酸（容易变蓝）	加热	差

第 12 章

小部队战术和野外作业

小部队战术

准军事技战术训练是灵活机动的战法（或被称为游击战）的基础。这种性质的作战行动通常是在遭受侵略的国家里，由成群的爱国者在敌人后方进行的。这些小分队最初在当地爱国领袖的倡议下组织发展起来，彼此之间可能并不协调，但之后他们可能会有更密切的联系，并可以充分配合野战部队的作战（参考俄国的情况）。

虽然这类行动必然只能在有限范围内开展，但由于敌人力量的强弱不尽相同，一支训练有素、领导得力的游击小队，是能够给敌人造成与其人数完全不成比例的破坏的。

这类作战的三个重要特征是：

①攻击时既快又狠，攻击完毕迅速撤离。出其不意至关重要。

②可在同一或不同时间对多个目标进行攻击，以袭扰敌人并使其时刻处于戒备状态。

③所有攻击都必须针对那些一旦被毁，将给敌人带来最大损害的目标。

i) 能够直接和立即见效的目标，如在战斗中攻击敌人的指挥部。

ii) 能够间接起效的目标，如对敌方通信设施、补给物资或工业生产的攻击。

这种对敌人灵活机动的攻击，其后果可能影响深远：

①对补给、运输或工业生产的攻击会减缓和部分破坏敌方对战争付出的整体努力。

②此类攻击将迫使敌人分散兵力去执行警备任务。

③此类攻击将降低敌方的士气，进而降低其战争效能。

这种战争方式固然重要，但也要考虑到它的局限性：

①出于安全的原因，通常不可能以大部队投入游击作战，这必然限制了其适用范围，因此选择合适的游击作战对象显得尤为重要。

②由于德国人害怕遭到这类攻击，因此他们会采取严厉的措施扑灭游击战。

③难以获取武器、补给和炸药。

④要以统一的计划协调大范围内的游击战争很难，而且往往是不可能的。

鉴于以上种种因素，在游击战争中，每个战士都必须坚持以下基本原则：

①他必须完全了解他打游击的国家，如果做不到这一点，那么他必须熟悉如何充分利用一切条件在陌生的国家活动。

②他必须对游击队使用的所有武器都了如指掌，如果可能的话，也必须尽可能多地了解敌军武器。

③无论何时，他都必须完全服从其队长的指挥，并且对抗敌事业保持绝对的忠诚。

游击战争的性质需要学员们特别注意：

1.野战技能

出其不意在所有的游击作战中都必不可少，因此学员需要对野战技能给予极大的关注。在德波特学校（Depot School）的训练课程中，学员要接受单兵野战技能的指导。准军事技能教学进一步推进了这一训练，要求学员们将他们所学到的知识应用到难度更大的团队野战作业中。十个人隐蔽要比单人躲藏难得多，而要让十个人一起在夜间悄无声息地行动更是难上加难。

要做到这一点，唯一的办法是让每个人都专注于提高自己的野战技能，并牢记一条，如果他在行动中犯错，就会危及他所有同伴的生命。

队形：任何一支部队在乡间野地活动时，都应该以确定的队形，而非不断变化的散乱队形行进。之所以要这样做，是为了确保：①最大限度地使用可利用的掩蔽物；②建立稳固的全面防御；③队伍全体成员之间，特别是队长和他的侦察兵之间能够充分沟通联络。这也是各种队形功能的实质。

军事家们为正规军设计了许多行军队形，其中一些队形能够满足上述这些游击战争的要求，但大多数队形并不令人满意。一是因为在岗峦起伏的地方和长距离行军时，要完全保持这些队形是不可能的；二是很少有队形能真正做到最大限度地利用掩蔽物。从事特种作战的小分队不使用菱形和箱形队形，主要就是出于第二个原因。

对于一小队正在穿过某种乡野地形的队员来说，无论是白天还是黑夜，采用改进后的单列纵队最为适宜。根据当地情况和周边环境，侦察兵必须始终走在队伍的前面。主队则由队长率领，排成单列跟在侦察兵后面。

小队队员之间的间隔，以及侦察兵和队长之间的间隔，完全取决于地形地貌和能见度。侦察兵必须与队长和其他队员保持联系，一旦他们脱离了队长的视线，就不能有效地发挥作用。在能见度最佳的情况下，侦察兵在队长前方的距离不宜超过100—150米；在黑暗中或在非常局促的地形上，20米就足够了。队长必须始终保证侦察兵在其视线之内，注意观察侦察兵可能向他发出的任何信号——侦察兵就是他的眼睛。

只有在一种情况下主队的队员之间应该拉开比较大的间隔，比如全队必须在敌人视线所及的距离内穿过一片开阔的山坡。此时一群人的移动在很远之外就会被看到，而如果这群人彼此相对分散则可能不会被发现。队长应当命令小分队中的每一个人都始终保持对某个特定方向的观察，他们必须能够做到毫无延误地将队长的注意力引导到他们看到的任何东西上——队员之间如果间隔距离太大，就很难做到这一点。

当队伍停止前进时，侦察兵会在外围主动提供掩护，以确保队伍不会受到突然袭击。无论队伍因为何事而停下，这都应该是一条雷打不动的规则。而且，无论队伍因何停止前进，主队都必须立即进入掩蔽状态。学员在训练中，经常把队伍停在开阔暴露的地方商讨事情，这是大错特错的。一旦队长意识到有必要让队伍停止前进——或是因为他已经偏离路线，必须查看地图；或是因为已经完成了一段跃进，必须等待侦察兵前出观察——他必须立刻将他的队伍带入一处隐蔽的地方。如果停止前进是为了研究地图，那么这一点就尤为重要——地图打开时背面白纸的反光在很远之外就能看到，所以无论何时查看地图，图幅打开的大小都不得超过绝对必要的程度。

2. **使用地图定向**

一般情况下，游击队对其脚下的国土会非常熟悉，因而不需要使用地图和指北针。但是有时他们也可能会被迫在一片陌生的地域内活动。游击队员必须熟练使用地图和指北针，并且必须记住，（在查看地图或指北针时）除非他是在隐蔽处进行观察，否则他将有暴露自己的严重风险。野战技能将在定向时发挥重要作用。

3. 武器

一般配备的是手枪、冲锋枪、手榴弹。游击队员必须对自己配备的武器有绝对的信心。他必须清楚，如有必要，自己可以用手中的武器强行杀出一条通向目标之路，以完成任务或是消灭任何企图阻止他撤退的敌人。

如果手中的武器失效，游击队员必须能够使用双手，或准备好任何其他可用的武器进行战斗。

游击队员必须学会养护他的武器，并且在行动前进行检查，确保武器有效并且弹药充足。补充弹药必须随身携带，以便随时可用。

4. 爆炸物

如果在行动中携带有爆炸物，则要始终牢记"爆破不可失手"的格言。因此：

a) 出发前必须非常仔细、充分地将所有的爆炸物和其他物品准备妥当。

b) 必须充分考虑到行动人员出现伤亡的可能性。也就是说，行动队伍应该多携带一套爆破器材备用，并且队伍中的每个人都应该配备爆炸物，一旦爆破行动计划失败，队员也能各自为战，给敌人造成破坏。

在准军事学校受训期间，学员们将会接受一些昼间和夜间爆破的训练课程，并将练习上述小规模破坏行动的组织策划。

训练课上的爆破目标以及任务的军事背景设定不可能做到与现实分毫不差，比如在实战中可能发生的情况就无法还原。不过我们将尽一切努力使训练课程切合实际。

学员们只有发挥自己的想象力，把训练课当成真实的行动来执行，才能最大限度地从中学到东西。他们绝不能在训练课中做他们在实战中不会做的事。

突袭小分队战术

1. 概述

本课程的目的，是教授学员如何使用炸药或燃烧弹袭击一处有人守卫的目标的小分队战术行动。课程中并不包括由单人实施的，或由一支人数很少的小队单独秘密实施的行动的相关内容。

这类突袭行动的对象可能是任何可以被爆破或大火摧毁的有价值的目标。当然，突袭方也可以攻击那些更容易被其他方式摧毁的目标。总的来说，尽管实施这类突袭行动的小分队的组成和队员的行动会有所不同，但采用的战术是不变的。

2. 小分队的组成

下文中带标注的各组成部分是针对一支由 10 人组成的小分队，但人数更多的小分队也适用。

为使上文所述的攻击行动取得成功，需要克服的困难因素主要有：目标处于敌人的守卫之下，以及目标本身。

另外，小分队必须安全抵达攻击目标，在行动中不受干扰，行动完成后能够全身而退。小分队的组成合乎逻辑地遵循了这些要点。

队长：在任何行动中，都必须首先确定一名队长，由他来指挥掌控整个行动。除了其他事情之外，他的职责是确保以下这些为行动中各项不同的任务而挑选出的人员都能胜任。

哨戒组：确定队长之后，必须组织起一个以对付目标所在地的敌人为任务的小组。我们称其为哨戒组，是因为敌哨兵是唯一在任何情况下都必须以某种方式来对付的敌方人员。虽然许多突袭行动按照行动计划需要完全避开敌人，但哨戒组必须做好在紧急情况下杀死他们的准备。哨戒组是为破坏/突击组铺路的。

破坏/突击组：对目标实施破坏或突击行动的小组，其任务是对目标进行实际的破坏。他们在行动时一定不能受到干扰，掩护破坏 / 突击组的任务由掩护组来担任。

掩护组：其任务是确保哨戒组和破坏组的队员能专心干活，而不会被意外出现的敌人搞得措手不及，或者在某些情况下与预料之中的敌人交战并拖住他们。

这些都是小分队的基本组成部分，可根据目标守卫力量的强弱和小分队人数的不同而灵活调整。对于某一项任务需要多少人须由队长做出精确估计。

我们现在将详细讨论这些不同组成部分的具体行动。

3. 在出发点的行动

a) 小分队主力集结时，由掩护组负责四周的全面防御。

b) 队长和副队长（如有）将仔细检查所有爆破器材、武器和装备，并将它们在各组成员之间进行适当分配。

c) 队长将对队员做最后的检查，看是否有人携带任何会导致获罪的文件或档案，或者任何容易发出噪音的松松垮垮的物品，如硬币、钥匙、半空的火柴盒、半满的水瓶等。

d) 每个人对个人伪装（如使用）进行检查。

e) 手表应统一对时。

f) 最后但同样重要的，是检查每个人是否清楚他受领的命令。

4. 向目标运动

建议采取的队形（之前的课程中已经提及）是单列纵队，侦察兵居前。侦察兵的人数根据可用的人员数量变化，最多为 3 人。在侦察兵身后是主队，二者之间的距离随着能见度和与队长联络的可能性的不同而变化，主队的运动由侦察兵提供警戒。侦察兵的任务是确保提前向队长通报任何敌情或出现了难以通过的地形，并确保分队遵循最佳的行进路线。侦察兵从掩护组中抽调。

主队通常按以下方式进行部署：

队长居于队首，与他派出的侦察兵保持联络；队长身后是掩护组的部分人员，这样相对缺乏防御能力的破坏组就被夹在分成两部分的掩护组之间。

破坏组携带的物资器材有时重量较大，而且他们在对目标实施破坏时需要双手不被其他东西占用，因此破坏组的成员不能被笨重的武器阻碍。在队伍行进的过程中，破坏组必须在很大程度上被视为"乘客"，但正如《昼间运动的一般方法》一讲所述，他们仍会负有观察某一方向的责任。

哨戒组是否也被夹在掩护组的两部分之间，将取决于队长给他们配备什么武器。如果需要悄无声息地干掉敌人，那么他们一定不能被笨重的武器拖累，同样的原则也适用于破坏组。如果哨戒组需要以火力消灭敌军岗哨，他们将得到充分的武装，并且可以被安排在队伍后方——但无论何种情况，走在队伍最后的人应当是整个小分队的副指挥官。

分队采用跃进式的方式前进——这一点在前面已经讨论过——无论何时，只要队伍停止运动，掩护组就应该像攻击目标时所做的那样，占据有利阵地对整个分队加以保护。

5. 侦察点

无论是根据侦察兵的侦察结果还是已经收到的情报，队长都会预先选择一处用以对目标进行最后侦察，我们称这个地点为"侦察点"。在离侦察点不远的某处的合适地点，队长会做好伪装，在掩护组的保护下离开主队，独自对目标进行最后侦察。如果仅靠队长一人不能很好地完成最后侦察，他可以派第二名或第三名队员去他自己侦察不到的区域。

最后侦察的目的，是确保目标的情况没有发生任何可能打乱队长计划的变化。最后侦察完成后，队长会回归本队，或是对他的命令进行必要的修改，或是告诉队员他原来的命令仍然有效。

6. 抵达目标后的部署

队长的下一步行动是将小分队内各个任务组部署就位，准备对目标发动攻击。首先是掩护组。他们的阵地必须有最好的视野范围，最利于集中火力，并且能够在哨戒组需要支援的时候为其提供掩护，从而确保哨戒组在任何情况下都不会受到干扰。如果因地形不利，掩护组不能同时发挥这两项作用，则掩护组必须分兵一股，在攻击目标时专职掩护哨戒组，之后再回到正常的掩护任务上来。掩护组和队长之间的联络信号，以及发生敌人接近或队长预料到的其他情况时掩护组应采取的具体行动，都要事先安排妥当。

接下来，队长将同时派出哨戒队和破坏队。哨戒队将被派往先前确定的阵地，在那里对付敌人的岗哨。会对他们的行动方式产生影响的注意事项将在下一讲中详细讨论。即使行动计划是完全避免惊动敌人岗哨，哨戒组也应做好在紧急情况下对付他们的准备。

队长的目的在于让破坏组尽可能接近目标，做好在攻击信号发出后立即采取行动的准备。如果没有做到这一点，那么在信号发出和安放炸药之间就会有一段延误，这可能就给了敌人发现破坏组的位置和切断其退路的时间。

没有具体的反对理由的话，队长本人通常会和破坏组一起行动，这样他就可以掌控对目标实际造成的破坏的程度，如果对目标不能造成实际破坏，行动就是失败的。

7. 攻击目标时的行动

我们现在假设小分队各任务组现已各就各位，等待发起进攻。行动将在哨戒组干掉敌人岗哨后立即发起；如果准备避开敌人岗哨，则在队长下达表示没有被发现的危险的含义的口令后开始行动。

如果是用枪干掉一个或多个敌人岗哨的情况，则枪声就是攻击开始的信号。如果开枪的是敌哨兵，掩护组（见上文）会立即打死他，因此以敌哨兵的枪声还是我方的哨戒组的枪声为攻击信号并不重要。

现在小分队各组同时向目标发动了进攻。破坏组在队长的直接指挥下迅速突入目标并安放炸药；任务已经完成的哨戒组占据阵地，作为内层的掩护组。如果行动计划中还要求同时攻击作为敌哨兵出动点的警卫室，那么这一攻击也会根据同样的信号而开始。有关这种攻击的实操演练将在下一讲中介绍。

一旦炸药安放完毕，队长就会发信号命令全队撤离。如果是敌哨兵是被开枪杀死的，那么撤离信号可以是公开的，比如鸣哨。反之，如果敌哨兵是被悄无声息地干掉的，或者直接被避开了，那么整个小分队直到炸药安放好都不要发出声响，而且要使用延时起爆的炸药，以确保在爆炸发生时，小分队已经远离行动现场。在这种情况下，撤离的信号要和之前发出的所有信号一样，一定不能引起敌人的怀疑。

8. 撤离

一旦队长发出撤离信号，小分队将按以下顺序撤离：

首先撤离的是只配备了轻武器的破坏组，无论如何他们必须避免与敌人接触。与破坏组一起行动的是已经成了一支内层掩护组的哨戒组，他们现在将作为正在撤离的破坏组的侦察队。最后撤退的是掩护组，他们装备了更重型的武器，在必要时还可以携带更强的火力，以备不时之需。一旦确定破坏组已经离开目标区域，掩护组就会跟在破坏组后面撤离。他们会一直保持对队伍后方的警戒，但绝不能向任何前来救援的敌人开火，除非确定他们已经被敌人发现。

小分队全体人员在一个与目标地保持安全距离的地点集合。队长在这里检查他的队伍，确保所有队员都在，然后将队员们重新整队为行军序列，或者命令全员从集合点分散撤离。

如果小分队的队员都要去往同一个地方，那么夜间分散撤离就极难成功，因为队员们的行进路线差不多，而且在黑暗中很难区分敌友。这样一来，小分队的队员可能被钉在原地寸步难行，每个人都会认为其他人正在搜索自己的敌人。

队长会规定一个到达集合地点的时间，超过这个时间，任何未到的队员将被视为伤亡人员。

9. 联络

我们认为有关联络信号的问题是极为重要的，所以将在另一讲中专门讨论。

10. 伤亡人员的处理

与普通士兵相比，伤亡人员对突袭分队来说是一个更大的问题。由于突袭分队在完成任务后必须立即离开行动现场，因此最好在不远的地方安排一处行动之后的集合地点，以便伤兵在有能力的情况下可以前往那里。队长应在其命令中说明这个应急集合点的位置所在，以及搜索组将在什么时间（最好是在连续两晚的暗夜里）去到该集合点。在有可能的情况下，可以提前在集合点留下医疗用品，搜索组应配备可搬运一名或多名伤员的装备。在大多数情况下，队长不太可能为那些伤势太重无法到达此集合点的人做出任何安排。

11. 时间的掌握

突袭行动要想取得成功，必须精准把握行动时间。

a) 如果有不止一支小分队参与突袭行动，则攻击和爆破必须同时进行。必须给各支分队充足的时间，让他们抵达自己的目标。

b) 必须给接近目标的过程留出足够的时间，要比估计的时间更长，特别是要给哨戒组进入最后的阵地的时间。

c) 在攻击目标时必须为可能出现的意外情况——例如事先不清楚敌人换岗时间——留出富余的时间。

d) 对气象资料也必须加以研究。

12. 武器

虽然行动计划的细节通常决定了突袭分队各任务组应携带何种武器，但某些一般性原则是适用于所有这类突袭分队的。

小分队中每人都应该配备一把匕首，而且通常每人还可以携带一支手枪，作为应付紧急情况的备用武器。如果携带手枪，最好配备至少3个弹匣。

队长。虽然在一次爆破突袭中，队长将和破坏组一起在目标区域行动，但他可能不会亲自安放炸药。因此，队长可以携带冲锋枪，这将是破坏组唯一的自动武器。

哨戒组将根据对付敌哨兵的方法来配备武器，其后续担任的掩护任务必须被视为次要需求。例如，如果想无声无息地杀死敌哨兵，那么冲锋枪既无用又累赘；如果不怕杀死敌哨兵时闹出动静，那么与敌哨兵的距离将决定使用的武器是步枪还是冲锋枪（为此而使用的武器的射程问题将在下一个课程中讨论）。队长还必须决定在这种情况下让哨戒组携带手榴弹是否合适。

破坏组必须限制自己使用小型轻武器，因为他们可能已经携带了沉重的爆破器材。此外，他们的任务要求其队员在目标区域要空出双手，以便安放爆破物。一般破坏组携带的武器是匕首、手枪和手榴弹。

掩护组。理论上，掩护组使用的武器越重型越好。然而，要想携带比如一挺轻机枪这样的武器成功地对敌人进行远距离隐蔽迫近，往往是行不通的，但在指挥官认为可以做到的情况下，轻机枪就是一种理想的武器。轻机枪能够兼顾射程与火力，而且可以架设射击，压制袭扰敌人，这是更轻型的武器无法做到的。在没有配备轻机枪时，掩护组以冲锋枪、手榴弹和至少一支用以进行可能需要的精确射击的步枪为武器。

以上都是一些关于武器配备的常规注意事项，实践中必须根据具体的行动加以调整。手榴弹最好装在腰间的弹药袋内，并且挎在身后，这样在匍匐前进时就不会碍事。考虑到可能还要执行其他任务，所以携带冲锋枪的队员应该尽可能多地携带弹匣。要记住，携带弹匣出行时容易发出声响，要做好防范措施。

13. 爆破用炸药与器材

炸药的携带和引爆的主要方式的选择自然是由破坏组负责，但如果炸药过多过重，而且要携行的距离较远，可能有必要在向目标接近时将炸药和爆破器材交由全队分担携带。不过为确保行动成功，突袭分队一定要带上以下器材：

a) 由掩护组携带一整套备用的爆破药包和器材。

b) 小分队中每名队员都要携带一件备用的炸药引爆工具。

在攻击工业目标时，如果有可能对主要目标以外的机械设备和设施造成破坏，则最好另外为破坏组之外的队员配备比如每人 1 磅的小包炸药。

怎样对付目标区的敌人

几乎在每一次行动或每一份行动计划中，目标的防御性质都是一个决定性因素。在这些不同性质的防御中，人起着最重要的作用，因为如果目标无人守卫，任何铁丝网或其他障碍物都是可以逾越的。

在一次需要将目标炸毁的行动中，要立即解决的是敌人的岗哨。解决敌方岗哨问题的方法如下：

1. 可以完全避开敌人的岗哨，并在爆破时使用短延时起爆。

2. 可以悄无声息地杀死敌岗哨，这样就不会惊动敌人的守卫和其他支援部队。在大多数情况下，此时也要使用短延时起爆。

3. 可以用枪击或手榴弹消灭敌岗哨。在这种情况下，已经被惊动的敌人可能会发现和拆除爆炸物，因此不能使用延时起爆。

如何决定应当选择哪种方法，主要考虑如下：

方法 1 和方法 2 适用于如果杀死敌岗哨动静太大会导致一场对于己方来说以弱敌强的战斗的情况。这两种方法一般不可能在白天使用。

方法 1 只适用于敌哨兵的巡逻频率或位置不能有效守卫目标的情况，所以杀死敌哨兵只会增加行动的危险性和难度。

方法 2 也适用于因杀死敌岗哨动静太大，强大的敌军赶到行动现场的速度太快，导致行动无法完成的情况。（记住，撤离也是行动的一部分）

方法 3 适用于以下情况：①敌警卫室距离目标较远，因此无法干预我方行动；②敌方守卫力量薄弱，易于攻击和摧毁，而敌方支援部队无法及时赶到干预我方行动。杀死敌哨兵的枪声应是攻击警卫室和安放炸药的信号。对付警卫室（如果要攻击的话）的方法如下：两名队员占据离窗户尽可能近的地方，等待开火的信号，一收到信号就将手榴弹丢进窗户，在手榴弹爆炸时保持低姿，然后端着冲锋枪冲进室内。等待信号时，应松开手榴弹的保险销，但不要拔出。在白天，负责射杀敌哨兵的一名（或几名）队员应该携带步枪进入距敌人 50 码以内的范围，使用冲锋枪的话则一定要更靠近一些。虽然一名训练有素的狙击手在更远的距离上可能也会觉得很有把握，但要记住，整个行动成功与否可能就取决于是否能第一枪就干掉敌哨兵。在夜间，根据能够利用的光照条件，可以在非常近的距离上用冲锋枪或手枪——而不是步枪——射杀敌哨兵，比如仅几码远的地方，近到可以看到你的射击效果，并在必要时近距离完成击杀。

记住，敌人的通信能力决定了他们能以多快的速度得到增援。<u>因此，如果可以的话，在最后一刻毁掉敌人的通信设施。</u>如果你过早破坏了它们，那么敌人可能会在你准备攻击之前发现，并派出一小队人前去查看。

常规注意事项

敌人的警卫隔一段时间会换岗一次——天气寒冷换岗会更频繁。在挪威，德国人的警卫通常每半小时换岗一次。这一因素必须考虑在内，并在命令中讲到。如果不清楚相关情况，必须通过观察搞清楚。

主管警卫人员的敌士官会在其当值期间至少查岗一次，这一点也必须考虑在内，因为如果一名被杀死的敌警卫在值星官巡查时被发现，那么这个被杀的警卫就和活着的警卫一样危险。另外还要小心随时会前来巡视的敌方值星官。

小分队必须离目标足够近，以便观察敌哨兵的活动。当小分队搞清了敌警卫的活动规律，就会选择合适的时机实施行动。

假设某敌警卫，每班岗要执勤 2 个小时，并且在巡逻期间要被士官查一回岗。在他上岗执勤时会感到困倦，警卫室的灯光刺得他睁不开眼——这种感觉会在大约半小时后消失。无论如何，他会逐渐在寒冷中清醒起来，意识深处总是会想着怎样应付士官的查岗。

主管士官也许会在第一个小时结束时去查他的岗，这会使他暂时更加警醒，但之后可能再次松懈，然后就只会想到他现在正慢慢临近交岗。这正是一名哨兵警惕性最低的时候。虽然并非百分之百的铁律，但经验表明，两个小时的执勤，上岗后的一个小时到一个半小时这段时间是最难熬的。此时，时间似乎慢得难以忍受，保持清醒是无比困难的。在一些被占领的国家里，德军用专职的警卫连队来看守通信设施等重要目标。警卫连队的兵员或是老头，或是毛孩子，算不上一流部队。当然，这种情况也不是绝对的。

在以下时机出现时，突袭小分队必须决定发动攻击：

a) 敌哨兵上岗后看上去仍然状态不佳，昏昏欲睡时。

b) 敌哨兵在士官查过岗之后又松懈下来，数着还有多长时间能够交差解脱。

在攻击敌哨兵之前必须进行最细致谨慎的观察。机会总会出现，必须马上抓住。哨兵可能会把步枪靠在什么东西上搓手取暖或是开个小差，或是他虽然没有放下步枪，却把枪别在肩后。没有一个哨兵会始终保持警惕，尤其是在他已经站过一段时间的岗的时候。

当敌哨兵被悄无声息地干掉以后，**至少要有一名队员**盯着警卫室，以防敌方主管士官又出来查岗或值星官出现。

附录——关于德军岗哨的注意事项

1.营地和大型仓库主要由警卫连队守卫。警卫连队非一线部队，士兵通常都上了年纪。

2.重要目标由铁丝网和带探照灯的木制哨塔保护，哨塔位于目标区域的四角（见图），其上架设有一具探照灯和一挺机枪（法制型号）。

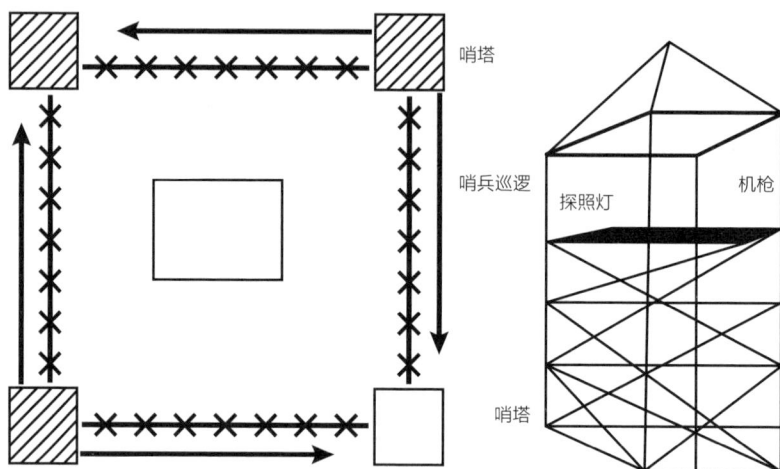

3.哨兵沿目标区边缘巡逻，彼此相向而行，这样即使他们离开彼此的视线，也只是很短的时间。他们在哨塔下碰面。

4.警卫室可能在距离哨塔较远的地方，但可通过电话与各哨塔和最近的总部部队联络。

5.连队的指挥官分别带领各哨兵交岗，先带交岗的士兵齐步走回警卫室，然后带着接岗的士兵回来。

6.如果哨兵发出警报，探照灯就会亮起，警卫部队就会自动赶来。

7.哨兵并不总是守在目标区边缘。但如果可以因此获得更好的视野，他们会从那里沿其他路线巡逻。

8.桥梁通常由设在田野或花园里的外围哨所守卫，哨所配有机枪。

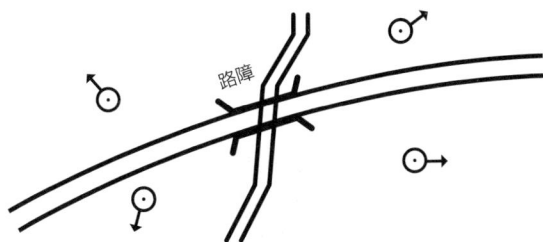

路障

靠近桥梁处设有路障，路障通过电话与沿公路设置的下一道路障联络。

如果是座大桥，那么通常桥面上下也各有一名哨兵。

9.机场四处都有警卫巡逻，但一般很少有单独为一架飞机站岗的。

10.各个城镇的司令部都设在一所好房子里，定时有巡逻队在周围巡查。

伏击

1. 定义

捕捉和摧毁移动目标（更常见的是单台或多台车辆）的陷阱圈套。

2. 适合的目标

a) 补给物资：食品、弹药、燃料，必需的零部件如轮胎等。

在战争中，几辆车的损失是微不足道的，因此，破坏车辆上装载的物资通常比破坏车辆本身更重要。

以上所说的补给物资的重要性将始终由以下因素决定：

①将要接收这些补给物资的人是否依赖这些物资来继续他们的特定任务。

②这些物资是否会被用来对付游击队自己。例如，毁掉轮胎、汽油或零备件等物资可能使敌人的一些车辆无法动弹；毁掉弹药或食品可能使被围困的敌人无法再做困兽之斗。

b) 人员：对游击队员来说，伏击行进中的敌军部队几乎是不可能的，除非这股敌军能够被立即歼灭，否则不能将其认为是一个有价值的目标。但是，如果这些敌军部队是专门用来对付游击队的活动的，那么消灭他们就可以说是出于现实而直接的目的，或者，如果敌军是为某一特定任务而正在移动的后备部队，那么消灭他们，或者即使只是拖住他们，可能也是非常重要的。

不过一般来说，以下敌方人员可以说是最有价值的目标：空军人员、高级参谋军官、那些可能携有重要文件的骑马或骑车的通信员。

伏击最后一类敌方人员的效果可能相当好。敌人的通信员彻底消失无踪，这对敌军士气的打击效果将是巨大的。敌军因此不得不将大量兵力投入警卫任务，从而导致其兵力的进一步分散；而文件的丢失，可能会延误或中断敌军的行动。

c) 总结：伏击行动应针对敌方的物资而不是人员，除非是非常重要的人员。

消灭德国士兵是军队的分内之事，而对于游击队来说，与敌军交战的过程通常风险极大。

3. 范围

伏击战的范围受到游击队可能实施行动的某一地区的敌军战术，敌军车队的组成，以及组织的严密程度的限制。伏击尤其适合用在保持一定间距行进的敌人车队上，无论是白天还是晚上。有一点可以当作是不言自明的定律，即敌人的车队如果白天在那些担心会遭到盟军空袭的地区继续行进的话，那么各车之间会保持很大的间隔，这个间隔距离可能达到 300 米。在这种情况下，一支小分队攻击一支即使只有 4 辆车的车队显然也是极其困难的，除非将每辆车都当作一个单独的伏击目标——可以考虑用"截尾"打法伏击车队最后一辆车的可能性。

与在所有的游击行动中一样，队长必须预估打伏击需要的人数，对他来说，那些需要更多兵力来对付的目标必须立马被排除在外。

关于伏击战，我们必须考虑轴心国车队可能的构成形式。由于敌人对不同地区的干预程度不同，很难制定出许多通用的伏击作战规则，但有些要点是始终不变的。

a) 即使敌人的车队只有孤零零的一辆车，但如果其旁边总有一辆护从车，那么它就是一个重要目标。在没有游击队袭扰的地区，通常是由一辆摩托车在这辆车前方一段距离引路开道，具体距离则取决于车辆经过的地区地形。在一个可能会受到攻击的地区，这辆车会配备重型护卫队，护卫队可能是一辆装甲车，而在像俄国这种遍地都是游击队的国家，甚至可能动用坦克护卫。这辆护从车的任务是在车队前方提前发现危险所在。

b) 即使是规模最小的车队，只要携带着重要物资，也会配备一辆或几辆车的警卫部队。

c) 如果遇袭，整支护卫队都会接到明确的行动命令。

4. 实施一场伏击战需要的情报

情报可以帮助我们尝试完善上述这些一般规则的相关细节。

a) 车队可能到达伏击地域的时间、地点及其路线；

b) 车队的行进速度，以及车辆之间的距离；

c) 护卫队的人数和编成；

d) 护从车或其他作为掩护兵力的车辆类型；

e) 警卫情况——敌人可以立即投放的火力；

f) 关于敌人的进攻命令。

上述各项除 f) 项外，在攻击行动前几天通过观察都可以搞清楚，不过车队的编成和抵达时间的情报不能保证完全可靠。

5. 攻击战术

归根结底，伏击需要的是：截停目标的方法；截停目标的合适地点；佳攻击时机的选择；给目标造成破坏的人。我们将对这四个主题分别加以分析。

a) 截停目标的方法

本条目下可大致分为需要使用爆炸物的方法和不需要使用爆炸物的方法。

需要使用爆炸物的方法如下，但必须认识到，根据地形环境类型的不同和个人的聪明才智，可能有近乎无限多的方法可使用：

①在涵洞或小桥上设置地雷。

②在道路上挖坑埋设地雷（仅适用于没有铺设碎石子路面的乡间道路）。

③在车队到达前的最后时刻在道路当中布设炸药，并且当主车队的头车从炸药上驶过时将其引爆。

④用炸药炸断树木或炸碎石头，使其倒在道路合适的位置成为障碍物。

在以上这些情况下，炸药都是以电力起爆方式在关键时刻起爆。

以正常方式隐蔽设置的反坦克地雷、或其他由车辆自身来引爆的自制地雷。

不需要用到爆炸物的方法如下，同样，根据不同的情况，也可能有各种各样的变化。

①可以将一棵树的树干锯断一部分，然后在车队驶来的时候用绳子将树拉倒，阻断道路。

②将某些车辆，比如农用大车，从隐蔽的位置或小路上推、拉、溜到大路上，阻断道路。

除以上所列之外，还有各种各样的截停车队的方法，这些方法虽然不是用真正的障碍物拦住敌车队的去路，但也能够起到阻止车队的作用。但必须记住，如果行动没有按照计划进行，敌人车队的头车可能会意识到伏击口袋的口子并没有真正扎紧，敌人可能会夺路而逃。

①在夜间用灯光假装汽车前灯。

②同样是在夜间，用镜子反射敌人汽车的车灯。只有尺寸像衣柜上的穿衣镜那样的才有效。

③赶着一头或一大群牲口横穿道路。

④在绳子上挂一条毯子，横在道路中央阻挡车辆

⑤汽车经过的时候在道路上拉起一道带刺的铁丝网拦路。

⑥假装埋设了反坦克地雷，比如在路面上放一只倒扣的盘子。

⑦在路面上放置一些大号的，易于识别的值钱物件。

正如我们将要看到的，在考虑适当的伏击战术时，走在主车队前面的护从车一定是可以被放过伏击圈的，这显然要比在正确的时机将这些障碍物放置在适当的位置上更困难。

b) 截停目标的合适地点

本条目下的第一个考虑因素必须是那些有助于截停敌车队的地点，第二个考虑因素将是那些有助于摧毁敌车队的地点。

从截停车队这一目的的角度来看，影响地点选择的考虑因素有以下几点：

①要么是道路上的一处弯道，要么是一处上坡，这样车队的头车（可能还有攻击分队本身）直到开到路障前才能看到路障。如此一来就可以在车队的护从车通过后立即在路上放置障碍物，而不是在车队的先头车辆正好到达预定伏击点的那一刻。

②车辆无法驶下路面，走野地绕过障碍物的道路，如下陷的道路、高出山坡的道路，或一边是水，一边是石壁的道路。（注意：如果整个车队在头车遇到障碍物时速度很快，后面的车就很有可能与前车追尾并挤作一团，从而有利于攻击者。不过，当车队里的车辆行驶得非常缓慢，比如爬很陡的山坡时、绕行回头弯时，对其进行截停和估测其所在位置都更为容易）

为了能够更顺利地消灭目标：

①攻击部队要有可避开敌人视线和火力的隐蔽。

②要有一条从后方接近这些隐蔽位置的路线。不应从正面占据这些位置，否则可能会使掩蔽物有明显的移位。

③要有一条通向某个安全地点的有掩护的撤离路线。

④如果敌方警卫人员离开车辆，必须使他们找不到掩护。比如无法攀爬的陡峭沟谷，或者能够被火力覆盖的空地。

总结：理想的伏击地点可以是道路的一个急转弯处，一边是开阔地，另一边是陡峭的高地，有足够的掩蔽物来隐藏攻击者。攻击者位于在沟壑里行进的车队的上方，这对伏击非常有利。此时沟壑无法再为敌人提供掩护，而对敌人来说，准确地向高处仰射是非常困难的，高处的攻击者通常可以获得更开阔的视野和射界，更容易投掷爆炸物，敌人却很难有还手之力。攻击者在打伏击时是埋伏在道路的一侧还是两侧，取决于：

①被对面队友火力误伤的可能性。

②当行动不得不中断时，可能的撤离路线。

c) 攻击的最佳时机的选择

一场伏击战的许多"变数"，受所选择的行动时间是白天还是夜晚的影响。受影响的主要方面有：

①车队里车辆的车速和车距。在夜间，车辆通常行驶缓慢并且车距较小。白天，他们会在路况允许的范围内，以不同的车距和最快的速度行驶。

②攻击者及其建立的伏击圈的隐蔽——要办到这一点在夜间显然容易得多。

③伏击行动本身——这需要有一定的最低限度的光照条件，以使所有武器在攻击目标时能够发挥最佳效能。当然可以由照明弹来提供夜间照明，但如果在有光照的黎明或傍晚时分发动攻击，可能就会减少行动中的混乱。

④攻击者的撤离——对于攻击者来说，有一段时间恰到好处的黑暗来掩护他们的撤离非常重要。在这种情况下，伏击可能在深夜发动。

⑤敌人的抵抗力和士气。通宵行车后，敌人的士气很可能在黎明时分跌到最低点。

d) 给目标造成破坏的人——伏击分队的部署

①必须在各个战略要地建立瞭望哨，瞭望哨观察从任何方向过来的敌车队或其他车辆的接近情况并向伏击分队告警。由于瞭望哨的附加任务是向伏击分队发出表明目标接近的信号，因此它们的作用与通常的掩护组作用相同。瞭望哨必须能够通过发出可视信号或以信号接力传递的方式与伏击分队队长联络。

②前锋组将被部署于设障组的前方，负责对付被放过伏击圈的车队护从车。在敌车队被拦截的那一刻，这组人马将赶到预估的护卫车已经到达的地方将其消灭。任务完成后，前锋组将面向前方占据阵地，作为额外增加的一支掩护组。

③设障组，其任务是将（任何类型的）路障放置到位。队长会和这一组一起行动，由他来下达设障或引爆炸药的命令。加上队长，设障组就有足够的人手来对付敌人车队的头车了。

④后卫组。这组人必须防止敌车队队尾的车辆倒车或以其他方式避开伏击。他们将和后方掩护组一起，阻止队尾车辆上的敌方警卫在攻击者身后对其组织反击或结阵顽抗。可能有必要在敌方车队后方设置第二道路障来扎紧伏击圈的袋口——队长将根据地形路况来决定是否有必要这样做。

⑤伏击分队的其余队员将奉命在伏击圈范围内尽可能多地"兜住"敌人的车辆。在已经得知敌人车队的确切构成的情况下，应安排好人手对付每一辆车，但不要忘记，准确地判定每一辆车会停在什么位置是不可能的。

每个行动组中都应配备狙击手，其首要任务是只要敌方车队被截停，就干掉敌司机和敌军官。

武器

①在已经分配的任务之外独立作战的一挺轻机枪。这挺机枪可以向任何顽抗的敌人开火射击，对其进行压制并消灭。它应该在整个伏击区内拥有最大的火力覆盖范围。

（反坦克步枪在伏击车队时很有价值，但携带十分不便——尤其是撤离时，而且相对来说也比较难得到。）

②狙击手使用的步枪，其任务如上述的机枪。

③所有负责直接攻击敌人车辆的伏击分队队员均配备冲锋枪。

④手枪作为队员的备用武器（参考课程 G.2《突袭小分队战术》）。

⑤ 手榴弹。要将敌人从他们试图作为掩体的车辆后面赶出来，米尔斯手榴弹（Mills Grenade [1]）非常好用。如果用盖蒙手榴弹（Gammon Grenade [2]）直接炸中任何重型卡车或小汽车的前部，就可将其击毁。

⑥ 燃烧物。莫洛托夫燃烧瓶或白磷弹可用于点燃车辆。

6. 车队接近时应当采取的行动

a) 敌方车队接近的信号由瞭望哨发出——可以直接发出，也可以接力转发。信号必须事先规定好，以表明敌方车队的规模比预期大还是小。要有明确无误的专属信号来表示敌车队的规模出乎意料地大，伏击部队对付不了。另外，各车之间的车距与预期不同也要安排专属信号。

b) 从瞭望哨发信号那一刻起，直到埋设的爆炸物起爆或路障布下，每个人都必须纹丝不动，不能被敌人发现。

c) 当车队的头车到达选定的伏击地点时，队长就会下令起爆或布下路障。

d) 埋设的爆炸物起爆（或路障就位）就是全体行动的信号。除米尔斯手榴弹外，所有武器同时开火。米尔斯手榴弹的使用时间有限，使用时机必须明确，同时也要看队长的信号，使用手榴弹时队伍其余人员要注意掩蔽，以避免手榴弹破片造成伤亡。狙击手要致力于消灭敌人的司机和军官，冲锋枪手要将火力集中在护送车队的敌方警卫身上。

7. 所有抵抗已被清除时应当采取的行动

在接到队长搜查车辆的指令之前，任何队员不得接近车辆对其进行搜查，队员只有在队长发出停止射击的信号后才可踏上路面，且必须由此时还在伏击阵地上的武器提供掩护。

---

① 译注：两次世界大战中英国及英联邦国家军队的制式手榴弹，因其设计者威廉·米尔斯工程师而得名。"米尔斯"手榴弹有多种型号，因其简单可靠而为英军服务至20世纪50年代，直至20世纪70年代才完全停产，可谓是世界轻兵器之林中的一款经典。

② 译注：二战中由英军上尉盖蒙设计的一种以防水帆布做弹体，装药量可调的手榴弹。盖蒙手榴弹没有破片，但威力很大，主要靠炸药爆炸的冲击波摧毁目标。广泛装备于英军伞兵和"哥曼德"突击队，专门用于敌后破坏行动。

不能让全部兵力蜂拥而上，在道路上挤作一团。

搜查车辆的小组必须动作迅速，搜查彻底。应事先告知队员要搜查什么。

如果从战术角度来看，可以将这些车辆付之一炬，需要注意：

a) 放火是否会引来追击？

b) 缴获这些车辆是否可行？

8. 出现抵抗时应当采取的行动

伏击部队不能陷入与敌人的鏖战。一旦如此，伏击部队就会面临被敌方火力压制的危险。

因此，队长必须准备一个此种意外情况一旦出现时中止行动的信号，并且在行动计划中，他必须说明在这种情况下应该采取什么行动。

注意：侦察兵的位置必须始终位于伏击圈的前方和后方，以便在有敌人的车辆或增援接近时发出告警。

9. 撤离

a) 如果没有遭遇敌人的抵抗：一旦任务完成，伏击分队必须撤至距离行动地点不远的集合点。在选定集合点时，队长必须考虑到他的部队可能不得不携带着从敌方车队缴获的沉重物资。这些物资必须藏在离伏击地点不远的地方，在比较安全的时候再取出。此外，由于缴获的物资分量不轻，必须特别注意部队可能会在松软的地面上留下痕迹或散乱地遗留一些小物品，从而暴露撤离路线。如有可能，部队在撤离时采取"狗腿式"撤离法，即走折线路径，或者在行进时急剧变向，都是比较可取的办法。

b) 如果遭遇敌人抵抗：自动武器必须掩护伏击分队边打边撤。比如，轻机枪手要最后一个撤离，并尽量在不被敌人发现，以便给自己多争取几分钟；可以施放烟雾来掩护撤离，但风向必须合适。

10. 伏击正在行进的部队

正如在这一讲的第一节提到的那样，我们必须认识到，只有在某些情况下，对行进中的敌军部队实施伏击才是值得的。也就是说，歼灭这支敌军部队将产生即时效应。消灭敌人兵员的效果并不大，除非这支敌军部队的人数众多——但这也就超出了伏击分队的能力。

然而在某些情况下，消灭敌人的部队将会带来好的结果。以下举例说明：

a) 如果敌巡逻队是被派去攻打或搜寻游击队。

b) 阻止敌军部队向其预定要攻击的目标前进。例如，对正准备投入战斗的敌后备部队实施伏击。敌军部队在遭到伏击时需要分散，这样就会迟滞其前进速度。

c) 在敌军兵力很少的乡村地区（参考南斯拉夫）。

d) 打击敌人的士气，并且使敌人不敢以小股兵力外出活动。

伏击敌部队与伏击敌车队的战术原则是一样的，即让敌人的掩护部队——比如侦察队等——通过伏击圈，然后攻击敌人的大队。用挑选出来的狙击手来射杀敌军官、士官和手持自动武器的敌士兵。记住，当德国人经过一处狭窄的险路时，他们经常有侧翼警卫部队（参考挪威）。

攻击敌人占据的房屋

注意：以下的课程将介绍游击队员应如何以出其不意为首要目标，对某建筑物（比如敌指挥部）发起攻击。

如何攻击一座已被改造成防御支撑点的房屋，其性质更多属于正规军事行动，因此在这一讲中不涉及。

虽然对某幢独立建筑物的攻击可能是肃清村镇的作战行动的一部分，但这种攻击行动与巷战并无关系，巷战有其专门的训练课程。

在攻击所有被敌人占据的房屋或建筑物时，有几条适用于所有情况的重要规则：

a) 必须对这幢房屋的入口和其本体进行仔细的初步侦察。如果不能直接派人前去侦察的话，那么以一份可靠的房产经纪人报告也是可以接受的，但报告中应该包括一份准确的房屋草图。

b) 必须制定一份所有队员都必须遵守的、明确的行动计划。一旦冲进房子，队长就不可能做到对攻击分队完全掌控，因此每名队员都必须清楚行动计划及行动目标。

c) 如果要避免我方人员伤亡，行动一开始就必须以迅雷不及掩耳之势发动攻击。

d) 在所有的游击作战行动中，游击队的领导人考虑到原定行动计划有流产的可能性。当行动中出现困难时，我们始终要未雨绸缪，提前采取措施来克服困难，领导者永远要为最坏的情况做好准备。

1. 侦察

a) 接近目标

①有良好的掩护——如果可能的话，尽量靠近房子，至少要近到可以让有效射程较近的武器能够封住所有出口。

ii) 房子周围的所有武器都有良好的射界，能控制房子所有出口。

②审视房屋周围的地面上是否有一碰就响的东西——注意是否有任何砂石小径、路边草坪、绿地、垃圾堆、能发出响动的栅栏、障碍物（如水桶、扫帚和垃圾桶）等。

③房屋的围墙，篱笆，树篱——它们能否攀爬？或者是否有一条能绕开它们的路？是否必须带梯子或绳子来？或者现场是否就有这些东西？

④附近是否有可能为其他敌军所用，从而影响行动进程的建筑物？

⑤从哪个方向进入会比较好？从哪个方向撤离是不明智的？

⑥敌岗哨的位置和数量，换岗时间，以及巡逻的方式。

b）房屋的情况

屋外情况

①门——各道门的位置，它们从哪个方向打开？通常是否上锁？

②窗——窗户是朝上推开还是朝下拉开，还是靠合页开闭？如果是后者，窗户是向里开还是向外开？它们是怎样上锁的？

③有没有通向屋顶或楼上的排水管——上乘的排水管通常用于卫生间和浴室，而且这两种房间通常是不上锁的。

④屋顶上的排水沟。

⑤屋顶的斜度以及布局，以及天窗的情况。

⑥是否有附属建筑物可以帮我们爬上屋顶？

⑦地下室——有没有贴近地面的窗户或装煤的溜槽？

⑧烟囱——其设计样式如何？

⑨阳台和拱壁——可提供掩护，攀上屋顶和高处楼层。

屋内情况

①建筑平面图——各层的平面布置和各房间的大小。

②门的位置和开门的方式。

③楼梯——是否有拐弯？

④房间是否相通？有无大号壁橱？

⑤椽架的布局。

⑥墙壁和天花板的材质成分。

⑦内部装饰的材质成分——是否可燃?

以上的大部分情况都可以通过观察搞清楚，但最好是你能找到曾经在房子里住过的人了解情况，或者能找到这所房子的建筑师或建造者就更是锦上添花了。

当你掌握了这些情报后，可以画一张这幢房屋的平面图。如果可能的话，还可以制作一个缩比模型。

2. 行动方案

由你所支配的攻击部队的兵力规模不尽相同，不可能为其制定固定的行动规则。但你的部队将分为两组行动：

a) 掩护组——在屋外提供掩护。

b) 突击组或突入组——进入并肃清房屋。

无论你的队伍有多少兵力，也无论你是否具备出其不意的优势，在向敌人占据的房屋发起攻击之前，你一定要有一个掩护组。

a) **掩护组**

这个战斗小组有三方面的任务：

①防止敌方从外部获得任何支援。

②干掉任何试图离开房子的敌人。

③ 在敌人的援兵意外赶到时发出警报。

因此，掩护组必须：

①有可以提防敌人可能的增援并发出告警的人。

②另外，派人守住房子的各个出口。

在这个行动方案中，你要决定尽可能地把敌人赶往哪个方向，并据此来部署你的掩护组。但要记住，必须规定好一个所有队员都清楚的敌我识别信号，以免你自己的人在离开建筑物时被队友误伤。

如果房屋周围有敌人的岗哨，那么必须先悄无声息地将其消灭；如果必须用枪击的办法消灭敌岗哨，那么攻击必须与此同时进行。在后一种情况下，负责干掉哨兵的人开的第一枪就是攻击的信号。

进户的电话线应由一名队员在第一声枪响时切断，不可提前。

b) **突击 / 突入组**

同样，对这个战斗小组也不可能制定严格的行动规则，但原则上应遵循这样的部署：一名组长；几名组员，携带自动武器掩护组长，并且在攻击进行时把守屋内的各扇门；几名投弹手。

这个问题将在下一节详细讨论。

3. 进入屋内

a) 从哪里进入

①前门——任何人都最有可能从这里进入屋内，因此敌人肯定会有所防范。可能会有警卫睡在门后的厅房里，或者至少有一名负责接电话的勤务兵，甚至是一名专职门岗。不过另一方面，从正面进入屋内就可以直接控制大厅和楼梯口。

②后门——不太会有人把守，但肯定会以某种方式加以防范。从这里进屋应该比从前门容易，而且接近时可能有更好的掩护。但进屋之后，你通常不会立即处于一个非常占据主动的位置。

③窗户——这给了你更多的选择，但：你进屋的速度快不起来；破窗而入时你就是一个活靶子；你的身影在夜色的衬托下暴露无遗；你必须从窗台跳到地面上。

④屋顶——如果你能从屋顶进入房子，你就占据了绝对的优势，因为你可以把敌人从楼上赶下去，使敌人无法居高临下向你扔手榴弹。但除非现场环境特别有利，否则很难从这里进入，因为：上到屋顶并非易事；当你上到屋顶后，要进入房子也并不容易，除非屋顶有天窗；你上屋顶的时候一定会弄出一些动静。

⑤用炸药——以炸药强大的破坏力在房屋的墙壁上炸出一个洞。这种办法有很好的出其不意的效果，但是炸药的用量很大。

结论：除非现场环境条件特别有利，或者你可以分散敌人的注意力，才可以从屋顶上实施突入，否则你将不得不从一楼进入房屋。后门是最好的进入点。我们认为从一楼进入房屋内的可能性最大。

b) 如何进入

①使用多少兵力——进入屋内的人员不能太多，应根据这座房屋的设计和要执行的任务来选择。

原则上进入屋内的小组人员应包括：组长1人，投弹手1人，把守入口或门口2人，把守楼梯平台1人。但是对于一座非常大的房子来说，就需要更多的人手，尤其是需要一部分队员担任掩护任务。

②由门进入——两名负责突入的队员占据门的两边，而组长和把守楼梯平台的队员从正面（如果有足够的掩护）或侧面看住大门。投弹手和组长一起行动。

然后，强行破门（要么一脚端开，要么用少量炸药炸开门锁）。随后突入队员向屋内扔进一枚手榴弹，等手榴弹爆炸后冲进房子。

他们发出"安全"的信号时，组长和其他组员进入。

突入的队员跨过门槛后，不能停留在门口，而应该左右闪开，穿过大厅走向楼梯，肃清前进时遇到的所有抵抗。手榴弹从合适的窗口扔进去也可以起作用。

③从窗户进入——应采用类似于从门突入的方式进行训练。但这并不算是一种进入房屋的好办法，原因前文已经说明。

④从屋顶进入——不建议对这种方式进行任何训练，因为对一所孤立的房屋来说，这种情况绝少有可能发生。

如果要尝试屋顶进入，应牢记以下各要点：

可以派一个身手敏捷的人带上一根绳子，顺着排水管攀上屋顶，这样他就可以帮助其他队员爬上屋顶；

利用房屋的附属建筑；

利用枝杈悬于屋顶之上的树木；

使用就地找到的梯子或由突袭分队带来的轻便登山梯；

搭人梯，叠罗汉。

但要记住，上屋顶一定会弄出一些动静，你的行动可能会被敌人察觉。你还必须提防窗户给攀爬带来的干扰。在屋顶上，你唯一可行的进入方式是通过天窗，或用一小包炸药炸开屋顶。

c) 在屋内的行动

从一楼突入房屋时，必须在突袭分队进入屋内的同时安排一名队员把守楼梯口，看住一楼和地下室所有的门，也许留两个人在这里掩护更好一些。

其余组员和组长一起从上往下，开始有条不紊地，一层一层，一间一间地肃清整座房子。

从顶层向下扫荡屋内有许多好处：

①攻击者投掷的所有东西（如手榴弹）都容易落在防御者身上，而防御者投出的所有东西也容易反砸在自己头上。

②与防御者的任何类似动作相比，攻击者居高临下地猛冲猛打会让攻击动作有更快的速度和更大的冲击力。

③在一座建筑物中，如果从底层展开攻击，防御者的逃生机会渺茫，将会做困兽之斗，抵抗愈加顽强。但当攻击者从上层发起攻击时，屋内的敌人的正常反应便是夺门而逃。当敌人离开屋子时，掩护组就会对付他们。

<u>楼梯</u>。这是非常易守难攻和危险的地方，因为如敌人占据上层，手榴弹就可以顺着楼梯滚向攻击者，攻击者却很难还击。应当派一个人守住楼梯口，一个人冲向楼梯第一处拐弯或楼梯平台并占据位置，另一个人或与他会合，或是超过他，两人交替掩护前进。对前进的队员头顶上方以点射火力掩护将有助于挫败敌人。

<u>房间</u>。肃清屋内各个房间的训练与进入房屋的训练方式相同。如果打开门的人在屋内没有发现任何抵抗，组长就可以进入并彻底搜查；可以用汤姆逊冲锋枪扫射衣柜壁橱和上了锁的门的木质部分。在楼上用冲锋枪向下射击楼板也是个好办法，这将使下层房间天花板上的大块石膏脱落，砸到房内的人头上。

在有许多门的长走廊里必须格外小心，防止被敌人截断或从背后打黑枪。要沿着走廊，逐个房间清扫。

当你要进入一间由毫无防备的敌人占据的房间时，你可以猛然打开门冲进去，或者扔一枚手榴弹进去。

最后，有两点很重要：

①携带准备在行动中使用的手榴弹时，不要为了节省时间提前把保险销拔出来——你可能会在行动中受伤或摔倒，导致手榴弹掉在地上爆炸。

②当你肃清房屋后，你必须用一些信号通知掩护组你要从屋里出来，因为屋外的掩护组并不知道屋内攻击的结果。

巷战

引言

所有战斗形式的一般原则同样适用于巷战，但在巷战中犯错的后果更为严重。因此，很有必要对打巷战的部队的作战效能和组织缜密度提出非常高的标准。

记住，所有类型的武器装备都可以用于巷战（比如坦克、机动式火炮、步兵、飞机——参照最近斯大林格勒的战事）。此外，在任何巷战中，对于地面上或地面下的哪一层可以成为决定胜负的地点，没有固定的规则，因为巷战战斗可以在房屋建筑的屋顶、上层、临街层进行，也可以在临街层之下的下水道与地下室中进行。

巷战需要士兵有很强的身体素质和耐受力。所有参与巷战的士兵必须能够轻松且迅速地在战斗中接连使用不同类型的武器。

在巷战中，对战斗队形和武器的使用从来没有明确的规则。有鉴于此，本校的教学将仅限于给可能在某些时候面临这类战争的人提供各种一般性建议。

1. 评估

任何指挥官在下达巷战部署命令之前，都必须事先做出恰当的评估，这将有利于他麾下部队的作战。你必须明白，进攻作战和防御作战中的一些战术原则是适用的，但这两种作战形式的战术原则在巷战中的应用是完全不同的。

a) **巷战防御**

应注意以下几点：

①无论城镇是大是小，对每一幢建筑都加以防御是不可能的。因此，必须仔细选择决定要防御的建筑物，以契合防御作战的总体方案。

②防御部队必须制定适当的内部通信方式。

③出其不意和战场运动在防守和进攻中都同样有效（发现自己在狭窄逼仄的地方遭到来自后方的攻击，对进攻者来说是最令人沮丧的情况）。

④不能被敌人俘虏，所以在万不得已时，一定要尽力杀伤敌人后再慷慨赴死。

b) **巷战进攻**

应注意的要点包括：

①要料敌从宽。

②进攻必须追求出其不意、兵贵神速、足智多谋、攻击有力。

③任何进攻计划都必须足够灵活，允许频繁调整。

④黎明时分发动进攻一般都在敌人的预料之中。

⑤任何在撤退当夜发起的进攻，都可能因出乎敌人意料而得手。

⑥街道，无论是主干道还是次干道，都将是进攻者的死亡大道；巷战通常应该通过房屋院落和小巷等路径展开进攻。

⑦一旦拿下了几处主要目标，一定会遭到敌人的反击。因此，目标攻取后要立刻整理攻击部队，巩固所有要点，准备迎敌反扑。

2. 计划

考虑到上述各种因素，巷战部队的指挥官应当记住，在制定巷战战斗的防御和进攻计划时不能心存侥幸。此外还应记住，士兵衣服上的识别标志，以及各支进攻或防御部队之间，包括与可能派兵增援的支援部队（如果有）之间的通信联络，都是必不可少的。

最后，所有的作战计划要尽可能简单明了，并确保各部队中的大多数下级士兵都清楚其直接的作战目标，以使作战计划在部队出现伤亡的情况下不致失败。

a) **防御**

对于任何村庄、城镇或城市的防御作战而言，制定适当的作战计划是必不可少的，同时要考虑可供你支配的兵力情况。记住，巷战的伤亡可能很惨重，所有仍在坚守的据点都可能接连被切断和清除。另外还要重视一点，在巷战中最有效的防御方式通常是攻击敌人的侧翼或后方。这项任务可以由特意藏匿在下水道或地下室的部队来完成，他们将在收到事先确定好的信号后发起攻击。当然，向他们发出信号并不容易，因为巷战的战场上一片嘈杂，声响信号很难听得到，所以应采用其他办法。

要准备好合适的防御据点，以抵御敌人的进攻，在时间充裕的情况下这一点应该不难做到。在巷战中，孤立的建筑物很容易成为敌人攻击的目标。最容易防御的建筑往往更可能是那些能使敌人意外受阻的建筑，而且这些建筑附近没有太多可供敌人出其不意地实施偷袭的隐蔽的接近路径。地下室如果能使用撑木、沙袋和石头予以适当的加固，通常会是很好的巷战防御阵地。如果将防御据点设置在街角，就可以控制大片临近区域，并且只要有足够的火力，就能成为敌人前进道路上的致命障碍。

记住，敌人在进攻时几乎肯定会施放烟雾。因此，在选择某处作为防御据点时，要考虑到是否可能有一股盛行风将烟雾吹回正在前进的敌人。射击时节约弹药同样重要，而且要让进攻的敌人尽量靠近，直到最后一刻再开火，这样，进攻的敌人在我方火力之下必死无疑。用机枪对着街道漫无目标地射击只会把防御阵地拱手让给找好掩护的攻击者。

伪装在防御据点的准备中也起着非常重要的作用，如果配合情报运用，常常可以对进攻者进行彻底伏击。同时要记住，不应将所有武器都布置在同一层，这样武器发射时的烟雾会聚在一起经久不散。因此将一些自动武器布置在建筑物的高处比较好。记住，如果有可能的话，那些可能被敌人选作攻击目标的建筑物内应埋设地雷，使其成为敌人的陷阱。

还有一点很重要，每个人都应尽可能成为一个独立的战斗单位。他应随身携带武器弹药，最重要的是，他应该在合理的范围内尽可能多地携带口粮；任何参加巷战的战士都不能因为"粮弹供应未到"而擅离职守。

最后，各部之间良好的协同配合，以及在被敌方切断后继续战斗的能力往往能转败为胜。

b) 进攻

在巷战中要记住的第一个原则是，敌人正对你张网以待。因此，除非你的攻击部队有大量的坦克和其他重型武器（这些东西我们在此不讨论），否则你必须利用奇袭和机智巧思的排兵布阵在战斗中取得最大的优势，以获得成功。

你发出的代表攻击命令和协同前进的信号或手势，要确保所有相关人员都能收到和明白。这一点在过去各种关于举行一场正式的房屋清扫战斗演习的条令制度中都有提及，但如果在正规军中不进行大量的演练，实战中可能做不到这一点。因此，必须考虑各种发出指挥信号的方法，而不是只搞出一份像是为正规军制定的，详细但可能并不适用的进攻作战计划。记住，如果你要在进攻中使用烟雾，必须在对你而不是对敌人有利的情况下使用。

百分之百确保你聪明地集中最大强度的火力，也就是说，将全部火力都集中在你所攻击的目标上。当然，火力掩护在这类攻击中必须起到非常重要的作用，所有参加巷战的战士都应接受过训练，这样他们不会被敌人伪装的防御据点蒙骗。要培养一双犀利的眼光来侦察敌人的这些防御据点是不容易的，但应当强调的是，这是一个需要认真考虑的问题。

在肃清一座房屋时，须小心注意以下几点。

如有可能，应从屋顶向下对房屋进行肃清，原因有二：

①重力和你并肩而战。[①]

②被逼入绝境的敌人必做困兽之斗。因此要将他们赶向屋门而非屋顶。

<u>演练从地面突入可疑房屋。</u>

①布置好掩护火力。其射击目标包括：这所房屋本身的窗户、射击孔等；毗连房屋的窗户、射击孔等。

②5人攻击小组（由组长、投弹手、两名突入队员、一名把守楼梯平台的队员组成）

两名突入队员在选定的房屋入口两边占据攻击位置，

＊如果以屋门或窗户为入口，则强行破门破窗进入。

＊一名突入队员将手榴弹扔进房内。

两人突入屋内。

如果房间是安全的，或已被肃清时，队员喊出一声"安全！"，组长听到这一信号后再靠近房屋。

③组长、投弹手和把守楼梯平台的队员冲进房屋。把守楼梯平台的队员就位，

---

① 译注：指居高临下向敌人射击投弹更容易压制住敌人，使我方占据优势。

在组长和投弹手前往屋顶并开始搜查时看好楼梯或楼梯平台。突入队员要对地下室（如有）和一楼各房间进行搜查。在组长向房屋顶层前进时，对可疑房间的房门、墙壁或天花板进行点射可以对藏身其中的人产生惊扰效果；如果向一间房间内射击，往往会使藏身者头顶的天花板掉下来，砸出一团厚重的尘土。

注意：如果房屋是通过爆破强行进入的，则演练②中带＊标记的内容可省略。

3. 关于武器的特别注意事项

a) 不要忘记，防御者将使用步枪和自动步枪，从防御据点建筑物的屋顶、楼上的窗户或一层向外射击，这要比只以冲锋枪火力为基干火力的进攻者有优势。因此，虽然配备一定比例的冲锋枪对于进攻者在房屋内进行近距离战斗是必要的，但为了防止进攻被敌人的"射程优势"压制，步枪和自动步枪也是有必要配备的。

b) 在扔出去之前，不应将米尔斯手榴弹或其他类似的手榴弹的保险销拔出来。许多伤亡就是因为有人携带了一枚拔出保险销的手榴弹造成的，解除了保险的手榴弹从他手里掉在地上，他对此无能为力。

游击战中的观察工作

1. 引言——观察工作的重要性

详细而准确的情报是每一次行动成功的秘诀所在。在正规战中，这样的情报通常来自高层，下级作战单位几乎没有机会去核实其准确性。而在非正规战中，游击队必须自己承担情报责任。观察工作无论怎样细致也不过分——在实战中，敌人习惯上的一些小小细节可能就是战斗胜败的决定因素。

2. 永远要对情报进行核查

情报可能很快就会过时，因此，无论你获得的情报可靠性有多高，甚至你之前已经亲自侦察和观察了多日，进行最后的"核查"也永远是必要的。在一支游击队于行动前一两天已经对敌情实施过侦察的情况下，队长会尽可能晚地再进行最后的"核查"——有时是对行动本身的计划和准备情况进行检查。此时，他会让其他队员后退一小段距离，然后自己前出到他的"侦察点"观察敌人情况，以使自己确信，自第一次侦察过后，敌情没有什么变化。

3. 其他必须进行敌情观察的时候

除了对目标区域和前往目标区域的路线进行侦察之外，游击队实际行动期间经常也需要观察。特别是队伍转移到某一片敌区的边缘时，观察更是必修课，以确保在这支游击队将要通过的区域没有敌人。从出其不意的行动中受益的必须是行动的发起者而非敌人，这样的敌情观察如果执行得不够细致，整支队伍都有可能落入敌人的魔爪。在这种情况下，当你查看地面上是否有人迹出没时，首先要注意观察有没有人员活动，因为这是最容易被观察到的。接下来，仔细观察周围有没有比环境颜色深的东西，最后再观察周围有没有比环境颜色浅得多的或颜色比较特别的东西。如果你怀疑自己看到了某种东西——不要心存侥幸，要耐心等待，细致观察，直到确定你看到的是什么。观察的时间绝不要少于三分钟——匆匆一瞥毫无意义，只会诱使你产生一种虚假的安全感。

4. 观察敌情而不被发现

对于观察者来说，如果处在一个敌我均可互见的位置，那么即使他能够观察到敌情，也没什么用处。大多数人都想成为"隐身人"，这样就可以随心所欲地观察敌人，而这正是观察者必须努力做到的。

观察敌人时，通常可以将自己的身躯藏在某个东西后面，但除非头部本身处在观察视线之内，否则你什么也看不见，那样还不如回家喝杯小酒。因此，头部伪装的重要性怎么估计都不为过。必须记住，没有这种伪装，近距离观察几乎是不可能的。如果说实施一次成功的对敌观察有什么秘诀的话，那就是这一条。

除了伪装之外，还有其他一些细节也很有助于对敌观察的实施。如果可能的话，实施观察应在掩蔽物的旁边，而不是在掩蔽物上方或藏在掩蔽物里面，观察者的头部应保持与地面齐平。人类的眼睛在不经意的状态下最容易捕捉到地上与自己处于同一高度的动态，而比这低或高得多的动态（比如在地皮或树上的）常常被忽视。从树上进行观察的机会相对较少，从地面高度观察是最普遍的方式。

因此，在依托掩蔽物观察时，头部应尽可能靠近地面，只露出能够进行观察的部分就足够了——完全没有必要将整个头部暴露在外。如果头部没有伪装，则应当用一把野草盖住露出的部分。不过，如果观察者的脑袋动个不停，那么世界上任何伪装都无法阻止它被发现。最重要的是，头部应该尽可能保持静止，即便是需要动一动时，也应该以每次一英寸或更小的幅度，极其缓慢地挪动。另外还要记住，注意你身体其他部位的动作，如果是趴在地上，当你感觉身体僵硬，想换个姿势的时候，抬脚的高度不要超过你背部的高度。

任何有着规则的轮廓的物体都应该避免作为观察位置，因为任何从光滑的表面上突出的东西都很容易被看到。在上次战争中①，英国人花了一年的时间才意识到这一点——他们的堑壕护墙平整而光滑，而德国人的堑壕护墙粗糙凌乱、凹凸不平，上面还散落着许多垃圾、马口铁罐、松垮的沙袋等，反而有利于隐蔽观察。

5. 辅助观察的工具

双筒望远镜，或称望远镜，在对敌观察中起到很大的作用。

还有一种不太显眼但更有用的辅助工具是潜望镜，只要有可能，观察者就应该使用潜望镜。潜望镜有很多种，其中最简单的一种是在一根木棒上排列几面高度抛光的金属面小镜子，可自制。最高级的一种是潜望式单筒望远镜，能提供高达6倍的放大倍率。这种潜望镜主要是为堑壕战制造的，但德国陆军中可能仍有些存货。自制一具潜望镜用来观察敌情是很值得的。

6. "要是我们能有更多的情报就好了……"

在目标区域中对作战行动影响最大的因素是战术考虑。但必须再次强调的是，如果这些战术考虑是供别人使用的，那么就没有什么细节是小到不值得在脑中或以书面方式记录下来的。在制定行动计划的过程中，看上去似乎根本无关紧要的事情会突然变得非常重要。如果"洞悉敌人"的口号适用于正规军，那么它更应

---

① 译注：指第一次世界大战。

该适用于特工，因为他们必须始终面对敌人在数量上的压倒性优势，特工们必须依靠出其不意和对敌人了如指掌来抵消敌人这种优势。

出于同样的原因，对任何我方尚不明就里的敌方物品都必须加以观察和研究，直到完全搞清楚。如果在上次战争中，第一批看到敌人的毒气罐的人清楚它们的用途，那么第一次毒气袭击就会失去其可怕的、惊人的价值。

7. 德国人的军事标志

无论一名特工如何努力，如果他不能识别敌人使用的常见的军事标志和符号，那么他通过对敌观察所得到的情报将是不完整的。例如，如果某个村庄内驻有德军一个师的作战指挥部，那么除非观察者能够马上认出指挥部门口的军事标志，否则要将其与该师下属的旅指挥部（可能与师作战指挥部只有两扇门之隔或就在街对面）区分开来是极为困难的。

8. 观察报告

供他人使用的敌情观察报告应按此格式撰写。第一页，是被观察区域的示意图。区域内每个重要的特征都应该编号，以便与地图下方的注解相对应——这比在地图上写字要好，不会把地图搞得模糊凌乱。接下来，写一份关于这一区域的概括性描述，其中略去那些你已经在地图上标示清楚的细节。概括性描述应以那些"不变的"因素为对象——也就是被观察区域的各种特征，即在一天中的任何时间都是相同的，而不是观察到的个别的活动现象。完成这一项工作后，在纸上空出一列留白，写下已观察到的敌人的各种活动或活动的时间，描述出与通常规律相悖的活动。如果你对你并未亲眼观察到的情况做出一些推论，则必须在报告中说明这只是推论，不能证明它们是确凿的事实。在报告中描述敌人活动的位置时，可参考这样的方式，"14 时 55 分，看到一名德国军官在'o'点的窗口露了个头。"或是"15 时 15 分，两个大兵离开'f'点的大门，进了'd'点的厕所。然后，他们从'x'点的大门离开了观察区域。"

报告不要长篇大论，但追求简练一定不能牺牲内容的明了和准确程度。

这类观察报告的用途是让其他人能够根据情报攻击敌人守卫的固定目标。

关于部队、车辆等目标的运动的观察报告，**必须**回答以下问题：

a) 何时？（日期和时间）

b) 何处？（尽可能确切）

c) 什么部队？数量如何？比如，对方有 14 辆 IV 号坦克。

d) 运动的方向和估计时速。比如，东北方向，时速 20 公里；或沿"X—Y"地的公路向"Y"地前进。

e) 任何其他的细节。（就像其他类型的对敌观察一样，在时间允许的前提下任何细节都是重要的）

最后是否定性的情报，如，在某一地区没有发现敌方的装甲战斗车辆——这一点也同样重要。

伪装、隐蔽和化装的原则

I

1. 引言

　　我们在日常的话语中也使用"伪装"这个词，它几乎涵盖了所有欺骗敌人的方法，因此是一个非常宽泛的术语。为了做好一件事，一个人需要准确地理解自己在做什么，因此，我们将"伪装"这个宽泛的术语细分为三个独立的标题：完全伪装；化装；隐蔽。

2. 定义

　　完全伪装通常被称为"大体相似"。即通过融入或混入你所在的背景环境，以不再引人注意的方式来欺骗敌人。

　　例如：苏联和芬兰士兵使用的白色"雪地狙击手"伪装服。

　　化装常被称为"特殊性相似"。即尽管敌人确实看到了你，但他还是被你欺骗，因为他误认为你是某种无害或不重要的东西。最明显的例子是德国空降人员身穿修女服和其他款式的女装，以掩人耳目。还有一个不那么明显的例子，一个穿着灰色衣服的人，在乡间野地里可能会被当作一块石头，即使他离其他的石头并不很近。如果你能想到在任何一处乡野，一个人能把自己装扮成多少种东西，就会清楚化装几乎和完全伪装的应用一样广泛。

　　隐蔽就是躲在某个物体的后面，以不被别人看到。对此不需要举例说明。一个彻底隐蔽起来的人一定程度上是起不到什么作用的，因此我们不再多加讨论。

　　了解这些词的定义之后，马上就能清楚地看出，一个人可以同时使用这三种伪装方法。例如：他可以把他的头部化装成一小丛金雀花，对躯干加以伪装，好似身体完全消失，将双脚隐蔽在某个物体后面。但除非他自己懂得应当如何使用这些伪装方法，否则他很可能会两头落空，一无所成。

3. 达成伪装的方法

a) 完全伪装

目前对于游击队来说，最普遍的伪装方式是利用环境背景，具体请参考后文《昼间运动的一般方法》一讲。养成时时观察思考你所处的环境背景的习惯，如果有其他人穿着和你一样的衣服，注意在什么样的背景下他们看起来不易被发现，在什么样的背景下他们看起来是显眼的。如果你专注于思考研究这个问题，你会发现，你几乎总是不自觉地选择了与你身着的衣服色彩最相似的环境背景。在没有与你的衣服色彩非常近似的地方，则使用自然的伪装物——即树叶、草、矮灌木、树枝等——来部分遮盖身体，并打碎你身体所形成的色块。衣袋、扣眼、腰带、衣领——所有这些地方都可以插上植物，植物会遮住你部分衣物，让你融入环境背景。（使用天然伪装物时，请记住，在炽热的阳光下它们很快就会枯萎，而且可能几个小时后就完全不能用了）

关于迷彩伪装色的课题非常复杂，但应记住一个重要事实。人造物因其在色彩和轮廓上的规律性，因此很容易识别。如果有人问你花园里的草坪是什么颜色，你会回答"绿色"。但是，虽然绿色肯定是草坪的主体颜色，但如果你仔细观察，就会发现不仅绿色的深浅各不相同，还会有许多诸如棕色，黄色，深色的阴影等其他颜色存在。因此要记住，纯色看起来总是可疑的。

除了色彩问题，还有另外三个因素能使一个物体可以被识别，下文将针对这三个因素进行详细分析：平面形状或轮廓；立体形状；色调——即一个物体的亮度或暗度。下文将详细分析这几个因素。

①平面形状。这是由物体的轮廓或外缘决定的。如果你看不到物体的外缘，就很难辨认这个物体。破坏物体的轮廓有两种方法，一种是用不同颜色的小色块来打碎轮廓，这样就不会使物体的轮廓呈现为一条连续的线。这种方式通常被称为"扰乱式涂装"，被用在诸如机场的机库等建筑物的伪装，以及迷彩伪装服上。然而请注意，如果只是在物体的主体上涂上色块是没有用的，扰乱色块必须打碎物体本身的轮廓。

另一种方法是在物体的轮廓上增加突出物和不规则物，以破坏其形状。对于一个人来说，最好是用天然的伪装物，如树叶、树枝或一丛草等。关于物体的轮廓问题，请记住，尽可能使你的身体和四肢的轮廓与你周围的物体的轮廓相似，这样能够取得非常好的伪装效果。例如，石头没有枝杈，因此当你在石头之间时，双臂要尽量保持与身体靠拢；而树木长有枝杈，因此要尽量让你的手臂看上去像是一棵屹立着的树的树枝，或倒下的树的树根。这一方法很值得我们多加思考和研究。但当你爬上一棵树，你会惊讶地发现，这是最好的藏身之处，因为人们从树旁经过时，很少会有人会抬头看一眼。但要躲在树上，你身体的轮廓必须要按树干和枝杈的形状，塑造成与之相似的样子。如果记住了这一点，即使是一棵光秃秃的树也能成为一个很好的藏身之所。

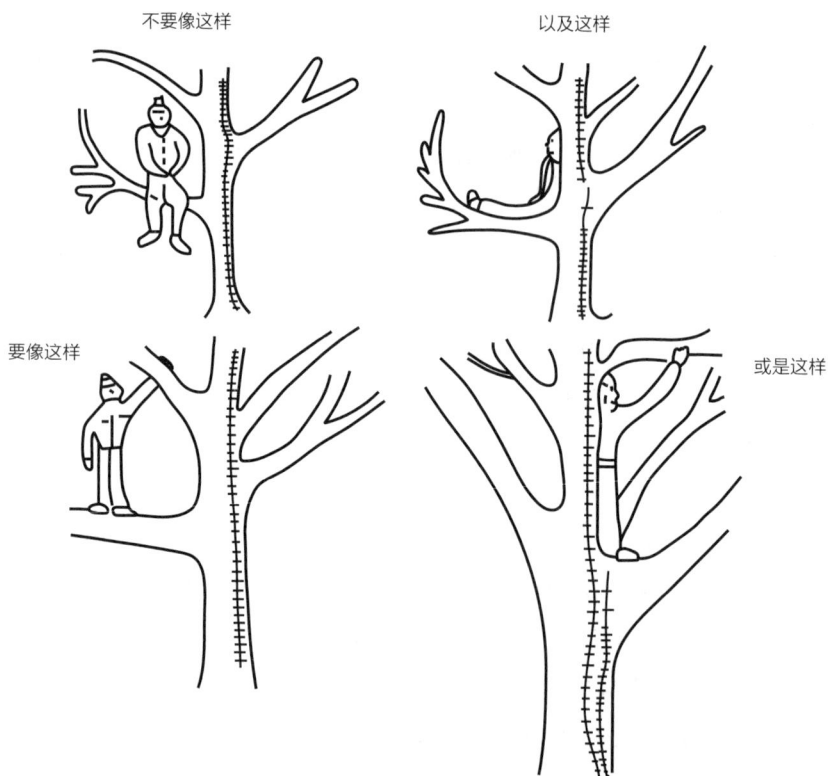

不要像这样　　　　　　　　　以及这样

要像这样　　　　　　　　　　　　　　或是这样

②立体形状。它能够使一个物体看起来是固态的——这依赖于阴影和光亮条件。事实上，它们是唯一能让人从白纸剪影背景中辨认出一座同样是白色的大理石像的因素。

阴影是整个伪装中最难解决的问题，无论是人员还是飞机制造厂，阴影似乎总有办法暴露物体的真实形状。但只要意识到了它们非同寻常的重要性，伪装工作就成功了一半。

以躺在地上或靠墙站着的人为例，无论他的身体是接触地面还是墙壁，光线照过来的方向的对面就会出现一个阴影，他的衣服上有褶皱的地方也会出现阴影——阴影同样还会出现在他的手臂和身体之间。他的双腿之间，他的下巴下面等等这些地方。这些阴影使这个人的立体形状显露了出来——如果没有这些阴影，他看上去就像没长胳膊，只有一条粗腿，实际上看上去就越来越不像是个人了。正是因为这个原因，"狙击手伪装服"被做成了斗篷的式样，没有袖筒和裤管，这样就不会显现出四肢形状，观察者也看不出这团阴影到底是人还是其他东西。

消除阴影有一条金科玉律。物体越是扁平，它留下的阴影就越小。因此，一个有斜边的物体的阴影比一个边缘平直的物体的阴影要小得多。要验证这一法则，可以试着拿一个火柴盒，将一束强烈的光线从一侧照过来，然后将火柴盒的一个边弯成一个平缓的斜面——如此一来，火柴盒的阴影就完全消失了。

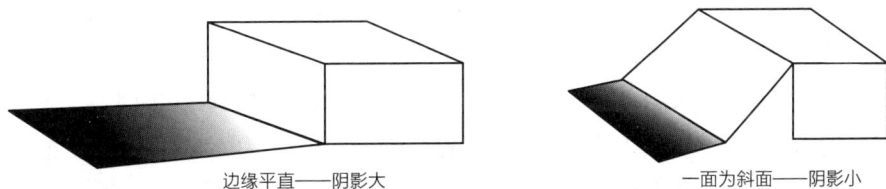

边缘平直——阴影大　　　　　　　　　一面为斜面——阴影小

正是由于这个原因，那些需要加以伪装，以求使其消失在观察者视野中的大型建筑物的侧面要造成斜面——否则，阴影会将它们暴露无遗。这一方式同样适用于对人员的伪装。

显而易见，一个人把自己的身体与地面或他想融入的背景环境靠得越近，他投射的影子就越小，他就越容易消失不见。同理，如果他将手臂收紧在身体两侧，或者将双手交叉放在膝盖上，那么手臂和身体之间的阴影就会比手臂自然下垂时小得多。同样的，如果一个坐着的人将其双腿伸直放在地面上，那么他将双腿平放在地要比他将膝盖稍稍上屈更不容易被发现。衣服上的褶皱，比如军服上衣在腰部形成的褶皱也会投下黑色的阴影。举例来说，如果你准备占据一处观察位置，那么要尽力把你自己和你的衣装都整理妥当，以便形成最小的阴影——并且要想一想这些影子可能出现在什么地方。如果你要待在某个位置上长时间不能动弹，有些杂草、矮灌木或其他植物对于填补阴影之间的空缺是非常有用的。

③色调。这个东西通常比色彩更重要，尤其是距离较远时。通常来说，一个颜色不同寻常的物体由于其色调同样不寻常，会立即被人发现。而如果一些颜色非常鲜艳的物体与其所处的环境背景的色调完全相同的话——也就是说，如果它们在照片中既不显得很亮也不很暗，则可能不会引起注意。由于大多数环境背景的色调都比你感觉的要亮得多，所以总的原则就是尽可能选择暗色的环境背景。你之所以会被发现，通常都是因为你比你所在的环境背景更暗一些。

II

1. 化装

当你认识到化装并不是脸上戴一把红色的假胡子或钻进道具扮成舞台上的奶牛，化装成功的可能性就大大增加了。但很明显的是，可以用来掩饰活动的人身体的物体凤毛麟角，而人往往是在活动中而非静止的。

因此，前文所说的"特殊性相似"主要是用于头部的伪装。正如课程 A.5 中讨论的那样，把身体藏在某物后面（隐蔽）通常是很容易的，但如果一个人把手也隐蔽起来，那么从某种意义上来说他也就无用了。

现在应当认识到，对头部的伪装很少能令人满意——头部必须用化装的方式来伪装。这就是说，要使头部与环境背景融为一体是非常困难的——尤其是在近距离观察时，这也是你通常会尝试对敌观察的距离——但要使头部看上去是另一个迥然不同的物体相对容易一些。这种所谓"不同的物体"可以是一小丛灌木、覆盖着苔藓的石头、一个小水桶或一堆马粪，总之可以是任何东西。所有头部伪装方法中，最简单的一种是在头上铺一层采自树根周围或石头上等地方的苔藓。

苔藓这种伪装材料有两大优点：

a) 在世界上任何有大树或岩石的地方都能找到。

b) 它不需要任何制作或加工，可以从地面上成片地取下来，将整个头部盖住——就像一顶现成的帽子。相比其他形式的伪装和化装术，用苔藓可谓简便易行。

如果要将头部装扮成灌木丛，就要让这丛灌木在舒适度和重量允许的前提下尺寸尽量大一些。每一顶在行动中戴的帽子都应该能够用天然物进行伪装，也就是说帽子上必须有孔或细绳，可以插入或绑上草木等植物。将这些植物弄到头上，不仅必须要完全盖住帽子，还必须彻底打破头部的轮廓。相比那些和人的脑袋大小形状完全一样的东西，一大丛灌木看起来非常不像一个人的脑袋。

其他提升头部伪装效果的方法将在本讲之后的《人工伪装》一节中进行讨论。

2. 人工伪装

应用在人员身上的人工伪装最早是为狙击手设计的。我们已经知道，用伪装使移动的物体完全隐形是不可能的，而狙击手是为数不多的在常规战争中需要以静止不动为战斗方式的人之一。

由于之前已经讨论过的阴影带来的麻烦，狙击手的战斗服很快就被狙击手斗篷，或者可供一个人躺在里面的布单取代。这样，人的四肢产生的阴影就消失了。这些斗篷和布单有时制作非常复杂，需要很长时间的准备，比如在狙击手需要混入的背景物的表面浇上熔化的橡胶，然后将干燥并且涂过伪装色的橡胶制成斗篷。

所有这些方法都超出了游击队的能力，游击队也没有什么机会获得，但有两种简单的人工伪装形式非常值得研究，并且人人均有机会使用。

第一种是用麻袋布制成的布单。这种布单的效果极好，通常要比精细度更高的伪装布还有效，而且非常容易制作。将沙袋撕成布片，再缝在一起，大样就做成了。麻布单长约 8 英尺，宽约 4 英尺，其边缘应是粗糙、不规则的，这样麻布单与地面的连接线就不会太过明显。接下来，在将要用到这块布单的地方的泥土上对其充分擦蹭，这样它上面的斑块就会看起来像是土地上的斑块。然后在上面缝上或绑上一些杂草或其他当地的典型植被。当这种麻布单在植被稀疏的土地上使用时，可视度是非常低的，而且很容易卷起来携带。由于物体的垂直面总是会投下最大的阴影，所以麻布单在身体两侧的部分必须远离身体，而<u>不能</u>像人们通常的第一反应那样把身体裹住。

上面这种伪装麻布单还有另一种形式，即将布单<u>完全</u>用植被覆盖，这样当它像地毯一样铺在地上时，就与周围的地面完全没有区别。在这种情况下，将植被缝在布单上的工作必须在现场进行，并且当使用者在黄昏后离开观察哨时，要将布单平铺留在原地。须留心注意让使用的植物不会很快枯萎。这种覆盖植被的布单不易携带，但在大多数类型的地面上，它可以起到完全隐形的效果，因此可以作为一个固定观察哨。

显而易见的是，这种麻袋片伪装可以非常有效地得到应用，而且只需花很少的工夫对头部进行一些伪装或掩饰就可以了。于是，一种同样用麻袋布制作的"巴拉克拉瓦头套"① 应运而生，它完全被缝在上面的植被覆盖，或者像之前在《化装》一节中描述的那样，被一层苔藓覆盖。用苔藓作头套的"内衬"还有防虫的好处。

在游击队有机会得到的材料中，第二种人工伪装术是使用卡车伪装网。所有交战国的军队都使用卡车伪装网，各种伪装网的样式差别不大。一般来说，卡车伪装网都是由染成绿色或杂色的绳网结成，在网上系有各种颜色的、一小截一小截的粗麻布条（英国陆军称之为"基布"），以模拟树叶并打碎主色块。卡车伪装网很容易偷取，用处也很广泛。卧在地上时可以用它们来伪装，当站在一片植被中时也可以披在身上，还可以用来对任何必须放在露天，同时不能被敌人发现的东西进行伪装，或者可以作为一挺轻机枪的射击掩体（比如伏击敌人车队时）。它们的有效性与它们的简便易用完全不成比例，值得在非正规战中加以更多考虑。

与使用伪装网进行伪装的道理相同的是蒙面的面罩，这在《昼间运动的一般方法》一讲中会讨论。

我们必须多花些心思对这几种简单的人工伪装术进行改进，但必须记住，游击队没有办法获得不常见的原材料。

---

① 译注：一种戴在头上仅露出面部的头套，因 1854 年的克里木战争中的巴拉克拉瓦战役而得名。最早是围攻塞瓦斯托波尔的英国骑兵为应对寒冷的海风而佩戴，今天各种升级改进版的巴拉克拉瓦头套已经成了世界各地特警、特种部队，乃至恐怖分子、劫匪、街头示威者的标志性穿戴。

双筒望远镜的使用和保养

1. 引言

双筒望远镜能够对观察敌情起到很好的辅助作用，但并非是必需品。游击队员应尽力对目标实施近距离的亲身观察，但是在有些情况下，比如敌人在目标外围戒备森严，难以接近，不可能做到近距观察时，就必须在很远的距离上使用双筒望远镜对目标进行较为粗略的侦察。你对双筒望远镜的使用了解得越多，这种侦察的精细程度就越高。

2. 关于双筒望远镜

双筒望远镜与单筒望远镜的不同之处在于，双筒望远镜的工作原理是"棱镜折射"，也就是说光线是通过多面棱镜折射入眼，而不是直线通过多个不同透光性能的镜片入眼。因此，白天由于光线太暗而用单筒望远镜看不清的话，双筒望远镜就可以派上用场。也有棱镜折射式的"单目望远镜"——只能单眼使用——但是透光效果同样不如双目镜。

在游击战中，"获得"双筒望远镜的机会很大。不过游击队里容不下那些无用的战场纪念品，他们必须知道什么值得带走，什么不值得带走。

双筒望远镜的制造商众多，产品质量和放大倍率也不尽相同。其中一些望远镜根本不值得拥有，比如那种通常被称为"观剧镜"的很袖珍的非棱镜望远镜，对我们的侦察需要来说毫无用处。英国最好的望远镜制造商是罗斯（Ross）和克肖（Kershaw）（这是两家独立的公司），德国最好的望远镜制造商是卡尔蔡司（Carl Zeiss）和达尔梅耶（Dalmeyer）（也是两家独立的公司）。

双筒望远镜的放大倍率为 4—25 倍——任何倍率小于 4 倍的都属于"观剧镜"。大多数没有经验的人自然而然地倾向选择放大倍率最高的 25 倍望远镜，这样他们与敌人之间的距离就可以是选择 4 倍望远镜的人 5 倍以上。然而选择多大倍率的望远镜还有其他同样重要的考虑因素。

选择望远镜时的主要考虑因素有：

a) 它们的放大倍率有多少？

b) 它们能透入多少光？即在昏暗的白天里用它们能看到东西吗？这个因素被称为"采光度"。

c) 它们有多大？便于携带吗？

现在，我们马上要考虑一个重要的问题——放大倍率越大，"采光度"就越小，而镜体也就越笨重，越不方便携带。所以也许 25 倍的望远镜并不是最佳选择。

大多数双筒望远镜，或者说所有高质量的望远镜，都会把它们的性能参数写在镜身的某个地方，通常是在镜身的"肩部"，一般是"8×25"或"10×50"。

第一个数字是放大倍率，第二个数字是物镜（目镜另一头的大号透镜）的直径（毫米）。用第二个数字除以第一个数字，然后将结果平方，就能得到"采光度"的数值。因此，上面两个例子中的"采光度"是 9.5（约值）和 25。在光线不好的情况下，"采光度"越高的双筒望远镜越好用，那些"采光度"很低的望远镜只能在艳阳高照的天气里使用。

所以我们看到，要得到较高的"采光度"，双筒望远镜的物镜直径就必须大，同样的，镜身的尺寸和重量也会立即增加，这些都是摆在望远镜制造商和要给他的部队配备望远镜的游击队长面前的问题。如果人们能更普遍地了解这些原理，就不会对发给军队的双筒望远镜的质量有那么多的抱怨了。

那么，应当尝试使用中等尺寸的物镜——放大倍率为 8 倍或 10 倍，"采光度"不小于 10，而且越高越好，只要镜体仍然易于携带。许多德国军官配备的卡尔蔡司 10×50 轻型望远镜，可以说是一款理想的通用型双筒望远镜。在英国，这种望远镜和平时期的价格大约是 50 多英镑，而在战争的头几年，它们的交易价格已经涨到了 100 多英镑。

3. 对焦

双筒望远镜通过一个小滚轮来对焦，对焦滚轮通常装在两个目镜中间，但也可能在每个目镜上各装有一个。第三种形式是中央的滚轮只为右眼对焦，而左眼是通过旋拧目镜本身来对焦的。在任何情况下，都可以在表示你视线的"无穷远"焦点的滚轮刻度位置上做一个小标记。

4. 双筒望远镜的保养

a) 所有上乘的双筒望远镜镜片都是由精细抛光的<u>软性</u>玻璃制成的。如果要让镜片有最好的透光效果，精抛光是必不可少的，并且只有通过细致的清洁才能保持这种效果。因此，为保持镜片洁净，应在望远镜盒或记事簿里始终带上一块用于擦拭镜片的麂皮、丝绸，或洗干净的软布。擦拭镜片时首先拂去玻璃外表面上可能有的灰尘，然后轻柔地转圈擦拭清洁。<u>绝对不要用手指触摸镜片。</u>

b) 如果玻璃受潮，镜片内部就会起雾。要解决这个问题，把望远镜放在阳光下或一个温暖的空间里烘干即可，但不要让金属的镜体温度高于体温，否则在大多数高档双筒望远镜上用来固定镜片的加拿大香胶会融化，镜片固定不好，望远镜就不能正确聚焦。当望远镜的工作部件被弄湿时，必须将弄湿的部件进行干燥处理并稍加润滑后才能将望远镜收起来。需要润滑的地方可以用一点步枪油。

c) 除非有很特殊的原因，否则不要在一定会弄湿望远镜的条件下使用它，不然望远镜可能还没来得及发挥作用就已经用不成了，而且在一段时间内都无法使用。

d) <u>随身携带望远镜时，可以放在镜盒里，也可以放在干净的袋子里。</u>一定要使镜片远离灰尘和污垢。乘坐卡车等交通工具时要将望远镜贴身携带——震动可能使镜片晃动，并破坏对焦的准确度。

e) 除非你是专家，否则绝对不要拆卸双筒望远镜。

5. 使用双筒望远镜观察敌情

a) <u>稳定性：</u>保持望远镜的稳定是头等要务，尽可能使用支架来固定望远镜。如果没有什么东西可供支撑的话，就把望远镜目镜的边缘压在眼窝的顶部（不要压得太过用力，以免引起不适），这样可以使望远镜保持稳定，较之没有支撑而不停晃动的状态更有利于观察。必须找到适合自己的持镜位置。没法用支撑物固定望远镜时，试着把你的双肘放在膝盖上，以此形成一个稳固的三脚支撑。不要以立姿窥探敌方目标，除非身处隐蔽处，可以将望远镜架设起来。

b) 搜索地面目标的技巧：当搜索某个确定的区域时，可以将其划分为多个视区——不要让你的眼睛在一个视区内漫无目的地游荡。搜索时目光移动要慢，对每个视区都要反复扫视。不要让任何意料之外的或不寻常的东西从眼前溜过，一定要尝试搞清楚它是什么，它为什么在那里。不要盯着同一个物体太久。如果你发觉看不清东西了，就让眼睛休息一下，先把目光移开，之后再迅速移回视线。另一方面，也不要因为第一次观察没能分辨出目标而放弃。光照条件是不断变化的，上午 11 点时还看不到的东西，11 点 05 分时就可能变得非常清晰。人的视力最敏锐的部位在眼睛边缘——所以不要把你正在仔细分辨的物体放在视野的中心。由于雨滴能折射光线，所以雨后的能见度最好。

c) 双筒望远镜不能提供与裸眼相同的视角，会产生轻微的视野扭曲，必须记住以下几条由这种视野扭曲带来的结果：

①地面上的"死角"不容易识别出来，也就是说望远镜有使地面变平的视觉效果。

②排成纵列的多个物体的间距在望远镜中看起来比它们实际的间距要小。

③排成横排的多个物体的间距在望远镜中看起来比它们实际的间距要大。

d) 注意危险！

如果不用一些遮光物罩住望远镜的物镜，你所在的位置就会在阳光明媚的天气里因为镜片反光暴露给敌人。遮光物的大小必须随望远镜物镜的大小而变化，可以用纸、硬纸板或任何你能找到的比较结实的东西来制作。没有东西可用时，可以用手握住两只物镜，使其好像长出一节一样，但这种方法的遮光效果并不能完全令人满意。

附录 I——对铁路和公路的保护

敌方铁路、公路警卫部队和哨所的数量以及兵力规模，取决于需要把守的桥梁、隧道等设施的数量和地形情况。平均来说，铁路或公路每 100 公里需要一个营的警卫兵力，即每公里需要 2 人就地驻守，其余兵力进行机动巡逻或留作预备队。

营下属的每个连各负责一指定路段的守备，由 2 名军士和 10 名士兵组成的哨戒队负责保护特定地点（9 名士兵轮班巡逻放哨，由 2 名军士轮流带领，留 1 名士兵作为后备，负责某些特殊任务）。

重武器分散配备给各分队。

敌方营长和连长的指挥所通常与预备队一样设在每个路段的中间。敌人的哨戒队和预备队占据有良好的火力区和铁丝网保护的据点。在保护铁路线时，敌警卫部队会将一台机车和一辆卡车编为一组，在预备队驻守的据点旁待命；警戒公路线时，在警卫部队据点也会有装备齐全、准备就绪的机械化输送车辆。

像桥梁这样的要地，白天由 1 名哨兵守卫，晚上则派 2 名岗哨。较长的桥梁或隧道两端都有岗哨，而在可供破坏者隐蔽接近的死角处，敌人可能部署有掩护小组。夜间敌人可能会在桥下（桥墩处）增设岗哨。

白天，敌人在公路或铁路两侧的巡逻很积极——有时还骑自行车巡逻。多支徒步巡逻队在夜间沿着固定路线活动并以此相互保持联络，或是始终在道路上巡逻。（最近，一群在列宁格勒前线专门从事破坏铁轨的苏联游击队员报告，德国巡逻队经过的时间间隔是一刻钟）

敌人特别注意检查钢轨接头、铁轨接头夹板和螺栓，并会仔细查看在铁轨内法兰盘上是否固定有爆炸物，以及任何可能表明埋有地雷的道砟扰动。

铁路警卫部队不时会用人力轨道车为哨所巡视线路或运送补给，有时还会派一辆带装甲的人力轨道车代替探路机车走在货运列车的前面。

如果有足够的兵力，敌人就会派巡逻队深入铁路或公路两侧的乡村，搜索村

庄并向村民问话。（这一做法似乎是因为游击队得到了不得从主要交通线后撤超过20公里的命令的出现）

铁路附近，或者铁路沿线两侧能为游击队提供掩护的庄稼或树林经常被烧出或砍出200码宽的白地。由于同样的原因，铁路附近的农场可能会被疏散或烧毁。敌人会将保护铁路线安全的责任强加给铁路附近村庄的村民。

附录 II——战场上的内部通信联络

如果对内部的通信联络问题不给予足够的重视，最周密的作战计划也可能化为泡影。

这一问题对正规军和非正规军都至关重要，但对后者来说难度要大得多，因为在大多数情况下，隐秘行事和悄无声息是他们日夜遵循的准则。

在每一次游击作战行动中，游击队队长在编制作战命令时，都绝对需要事先设想好，他本人或任何队员需要同分队中的任何一人或多人进行通信联络的所有可能的场合和情况；他必须确信，自己安排的联络信号在任何情况下都是够用的，并且可能需要这些信号的人都知道。

两种主要的联络信号类型

游击作战中需要发出的全部信号大致可分为两类：

a) 不需要对敌人隐藏的。

b) 不会向敌人暴露使用信号的人的。

类型 a

这类信号包括：动静很大的表示行动开始的信号，在行动进行期间发出的信号，以及代表行动结束的信号。

发出这类信号通常不会有很大的困难。例如，行动开始的信号可能是一声枪响或突如其来的一声哨音。需要考虑的问题是，敌人的某些行动不能被误认为是队长发出的信号。比如所有的德军哨兵也都配有哨子。然而，如果敌人有某种意味着他意识到有什么不对劲的自主行为，那么行动也可以安排在敌我任何一方发出特定声响的那一刻开始，比如敌哨兵开了一枪。

另一个需要考虑的问题是，无论在行动过程中可能会有多大的声响或混乱，接收信号的一方的所有成员都必须能够听到（或看到）信号。

视觉信号（用手、胳膊、旗帜等发出的）只有在接收信号的人正看着发信号的人的时候才可靠，因此可能需要在发出视觉信号前先用声音信号来吸引他们的注意。不过尽管存在这种限制，视觉信号还是有用的。

尽管这类信号是明显的，但它们被看到或听到的范围不应当被不必要地扩大，以免超出可以被接收方注意到的必要的距离；在后一种要求可以得到满足的前提下，信号可以看到或听到的距离半径越小越好。

类型 b

这类信号，即"隐性的"信号，其发信难度要大得多，它既需要游击队长的预见性，也需要信号收发双方不断演练在任何可能发生的情况下该如何使用它们。

这类信号可以很容易地分为两种：

a) 音量大小敌人听不见，或视觉可见程度不足以被敌人看到的。

b) 不得不在一定距离内接收，因此会被敌人听到或看到，但不能使其生疑的。

在考虑使用第一种信号时，游击队长必须非常仔细地思量在不同的天气条件下，队员可能感知到声音或视觉信号的距离。例如，低沉的嘶嘶声并不合适在刮着大风的雨夜里作为有危险时的示警信号；同样地，在弥漫着薄雾的天气里，一个观察员发出的"车队正在接近"的目视告警信号可能是不起作用的。

为了应付不同的情况，队长可能有必要同时用听觉和视觉两种方式来设置某个 a) 类信号。比如需要发出危险信号，很可能出现的情况是，队伍可以非常安全地移动，但不能发出声响，反之亦然。

我们不可能指定一种优于其他的，专为我方队员的耳朵而不是敌人的耳朵而设计的声音；嘶嘶声、弹舌声或用嘴发出的各种气声等，根据不同的环境和天气情况，都能派上用场。

身份识别信号永远不能真正归入这一类别，因为它们的使用必然意味着收信或发信的一方与大队分开了，并且正在努力重新归队，或者使用者不能确定信号指向的人的身份。

考虑第二种，即必须在一定距离内使用，会被敌人听到或看到，但不能使其生疑的信号时，我们马上就会明白，在大多数情况下它们将会是声音信号，并且通常只可能是一些带有某些特征的，可以区别于真实的声音的鸟类或其他动物的叫声：这种特征可能是一些引起接收人注意的轻微变化，通常是在声音的末尾，或者可能是按规定好的顺序或确定的时间间隔重复。

因此，对于动物叫声的选择，我们要注意以下几点：

a) 可能会有其特殊的地域性，比如在欧洲不要选择非洲鬣狗的叫声做信号，在沙漠里不要学公鸡叫。

b) 叫声本身不太可能引起注意，例如，狗吠声总是一种可疑的声音，可能会引敌人前来查看。

c) 不能太难学，可以让队员们听听其中一种真实的动物叫声，然后让将要用到它的人练习模仿。

因此，要根据游击队活动的地域和地区来选择不同的合适的声音信号。夜间使用的声音信号必须限于通常在夜里叫唤的鸟类和其他动物的叫声，白天使用的信号亦然。

样板动物有：

夜间　　　　猫头鹰

白天　　　　林鸽

我们可以列举出无数可能用得上的叫声，以上只是举例。

总结：一旦选择了模仿某种自然界声音作为声音信号，就必须加以练习，直至队长确认可能要用到此信号的所有队员都能在需要时发出逼真的声音，并且全队都能识别出来为止。对于这一点，队长只有仔细听过了真实的声音，并与队员的模仿进行比较，确认无误后才能点头认可。

传达不同含义的信号最好用完全不同的声音，而不仅仅是多次重复同一个声音，以避免一个人只听到部分信号就采取相应的行动的可能性。例如，刚听到四声哨音中的两声，就相当准确地按照事先规定的两声哨音所代表的意思，错误地采取了一些不符合四声哨音信号含义的行动。

所有的信号都应简短和简单，以确保它们能够被正确地接收和理解。

有人主张，当一支小队在暗夜中排成一纵列移动时，可以用绳索或细绳作为一种队伍内部通信和保持联系的方式。这并不是一种效果很令人满意的通信联络手段。从使用的环境来看，绳子几乎肯定会在并非是发信号的情况下被拉拽，要么是因为有人在黑暗中被绊倒，要么是因为绳子本身被障碍物卡住。不过作为一种人员之间保持联系的方法，这个办法还是相当不错的——整根绳子应该有与人数相对应的绳结。绳索也可以当作队伍在黑暗中艰难行进时的导向绳，例如穿越密林或涉过浅滩时。在之前的课程中我们提出过建议，即每个人都应该接受如何使用至少4码长的粗绳的训练——把这些绳子绑在一起，就可以结成一根合适的可以当作导向绳或联络绳的绳索。

战场侦察 & 路线选择

所有的野战技能和小部队战术都是达成目的——让你在不被发现的情况下达到目标，或者安全撤退——的一种手段。这些课程包含适用于所有需要隐蔽潜行的行动的一般性认识。不同类型的作战行动中的实际战术将在其他课程中加以详述。

"野战技能"被定义为"像一只在自己的地盘上的动物一样行事的艺术"——这意味着一个人对自己作战的战场了如指掌。由于我们经常在陌生的国家开展行动，所以战场侦察的重要性是显而易见的，怎么估计也不为过。

如果要使侦察真正有价值，我们就必须清楚地知道要搜索什么，以及希望通过侦察帮助我们确定什么。

以下事项始终依据战场侦察来确定：

1.（前进和撤离的）最优路线。

2. 最合适的行动着装和个人装备。

3. 行动所需的时间。

4. 行动区域范围的限定和地标物的建立。

5. 全向防御的组织。

对于这些事项，我们可做如下的详细考量。

1. 影响行动路线选择的因素

a) 敌人的部署情况。如守卫、巡逻、通信系统、铁丝网、与当地驻军的距离等。

b) 其他需要避开的地形地物。包括大路、小径、房屋（尤其是农场，那里总是有狗和其他家畜，一有人来就会广而告之）、任何有野生或家养的畜禽聚窝的地方，以及所有能将人的身影映衬在天空背景下的天际线。如果能在侦察中多加注意的话，就可以极少出现需要让行动路线跨过天际线的情况，比如那种地面上有褶皱，从而形成"双重天际线"（即天际线不是真正连续的，一段被另一段遮挡）的地方，或者地面上有足够的自然遮蔽物，使人的身影轮廓永远不会显露出来的地方，都可以通过侦察来寻找。

c) 有没有掩蔽。接近敌人时，选择的路线应当能为行动的后期阶段提供最佳的掩蔽。最常见的错误是，选择的路线最初有很好的掩蔽，但在最需要的时候却很少有或没有掩蔽。在选择路线时，应当使我方部队在尽可能长的时间内、尽可能多的方向上无法被目标发现，并且我方部队应该总能在距目标足够近的地方掩蔽起来，以便在被袭击时能够"消失无踪"。这意味着我方部队应该选择凹凸不平的地面，而非一马平川的开阔地进行掩蔽，而且整个过程中都应该掩蔽在凹凸不平的地面上最低的那部分，哪怕只比周围低几英寸。要始终尽力让一些东西挡在你和敌人之间，即使这个东西只是把你遮住。

d) 太阳的位置。选择位于敌人和太阳之间的行动路线接敌是非常有利的，特别是清晨或傍晚太阳高度很低的时候。在行动时，无论如何都要避免阳光直射你的眼睛。

2. 最合适的行动着装和个人装备

a) 服装。某些一般性原则总是适用的。衣服的颜色和色调应该是中性的。色调（即颜色的明暗度）比颜色更重要。衣服上不能有反光的物体，如纽扣、皮带扣等，它们可能会在阳光下闪闪发光。不要穿那些在靠近敌人时一动就出声的衣服——比如皮衣可能会发出咯吱声，金属物体相互碰撞会叮当作响，硬质防水衣料（如雨衣）会发出沙沙声。应当检查衣服上是否有松动的扣子等物品，它们在匍匐前进时可能会脱落。裤子最好使用双道搭肩带扣——一个一只手提着裤子的人什么也干不了。行动中要走多远的路和地面类型将决定是穿软鞋还是硬鞋——应尽可能避免穿笨拙的靴子。可在鞋子外面套一双鞋套（用两片麻袋布或其他布料裹住双脚）或厚袜子，鞋套或厚袜子固定在脚踝上，也可随身携带，以方便在公路、石板路或石子路上悄无声息地走动。应在侦察中搜寻行动路线上可能需要携带这些特殊装备的地方。脸部和双手必须蒙面或涂黑，这样除了可以有意地直接震慑敌人以外，还可应付紧急情况。最后这一点在《评估》一讲中已经进行了充分的讨论①。蒙面和涂黑皮肤的方法将在《昼间运动的一般方法》一讲中讨论。

b) 个人装备。非必要的东西一定不要带。个人装备须减到最少，非必要的物品意味着额外增加的体积、重量、声响，以及可能给安全性方面带来的损失。以下这些东西永远都是有用的，并且应该跳出个人喜好，或独立于具体的侦察行动所需的装备，将它们携带在身上。

①一把刀。它既可以作为一件实用工具，也可以当作一件攻击性武器。作为攻击性武器时，普通的折刀可以通过将刀背上的某一点磨下去一小截来增强杀伤力。

②一只装满的火柴盒，因为半空的火柴盒会发出咔嗒声。如果盒里只有几根火柴，那么应当用草或其他东西将火柴盒填满。

③一些钱，最好是纸钞，因为硬币装在衣袋里会发出响声。

④一根结实的至少4码长的绳子。这根绳子可以派上各种用场，从捆人，到设置一个陷阱，或横拉在道路上作为有人接近时的警报装置。

⑤一只手表。手表要戴在腕上，这样匍匐前进时就不会被压碎。

⑥一只指北针，可以穿绳挂在脖子上，但在匍匐时要背在背后，以避免带来不适感。

⑦一些与英军的战地止血包一样的急救用品。

行动时间的长短和地面类型将决定应该携带多少食物（或水）。

3. 时间的掌握

在训练中我们会发现，由于对时间的掌握问题没有给予足够的关注，许多行动以失败告终。侦察过程中应给予行动所需的时间以最多最细致的关注，另外还必须细心注意完成对行动地域的侦察需要耗费的时间。只要可能，最终给行动实施留出的时间应多于在侦察时估计的时间。野外环境中一个人的正常步行速度大

---

① 译注："This last consideration is fully discussed in the lecture 'Appreciation'." 原文如此。

约是一分钟 100 码；而在需要隐蔽行动的情况下，花费的时间不会少于正常行进时间的两倍。匍匐前进需要的时间会更长，同样的距离可能需要长达半小时。行动路线必须穿过确实难以通行的地域时，这些因素在最后计算行动所需的时间时必须全部考虑到。在训练过程中，经常记录穿越不同地域花费的时间，目测距离并与地图进行对照是很有用的。

4. 行动范围的限定和地标物的建立

这在侦察中是绝对必要的。如果不这样做，往往会使部队在通过复杂难行的地形时迷失方向，从而导致行动失败。通过限定行动范围可以达到两个目的：

a) 保持正确的行进方向。

b) 确保能够立即对战场区域进行交叉侦察。

行动将要覆盖的区域应当被分为几个部分，每个部分的末端或边界都有一个从任何方向上都易于识别的地标物。这样做的必要性显而易见，因为我们在行动中并不总能从预期的方向接近目标，而且在向目标移动时，往往不可能让头部高于地面。当地标物都已建立起来后，要在通过相邻两个地标物之间的区域之前对其进行细致的观察。在下一讲会对观察内容进行详细介绍。

5. 全向防御的组织

无论何时，没有什么东西能够消除建立全向防御的必要性。危险并不总是来自预料之中的方向，出其不意的优势必须掌握在我方而不是敌人手中。当行动部队只有几个人时，每人都必须始终负责一个角度或方向，无论处于静止或移动状态，他的注意力绝不能偏离这个方向。当一个人单独行动的时候，他必须时刻不停地环顾四周，绝不能让自己只专注于一个方向而不顾其他。

使用双筒望远镜或望远镜进行侦察。使用双筒望远镜或望远镜侦察时，应记住以下几点：

a) 地面上的"死角"不容易识别出来——使用望远镜容易产生地面变平的视觉效果。

b) 排成一列的多个物体的间距在望远镜中看起来比它们实际的间距要小。

c) 排成一行的多个物体的间距在望远镜中看起来比它们实际的间距要大。

d) 在晴好的天气里，望远镜的物镜可能会产生反光，不使用遮光罩或挡光板的话，会暴露观察者所在的位置。直径 50 毫米的物镜，挡光板的长度不应小于 15 厘米，而直径 30 毫米的物镜，挡光板的长度不应小于 10 厘米。遮光罩或挡光板可用牛皮纸、纸板或其他可用的材料制成。没有东西可用的时候，可将双手成杯状握住物镜镜筒，用手加长镜筒或形成一个遮光斗。

e) 要搜索的区域应分为几块，用从一侧到另一侧的方法对每一块区域进行搜索。用望远镜观察时，望远镜扫过的每一段距离都应该与前一段距离有所重叠。

f) 将望远镜的目镜压在眼窝上部并支起两肘，从而形成一个楔形支撑，在观察时可以使望远镜更加稳定。

在不能亲自进行侦察的情况下，队长应安排人提供一份书面的行动路线报告，包括行动区域的草图或简图。

（在这一讲结束时，教官需重复强调在进行战地侦察时需要特别注意的这五个要点。）

昼间运动的一般方法

1. 队形

任何一支部队在乡野环境中活动时，都应该以确定的队形行进，而不是不断变化的或拥挤或散乱的队形。之所以这样做，以及各种队形的实质，是为了确保：

a) 最大限度地使用可利用的掩蔽物。

b) 建立稳固的全向防御。

c) 队伍全体成员之间，特别是队长和他的侦察兵之间能够充分沟通联络。

军事家们设计了许多队形供正规军所用，其中一些队形能够满足上述这些要求，但大多数并不令人满意，因为无论是长距离行军，还是在岗峦起伏的地方，这些队形都不可能保持，而且很少有什么队形能真正最大限度地使用可利用的掩护。我们不使用菱形和箱形队形，主要就是出于后一个原因。

对于一小队正在穿过某种乡野地形的队员来说，采用改进后的单列纵队最为适宜。

关于队形，我们在这里讨论的是一支由 10 人组成的基本规模的队伍采取的队形，但它们也同样适用于人数更多或更少的队伍。不过对于 20 人或 20 人以上的队伍来说，无论如何都最好分成两队，因为对于任何秘密行动来说，如此规模的队伍集中活动都是笨拙而难以指挥的。

这种 10 人小队的队形符合前述的三个要求——特别是确保了整个主队能利用队长选定的掩护，这一点在拉长了的队形中是极难保证的。用以确保跟随其后前进的队伍安全的高地只能为侦察兵所用。另一方面，在菱形和箱形队形中，位于侧翼的人员为保持他们在队形中的位置，一定会经常处在没有掩蔽物的区域。

小队队员之间的间隔，以及侦察兵和队长之间的间隔，完全取决于地形地貌和能见度。侦察兵必须与队长和其他队员保持联系，<u>一旦他们脱离了队长的视线，就不能有效地发挥作用</u>。在能见度最佳的情况下，侦察兵在队长前方的距离不宜超过100—150米；在黑暗中或在非常局促的地形上，能够与队长保持联络的距离就是二者之间的最大距离。队长必须始终保证侦察兵在其视线之内，注意观察侦察兵可能向他发出的任何信号——侦察兵就是他的眼睛。

只有在一种情况下主队的队员之间应该拉开比较大的间隔，比如全队必须在敌人视线所及的距离上穿过一片开阔的山坡。此时一群人的移动在很远之外就会被看到，而如果这群人彼此相对分散就可能不会被发现。队长应当命令小分队中的每一个人都始终保持对某个特定方向的观察，他们必须能够做到毫无延误地将队长的注意力引导到他们看到的任何东西上——队员之间如果间隔距离太大，就很难做到这一点。

当队伍停止前进时，侦察兵要自动为主队提供掩护，以确保主队不会遭到突袭。无论队伍为何停止前进，这都应该是一条雷打不动的铁律。而且，无论队伍为什么停止前进，主队必须立即进入掩蔽状态。在开阔暴露的地方停下队伍商讨事情的做法在训练中非常普遍，但这是大错特错的。一旦队长意识到有必要让队伍停止前进——或是因为他已经偏离路线，必须查看地图；或是因为已经完成了一段跃进，必须等待侦察兵前出观察——他必须立刻将他的队伍带入一处隐蔽的地方。如果停止前进是为了研究地图，那么这一点尤为重要——地图打开时背面白纸的反光在很远之外就能看到，所以无论何时查看地图，图幅打开的大小都不得超过绝对必要的程度。

2. 利用环境背景

在没有掩蔽物的地方，只要记住以下几点，就可以有效地利用环境背景进行掩蔽：

a) 任何身着普通的中性色调衣服的人，在远处看起来都要比他所处的环境背景更暗。这很容易通过对一个穿过半明半暗的山坡的人进行观察来证明。因此，应当始终在尽可能暗的环境背景下活动。

b) 脸和手的颜色对于任何自然景物来说都是突兀的，并且根据它们在人体上的位置，被看到后很容易被判断出这个物体是一个人。所以应该始终把它们涂成黑色或给面部蒙上面罩。仅仅把脸涂黑是不够的，应当像人们经常做的那样——

把双手也涂黑。任何用于涂黑手脸的涂料都不应含油，除非含油量很少以使其有一定粘附性——油汪汪的皮肤表面会发亮并反光。面罩的好处是，如果有机会装作非敌对者混过关卡，可以马上丢掉。制作面罩的最佳材料是黑色或绿色的细孔平纹棉布，这种布应在热水中浸泡几小时以去除其中的淀粉质，否则面罩会在头上不断发出沙沙声，导致辨声困难。除了一条挂住双耳的系带是单层布以外，面罩应当用两层布盖住整个脸部。面罩上两个眼孔的位置不能只用单层布，因为单层布与脸部贴合不紧密，会使双眼两侧的视野受到很大的限制。面罩必须系牢，否则在匍匐或穿过密实的掩蔽物时很容易被蹭歪。

c) 任何快速移动的东西都很容易被看到——所以运动应该缓慢而平稳。

d) 阴影会使你和你所处的环境背景更加相似——所以应尽可能躲在阴影里。

3. 匍匐前进的技巧

当利用掩蔽物和环境背景做掩护均不成功时，就需要匍匐前进。在没搞清试图通过匍匐达成什么目的时，匍匐前进通常是以一种非常随意的方式进行的。

首先要考虑的，你匍匐前进是否是为了：

a) 不被人看到。

b) 不被人听到。

c) 二者兼顾。

每一个目的的达成都需要不同的技术，除非清楚地了解这一点，否则结果永远不会令人满意。

①为了不被人看到而匍匐前进时，全身应尽量贴近地面。既然没有哪个脑袋后面不连着身体，也没有哪个屁股前面没有脑袋，那么只将身体的某一部分放低是毫无用处的，除非身体的其他部分都保持同样的低姿——链条上最脆弱的一节的强度就是整根链条的强度。身体的每个部位，包括脸部，都必须触地。匍匐前进时，用手指和脚趾（左右交替，而不是同时）发力，双臂随即在身体前伸展开，以此来挪动身体。这种方式通常被称为"平趴式"或"蛇式"匍匐。

②为了不被人听到而匍匐前进时，应采用"熊式"匍匐法。这种方法之所以得名，是因为熊如同两足动物一样只留下一对足迹，它在行走时后掌会恰好落在

前掌的足迹内。采用"熊式"匍匐法的人，会先用手仔细地摸索并除去地上的任何能发出声响的东西，然后将膝盖准确落在双手触地的位置上。

③为了同时不被人看到和听到而匍匐前进时，则需要一种折中的技巧：双手的手指交叉放在胸前，每向前移动一下，身体就借助双脚脚趾的动作一起离开地面。像①中的姿势那样，头部尽可能贴近地面，身体抬起的高度以可以利索地通过而不发出拖拽声为限。

身身体朝向敌人的面积越小，被发现的可能性就越小，因此匍匐前进时，应尽可能始终面向敌人。

4. 观察

每前进至一个边界，都需要进行观察，以确保接下来即将穿过的区域是安全的，在接近目标时需要观察，在侦察时也需要观察。观察的时间不能少于三分钟——匆匆一瞥毫无意义，只会诱使你产生一种虚假的安全感。我们首先要注意的是活动的东西，因为它最容易被发现，接着仔细观察有没有颜色比周围环境深的东西，最后再观察有没有颜色比周围环境浅得多的东西。如果你怀疑自己看到了某种东西——不要心存侥幸，要耐心等待，细致观察，直到确定看到的是什么。

如果观察小组不止一人，那么观察员的身后应由另一名队员掩护，因为观察员的注意力完全集中在他观察的方向上，很容易受到来自背后的攻击。观察的目的是在不被敌人发现的情况下洞悉敌情，如果能做到这一点，就能最大程限度地取得对敌优势。

由于人体最突出的特征是头部，因此对其加以伪装或掩饰的重要性怎么估计也不为过。头部可以通过使用天然物或人造物的方式进行伪装，但这种伪装必须彻底。插上两片草叶并不会让你隐形，而只要头部的轮廓还在，仅仅将头部遮盖起来也是不够的。使用天然伪装物（如杂草等）时用量要多，这样可以使头部以及帽子的任何部分都不会暴露在外，而且头部可以抬起到双眼的高度，而不必担心被识别出来。

要记住，天然的杂草枯萎得很快，特别是生长在树叶下的那些颜色很浅的植物，枯死后的变色可能会非常明显。用天然物对头部进行伪装，最简单的方法是在头上铺一层苔藓，这种办法有两个很大的优点。首先，苔藓这种东西在世界上任何有树或岩石的地方都能找到；第二，它不需要制作或加工，从地面上取下一块比较结实的盖住整个头部即可——就像一顶现成的帽子。而用人造物对头部进行伪装就是在头上戴一顶看起来像其他东西的帽子，这种伪装物的制作要靠个人的聪明才智，但效果很少像天然伪装物那样令人满意。

如果可能的话，实施观察应在掩蔽物附近，而不是在掩蔽物上面或里面，观察者的头部应保持<u>与地面齐平</u>。人类的眼睛在不经意的状态下最容易捕捉到地上与自己处于同一高度的动态，而比这低或高得多的动态（比如在地皮或树上的）常常被忽视。从树上进行观察的机会相对较少，从地面高度观察是最普遍的方式。因此，在依托掩蔽物观察时，头部应尽可能靠近地面，只露出能够进行观察的部分就足够了——完全没有必要将整个头部暴露在外。如果头部没有伪装，则应当用一把野草盖住露出的部分。

应避免使用任何有着规则的外形轮廓的物体作为观察点，因为任何从平顺的表面突出的东西都很容易被映入眼帘（例如1914—1916年间英军和德军战壕的胸墙）。

潜望镜是所有观察辅助工具中最好用的，它可以让观察者在完全不暴露自己的情况下实施观察。潜望镜通常不容易得到，但是制作一个比较粗糙简易的并不难。人们曾经为了一睹当今国王①的加冕礼，自制了数以千计的潜望镜——其实就是在一根木棒上简单排列几面镜子。（展示模型）

在观察过程中，头部的运动必须非常缓慢——抬头动作必须一寸一寸地慢慢来，低头也必须以同样的幅度和速率进行——任何快速或猛然的动作都会立刻引起注意。

5. 动物和飞鸟

除了你在行动时发出的声响或动作可能会被敌人察觉外，敌人从受惊扰的动

---

① 译注：指当时的英国国王乔治六世。

物推断出你的行踪的可能性也不容忽视。这里所说的动物包括家畜、野生兽类及鸟类的惊扰。绵羊受惊时会四处乱跑，然后挤作一团，盯着惊吓它们的东西的方向；家鹅会大声叫唤，并朝入侵者的方向走去——这里仅举两例。家畜之外，野生兽类和鸟类的分布更广，也更难避免，这就给我们带来了一个很大的难题。领地受到侵扰时，白嘴鸦必然会大为骚动，从鸦巢里一跃而起，飞上梢头；林鸽也会拍打着翅膀飞出树林。喜鹊、松鸦、寒鸦等野生飞禽，都各有其明确无误的告警鸣叫声。在农田上，猎禽往往能准确地定位地面有人的地方。野兔的习性是在受到惊扰时飞奔穿过开阔地，这也会暴露潜伏者的位置。一块平时有野兔出没的地面却不见一只兔子的踪影，这就意味着最近有人从那里经过。许多这样的危险是很难避免的，但是在选择行动路线时，应该避免那些已知有飞禽走兽聚集的地方，如羊圈、鸟巢、兔场等。

记住，这些飞禽走兽不但会出卖你，如果加以留意的话，它们也会出卖敌人。明显受到惊吓的鸟类或其他动物总会让你心生疑虑，从而去弄清个中的缘由。

地面也有很多痕迹需要清理。一个人不一定会在地面上留下脚印，但除了最坚硬的地面，他总是会留下一些他走过的痕迹。比如草叶被折弯、一块石头上有一处靴钉的刮痕、一些苔藓被蹭掉、带刺的铁丝网上留下一缕毛线，但除非是刻意搜寻，否则这些痕迹不会有人注意。有关人的足迹的课题过于专业化，我们不可能在此详细讨论，但有些要点值得牢记。

6.足迹

a) 概述

脚跟和脚趾总是会带起少量的松散的泥土，前者是向前带起，后者则是向后。带起的土量与行进的速度有直接关系。最明显的脚印是脚跟后外侧和脚趾内侧留下的。步速越快，左右脚脚印的内侧距离越近，脚尖越直。

b) 行走

人的平均步幅略长于30英寸（76.2厘米）。如果是一个小个子迈着大步，则足迹上脚跟的凹坑就会更深。负重行走时，双脚会向两边分，脚趾朝外，步幅较短，足迹较深，特别是脚趾和脚掌外侧的凹陷。一个胖子也会留下类似的足迹，但脚趾处的凹陷较浅，足迹也更有规律，更整齐。一个男性的身高通常是他裸足脚印长度的六又三分之一倍。瘸子走路时，是用瘸腿而非健全的腿小步前行。

c) 奔跑

①受过训练的奔跑者：脚趾压痕很深，可能没有脚跟痕迹。一个身高 6 英尺的人两步之间的距离可达到 6 英尺。奔跑的足迹呈直线，脚趾不向外翻。

②未受过训练的奔跑者：脚跟与脚趾压痕较深，脚跟不太直，在一条直路上明显呈发散状。任何一个人在巨大的情绪压力或混乱的精神状态下奔跑，都能通过他的足迹看出来。

d) 足迹的新鲜度

在非常新的足迹中，被带起的松土会比周围的泥土看起来颜色更暗，足迹的边缘也比较清晰，还未被风雨弄圆滑。折断的草木不会在刚被折断时就开始枯萎，但在几小时后会随着天气的变化而变得明显，弯折的草叶将无法恢复直立状态。当最近下过阵雨时，足迹存在的时间可以通过雨水对其的影响得知。最好的练习方式就是在不同的时间和不同的天气条件下，对你自己的足迹进行观察。

e) 车胎印

最重要的弄清车胎印是去往哪里。要确定这一点，最好的办法是观察与前轮印交叉或叠压的后轮印的方向。车辆越过地面上的凸起时，由于轮胎会承受车辆颠簸时底盘向下的冲力，因此车胎印会在远端瞬间变宽。道路上的车胎印位置也可作为指示，特别是在车辆拐弯时。如果是自行车的车胎印，识别其去向比较容易，因为自行车的后轮印经常与前轮印交叉，或是使前轮印模糊不清，尤其是在上坡时，骑车人蹬车前进的姿势会让车子摇晃不止。车辆行进的速度越快，轮胎印就越直。

7. 总结

队伍里不能有人游手好闲。每个人时刻都要有事情做，除非停下来休息，否则绝不能放松。如果要使训练起作用，这一理念必须贯穿始终。一个人的懈怠可能毁掉整支队伍的训练计划。在这里，训练是强化而集中的，没有时间可供浪费。

部队在夜间的一般性运动

《昼间运动的一般方法》的大部分内容也适用于夜间运动，但由于在夜间我们的第一要务是保持静默，所以在昼间运动与夜间运动会有一定的区别，但在队形上没有区别。

我们建议在各种光线条件下都采用单排队形。然而到了夜间，这种队形下的队员们将彼此靠拢，直至能确保队长指挥控制队伍的需要的程度。

这种区别尤其会影响运动路线，也就是我们要运动的地域类型的选择。

1. 影响运动路线选择的因素

a) 有最好的掩护

与白天运动一样，夜间运动的路线也应为接近目标的最后阶段提供最好的掩护，但此时需要的掩护类型将与白天不同。静默是主旨——因此厚实的掩蔽物最好少一点，于是首先要考虑的就是如何悄无声息地通过某一片地域。在伸手不见五指的漆黑夜晚，除了保持静默不需要考虑其他因素；而如果是在夜色稍淡的夜晚，就要始终在暗色背景下运动；如果是一个月光皎洁的夜晚，需要考虑的因素则与白天一样。如果敌人夜间有可能使用探照灯或发射照明弹，则要始终靠近掩蔽物，从而可以很快地藏身于其后。记住，直来直去的运动路线十有八九是个糟糕的选择。

b) 要避开的东西

特别是那些可能会通过发出声音将你暴露的东西。任何圈养有家畜的农场和其他场所都是死亡陷阱。凡是已知有狗的地方，务必记住风向。在侦察时必须注意那些运动时会发出声响的区域，并在行动时避开它们。避免在各种天际线背景下和水边（二者同等重要）运动。比起白天，要在夜间分辨出一个人的轮廓并不容易，但对敌人来说，你的身影在夜色中甚至会更加明显。一支沿着水边移动的队伍，从某个角度是一定能映衬出其轮廓的——在海边则更为显著。向目标接近时要避开最明显的路径——这会是敌人防守力量最强的地方。

c) 月亮

一定要弄清楚月升和月落的时间，不要寄希望于月亮升起时会有上佳的能见度。记住，夜间光线条件的微小变化对视力的影响要比白天大得多，而且它们变化得非常快。接近敌人时要选择使敌人背向月亮的路线——正好与白天选择使敌人面向太阳的路线相反。

2. 夜间行动时的着装

如果衣服的色调（即颜色的明暗程度）是中性的，那么颜色就不重要了。色调非常暗的衣服在夜晚效果很糟——当一个人比他周围的环境还要暗，在晚上是很容易被看到的。不要穿过暗或过亮的衣服。必须避免身上有任何发光的东西，并且注意很多物件被水打湿后会反光。夜间运动的过程中不能有任何声响——不能穿嘎嘎作响的鞋子，不能带吱吱出声的皮套等。硬质防水衣料不是个好选择，因为穿着它在移动时会发出沙沙声。用橡胶制作或用麻绳编制的鞋的静音效果最好，如果没有，就如上一讲所述，给鞋子外面罩上鞋套。脸部和双手必须涂黑或蒙上面罩。在漆黑的夜晚，这样的举措看上去似乎并不要紧，但即便如此，也有突然遭遇敌人照明的危险。除非脸部和双手的肤色被暗化，否则你会立刻暴露。

3. 个人装备

除之前提到过的在白天活动时携带的个人装备外，还应携带以下物品：

a) 一根棍子。它能让你小心翼翼地感知到面前的地面情况，在一个漆黑的夜晚这是非常必要的。这根棍子一定不能有金属包头，否则会发出很响的声音。如果有一只旧的自行车内胎，可以把整根棍子包在里面并绑紧。这样可以防止棍子碰到东西时发出刺耳的声音。棍头可以包铅，以作为无声的攻击武器。

b) 一只袖珍手电筒和一节备用电池。手电筒也可以用和棍子相同的方式包在一截自行车内胎里，或者用破布裹住，以免与口袋里的其他东西磕碰出声。建议自行对手电筒的灯头玻璃加以改造，这样手电的光圈就可以在一点到一片之间随意变换。

c) 带有夜光表盘的手表和指北针。手表最好戴在手腕上，表盘向内紧贴皮肤而不是向外。指北针按照白天行动时建议的方式使用。

d) 带一些止咳糖或糖果含在嘴里。可以防止咳嗽。

和白天行动一样，不要携带任何非必需的装备。口袋里一定不要有能发出噪音的东西，而确保做到这一点是一支部队的长官的责任。整装完毕后要原地跳一跳，看看除了你双脚落地的声音之外是否还有其他响动。

4. 时间掌握和通信联络

在夜间进行直接通信联络是极其困难的，而精准掌握时间是直接联络的唯一替代品。应该对走过每一块区域所需的时间做出非常细致的估计。当在一片地形路况比较理想的野地里静悄悄地行进时，50 码 / 分是一个需要记住的有用的速率数字。然而，无论对时间掌握得多么精准，联络信号仍然是绝对必要的，所以在实施任何计划或行动之前，必须对此加以规定和演练。夜间活动所使用的信号的基本要求是，其声音应该足够大，以确保能被听到，而且听上去不能像人发出的声音。学员们最常使用的信号是狗叫声，这并不是个好主意，因为夜间的狗吠声本就很可疑。当使用动物叫声作为联络信号时，必须有某种方法将其与真正的动物叫声区分开来——比如叫声必须以某种特定的方式结束，或以特定的节奏发出。这些声音通常听起来并不真实，不过在这里叫声真不真不是我们的目的，没有必要纠结。表示有危险的信号，命令队伍散开的信号，简单的身份识别信号和停止行动的信号是必不可少的。

5. 夜间的全向防御

夜间建立全向防御的原则与白天行动的相同。队伍里的每个人都必须始终负责对一个角度或方向保持警戒。但如果不遵循一条夜间活动的金科玉律——不时地停下脚步，小心倾听四周的动静——整支队伍可能很容易陷入危险。在夜间活动训练中，学员们一次次地误入敌人的陷阱，而如果他们能够遵循这一简单的法则，就可以提前侦知敌人的存在。这条法则是确保你面前是一片安全区域的唯一方法，它的重要性再怎么强调也不为过。当队伍停下来探听动静时，每个人都要把注意力集中在自己负责警戒的方向上。要使警戒发挥作用，就必须让整支队伍靠拢在一起，使任何队员都不能远离其他队友。在漆黑的夜晚，即使是侦察兵也只会与队长相距几步远，而主队的队员们则会尽量靠拢，使彼此之间可以互相联络。如果行动持续时间很长，队员们需要停下休息和睡觉的话，那么在他们休息的整个过程中必须安排一个合格的掩护组。一个人睡觉的同时应有另外两个人保持清醒，这样即使掩护组遭敌偷袭，队伍也能马上组织起来投入战斗。

6. 夜间对望远镜的使用

如果望远镜有足够高的"采光度"，那么在夜间也可以很好地加以利用。用物镜的尺寸（单位为毫米）除以放大倍率，再将得数平方，就得到了"采光度"的数值。所有望远镜上标记的第一个数字是放大倍率，第二个数字是物镜的尺寸，例如 8×30 或 10×50，前者的"采光度"是 14（小数部分四舍五入）；后者是 25。夜间需使用"采光度"约为 10 的望远镜。

7. 单兵运动技术

通常来说，一个人在白天走路时，时不时会无意识地做出跨过小的障碍物、在有台阶的地方抬脚等动作。但这在夜间是不可能做到的，因为你没法看到自己脚下的地面情况。因此，夜间行进时避免经常被小东西绊倒的唯一方法，就是<u>抬脚要比白天时高得多</u>——几乎就像是原地踏步——并相应地缩短步幅。这种步法也避免了双脚扫过长得比较高的草或其他各类杂草时发出声音，是所有在黑暗中的静默运动的基础。漫不经心是一切动静搞得很大的运动的祸根，而快速运动时不可能做到处处小心，所以夜间的一切行动都要放慢速度。在用单脚轻轻地试探地面之前，不应将整个身体的重量都放在脚上——这不会花费太多的时间。此外还要避免碰断粗树枝、踩进地上的大坑等。行进时脚尖应直指前方——"卓别林式八字步"正面划过的面积更大，而且会弄出很大的响动。

在本课程第3节《个人装备》中提到的套有胶皮的棍子在穿越崎岖不平的地形时能帮上很大的忙。如果要通过一定会发出声音的地面，则要等待"掩护噪音"的出现——比如汽车、火车行驶声、风声等任何能掩盖你弄出的动静的声音。

识别会出声的地面和能无声通过的地面。通过时会发出声音的地面看上去是深色的，不会发出响动的地面看起来是浅色的。这一规则并非永恒不变，但除了人工地面外几乎总是正确的。之所以如此，是因为深色几乎从来都是由一些较小的阴影形成的，这意味着地面上遍布诸如木棍、杂草、石块等小东西。而没有阴影的地面一定是平坦的，因此也一定是可以悄无声息通过的。

8. 在夜间对人体感官的最佳运用

在夜间，应当对仅存的一点能见度运用到极致。人在黑暗中的视觉能力差别很大。了解手下每个人拥有的夜视能力并相应地加以利用应当是一名队长的职责。某些食物确实能改善人的夜视能力，但需要很长时间才能起到明显作用。无论如何有些东西是一定要避免的，尤其是酒精，夜间活动的前一天绝对不能喝酒。

一个人从人造光里进入黑暗环境中，至少需要半小时他才能完全恢复正常视力。

要避免长时间盯着一个物体。如果死盯着一个你看不清的物体，你的眼睛就会开始耍花招——物体的边缘变得模糊，明明是空无一物的地方却似乎出现了动静。就因为这个原因，曾多次发生队员贸然开枪导致位置暴露的事情。如果你对看到的某个东西有所怀疑，就将注意力集中到听觉上，然后每隔一段时间对这个东西快速地瞥上一眼。采用这种方法，更容易发现所观察的物体任何形状或位置上的变化。有时如果你不去直视某个物体，而是将视线偏离几度，反而更容易看到它。

任何强光，如照明弹、探照灯等，会让你失去几分钟的视力。因此，当有可能被强光炫目时，请闭上双眼。强光熄灭后的片刻敌人的眼睛正处于半盲状态，此时是快速移动的好时机。记住，在夜色或薄雾中，附近的小物体看起来就像远处的大物体。例如，从 10 码外的地方看一束蓟草，看起来可能就像 100 码或更远的一大丛灌木或一棵大树。

夜间的听觉

听觉比任何其他感官都更能取代视觉，我们的目标应该是使我们的听觉能够如盲人一般敏锐。这一目标只能通过不断的、认真的练习来实现，尝试在黑暗中对听到的声音进行分析，在不使用视觉的情况下在脑海中形成一幅清晰无误的图像。可以采用这样的练习方式，即在白天闭上眼睛，试着像盲人一样感知你周围的情况。人耳所在的位置并不适合听音，而动物可大致分为追猎动物和被追猎动物，每一类种群的耳朵都在最适合它们需要的位置。因此，家兔或野兔的耳朵能够几乎完全转向后方，狐狸或狼的耳朵几乎可以完全转向前方。于是，人类需要能随时面对声音的方向，但并不能对双耳加以最好的利用——朝向一个方向只能转过去一只耳朵。

嘴巴微微张开，并且当你不试图同时用眼睛去看东西时，听觉最为灵敏，每一种感官在单独工作时都会处于最佳状态。

巨大的爆炸声对听力的影响与照明弹或其他强光对视力的影响是一样的。作为人听到爆炸时的常见反应，咬紧牙关时震耳欲聋的声响效果将被放大许多，因为这样一来声波会在颅腔内产生更大的震动。听到爆炸时嘴应微微张开，如果预先知道会发生爆炸，则最好捂住双耳。炫目的强光消退后的那一刻是行动的好时机（因为敌人此时正处于短暂的失明状态），同样的道理，爆炸发生后的短暂时刻也是会发出响声的行动开始的好时机，因为此时敌人正处于失聪状态。

声音的传播速度为 360 码 / 秒，比光线要慢得多，但声音的传播速度会根据温度和海拔的差异而变化。夏天的声速要比冬天的快，在低海拔要比高海拔快。你的动作的敏捷程度必须能够弥补这一时间差，比如，当你听到了一颗子弹上膛的声音时，那么这颗子弹可能已经在半路上了。

声音在微风中传播时比在大风或完全没有风的情况下更清晰。雾气也有助于声音的传播，雨水则会使声音减弱。雾气对听觉的影响与它对视觉的影响作用相当——近处微弱的声音听起来就像从远处传来的较大的声音。

有些物质是优良的声音导体，就像有些物质是电导体一样。平静的水和木头是最危险的两种。

触觉

触觉要不断地加以练习，这一点非常重要。加强触觉练习不仅可以只通过触碰就能在脑中得到地面和某个物体的图像，而且还可以拥有在行动中不依赖视力的灵活性。例如，在夜间准备对敌目标实施爆破时，即使是最微弱的照明也不能有——整个准备工作必须只靠触觉来完成。除非经常练习，否则单靠触碰来使用操作某些物品将是笨拙的，还会弄出很大动静，这意味着行动的必然失败。

越障

为接近各种目标而选择的路线显然应该尽量避开所有障碍物——这里我们指的是篱笆、树篱、公路、河流、墙壁等——事实上是任何会减慢运动速度，或者像公路这种成为行进路线上的危险点的自然物。但是，几乎在通往任何一处值得攻击的目标的路线上，总是会有需要越过的障碍物。尽管这些障碍物之间的差异很大，我们无法制定相对应的应付法则，但某些一般性的原则始终适用。

1. 越障的准备

由于在行动中保持绝对静默至关重要，因此在对行动路线进行侦察时，应尽可能提前做好越障的准备工作。也就是说，如果能在树篱上打开一处缺口，能在墙上找到一处容易翻越的地方，能在河岸上找到一处容易渡河的地点，就必须提前搞定，并且要标好记号，以便夜间识别。当然，记号能被标记得多清楚，取决于敌人是否会注意到它。如果在侦察中因时间不够或距离敌人岗哨太近而无法提前做任何越障准备，则有一条不变的规则，即在行动实际开始后，由一名队员，或者在必要时由两名队员进行越障的准备工作，其余队员掩护。一群无组织无纪律的乌合之众从不同的路线穿过树篱或涉水过河，如同一支铜管乐队一样喧哗吵闹，宛如在向全世界宣布自己的到来。

最后，接近某个预先准备好的越障障碍物时，必须像接近一处集合点一样小心谨慎，因为敌人已经发现此处有异的可能性是始终存在的。

2. 各类障碍物的越障方法

a) 铁丝围栏

触碰拉紧的铁丝会使其振动，这种振动在铁丝围栏延伸方向上很远的距离之外都能听到，并且在更远的距离上也能通过触摸被感知。<u>因此，必须避免触碰铁丝。</u>当不用担心会被人看到时，可以用一只手撑着固定铁丝围栏的桩子一跃而过，或者，如果有可能被人看见，可以从最低的那根铁丝下方爬过去。在侦察中应始终注意确定最佳的越障点，如有可能，应同时做好越障的准备工作——比如以不引人注意的方式拆除铁丝，或在地面上挖出凹坑，以便能够从最低的那根铁丝下方爬过。

b) 树篱

如果需要穿过一丛茂密的树篱，则必须在穿过时或在侦察时提前在树篱上开出一条通道。实际操作时，<u>一定只能派一个人开道，而其他队员在开道完成前应（如果有的话）掩蔽待命。</u>

c) 公路

穿过公路有多种可能的方式，对于一支队伍来说，必须事先让每个人都知道该用哪种方式。影响选择穿过公路的方式和穿越点的因素在有光照和无光照两种情况下有很大的不同，在白天或明亮的月光下，是否会被发现是主要的考虑因素；而在夜间应主要考虑保持静默。

<u>穿越点</u>：在白天或明亮的月光下，理想的穿越点是公路之下的涵洞或排水沟，前提是涵洞或排水沟两侧都有掩蔽物，或者是从两侧有覆盖着厚厚的植被的高地的公路弯道处穿越。

在后一种情况下，如果队伍的人数允许的话，可以派一个人在大队越过公路时从每条天际线的方向盯着公路上的动静，收到一个事先规定好的信号后此人再重新归队。

在夜间，涵洞当然是一个极好的穿越点。乡间大路上的另一类优质穿越点是两道树篱成直角切过大路的地方——这种地方将为部队接近和离开道路的运动提供一个良好的隐蔽。不过，除非能见度良好，队伍的运动容易被发现，否则在夜间穿越大路的主要考虑因素还是保持静默。

<u>穿越方式</u>：如果没有涵洞或排水沟，我们面临的主要问题就是穿越公路时是应该全队一起通过，还是一次只过去一个人。这主要取决于我们穿越公路的行动出乎敌人意料的程度。每种方式都有其优缺点，针对具体情况，哪种方式更为合适，应由队长来决定。

全队一起通过——这样做的优点是：

①节约时间。

②让敌人发现有情况的机会更小。

缺点是：

①一大群人更容易被看到，也更容易吸引敌人的注意力。

②如果公路上有敌人的埋伏或被敌方火力覆盖，一次开火就可以消灭整支队伍。这等于是把所有的鸡蛋都放在一个篮子里。

另一种方法则正好相反。

如果一次只过一个人，时间间隔必须由队长来决定。最常见的是每间隔 10 秒过一人。在最后一个人穿过公路之前，已经通过的队伍要待在原地不动。有时也会出现没有很合适的过路点的情况，队伍必须在敌人——尽管可能是在很远之外——的视线范围内穿过公路，因此队长必须决定是否以以下方式过路更为有利：

①匍匐爬过公路，依靠极其缓慢的动作以不被敌人发现。但在这些情况下是可能办到的：i) 道路狭窄，往来交通稀少；ii) 没有光照。

②等待能够暂时分散敌人注意力的事情发生，然后全队一起迅速穿过公路。

选择何种方式只能根据当时的条件而定，如光线条件、交通状况、是否有大雨等。

d) **墙壁**

翻越墙壁时有身将影暴露在天际线下的危险，所以一定不能坐或站在墙上。对于普通的墙壁，可选择以下两种翻越方式：

①一条腿先跨过墙头，将身体平躺其在上，然后翻身下墙，整个过程尽可能保持低姿。

②跑步"冲"上墙，再翻过墙头。

如果是翻越较高的墙，则<u>必须</u>使用一些体能训练课中教授的方法，或者借助梯子、带抓钩的绳子等工具。

<u>其他方式</u>：利用植物爬藤、枝杈突出的树、果园围栏网、木桩、墙缝，或是在脚下垫一堆原木或箱子，直到手能够到墙头。可资利用的其他物品，如临时制作的梯子、墙上的门、花园长椅、格栅、旧床架等。最好尽可能避开高墙。

e) 水体

①河流

当河水较深，水流缓慢时，试着找一处浅滩过河。最好是在河流的弯道——通常弯道两岸都有砾石河底和坚实的地面，而且从这里过河更不容易被看到。

用浮木或漂浮的植物来伪装头部。如果你是泅渡过河，争取在芦苇丛中或枝叶低垂的树下上岸，但要确认河岸不会太过陡峭，难以攀爬。

②对于水流湍急的河流，要在能看到水冲过卵石的浅滩处渡河，比如一处小急流，但绝不能在瀑布上方。避开河里的大石头，绝不要跳到有水流过的岩石上。绳索在渡河时非常有用，也是一种可靠的安全措施。如果要泅渡，从比你看好的上岸点更上游的地方出发，然后斜着游过去，让水流将你带向下游对岸。

f) 带刺铁丝网

①屋顶形铁丝网

用铁丝钳剪断铁丝网上位置较低的几股，然后慢慢地钻过去。如果破坏铁丝网的只有一个人，就在靠近铁丝网固定桩处剪，一只手剪，另一只手攥住被剪的铁丝。如果破坏小组有两个人，则由一个人两手抓着一截铁丝，另一个人从其双手之间下钳子——剪断处要靠近铁丝网固定桩，以避免铁丝发出声响。

有时也可以小心地从铁丝网上方爬过，但要避免身上的携行装具或衣服触碰接触位置较高的铁丝。

用外套或麻袋垫在铁丝网上，然后爬过去。

一个人趴在铁丝网上，其他人从他身上爬过去。

②蛇腹形带刺铁丝网——小心操作的话，是可以分开数个铁丝网网圈然后爬过去的。

③如果不需要保持静默的话，任何一种在体能训练课上教的跃过铁丝网的方法都可以使用。

④当心铁丝网有可能带电——注意寻找铁丝网固定桩上有没有绝缘体。

第 13 章

爆破

爆破技术教学大纲

第 1 阶段

课堂授课 课程简介 1 小时

1) 炸药的简介和基础理论。

2) 使用的炸药。

3) 安全措施。

第 2 阶段

课堂授课 炸药包和防水引爆装置的制备 1 小时

1) 炸药包的制备：

a) 炸药。

b) 雷管。

2) 引爆装置的制备：

a) 导火索。

b) 引爆装置。

c) 与导火索一起使用的点火装置。

3) 如何引爆炸药包。

4) 引爆装置的防水处理。

第 3 阶段

实习课 引爆小包炸药 2 小时

对 1、2 两阶段教授的内容进行练习。

1) 截取和点燃导火索：

a) 导火索。

b) 含炭精的爆燃物。

c) 摩擦发火装置。

2) 启动引爆装置：

a) 用牙咬扁引爆装置。

b) 使用夹扁工具。

3) 引爆雷管：

如阶段 1、2 所教授的那样准备引爆装置，并用其引爆雷管。

4) 引爆一块 "808 号" [①]：

每名学员都要准备引爆装置。然后用胶带将雷管捆在 "808 号" 炸药上，对任何合适的东西进行爆破。

5) 防水处理：

"秋水仙（Autumn Crocus）" 牌防水布。每名学员都要准备一块。

6) 拉发装置：

每名学员都要用拉发装置点燃导火索，然后重新设置并在爆破方案中使用。

第 4 阶段

| 课堂授课 | 塑性炸药和 "808 号" | 1 小时 |

1) 诺贝尔 "808 号"。

2) 塑性炸药。

3) 将塑性炸药和诺贝尔 "808 号" 一起制成一个炸药包。

4) 用量。

5) 安放炸药包并将其固定在目标上。

6) 设置双重引爆装置。

---

① 译注：即诺贝尔 808 号炸药（Nobel's Explosive No. 808），二战中盟军广泛使用的一种塑性炸药。

第 5 阶段

<u>实习课</u>   在金属上引爆小块炸药   <u>1 小时</u>

学员要两人一组进行练习。准备用于炸断以下物体的小块炸药：

1) 角钢——一块切成一定形状的 "808 号"。

2) 铁轨：

a) 垂直安放 2 块 "808 号" 并引爆。

b)2 块塑性成型炸药。

3) 槽钢——用 2.75 磅以薄布带捆成网格状的塑性炸药或 "808 号"。（两种炸药混合使用）

4) 直径约为 3 英寸的实心钢筋或钢缆。每次爆破使用 9 块塑性炸药或 "808 号"。

5) 钢板——示范 4 块塑性炸药的直列装药方法。

示范：

a) 用步枪抛射 2 块塑性炸药和 "808 号"。

b) 装药并捣实。

c) 低爆速 "808 号"。

第 6 阶段

<u>课堂教学</u>   导爆索   <u>1 小时</u>

l) 如何识别导爆索。

2) 导爆索的使用。

3) 如何将一包炸药与导爆索结合起来。

4) 用胶带缠紧引爆装置。

5) 串联数包炸药的简便方法：

a) 分线盒。

b) 直线主管。

6) 将多包炸药串列连接。

7) 引爆作为雷管的替代品的导爆索。

第 7 阶段

实习课　　　　　　　　　　　导爆索的使用　　　　　　　　　　1.5 小时

1) 学员两人一组，准备并用 1 英尺长双股导爆索和双重起爆方式在点燃塑性炸药中的雷管。

2) 学员两人一组，准备 5 套破坏铁轨用 "808 号" 炸药（每套 2 个炸药块），并通过分线盒起爆。2 根双股导爆索。每包炸药中都有雷管。

3) 学员两人一组，准备 5 套破坏铁轨用塑性炸药。3 根双股导爆索，用结节代替雷管。12 英尺长的直列主装药。直线主管两端都有起爆装置。

4) 速度练习——学员单独操作。

a) 分线盒。

b) 直列主装药：

①塑性炸药——10 块。

② 15 英尺双直列主装药。

③ 3 英尺双股导爆索。

④检查导爆索上的结节。

第 8 阶段

课堂授课　　　　　　　　　　标准装药　　　　　　　　　　　1 小时

1) 介绍。

2) 灵活可变的标准装药（1.5 磅，3 磅）：

a) 如何配制。

b) 如何引爆。

c) 拆分标准装药。

3) 严格的标准装药：

a)0.5 磅的磁性炸弹装药。

b) 通用装药。

4) 将标准装药作为散装炸药使用。

5) 钢与铸铁。

第9阶段

实习课　　　　　　　　　　配制标准装药　　　　　　　　　　　1.5 小时

每名学员都要:

1) 装填并装配一枚磁性炸弹。

2) 配制 1.5 磅和 3 磅两种标准装药。

3) 对在 b) 一节中配制的标准装药进行拆分（ 要使用塑性炸药）。

4) 检查通用装药，插入雷管和导爆索。

第10阶段

实习课　　　　　　　　制配并引爆实装标准装药　　　　　　　　2 小时

1) 每位学员要用塑形后的"808 号"制配 1.5 磅的标准装药——使用木制模具，并用热水软化"808 号"。

2) 引爆安放在几根槽钢上的分成小块的 1.5 磅炸药，一块炸药用绞成一股的几根导爆索引爆，其余的药块用直列主装药和串联法引爆。

3) 在合适的金属上引爆 2 个填充了塑性炸药的磁性炸弹。

4) 学员每两人一组，每组要准备一块通用装药与直列主装药连接。

第11阶段

实习课　　　　　　　　在黑暗环境中配制和安放炸药　　　　　　　1 小时

学生两人一组，准备 5 个各 1.5 磅的塑性炸药包。将其放置在合适的目标上，并与双股导爆索的直列主装药相连。药包要进行检查。

第12阶段

实操测验　　　　　　　　　　　　　　　　　　　　　　　　　1 小时

第13阶段

实习课　　　　　　　　实装炸药的连接和引爆　　　　　　　　　2 小时

1) 学员两人一组，用塑性炸药制配 5 包 1.5 磅的标准装药。

2) 药量减半，每名学员制配 1 包 1.75 磅的炸药。

3) 每包炸药单独放置在合适的金属靶标上，并与直线主管连接。

4) 用直列主装药和模拟炸药练习药包制配速度。

5) 每组的两名学员在槽钢或钢梁上引爆 2 包连接在一起的通用装药。

第 14 阶段

课堂授课　　　　　　　　铁轨爆破药包　　　　　　　　1 小时

1) 火车脱轨。

2) 如何制配铁轨爆破药包。

3) 准备引爆装置。

4) 如何安放和固定炸药。

5) 在黑暗环境下固定铁轨爆破药包。

第 15 阶段

实习课　　　　　　　铁轨爆破药包的准备　　　　　　　1 小时

每名学员要准备带有"雾号"装置[①]和仿真雷管的模拟铁轨爆破药包。在模拟铁轨上测试学员，然后将模拟药包用于第 16 阶段。

第 16 阶段

实习课　　　　　　　　模拟使列车脱轨　　　　　　　　1 小时

使用第 15 阶段里准备的药包。

第 17 阶段

实习课　　　携带标准装药和铁轨爆破药包的夜间行动　　　2 小时

---

① 译注：原本是一种在大雾天气中，铁路灯光信号可见度差时放置在铁轨上，在火车头驶过时受压发出响亮爆鸣声，以提醒司机减速行驶的安全装置。后被英国 SOE 改进为一种与爆破铁轨的炸药联动的引爆装置，可以使铁轨恰好在车头前被炸飞，使火车根本来不及减速停车而出轨颠覆。

两名学员一组，每组要准备：

1)1.5 磅塑性标准装药和两块吸附固定用磁铁。

2)1 块带有"雾号"装置的铁轨爆破药包。

练习在模拟铁轨上固定铁轨爆破药包，以及将标准装药与 15 英尺长的直列主装药连接。练习中仔细检查有无错误。

阶段 18

课堂授课　　　　　　　　定时笔和延时铅管　　　　　　　　1 小时

1) 定时笔：

a) 介绍描述。

b) 定时范围。

c) 定时设置训练。

d) 与炸药相连的方法。

e) 定时笔的缺点。

2) 定时笔的防水处理。

3) 延时铅管。

阶段 19

实习课　　　　　　　　　定时笔的使用　　　　　　　　　1 小时

1) 每名学员要按照正确的方法操作定时笔。

2) 每名学员要在铁轨上准备两根带雷管的"808 号"，并启动一支定时 10 分钟的定时笔。

3) 每名学员要准备带导爆索的雷管，并用胶带黏着的两支定时笔引爆。

4) 每名学员要用气球给一支定时笔和一只雷管进行防水处理。

阶段 20

课堂授课　　　　　　　　纵火武器　　　　　　　　　　1 小时

1) 放火的位置。

2) 如何放火。

3) 简易的摩擦发火燃烧物：a) 容量 1 磅的莫洛托夫燃烧瓶；b) 石蜡燃烧弹。

4) 引火芯。

5) 目标。

6) 通风助燃。

阶段 21

课堂授课　　　　　　　　　　纵火武器 II　　　　　　　　　　1 小时

1) 火罐。

2) 2.5 磅铝热剂。

3) 袖珍定时燃烧弹。

4) 77 号白磷手榴弹。

5) 攻击敌人的汽油和原油储存。

阶段 22

实习课　　　　　　　　　　　纵火武器　　　　　　　　　　　1 小时

1) 演示莫洛托夫燃烧瓶、石蜡燃烧弹、火罐、2.5 磅铝热剂和白磷燃烧弹在木结构空间内燃烧的效果。木结构空间应由干燥的木板制成，两个立面的面积各约为 3 平方英尺，末端钉在一块 6 英寸厚的木板上，两立面之间留出 5 英寸①的空间。

2) 学员两人一组，准备燃烧物——2 只莫洛托夫燃烧瓶（不带快速摩擦发火装置）、6 枚石蜡燃烧弹、2 支定时笔。

3) 每名学员要制作一枚白磷燃烧弹。演示一枚绑在装有石蜡或 50 ∶ 50 液状石蜡的瓶子上的白磷弹的效果。

4) 演示使用 77 号白磷手榴弹纵火，并加上几瓶 50 ∶ 50 的液状石蜡或石蜡。

---

① 　译 注："The wooden structures should be made up from dry planks and should have two sides roughly 3' square, the ends nailed to a 6" plank, leaving a 5" space between the two sides." 此处的 "5 英寸" 似为 "5 英尺" 之误，请读者自行鉴别。

5) 演示攻击运油车——罐装的 50 ∶ 50 的液状石蜡或石蜡:

a) 分别点亮数个照明弹。

b) 照明弹由导爆索与炸药连接。

注意:用环形导爆索在油罐上炸开破洞。环形导爆索随附塑性炸药块使用。

a) 用 30 秒导火索引爆。

b) 将导爆索引至照明弹,并使用定时 10 分钟的定时笔。

6) 演示 2.5 磅铝热剂对油罐的破坏效果——攻击堆在货场的油罐的好方法。

7) 学员们练习将炭精燃烧弹与火罐适配或与火线相连。10 个火罐。20 英尺橙色线。演示如何使用 77 号白磷手榴弹配合缓燃导火索和雷管,包括与之联动并能够向任何试图灭火的人射击的战术体系。

阶段 23

实习课　　　　　　　　针对铸铁和钢梁的标准装药量　　　　　　　　2 小时

学员两人一组,准备 5 包各重 1.5 磅的塑性炸药。

1) 演示标准装药(或部分标准装药)对铸铁的破坏效果。

2) 用剩下的炸药炸断钢梁。

3) 用通用装药炸断钢梁。

阶段 24

课堂授课　　　　　　　"帽贝"炸弹与如何攻击船只　　　　　　　　1 小时

1) 攻击船只。

2) "帽贝"磁性吸附炸弹。

3) 化学定时引信(A. C. Delay)。①

---

① 译注:一种利用弱酸性溶液的腐蚀性作为定时手段引信。引信内有一个弹簧机构拉住撞针,使用时在引信内装入一个盛有酸性溶液的小瓶,打破小瓶使酸液漏出,慢慢腐蚀弹簧,腐蚀到一定程度时弹簧松开,撞针弹出,触发爆炸。小瓶根据其内所盛酸液的浓度不同呈现出不同的颜色,代表不同的引信触发时间。比如环境温度为 5 摄氏度时,红色瓶需 6 个半小时,橙色瓶需 9 个半小时,黄色瓶需 20 个小时,绿色瓶需 34 个小时,蓝色瓶需 67 小时,紫色瓶则需要 8 天半。这种化学定时引信在二战中为盟国特工和各国抵抗组织广泛使用。1944 年"7·20"刺杀希特勒事件中所用的炸弹安装的就是同类引信,但定时更短。

4) 练习准备和安装"帽贝"炸弹。

5) 练习"帽贝"炸弹的连接。

6) 安装"帽贝"炸弹的辅助用具。

7) 用"帽贝"炸弹攻击船只：

a) 基本规则。

b) 远洋轮船。

c) 内河船只。

阶段 25

| 实习课 | 练习使用帽贝炸弹 | 2 小时 |

学员分成两组：

第 1 组——进行引爆帽贝炸弹的全套练习。

给 5 个帽贝炸弹安引信。

第 2 组——练习放置杆的使用。

1 小时后两组对调练习内容。

阶段 26

| 实习课 | 其他爆破知识 | 1.5 小时 |

1) 盖蒙手榴弹：

a) 每个学员要用塑性炸药组装 1 枚完整的盖蒙手榴弹。

b) 投掷练习。

c) 演示装填了"808 号"的盖蒙手榴弹对装甲板的爆破效果——注意破损程度。

2) 把通用装药当作手榴弹。

3) 爆胎炸药：

a) 练习在不安装雷管的情况下梯次铺设炸药。

b) 安装雷管，让钢板落在炸药上来进行爆胎演示。

4) 演示：

a) 脱轨列车时所用的压发引信。

b) 设置诡雷所用的松发引信。

阶段 27

复习　　　　　　　　　配制标准装药　　　　　　　1 小时

阶段 28

复习　　　　　　　　　在黑暗中快速安放炸药　　　1 小时

阶段 29

复习　　　　　　　　　燃烧物　　　　　　　　　　1 小时

阶段 30

期终考试——笔试　　　　　　　　　　　　　　　1 小时

阶段 31

期终考试——实操　　　　　　　　　　　　　　　1 小时

课程

超口径弹迫击炮　　　　　　　　　　　　　　　　1.5 小时

练习迫击炮的架设和射击瞬发和延时两种引信的炮弹。在战场上各种用途的讲解。

对铁路的爆破

课程 1　　　　　　　　　　　　　　　　**对铁路交通的破坏**

1) 列车脱轨。

a) 火车机车是如何在轨道上行驶的。

b) 轨道的类型。

c) 使脱轨列车阻塞铁路：

①用炸药。

②不用炸药。

d) 摧毁特定的某一节车厢。

2) 适合制造脱轨的地点。

3) 有条理地截断铁轨。

课程2   **攻击整列火车**

1) 机车。

a) 用炸药。

b) 不用炸药。

2) 车辆保养厂和机车转车台。

3) 起重机。

4) 货车和客车车厢。

5) 信号通信设施。

这一阶段的学习可以与参观铁路调车场同时进行。

炸药的用量

1. 总论——"爆破绝不能失手！"

a) 炸药的用量

在所有的爆破行动中，炸药的用量应保持在最低限度，以求爆破在达到预期效果的同时兼顾经济性。

b) 需要的精确度

在计算一次爆破所需的炸药量时，精确度算到**最为接近的磅数**即可，或者在地下埋设炸药做地雷的情况下不必超过 25 磅，即一罐 "阿芒拿（ Ammonal ）"[①]。虽然浪费炸药永远不值得鼓励，因为补给供应一定是有限的，但为了节约少量炸药而导致爆破不彻底是**绝对不可原谅的**。由于炸药在爆炸威力或安装的牢固度方面很容易出现些小小的异常情况，所以即使在理想的条件下，为保险起见，在装药量上也必须留出些许余地。

在战场上，有时会出现一些情况，即下面的爆破用药量计算公式没有给出任何余量。此时一定不能过于严格地遵守这些公式，它们更应该被视为一种指导，而不是一种硬性规定。心存疑虑时，宁可高估需要的装药量。

2. 装药的分类

炸药的装药方式可分为三大类，其特点如下所述。这几类装药方式之间并无明显的界限，在实际使用中经常会出现混用的情况。

a) 断裂装药

炸药放置在目标物表面，主要通过爆炸瞬间的震裂作用对目标起效。坚硬的

---

① 译注：即硝铵炸药。

物质对爆炸产生的突然冲击非常敏感，因此，对于钢构件和类似的硬质材料，应始终使用这类装药法。但如果爆破目标为砖石结构，那么爆破者很快就会发现，用断裂装药爆破时所需的经济药量只能炸穿有限厚度的砖石，并迫使其使用其他装药法。

b) 埋设装药

炸药安放在地下，通过爆炸时气体膨胀而产生的土石飞溅和爆破冲击对目标起效。这种用法能够发挥出炸药的全部效能，是最为有效的。

c) 震荡装药

这是一种改良型的埋设装药，在这种装药内部，一个封闭的空腔代替了填实的固体炸药，炸药炸开地面时，通过被移位的空气对目标外壁的压力（即"冲击"）对目标起效。

3. 各种装药的应用对象

a) 钢铁构件

只能用断裂装药来炸断，不过用埋设装药爆破桥墩时产生的扭力会对桥上的钢梁造成较大的损伤。

b) 砖石结构

砖石厚度不超过 5 或 6 英尺时，可以用断裂装药进行攻击。目标超过这个厚度时，使用断裂装药就变得不经济也不可靠了。砖石结构的目标通常要用"打炮眼"的装药法来爆破，但这需要使用特殊的工具，而且必须花费大量的时间和人力。

c) 木制目标

由于木头的韧性和纤维质特性，同等尺寸的木制目标要比砖石目标需要更大当量的断裂装药。不过由于木头方便钻孔，对木制目标可以很容易地用"炮眼"少量装药进行爆破。

4. 炸药的安放

a) 断裂装药

炸药应在整个宽度上覆盖准备炸断的目标物表面，并与之直接接触。在使用可塑性炸药时，装药的横截面应尽可能接近倒"U"形。如果使用块状炸药，装药的横截面应尽可能接近正方形。这种放置方式将确保炸药能对目标物产生最大的切断效应。炸药的每一个部分都必须紧贴目标物。感应起爆的方式并不可靠，即使所用的是威力巨大的黄色炸药也是如此。爆炸不完全就意味着破坏的不彻底。

炸药必须以一个整体，牢固地安放在要炸毁的物体上。

b) 震荡装药

主要用于摧毁建筑物。应使用爆速较低的炸药。如有可能，炸药应安放在建筑物的某处关键位置。重要的是，所有通风的门、窗和烟囱都要关闭，以增强破坏力。相邻房间内的炸药不能彼此相对安放。

5. 炸药装药量的计算

a) 断裂装药

圆钢（铁）：

块状甘油炸药或 TNT 炸药 $C = 2/3d^2$

塑胶炸药或"808 号" $C = 4d^2$

（最小装药量为 2 盎司）

"C"表示炸药重量（单位为盎司）；"d"表示圆钢（铁）的直径（单位为英寸）。

电缆或"钢索"，以及空心圆钢，皆适用此公式。

钢（铁）板：

块状甘油炸药或 TNT 炸药 $C = 1/8bt^2$

塑胶炸药或"808 号" $C = 3/2bt^2$

（最小装药量为 2 盎司）

"C"同上；"b"表示钢（铁）板的全宽；"t"表示钢（铁）板厚度（单位为英寸）

在计算炸断钢梁或螺纹钢接头所需的药量时，必须将上述公式灵活地应用到需要炸断的截面的每个部分。

b) 埋设装药

在石砌桥墩或挡土墙后，以及石头和石砌目标中埋设炸药时：

粉状硝铵炸药或 TNT 炸药 $C = D^3/50$

埋设在公路或硬质地面（如黏土，白垩土等）下时：

粉状硝铵炸药或 TNT 炸药 $C = D^3/100$

埋设在软质地面（如沙土，泥炭等）下时：

粉状硝铵炸药或 TNT 炸药 $C = D^3/200$

    "C"同上；"D"表示需要炸出的弹坑直径（单位为英尺）。

c) 炸断木头的装药

硬木（如橡木，柚木，栲木等）：

块状甘油炸药或 TNT 炸药 $C = 3D^3$

软木（如松木，杉木等）：

块状甘油炸药或 TNT 炸药 $C = 3/2D^3$

所有木种：

塑胶炸药 $C = 2D^2$

    "C"同上；"D"表示木头直径（单位为英尺）。

一般性破坏

1. 攻击铁路运输

a) 目标的重要性

主要目的是延误敌方的交通，减少敌方可用的机车及车厢的数量。

b) 攻击方式

使列车脱轨——系统化地切断铁轨，攻击静止的机车、车站设施、信号与通信设置。

c) 使列车脱轨

两种主要方式：

①在铁轨上断开个缺口。

②用障碍物使火车车轮的凸缘骑上铁轨顶部，从而造成火车脱轨。

以下方式可以使火车自毁：

①使用高爆炸药

使用"雾号"装置或压发引信，外加 2 只连接在一起的 2 英寸至 2.5 英寸直径炸药筒，由火车自行引爆，炸断机车前方至少 1 米长的一段铁轨。

使用相同的一套爆破器材，但到火车驶来前的最后一分钟再安放，以避过目标火车前面的探路机车。在这种情况下，引爆可以用较短的导火索或与前述方式相同。

切记：注意"护轮轨"（如有）①，并且注意一侧有陡坡的弯道对离心力的抵消效果。

②不使用高爆炸药

---

① 译注：护轮轨是为防止车轮脱轨或向一侧偏移，在钢轨内侧加铺的一道不承受车轮垂直荷载的钢轨。

在一处弯道的外侧拆走一节铁轨。

在铁轨交叉点处放置障碍物，比如在"钻石"① 内放置鱼尾板或撬杆。

干扰铁路的对向道，比如在道岔岔尖正面绑一只直径1英寸的螺母。（此方法仅适用于地处偏僻或岔线上的人工扳岔点）

d) 制造列车脱轨的战术考虑

①隧道和长路堑是制造脱轨延误交通的最佳地点。

②陡峭的路堤或桥梁入口是制造一列火车脱轨的上佳地点。

③原则上应选择一个必须沿固定路线进出的地点。

④破坏弯道处外侧的铁轨。只有弯道处一侧有着非常合适的坡度，有更大的把握使火车脱轨时才可例外。

⑤尝试将使列车脱轨作为一个集中的破坏计划的一部分，即在相互依存的几条铁路线上制造多次列车脱轨，同时还包括对起吊瘫痪列车的吊车进行攻击等行动。

⑥切断电话线。

⑦在复线铁路上恰到好处地制造列车脱轨，可以同时毁坏和阻塞两路铁轨，比如破坏靠里的线路的外侧铁轨。

e) 破坏机车

破坏停放的机车的两种方式：

①使用高爆炸药

在活塞连杆进入的汽缸缸头上安放0.5磅炸药——始终破坏各台机车上的同一个汽缸（机车上的汽缸不能互换使用）。

用0.5磅炸药炸断连杆——将炸药挤进机车连杆小端的衬套内。

②不用高爆炸药

弄扁机车上的铜制滑油管。

从机车轴承大端上卸掉密封软木和滚针。

---

① 译注：即铁轨平面交叉点，因多呈菱形而得名。

用锤子砸毁制动泵的调节器。

在煤水车的水箱内放入抹布或绒毛。

在水箱中放入浓缩皂片。

f) 车辆保养厂和机车转车台

①将（行驶中的）机车开下转台坑。

②拧开滑油桶的塞子，造成浪费和损失。

g) 吊车

在两对连续的主齿轮之间插入直径 0.5 英寸的螺栓或钢棒，使它们在主动轮啮合时卡住并蹦掉轮齿。

h) 水鹤

关闭阀门时转过头，使阀轴折断。

i) 货车和客车车厢

如果可能的话，对成串的车厢放火。

j) 信号、通信设施

① 切断广大区域内或某处重要枢纽站外面的信号设施和电报线路。

② 砸烂信号塔内的成套设备。

③在通风可能比较好的信号塔下部纵火。

2. 破坏公路运输

a) 公路

由于有效封锁公路运输需要大量的作战物资，因此通常不适合以公路作为目标。如果物资够用，并且当地的路况条件使得某些公路上的"瓶颈"成了很好的目标，那么在路上炸一个大坑要强于在路面上炸满碎石，前者通常需要更长的时间来修复。注意利用排水沟渠或涵洞。

b) 桥梁

①铁路桥

②公路桥

③高架渠

注意桥梁的钢筋混凝土结构。

破坏钢制桥梁——炸断所有主要承重构件。炸药的安放位置要能够使桥最重的部分在爆炸后能够自行倒塌。

破坏砖桥或石桥——炸断桥拱或桥墩——或将二者一起爆破。

需要指出的难点在于：

①所需的物资数量．

②被你破坏的桥梁可以保持瘫痪状态多久——即敌人的架桥部队能够架设起临时桥梁的速度。

③埋设炸药破坏桥墩的可能性以及困难。向学员讲解桥墩立面最容易被埋设的炸药的破坏理论。

④应考虑到炸药、时间，以及所需装备等因素。

c) **公路运输**

重点考虑目标的尺寸大小。摧毁小型汽车或卡车最有效的方法是在其油箱顶部放置一枚磁性吸附炸弹。如果没法采用这种方法，则将磁性炸弹安装在汽车的汽缸组上。

对于柴油发动机的军用车辆，要将 CLAM 磁性炸弹安装在曲轴箱上

轨道交通

海运 ⎫ 已述及。

运河与内河航道 ⎭

d) **装甲战斗车辆**

在油箱或发动机上方安装空心装药炸弹。在主动轮轮齿和履带之间安放固体装药爆破。

3. 破坏军事设施

a) **火炮**

对付固定式火炮（非高射炮），要在其炮管中引爆一枚圆柱形弹药。

对于高射炮，要破坏其仰俯耳轴和回转座圈。

对于机动式火炮，破坏其炮轮轮轴。

注意：更换火炮的摇架和大架要比更换身管被筒和炮闩更为困难。

b) **易燃物及建筑物等**

①货物：如棉花、食糖、橡胶、胶片、纸、木材等。

②轻武器弹药。

③装备和服装。

④仓库、货场和码头。

考虑是否有在某些场所引发粉尘爆炸的可能性，比如，使防火措施失效后放一把小火，或引爆少量硝铵炸药。一些粉尘爆炸非常易发的场所——面粉和其他谷物的磨坊、谷仓、锯木厂等。

c) **装填有高爆炸药的弹壳、炸弹和爆炸物**

引爆它们比点燃它们更容易。不要指望一处堆场爆炸的冲击波能够传到相隔较远的另一处堆场，要在每一处堆场内都安放小当量的炸药，比如磁性吸附炸弹。

4. 攻击燃油设施

a) **汽油、原油、煤油**

都非常可能在爆炸时被爆闪点燃——即便如此，还是需要用到一些燃烧剂。

b) **燃料重油**

燃点温度较高，因此点燃重油需要用炸药加上带"引火芯"的缓燃燃烧剂，比如"柏油宝宝"①。

注意：

①要判断油罐是满的还是空的，里面装的是原油还是汽油，可以向知情人了解情况

②要使敌人精心制定的**防火措施**失效，可以让汽油蒸汽弥漫在油罐周围，并

---

① 译注：一种以沥青或焦油为燃烧剂的简易纵火武器。由于其一般通体乌黑且插有一根引火的棉芯，造型上酷似美国作家乔尔·哈里斯（Joel Chandler Harris）编写的民间故事集《雷姆斯大叔（Uncle Remus）》中的一个由焦油和松节油制成的玩偶而得名。

且把加热旋管放在油罐的进油阀旁边。

c) **储油罐**

①地下储油罐非常难搞。

②地上储油罐通常被防爆砖墙围起来，除了靠近进油阀的地方外根本进不去。原则上，攻击地上储油罐的方法一定是将燃料排入空气中，然后用准备好的一枚或几枚燃烧物将其点燃。将燃料排入空气中可以通过以下两种方法实现：

i) 用高爆炸药在油罐上炸开一个洞（这需要特殊的炸药装药，稍后会给需要的学员提供专业指导）。

ii) 采用机械方式，如打开油罐阀门，卸掉出油管上的接头。

请注意，点燃高燃点燃油的最快方法是将石蜡倒在油表面，然后顺着风向把点燃的破布扔上去。

③最容易得手的燃油类目标无疑是体积较小的，移动式的油罐，如铁路罐车，公路罐车和机场加油罐车（或称"油槽车"），这些目标用普通的 1 磅高爆炸药就足以对付——炸药应安放在油罐车的底部并配合燃烧弹一起使用。

5. 攻击飞机

a) 在尽量靠近飞机油箱的地方放置 1.5—2 磅重的炸药。以单发飞机（战斗机）为例，最佳的放置位置如下：

①驾驶舱飞行员座椅下面或后面。（如果是 Me–109 战斗机，飞行员头后的储物箱可以通往座椅后面，FW–190 战斗机则是通过机身左侧的检查口）

②用胶带固定在飞行员座椅下方的机身蒙皮上。

b) 利用飞机上的高度计开关。将 1.5—2 磅重的炸药塞进飞机上许多空隙中的某处，并放在主要结构件上，以此破坏飞行中的飞机。

c) 在冬季，飞机着陆后的 2 小时内，用步枪发射曳光弹对其进行狙击，即使不能引爆汽油蒸汽，也肯定有点燃汽油的可能。德国的航空汽油在零下 5 摄氏度和更低一些的温度之间是能够爆炸的。

滑翔机：容易被燃烧物破坏。如果可能，将燃烧物放置在机身内。

6. 攻击工业设施

在破坏机械设备时，要记住大多数机器的主要框架组件都是由铸铁制成的。因此，能够区分铸铁和钢很重要。

	铸铁	钢
i)	喷漆前比钢要粗糙得多	
ii)	平滑的曲线	较为锐利的边角
iii)	光滑的表面	焊接金属梁
iv)	浮雕字母	铭牌
v)	把手上的大角度曲线	以锐角安装的把手和突出物
vi) 凿击测试	碎渣剥落	薄片剥落
vii)	切削过的螺栓孔和"鱼眼孔"	刚钻好的螺栓孔

当然，还有遇到铸钢的可能性。不过铸钢通常不用于制作机器的**机架**，因为它成本高，铸造困难，只用于应力或张力很大，或不得不承受极高压力的部位。

以正在运行的发电机轴承座这一铸铁目标为例。两根"香肠"形炸药棒；底座短边的每个角上各放一根，距离底座大约为炸药棒长度的三分之一。这将破坏铸铁的轴承座，也会使发电机内部的旋转件脱落掉在外壳上。由于这一部件可能正处于高速旋转状态，因此将造成范围很广的破坏。

工业构筑物

一些典型的常见的工业构筑物，如电站、工厂等：

a) 煤炭处理厂

需要快速处理大量的煤炭的工厂，是重要目标。

①运煤机：离地面越高越好，也就是说从越高处掉下来越好！攻击煤塔和运煤传送带支柱。

②吊斗提升机：同样也是从越高处掉下来越好。攻击提升机的支柱。

③翻斗：没有这些翻斗，工厂就不可能快速处理大量煤炭。在翻斗轴承两端的正下方用炸药进行破坏。

b) 起重设备

吊车、码头起重机或安装在构筑物上的起重机，是非常好的目标，在破坏其他工业设施时尽可能多地同时对其发起攻击。

建议破坏方式：

①对于固定式起重机，炸断其底座上所有的支腿，并将需要起重机倒下的一侧的两根支腿切掉一段。

②对于移动式起重机（更为常见），仅需要将两根前支腿切掉一段。

c) 变压器

要将攻击限定在重要的变压器上，情报是必不可少的。

变压器可通过其顶部的冷却油箱来识别。冷却油箱主要有三种类型：

①冷却管绕在绕组外壳上。

②外壳为波纹状散热面。

③在尺寸巨大的变压器上，与普通套管成直角的独立散热器组。

攻击：所有变压器都可采用将炸药放置在低压侧的中心（较少绝缘件）上方约四分之一处的方式来加以破坏（配备前两种冷却油箱的变压器使用标准的香肠形炸药棒，配备第二种冷却油箱的变压器需将炸药塑形为波纹状）。可使用燃烧物——只要不影响所携带的烈性炸药的数量——点燃变压器油。

重要事项：不要把变压器和电气开关装置搞混，开关装置通常不是必需设备，因此并非一个上乘的目标。

d) 无线电天线杆

三脚式，安装在球形万向节上，比较容易弄倒。

攻击：切断足够多的连接"支索"与混凝土地脚螺栓的系杆，使天线杆倒下砸在电台设备上。

最后，需要强调的是，尽管高压电塔看上去是很好的攻击目标，但实际上并非如此。理由：①城镇和工厂几乎总是有替代供电线路。②安排应急供电所需的时间非常短，可能还不到 48 小时。

考虑到这些因素，攻击高压电塔只有在可能对敌展开大规模攻击的情况下才是可取之举。

战地急救要素

目的

保住人的生命，加快伤员的康复或防止伤情的恶化。

概述

急救是指意外伤害发生时，利用可用的物料向伤患提供的医疗救助。在战场上，通常尤其有必要随机应变，就地取材，例如用棍棒、步枪等物品制作夹板，用手帕和各种布料来包扎。在对一名伤员进行处理时，我们必须立即：

a) 首先确定伤情的性质。

b) 根据错综复杂且有时无法以理想方式行事的战场环境情况来确定如何处理伤员。但在大多数情况下，我们都会选择采取折中的办法，即先救治伤员，再去完成肩负的任务。

目前，懂得对伤员进行急救的要素是所有人的责任。生命比以往任何时候都宝贵，因此，我们不仅要学会杀敌，还要学会战场急救的基本知识，使我们能够拯救他人和自己的生命，以便活下来继续战斗。

以下各要点主要涉及许多无法向伤员提供精细医疗和外科手术设备的情况下的战场急救。

伤情

主要有五种类型：

擦伤	轻伤——从急救的角度看无关紧要。
撕裂伤	伤口边缘不规则，通常是人体组织的重大损伤；因为血管可能的撕裂可能并不规则，所以并不总会有大出血。
切割伤	由切割工具造成，伤口边缘规则，容易大量出血。
挫伤	由钝器所致。挫伤会出现多处瘀青，伤处肿胀变色。
穿刺伤	由穿透性工具所致，如匕首、刺刀、子弹等。穿刺伤可能对较深处的人体结构造成严重伤害。这样的伤口可能会感染（中毒）。

受伤的并发症

当一个人受伤时，主要需挺过三关：

1. 失血　　　　　　　　　2. 休克　　　　　　　3. 败血症

1. 失血或大出血

这也许是急救中最紧要的问题。为了对伤员进行有效的治疗，有必要了解一些有关血液及血液循环的知识。

a) 血液

普通人身上有10到12品脱的血液。血液中液体部分是血清，血清离开人体时会凝结，从而有助于止血。其余部分由红细胞和白细胞组成，红细胞将氧气输送到人体组织中，白细胞则起消灭人体内细菌的作用。

如果失血过多，就可能导致死亡。快速失血一品脱可能就会致命，但如果是在一段时间内达到类似的失血量则不太会死。

以上事实表明，速度是处理大出血时的一个非常重要的因素。

b) 人体主要血管的分布走向

需要学员在脑海中勾画出人体动脉的位置，各条动脉的名称并不重要。

c) 压迫止血点

这些部位背靠着骨骼，因此对其进行压迫可有效止血。出血严重时，可能需要对这些部位施压，以防止动脉血涌出伤口。各处动脉对应的压迫止血点如下：

颈动脉——位于颈下部

面部动脉——面部动脉经过下颚

枕部动脉——在后脑勺

颞部动脉——在耳朵前面①

锁骨下动脉——在锁骨上方

腋动脉——在两腋窝内

肱动脉——肱二头肌内侧边缘下方两指

---

① 译注：即太阳穴。

桡动脉与尺动脉——手腕两侧

股动脉——腹股沟中央

腘动脉——膝盖后方

胫前动脉——踝关节前方

胫后动脉——位于踵骨内侧

（将实际演示如何对上述各止血点进行压迫止血。）

通过感觉动脉（如手腕处的桡动脉）的跳动，很容易找到上述压迫点的位置。

d) 出血的特征

①毛细血管出血：血液为红色，出血不严重。

②静脉出血：血液呈暗红色，并多从离心脏最远的伤口末端流出，出血可能相当严重。

③动脉出血：由于动脉中的血压较高，血液往往会以更大的力量涌出。心脏每次收缩时血液都会喷出。动脉出血的血液是鲜红的。这种类型的出血最为危险，必须立刻进行救治。

对动脉出血的处理

a) 将伤员放平，抬起受伤部位。

b) 将一块垫子直接敷在伤口上，并用绷带扎紧。小号的战地止血包正适合应付这种情况。有时也可能需要临时就地取材，如用手帕、领带等。在大多数情况下，通过上述方法就可以控制出血。

c) 如果出血明显非常严重，则必须在止血包准备好之前，用手指按压住相应的压迫止血点。例如如果是大腿股动脉被切断，必须立即用两手拇指压迫腹股沟。

d) 一旦直接压迫伤口无法控制出血，就必须采用其他方法。如果伤口位于膝盖或肘部以下，则可以使用所谓的"加垫屈肢止血法"。如果伤口在下肢，可以将一只大号的垫子放在膝盖后面并屈腿，使脚跟的后部几乎碰到大腿背面，再用绷带以"8字"形捆扎伤腿。如果伤在手臂，垫子则放在肘部之前。

e) 在某些情况下，可能需要使用止血带。止血带只是一条对血管起收缩作用的带子，包扎在伤口和心脏之间以减少血液的流动。止血带可能不得不再次就地取材。例如用一块手帕包上一枚扁平的小石子，再准备一条领带，一根木棍、一支铅笔或钢笔，将石子作为衬垫置于动脉上方，领带或手帕绕过肢体固定并压紧衬垫，然后打一个半结，插进铅笔，将止血带绞紧。使用止血带时必须小心，否则将会给伤员带来危险。如果止血带压迫血管太久或绑得太紧，会造成肢体坏死（坏疽）。

止血带的使用规则

a) 不要绑得太紧。当出血得到控制时就要停止绞紧，不要为了保险起见而多拧两三圈。压迫血管的力量太大可能会损伤四肢的主动脉。

b) 止血带每 15 分钟松一次。

c) 止血带绑紧 6 小时后很可能就会导致肢体坏死。所以如果可能的话，千万不要让一名扎上了止血带的伤员长时间单独待着。

d) 如果时间允许，将扎上止血带的肢体抬高。

警告： 在上一次战争中，许多伤员因止血带的使用不当而使伤情加重。需要用到止血带的地方并不多，它只适用于胳膊和大腿负伤的情况。如果伤员颈部出血，不得使用止血带！

2. 休克

在遭受严重的伤害，特别是枪炮、炸弹和炸药造成的伤害后，伤员很容易出现休克。怎样应对休克，对于急救人员来说是一个非常重要的课题，因为他可以做很多事情来防止伤员发生休克，或者如果伤员已经休克，那么他可以帮助伤员控制伤情发展。

休克的主要原因是循环衰竭，伤员血压下降，皮肤失去血色，身体感到寒冷，皮肤湿凉。休克中的人腕部脉搏很微弱，嘴唇和耳朵呈青紫色，呼吸很浅，不断吐气。如果不采取措施，休克的人很快就会死亡。

对休克的处理

a) 减轻疼痛。可以想办法让伤员感到舒适，从而减轻其痛苦，例如用夹板和绷带固定住伤员受伤的肢体。还可给伤员 1/4 克吗啡片 1 片，舌下缓溶。

b) 在伤员身上和身下盖上大衣，铺上毯子，给伤员保暖。你可能需要脱下自己身上的一些衣物给伤员。如果情况允许，将伤员隐蔽起来。应备有热水瓶。

c) 热饮料，如加糖的热茶。如果伤员仍暴露在野地里，**不得给他喝酒**。

e) 让伤员保持倚靠着东西的姿势休息。

f) 当然，如果伤员出现大出血，就必须在采取其他措施之前将出血止住。

3. 败血症

所有的伤口都是被污染的，也就是说它们都含有一定数量的，通常携带着细菌（致病菌）的脏东西。从某种意义上说，唯一干净的伤口是外科医生在手术台上切开的刀口。在给病人动手术时，医生的双手和手术刀是达到医学标准的洁净度的，病人的皮肤也是如此。

被污染的伤口很可能被感染，这意味着病菌会在伤口内繁殖并侵入组织。任何较大的伤口如果在受伤后 6 小时内没有被清洗干净，都要视为已经感染。然而，这种清创消毒是医院外科医生的工作，在战场上几乎无法做到对伤口进行清洗。

在战地环境下，防止败血症的方法包括尽可能用消过毒的无菌止血包捂住伤口。如果在伤口表面和周围的皮肤上有明显的污物，可以用流动的水冲洗，煮沸后放凉的水最好。钻进身体的异物，如石块、弹片等应留在原处。随后，应将伤员转移到医院处理伤口。然而，现实的环境情势可能不允许将伤员送往医院。在某些情况下，可能有条件对伤员的伤口进行更彻底的清洗。肥皂和水是最安全的洗剂。较大的伤口上绝不能涂碘酒，因为碘酒在杀死一些细菌的同时，还会杀死在保护身体免受感染方面起着重要作用的白细胞。由于上述原因，用化学防腐消毒剂处理伤口给人带来的是一种虚假的安全感。

处理伤口的原则

1. 止血——治疗休克。

2. 切记，取出嵌入体内的碎片是有危险的——这可能导致伤口进一步损伤和出血。

3. 清创——视情况而定。

4. 敷裹包扎伤口（战场条件下）并固定到位。

5. 如果创面较宽，则使用一些辅助工具（如缝合）。

骨折

主要有两种形式

1. 简单骨折——仅有骨头受损。

2. 复合型骨折——骨头，组织和皮肤都受损。

a) 骨折的迹象

①伤处疼痛、肿胀，压迫有痛感。

②肢体僵化——出现失能和活动不自如。

③出现骨摩擦音——骨头碎片相互刮擦所致。

b) 骨折的危险性

①加重伤情，骨折可能发展为复合型，或损伤神经、血管。

②导致休克。

③导致感染。

c) 骨折伤的处理

①通过让伤员保持不动，保持正确的姿势和固定骨折处来防止进一步的损伤。

②防止伤员休克。

③以正确方式搬运骨折伤员。

d) 复合型骨折

①止血。

②包扎伤口。

③不要将突出的断骨移回原位。用夹板或吊带小心固定肢体。

夹板

可为骨折处提供支撑，使断骨正确对齐并防止断骨移位。夹板必须结实，不易折弯，如棍棒、步枪、卷起的报纸等，并且长度应合适。夹板应覆盖住骨折部位的相邻关节。例如，前臂骨折时，夹板长度应超出肘部和手腕。

夹板的用法

a) 用柔软的东西垫在夹板上，并准备好绕在伤臂 / 腿和夹板上的绑带，夹板避免与骨折的实际部位接触。

b) 轻柔而持续地牵动伤臂 / 腿，使伤臂 / 腿处于一个好的姿势。例如，大腿骨骨折，轻轻地牵拉脚踝，直到伤腿与好腿同样伸直。

c) 将夹板固定到位，确保它们不会压迫动脉，影响供血。例如，可以在手臂上试试是否能感觉到手腕的脉搏。

脊柱骨折

由撞击或坠落导致。脊柱骨折有两个主要症状：

a) 四肢瘫痪。

b) 骨折处以下失去知觉。伤员对针刺无痛感。

如果不能确定，则将所有严重的背部损伤一律视为骨折。

对脊柱骨折的处理

移动伤员时必须非常小心，以免造成进一步的伤害。移动时尽量使伤员背部保持僵直。

脊柱骨折伤员的运送

如果伤员陷入昏迷或是颈部骨折，脸朝上搬运。如果颈部受伤，则在颈部后方敷一个大号衬垫，将伤员的头部稍微向后仰。

若伤员意识清醒，背部骨折，搬运的时候脸朝下。

向担架上转移

需要几个人同时将伤员抬上担架。

现在讨论一些战争中容易出现的特殊伤情，并将提及一些伤情处置要点。

脸部和下颚的战伤

1. 危险性

a) 大出血——通常可以通过对局部采取措施加以控制，要牢记各处压迫止血点。

b) 由于舌头落回到咽喉中，呼吸将受到阻碍。

2. 实际应用

a) 脸部和下颚受伤的伤员在被搬运时要面部朝下。

b) 如果伤员意识清醒，让其将手指放入口中抓住舌头，使其保持在口腔前方。

c) 从下巴下方到头皮上方用绷带进行包扎。

胸部负伤

由子弹、弹片等导致。可能是较小的伤口，也可能是非常大的撕裂伤，甚至使肺部外露。

对胸部负伤的处理

1. 让伤员坐起来。

2. 必须让伤员完全保持静止。

3. 包扎伤口。

4. 如果是撕裂伤或空气明显地正在被吸入伤口，则应用一个大号的，经无菌水浸泡过的（如果可能）衬垫对伤口进行密闭包扎，这样可以缓解伤势，在许多情况下能够挽救伤员的生命。

上肢的战伤

有三点需要考虑：

1. 大出血。如果上肢被炸断或被子弹打断，或大动脉出血，可以使用止血带。在其他情况下使用急救护垫和绷带。

2. 伤口。战场包扎救护。

3. 骨折。"伤员就地上夹板"。可以使用夹板固定骨折处，或者在某些情况下，可以把伤员骨折的手臂固定在他的身体上，使伤臂不能乱动。

下肢的战伤

在没有夹板可用的情况下，用绷带把伤员的两条腿绑在一起是很好的应急处理方法。

托马斯式夹板① 是治疗大腿重伤的理想选择。这种夹板减轻了伤员的痛苦，从而减少休克的发生，在第一次世界大战中挽救了许多生命。

膝盖周围的伤往往很严重，膝盖负伤的伤员应立即被送往医院。急救方法——包扎加固定。

头部战伤

让伤员安静下来。整理伤员的衣服，调整伤员的姿势。按住伤员的下巴下方，让下巴保持向上，以帮助伤员呼吸。不要试图给伤员输液。头部受伤的出血很吓人，

---

① 译注：也称"托马氏夹板"。由英国医生休·欧文·托马斯 (Hugh Owen Thomas) 于 1875 年首次提出概念。是一种结构简单，但能够有效固定肢体的医疗器具，可成功降低肢体骨折的并发症发病率和死亡率。托马斯式夹板在第一次世界大战中开始广泛应用，效果良好，至今仍是医院最常用的医疗器具之一。

但通常并不严重。急救护垫和绷带可以控制出血。

头部受伤可能会使神经受到压迫，伤后反应可能会延迟出现。受伤一段时间后，伤员失去意识，脉搏变得很慢。

如果发现伤员有上述症状，应尽一切努力将其送往医院。大多数情况下需要对头部受伤的伤员进行环钻手术。

腹部战伤

让伤员平躺下来。如果伤口是撕裂伤，让伤员屈膝，微微抬起伤员的头和肩膀。不要给伤员喂任何东西。

如果肠子从伤口流出，要用一只大号的急救敷料包扎，敷料最好在盐水中浸过（盐水比例为每 1 品脱水溶 1 茶匙盐）。敷料要保持湿润。

眼部受伤

如眼部受伤明显比较严重，可用绷带绕过头部，固定一只简易的护垫，并且要让伤员平躺，以减少对受伤的眼睛的压迫。

对窒息的急救

如溺水、异物进入气管导致的窒息。

处理方法：人工呼吸。（示范）

对烧伤的急救

1. 伤员被困在着火的房间里时，急救人员应用湿手巾捂住口鼻，保持平趴的姿势在地板上爬行以躲开火焰，然后将伤员拖出房间。如果伤员出现窒息（呼吸几乎停止），应进行人工呼吸。

2. 如果衣服着火，应将伤员放下，用外套或地毯将火苗盖灭。

3. 对于触电烧伤的伤员：

a) 如果可能，断开电路。用干燥的木棍将病人推离触电点，救援者应站在干燥的绝缘体上，如木头、报纸等。

b) 人工呼吸。

c) 处理烧伤。

4. 因锅炉或热力管道爆裂而被烫伤的伤员：

a) 不要将烫伤的表面暴露在外。

b) 处理休克。

c) 用干净而干燥的布单或急救敷料将暴露在外的创口包住。处理高温烫伤很少需要类似鞣酸这样的急救药剂，它们通常会影响对伤口的最终处理。

如果烫伤的伤员可能在数小时内无法得到救治时，调配好的装在试管里的磺胺醋酰可能是最安全的应急药物。磺胺醋酰的用药可以在手术中进行。

严重烧伤的一般处理方法

将伤员全身上下都包起来，让伤员喝些热东西。休克意味着非常大的危险。对严重烧伤患者而言，局部治疗对其作用不大。

眼部灼伤：用大量的水清洗眼睛。

化学品烧伤：用大量的水稀释化学品，并脱掉被沾染的衣物。

酸性物质烧伤：用小苏打溶液（比例为每 1 品脱水溶 1 茶匙）清洗。

碱性物质烧伤：用等比例的醋加水清洗。

注意：在上述所有对负伤的处理方法中，必须小心提防伤员休克。

对伤员的搬动

一般来说，移动搬动对于重伤员是不利的，但在很多情况下却是必要的。

在尝试移动重伤员之前，应给伤员包扎好伤口，并上好夹板。

（示范各种搬动伤员的方法，例如徒手搬动、制作简易担架等。）

第 14 章
战斗训练

体能训练教学大纲

第 1 周   6 课时

1. 士兵受训情况表 1。

2. 结绳，标准攀爬（体能训练全套课程）。

3. 初级基础训练。

第 2 周   6 课时

1. 士兵受训情况表 2。

2. 绳索作业，标准攀爬（体能训练全套课程）。

3. 进阶基础训练。

第 3 周   6 课时

1. 特别表格。

2. 绳索作业，标准攀爬（体能训练全套课程）。

3. 高阶基础训练，空降训练，马术训练。

每个课时大致分成三部分，这样教学内容可以更加丰富，同时必须尽一切可能避免课程无聊。

体能训练

贯穿全部课程的体能训练是渐进式的，并且将会在障碍训练场上进行最终的耐力测试和 24 小时长途拉练。

体能训练的目的，是提高学员的整体身体素质，使他们能够适应 STS 51 的训练课程。为此，应特别注意以下几点：

a) 体育锻炼：包括体育运动和比赛，培养学员的灵活性，提高他们的整体身体素质。

b) 滚翻训练：将使学员从任何合理的高度落地时得到有效缓冲，避免摔伤。

c) 攀绳训练：加强手臂力量，尤其是要使学员能够借助绳索攀缘而上，即要能够自己把自己提到空中。

d) 越障训练：使特工在接近或逃离目标时不会被障碍物挡住去路。

e) 爬山训练：伴随着所有训练——但的确是加强脚踝力量的极好方式。

每天在什么时段开展体能训练将取决于不同的季节。

体能训练课程的高潮是越障训练——也许将其称之为突击训练或联合训练更合适。这门课程中，学员们面对的是在赛道上以一定间隔设置的自然障碍物和特殊设计的障碍物，并且学员在克服障碍的过程中，还要用他们在训练期间使用的所有武器射击。每条赛道的布置各不相同，但基本思路是相同的。每条赛道都以一种实战任务场景为基础。学员的得分会根据完成越障的时间、射击成绩、越障的能力和方式来综合评定。

此项训练非常有价值，可以借此评估学员的耐力、意志力和体能增进情况。

越障突击训练与山地长途拉练相结合，能够很好地向教官展示学员在困难环境中的体能耐力和性格特点。

近身格斗教学大纲

第 1 课时

1. 对近身格斗的介绍（对近身格斗的目的和战术体系的讲解）。

2. 用掌侧击打敌人（用假人练习）。

第 2 课时：其他徒手击打技术

1. 脚踢。

2. 拳击。

3. 掌击下颚。

4. 膝盖顶击。

5. 头撞和肘击。

6. 指戳。

第 3 课时：摆脱和挣脱技术

1. 摆脱扣腕。

2. 用单手或双手摆脱锁喉。

3. 摆脱对身体的控制。

4. 摆脱后就势攻击。

第 4 课时：群斗

1. 技术。

2. 用假人练习 。

3. "疯狂 30 秒"。

第 5 课时：匕首格斗（用假人练习）

第 6 课时：特殊情况

1. 杀死一名敌哨兵：用匕首、徒手、脊椎脱位。

注意：最后一项在练习时须格外小心。

2. 缴械：方法 A、方法 B。

3. 对俘虏搜身。

4. 押送俘虏。

5. 看押俘虏。

6. 抵挡对自己身下或身侧的击打。

7. 堵住俘虏的嘴。

近身格斗

前言

1. 设置近身格斗课程的目的，是教会学员如何在不用枪支的情况下战斗和杀死对手。由于课程中包含匕首的使用，所以"近身格斗"的表述严格来说并不准确，用"无声夺命"来形容更为恰当。

2. 学员的受训时间是有限的。因此，教学内容必须限定在简单、易学和致命的技能上。基于这一目的，所有不符合这一要求的擒拿术、摔跤术等技能都被严格排除在外。必须视以下的教学大纲为标准，教官们无论如何都不得偏离。在这里教授学员一种格斗术，换个地方却教学员另一种，这样显然是不可取的。

3. 教学大纲中包含教官们提出的各种建议。如果能改进训练，我们欢迎更多的建议。这些建议必须通过适当的渠道提出，在得到批准采纳之前不得向学员传授。

4. 假人是必不可少的。一间面积约 10 或 12 平方英尺的训练房内应随机在各处挂上 6 个假人。此外，每名教官还必须制作 1 个装满稻草的假人供学员练习刀术。

5. 其他装备。德军的钢盔是可用的，教官应当人手一个，用于让学员练习攻击敌哨兵。假刀也是用得上的，但应注意要用不会造成人身伤害的材料来制作，因此，不允许使用木质假刀。橡胶是弄不到的紧缺物资。解决哨兵最实用的办法似乎是使用粗细合适的短绳。

6. 训练服。虽然最好身着普通的体能训练服，但每隔一段时间，学员应身着他们在战场上最可能穿的衣服，并使用会在战场上使用的装备进行训练。学员不应该总是和身材差不多的队友搭配进行格斗训练，有时候小个子也应该和大个子配对。

7. 开始给一群未经训练的学员上课时，教官应当对训练课程做一个简短的介绍。不一定要一字不差，但要表达出如下的意思：

近身格斗这种战斗技能，是为了在你手里没有枪（当然手中无枪是不应该的），或者因为担心引发警报而不宜用枪的时候设计的。你们中的大多数人，可能在什么时候学到过现代拳击运动比赛规则下的基本拳击知识。这种训练很有用，因为它能教会你迅速思考和行动，以及如何用力击打。拳击运动规则在"犯规"的栏目下列举的都是一些上佳的击打部位——都是些拳击运动员没练过如何去防守的部位。

但是，这是战争，不是体育运动。你的目的是用最快的速度干掉你的对手。俘虏除了碍事，通常还会带来危险，尤其是在你没有武器的情况下。所以，忘掉那些拳击规则吧，也别去管什么"犯规打法"。这听起来可能很残忍，但耗费比必要的时间更多的工夫才杀死你的对手更为残忍。所谓的"犯规打法"，可以帮助你快速解决敌人。因此要攻击对手的软肋，不能让他有攻击你的机会。

许多著名的拳击手和摔跤手，一次次地用他们最擅长的击打或擒拿术赢下比赛。原因是他们对那些独特的击打和擒拿术运用得精熟无比，以至于很少有人能够抵挡。这个道理也同样适用于你。要是你愿意下工夫将一种攻击方法磨炼到炉火纯青的程度，而不是只把学到的那些招式练熟，那么这时的你会更可怕。

既然这门课程的目的是教你如何夺人性命，你就该明白，你学到的方法是危险的。虽然你在这里的目标是学习如何杀人，但绝没有必要杀死或弄伤和你对练的搭档，如果你这样做，就别想得到学分。因此在这一课程的学习和练习中，你要避免这种风险。训练中绝不能对对手认输的信号视而不见，比如对手在自己身体上、在你的身体上，或地板上拍打两下——这是马上停手的信号，也是一条永远不能违反的规则。

8. 近身格斗术的教学大纲分为六个循序渐进的部分。不过这种安排是弹性的。根据可用的时间、学员的学习进展或他们的知识水平等因素，可以将两个或两个以上的部分进行合并教学。

9. 教官的主要目标之一是使学员具备攻击意识，并成为一名危险分子，不遗余力地实现这一目标是教官的主要职责之一。任何一名教官，在手下的学员精通教学大纲中列举的那三招两式之前，都不应感到满意。尽管训练可能会变得枯燥，但不断重复是达成精通的不二法门，无论学员们如何抱怨训练沉闷无聊，都必须反复练习。学员的任务就是不惜一切代价去学习。所谓精通，是指不需要停下来思考就能够迅速、有效、干净利落地使出教学大纲里所有要求掌握的技能。

第1课时：用掌侧劈砍

向学员说明在没有武器的情况下最致命的击打方式是用手掌侧边劈砍。为了有效地传递力量，手指必须并拢，拇指向上，整个手掌绷紧。打击时用手掌的侧边，全身力量集中在一小块区域，即大概位于小拇指底部和腕关节中间，也就是手掌最宽的地方。如果是劈砍对方身侧，则必须是手背朝上，手掌朝上是发不出力量的。

向学员说明，这种劈砍击打可能导致对方死亡、暂时瘫痪、骨折或重伤，具体取决于击打的是身体的哪个部位。这种击打的效果取决于击打的速度而不是力度。劈砍击打几乎可以在任何姿势下完成，不管击打者是否站得稳当，因此可以比任何其他击打招数更快地出招。

在讲解完劈砍击打动作后，教官应用假人进行示范，让学员跟着练习。此时教官的教学要点是让学员们了解击打的速度，并观察学员们能否正确地出招。

在讲解完劈砍击打动作后，教官应在假人身上进行示范，让学员跟着练习。此时教官的教学要点是让学员们了解击打的速度，并观察学员们能否正确地出招。

向学员们示范劈砍击打的部位，如下所示，并讲解击打对于每个部位的效果：

1. 后颈部，直接打在脊柱的两侧。

2. 从鼻梁到咽喉后壁这一片区域。

3. 头部和咽喉两侧，从咽喉后壁到太阳穴这一片区域。

4. 上臂。

5. 前臂。

6. 肾脏区域。

学员应在假人身上反复练习，记住上面列出的人体薄弱部位。用任意一只手练习击打。

第 2 课时：其他击打方式

1. 如何踢踹

一般情况下，踢踹时要用脚的侧面，并且如果你的脚法和平衡能力不是很出众的话，你踢踹的高度不要高过对方膝盖。除非你的对手腾不出双手，否则踢踹时绝不要站得太靠前。在这种情况下，踢裆是很保险的招数。一旦对手倒下，用脚踢其头部一侧或后脑勺（而不是头顶）来取其性命。

2. 拳击击打术

a) 张手戳击对方下颚，五指后收，微微分开，准备紧接着击打对手的双眼。抓住对手被打得晕头转向的时机来调整自己的步法，身体的姿势位置必须正确，以使拳击或掌击下颚能够取得明显效果。另外还需对学员说明，这两种击打方式都不如紧接着给对手致命一击将其击倒保险。

b) 膝盖顶击，通常同时与其他攻击方式结合使用（如戳击下颚）。向学员示范，这种方法在攻击对方的同时，对自己也能起到很好的保护作用。

c) 头撞和肘击，当对手处于无法对其施以更有效的击打的位置时使用。

如果没有更有效的方法，则用指尖刺戳对手的腹腔神经丛、咽喉后壁或双眼。

所有列出的击打方式现在都应该在假人身上练习。

尽可能以强调的语气将本部分教学内容的总结告诉学员：

①要有可能，他们就不应该倒在地上。如果不得不如此，也应该尽可能快地重新站起来。一名特工与对手在地上滚作一团，想取对方性命时，对手的帮手就可能赶过来一脚踢碎他的脑袋。再者说，倒在地上也很难继续攻击对手。

②如果他们对于近身格斗的知识局限于第一部分和第二部分的内容，只要他们先发制人并且继续攻击，那么即使面对的是训练有素的敌手，他们也会让自己成为一件极度危险的武器。不要因为对手已被打残就停手，比如，弄断对手的胳膊只是因为这样更容易要他的命。

第 3 课时：摆脱控制

首先说明一下，一般来说，没有人的头脑或身体会迟钝到任由他人控制自己。不过为了避免不幸发生这种情况，要向学员示范如何从下列的身体控制中摆脱：

单手锁腕。

双手锁腕。

单手锁喉。

双手锁喉。

在这里向学员示范如何不用传统的腕肘摆脱术或其变招中的一种，而是以更简单、更快速和更有效的招式攻击对手，例如用膝盖顶裆的同时用手指插眼。身体被从身前或身后抱住，双臂可以活动或被缚住。警用或"押解式"擒拿术。

将自己从对手的禁锢中摆脱出来的全部意图，就是让你能够攻击并杀死你的对手。只要有可能，摆脱的动作就应当成为攻击的开始。在任何情况下，摆脱之后都必须即刻进行有效的后续攻击。教官应非常细致地演示这一部分的每个细节，然后督促学员勤加练习，直到他们不仅掌握摆脱的方法，而且使随后的攻击成为一种本能，能够以闪电般的速度打出。教官应向学员强调攻击时步法的重要性，并在必要时努力提高水平。

第 4 课时：群斗

战斗的时机不会总是由自己选择，有时一个人可能要同时面对几个对手，在这种情况下，手无寸铁的你的目标与其说是杀死对手，不如说是迅速远离他们，以保住性命。如果自尊带来的是失败和死亡，那么它就是一件昂贵的奢侈品。

要摆脱这种一对多的处境，需要一项特殊的技术。

对于这项技术而言，身体的平衡至关重要。教官此时应向学员们示范如何在单腿快速踢出时保持身体平衡。学员们可以两人一组，双臂交叉，单脚站立，在保持自身平衡的同时试着踢踹对方，使对方失去平衡。

掌握了这一技巧后，就应当明白，你被一群人包围时，只有不停地移动才能有机会逃脱。这是因为当你占据了一个新位置后，对手需要一秒钟的时间来转身面对你，同时保持身体平衡，然后才能发力向你攻击。如果你能够做到每秒钟移动至少 3 英尺，那么你的对手就很难对你进行有效攻击。与此同时，通过使用之前学到的击打术，你将能够在移动的同时给对手造成相当大的伤害。

注意：1.除了前向、后向和侧向的移动，有时还可以屈膝发力在不同的高度蹦来蹦去。如果动作够快，所有这些移动都有助于迷惑你的对手。

2.可以肯定，在一对多的群斗中，几乎没有可供移动的空间，所以你可以通过一个接一个地调动对手来为自己腾出空间，同时也要攻击对手。在本部分开始时，应向学员讲明，他们应多加练习的身体平衡和步法的价值。

以上两点注意事项中所包含的信息应足以使学员们为现在所介绍的一对多格斗技术的实际练习做好准备。

如前言所讲，悬挂 6 个假人。每次一名学生进入场地，以他所能达到的最快速度，随机从任意位置用拳、脚、膝盖、肘部以及头部，以各种方式击打假人。这一练习非常累人，学员很难坚持超过一分钟。教官必须仔细观察学员是否有错误之处，以便在课后提出建议。

在学员疲惫不堪之前，应命令他脱离包围圈，学员将会像真的在逃跑一样，以最快的速度遵令行事。

为了从这项练习中最大限度地学到本领，练习应当先以慢速进行，练习中注意步法。

之后应有较多短时间的一对多格斗练习，偶尔也有长时间的练习。我们必须永远记住，练习的目的是学会如何在一对多群斗的情况下脱身，不要进行超出必要限度的战斗。

第 5 课时：匕首格斗

匕首是一种很容易隐藏的，无声又致命的武器，面对一个行家手中的匕首，除了用枪对抗或拼命逃跑之外，没有什么可靠的防御手段。

学员应学习如何握持匕首，如何将匕首从一只手换到另一只手，如何戳刺，以及如何用非持刀手佯攻和格挡。没有必要将左右手练得都能灵活使用匕首。

向学员展示容易受伤的部位，强调腹部是匕首攻击的主要目标。展示如何制造一个猛刺对手的机会，例如用刀横劈对手的脸、手、手腕和前臂，向对手脸上扔沙子、石头、帽子、手帕等。

向学员说明锋利的刀尖和刀刃的重要性。尤其是一把双刃的匕首，既可以防止刀身被对手抓住，同时还可以劈砍。

展示膝盖后部的腿筋。

让学员们在填满稻草的假人身上练习戳刺。

第6课时：特殊需要和情况

1. 杀死敌哨兵（用匕首）

从敌人身后攻击，用左前臂猛击对方的颈部左侧，然后立即转过左手捂住对方的口鼻。在击打颈部的同时，将匕首（右手握持）刺入对方肾脏，如果对方身上的装备影响匕首刺入肾脏，则将持刀手绕到其身前，将匕首刺入其腹部。注意，一旦左手捂住了对方的口鼻，对方就会被拖向后下方。

2. 杀死敌哨兵（徒手）

从敌人的身后攻击。用右前臂猛击对方右侧颈部。迅速用侧面锁头的招数将对方放倒在你的大腿上。以正确的姿势锁住敌哨兵（即：右手张开并紧绷，前臂夹在对手的下巴和太阳穴之间，左手抓住右手手腕以加强对敌哨兵头部的压迫力，抬起并扭转其头部），立刻将其摁坐在地上，双腿挺直在你面前。教官务必要注意，学员在结对练习锁住敌人不放时，不要一屁股坐在地上。只要动点儿脑筋，应该是可以改造一个假人来进行练习的。需要做的就是把假人吊在滑轮上，教官可以松开绳子让学员把假人摁倒在地。

不用说，上述两种杀死敌哨兵的方法都需要有极快的速度，而且两种方法在敌人的左右两侧应该都同样适用。

3. 脊椎脱位（对方呈坐姿，或位置较低时）

从对方身后靠近。左手放在对方的下巴处，将对方的头向后完全拉到你的右腋窝下。将你的左手放在对方的左肩上，右臂绕到对方脖子后面，从上方抓住你的左手手腕。最后一击是快速向后上方猛拉，使对方的脊椎脱位。这是擒拿术里非常危险的一招，在练习时要非常小心。

4. 空手下枪（被人用手枪指着时）

首先说明，只有蠢货才会把手枪举到你伸手可及的地方。不过显而易见的是，这样的蠢货仍然多得很，如果你不知道如何对付他们，那蠢货就是你自己。

正面下枪

方法 A：双手分开，高高举过头顶。眼睛不要看对方的手枪。将你的右手灵巧地落在对方的手腕上，用你的拇指紧紧地扣住它，最好是从上方。伴随着扣腕的动作，身体向左转半圈。

同时，左手从下面抓住对方手枪的枪管并将枪向后猛推。注意，当向后推压手枪时，枪管应与地面平行。这一招会弄断对方扣扳机的手指，让你夺到手枪。身体向右转半圈，用脚或膝盖攻击对方的裆部，张手击打对方的下巴，用头顶击，或是用任意方法将对方击倒。这里对每一招都分别进行了描述，但在实战中，这几招应飞快地打出，快到看上去几乎只是一招。

方法 B：双手分开，高高举过头顶。眼睛不要看对方的手枪。将你的左手灵巧地落在对方的手腕上，用你的拇指紧紧地扣住它，最好是从上方。伴随着扣腕的动作，身体向右转过半圈。

同时，右手从下面抓住对方手枪的枪管，并将枪向上和向后猛推。这一招实际上与通常的锁腕摔的动作相同，将使你夺到手枪。身体向左转半圈，用脚或膝盖攻击对方的裆部，张手击打对方的下巴，用头顶击，或是用任意方法将对方击倒。这里对每一招都进行了细致的描述，但在实战中，这几招应飞快地打出，快到看上去几乎只是一招。

背后下枪

方法 A：双手分开，高举过头顶。盘算好要向哪个方向转身。如果是向左转，就从你的左肩头望向身后，确保对方的手枪碰到了你的后背。在你从肩头向后望的同时，右脚向内转。当你准备出手时，身体向左转一整圈，同时用你的左臂从上到下在对方持枪的手臂上来一个抢扫，直到对手的手臂被你牢牢地锁在左腋窝下。在你转身的同时，用右手找准位置，掌击或拳击对方的下颚，用右膝顶击对方的裆部。完成这套击打动作时，身体要灵活地向右转，并用你的右手对仍然被锁在你左腋窝下的对方的手臂肘部施以击打，以加强伤害效果。如果不停手的话，就会将对方拉到你的正对面，此时你可以用右膝攻击对手的面部，或者用右手击打其后颈。所有的动作都要以闪电般的速度完成。

方法 B：双手分开，高举过头顶。望向右肩后，同时将左脚向内转。身体向右侧转一整圈，如前述那样，将对方持枪的手臂锁在你的右腋窝下。与此同时，转过你的左臂，用掌侧——也可以用膝盖——击打对方的咽喉或面部。通过右转身等辅助动作来完成前述的击打。

解除一个正持枪逼住他人的敌人的武装。如果对方是用右手握枪，则用左手压在他的前臂肘关节处，同时用右手从下方抓住手枪。迅速向你的左侧转身，直到你与对方面对面，将对方手中的枪向上推，指向他自己，最后扭向左侧使枪脱手。用你的膝盖顶击对方，用头部撞击对方。

学员们应当精熟这几种解除对方武装的方法。

5. 对俘虏搜身（在你有武器的情况下）

先杀了对方再搜身。如果杀掉俘虏有麻烦的话，让俘虏脸朝下趴在地上，两手伸在面前。用步枪枪托，手枪枪身或枪柄，或是你的靴子将其打昏，然后进行搜身。

6. 押送俘虏（在携带了步枪或其他枪支的情况下）

叫人割断俘虏的腰带或背带，或者让他自己动手。带走俘虏时让他一只手举过头顶，另一只手提着裤子。

7. 将俘虏看押一段时间

用 15 英尺长的绳子和任何管用的绳结让俘虏动弹不得。向学员示范一种传统方法，例如将俘虏打昏，使其趴在地上，先将他的手反绑在背后，然后将绳子在他的脖子绕几圈，再拉到他的手腕上，接着在两个脚踝上捆几圈，最后再回到手腕。教官应当告诫学员执行任务时不要忘记带绳子。

先教学员如何捆人，再教他们怎么让俘虏闭嘴。几乎任何东西都可以塞进俘虏的嘴里——草皮、布头、军便帽等。用来堵住俘虏嘴的东西，可以是从俘虏衣服上撕下来的一块布。如果教官能够让学员准备一些绳子和布条，在训练课上操作一到两次捆绑和堵嘴的整个过程，将对教学工作以及学员掌握方法大有裨益。仅仅告诉学员如何去做是不够的，他们必须亲自上手实践。

8. 防御对自己身下或身侧的击打

假设你完全无法拿到任何武器，无论多么原始的都没有，那么可以使用以下的某一种方法：

a) 躲避对方的攻击，同时攻击对方。

b) 用与对方打来的手臂相对的前臂招架，同时攻击对方。

在本训练阶段，学员们应该懂得如何最有效地攻击对方。

（不向学员传授的）各种擒拿术、摔跤术等

这是每一名教官都知道的关于擒拿术、拳术、摔跤术、攻击招式等格斗术的精选内容。或早或晚，一些懂得较多的学员肯定会询问教官是否知道这种或那种格斗术，如果知道，为什么不传授给他们。下列内容就是为了回答这些问题。

如果由于这样的问题而不得不向学员展示这些招式中的部分时，教官应当：

1. 示范针对这些招式的反制招式。

2. 示范如何从这些招式中摆脱或进行反击。

3. 警告学员，在对付一个训练有素的对手时，很多招式将很难、有风险或不能应用。

4. 警告学员，如果他们认为在这场战争中面对的将是缺乏训练的对手是很不明智的。如果学员已经掌握了训练大纲中那些更简单、更迅捷的格斗术，那么下面列举的所有格斗招式就没必要学习了。（徒手）防枪刺可能是唯一的例外。

5. 用于控制或押送俘虏的擒拿术。

需要向学员指出一点，那些试图使用擒拿术却不是为了取对手性命的人应该意识到，他此举相当冒险，而这种风险只有在他已经抢先弄残了他的对手，或者他比对手在体格或才智上有明显优势时才是合理的。

枪刺防御术

要特别示范这样一种格斗术：用你的右手将对方刺来的枪挡向你的左侧，同时身体向左转过半周，立刻进入你对手的左手侧，用拳、脚或拳脚并用快速攻击对方。一旦你躲过了刺刀的刀口，就可以无视对方手中的步枪。

在此说明，如果你手无寸铁，身形特别敏捷，而且你的对手对于枪刺术完全外行，那么所有防御枪刺的招式都是非常有效的。

折臂擒拿（用来防御向下的击打）

不能浪费时间！在任何情况下对于这样的击打你都必须招架，所以用一只胳膊的前臂格挡，同时用膝盖和另一只手攻击对方（掌击或拳击其下颚）。

手腕和肘部擒拿（通常用于防敌锁喉）

不必麻烦，直接攻击便是，用膝盖顶档，手指戳眼。

拇指和肘部擒拿

除非你的对手失去理智，否则很难运用。示范如何摆脱。

侧面锁头

如果能即刻完全见效的话，这一招非常适合对付敌哨兵。但是，不要只用这一招来擒住对方，因为这会给你的对手机会——用抓裆摔来干掉你。

手臂和颈部擒拿

很有效的一招，但如果对手动作足够敏捷，这招根本不管用。

日式锁喉

当你的手位置正确，即差不多在头顶时，你就没法阻止你的对手把你的手拉开（如果他动作敏捷）。如果把手放低，虽然可以不被对方抓住并拉开，但很难起到锁喉所需要的杠杆作用，以致不能有效地锁住对方。而且如果你的对手身手敏捷，他可以以全身的重量向下坠，这样也无法将其锁住。日式锁喉只有在万无一失的情况下才能使用，并且要以极快的速度达成效果。对手头上的一顶钢盔就可能给锁喉带来很大的困难。

"碎石掌"①

这一招只有在特别合适的场合和对方腹部没有装具阻挡的情况下才有效。建议使用其他攻击方法。

"葡萄藤"②

作为一种禁锢人的手段是毫无用处的。这一招需要两个人配合，如果俘虏摆脱不了"葡萄藤"的锁扣（有些人能做到），他可能很快就会死掉。如果你想要俘虏的命，请便，但不要折磨他。如果你想把他禁锢起来，就把他捆起来。

"火柴盒拳击"③

是个好招，但在关键时刻你不会总能有个火柴盒在身上。为什么不先肘击对方，然后再掌劈或是拳击他的下颚呢？

大头警棍和弹簧短棍

手持这类武器的对手，无论以何种方式向你攻击，自己都会门户大开。只要对方胳膊一举（或者更早一些），你就上步近身用匕首攻击。如果你没有匕首，则近身掌击或拳击对手的下颚，亦可用膝盖顶击。如果你自己用弹簧棍打对方时连棍梢都碰不到他，那么估计你用这玩意儿给对方也造不成什么伤害了。大头警棍和弹簧短棍都不便携带，所以是否值得给自己找这样的麻烦值得怀疑。

安全剃须刀片或普通刀片（藏在帽檐里）

可以向学员展示，以使学员能够有所了解，但不鼓励使用这种装置。

还有以下所有这些格斗术——**手铐式擒拿**，对付小个子对手的手铐式擒拿，攻击腕、颈部，警用或"押解式"擒拿，锁单臂过肩摔及其变化，过臀摔，锁腕摔，

---

① 译注：用虎爪击打对手上腹部的招式。
② 译注：格斗中的一种锁扣技，因其使用双腿缠绕锁住对手而得名。
③ 译注：一种拳击技法。手心里握住一个火柴盒之类的东西以增强拳击的力度，然后向对手耳下的下颚骨处挥拳猛击，这样一拳就可能打晕对手。

日式锁踝摔，交叉背摔——有些虽然还不错，但是在尝试使用它们的时候会使自己门户大开，很容易为对手的攻击所伤。同样地，如果你摆出了使用这些招式的架势，也就等同于你正处于一个能够向对手发起致命攻击的位置。为什么要舍简求繁，多此一举呢？

附录——堵住俘虏的嘴

应采用以下方法：

1.将草皮、布头、手帕、军便帽等塞进俘虏的嘴里。

2.用类似于下颌受伤时急救包扎的样式，用一块布的中间盖住嘴，两头绕过下巴，在后脑勺打个结。如图所示。

3.再用一块布，中间从下方兜住下巴，两头从耳前绕过，在头顶上打个结。

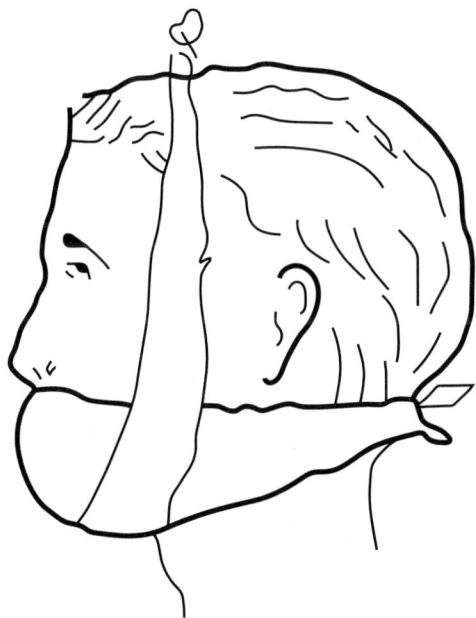

附录——攻击哨兵

在解讲用匕首或徒手杀死敌哨兵的方法时，教授的技法是专为一个人单独行动使用而设计的。这些技法仍然管用，并将继续向学员传授，但现在有必要进一步教授以两人为一小组攻击敌哨兵的方法，以便在那些有可能和更适合以双人小组行动的场合使用。对于增加的这部分训练内容，设想有两种不同的情况：

1. 对敌哨兵仅仅只是缴械、击倒、捆绑、堵嘴，以及在必要时将其弄到一个不会被立即发现的地方，单枪匹马要完成这一切是极不可能的。这就是为什么《近身格斗》将针对敌哨兵的行动局限于简单的将其杀掉。

2. 将敌哨兵缴械，杀死，并在必要时将尸体弄到不会被立即发现的地方，普遍认为单枪匹马不太可能像两个人那样可以高效而悄无声息地做到。

在上述两种情况下，行动的要领是：迅雷不及掩耳的行动速度、尽可能不发出声响。要领之一意味着两名攻击者完全清楚各自在行动中将要扮演的角色；要领之二则是指要避免敌哨兵掉落的步枪掉落或其带钉的靴子在石头路面、碎石或坚硬的地面上发出声响。

为进行以下练习，"敌哨兵"将脚穿带钉皮靴，头戴德国钢盔，身挎步枪。"攻击者"将穿着胶鞋。这种练习会在石砌路面、碎石路面或坚硬的地面上进行。

1. 当目的不是杀人时

按上述的模样装备起来的"哨兵"就位，步枪背在右肩上。攻击小组的两名成员在商定好各自的分工后，将按惯常的"潜行"方式，一个紧跟着另一个接近"哨兵"。第一名攻击者将从后方攻击"哨兵"，用前臂打击其颈侧，同时对其施以"肾拳"①（分别用左前臂和右拳头）。紧接着立刻用他的左手捂住"哨兵"的嘴和鼻孔。此时再上右臂，将"哨兵"向后下方拖拽。第二名攻击者几乎与第一个人同时出手，但他的任务是接住从"哨兵"身上掉下来的步枪，对"哨兵"进行攻击（掌根击下颚，拳击下巴或腹腔），并帮助队友将"哨兵"不出响动地放倒在地上。一旦"哨

---

① 译注：拳击术语。指用拳头击打对手肾脏区。在拳击运动中属于犯规动作。

兵"倒地，就立刻将其脸朝下翻过身来，第一名攻击者跨跪在"哨兵"身上，双膝顶住其腋下，将其捆绑起来。第二名攻击者在第一个人的对面，此时可以动手堵住俘虏的嘴。一旦捆好并堵上嘴，"哨兵"就要被两名攻击者抬起来走一段，借以模拟将俘虏放到不会很快被人看到的地方。

在黑暗中重复练习这几种变化：步枪背在"哨兵"的左肩头；步枪夹在"哨兵"的胳膊下；"哨兵"右手持枪，处于"稍息"姿势。训练目标是能够在两分半钟内解决敌哨兵。

2. 当目的是杀人时（用匕首）

第一名攻击者可以使用《近身格斗》中描述的方法杀死敌哨兵，第二名攻击者则负责悄悄夺取哨兵手里的步枪，并随后帮助队友将敌哨兵的尸体搬走，可能是抬进攻击者藏身的掩体里。可能并不总是有必要干掉敌哨兵，但以尽可能完整的形式对这一技能加以练习并没有什么坏处，这样的话，一旦有杀死敌哨兵的需要，一切都会以最敏捷的动作、最清晰易懂的耳语等进行。

或者，可以由第一名攻击者抓住敌哨兵并让他保持安静，同时第二名攻击者卸掉哨兵的步枪并使用匕首（刺入对方腹部）。对一些人来说这种方法似乎比第一种更合适，如果他们愿意，也不反对他们使用这种方法。

在白天和黑夜重复练习，练习时"哨兵"按 a) 中所列举的不同姿势持枪。

以上这些攻击哨兵的方法都建立在假定各种条件均有利于自己的基础之上，例如，隐蔽在敌哨兵眼皮底下，利用黑夜打掩护，行动前有观察敌哨兵装备、敌哨兵巡逻的规律或其他情况的机会等。这些方法教会了学员在敌哨兵容易被解决掉的情况下该如何行事，但必须向学员们指出，如果他们遇到不同于预期的情况，那么在很大程度上将由他们自己想出能够得手的办法。他们也许天生就具备某种策略意识，但如果没有，那么他们最好不要去执行这一特殊任务。

基于这个附加条件，应当鼓励学员独立思考，并找到应对各种不同情况的办法。例如：掩蔽条件可能不够好；敌哨兵是两人而不是一人（这种情况下可能要布置两个攻击组）；一个人虚张声势迷惑敌哨兵，另一人实施攻击可能效果会更好；有时可能无法从敌哨兵身后发动攻击，那么此时可能不得不用扔石子的老招数来分散他的注意力，等他转过脸去再伺机下手。如果可能的话，应该给行动人员一些时间来解决肯定会出现的问题，在这方面花费的时间的多少很可能意味着战场上的成败。

有报告说，德军哨兵已经有了一种携带步枪的习惯，养成这种习惯已经有些时日了，以至于几乎不能对他们进行无声攻击。这似乎是敌人的一种防卫手段。

德军哨兵携带步枪时似乎是把枪扛在左肩上，但其持枪的左手偏向左边（与身体正面大约成 45 度角）并微微抬高。这意味着，当哨兵的步枪放在靠近颈部的左肩上方时，枪口却指向右肩的后方。

德军哨兵的持枪动作，加上他们头上戴着的钢盔，有效地排除了攻击者用前臂从任意一侧击打哨兵颈侧的可能性。

然而，我们发现，在对敌哨兵的肾脏部位进行重击时，攻击者有可能用左手捂住敌人口鼻，并将其脑袋向后拉拽。

在这种姿势下，步枪被固定在攻击者和被攻击者之间，没有掉到地上的危险。不过，第二名攻击者必须同时用左手抓住步枪的枪口，用力向前推，以防它打中第一名攻击者的头部。然后他可以用拳头击打敌哨兵的腹部，但不能用掌根或拳头击打其下颚，因为第一名攻击者的手正捂在上面。

如果第一名攻击者用右拳击打敌哨兵的肾脏部位，然后用右手锁住敌哨兵的右臂，这样便不会挡住第二名攻击者，使之可以将左膝滑到敌哨兵的双腿后，这对我方十分有利。

敌哨兵被向后拖拽时，（在第二名攻击者左膝的顶击下）他的双脚会自动被撬离地面，并且动静极小。采用这种方法，唯一有弄出声响的风险，似乎就是敌哨兵在受到攻击时钢盔会碰到他的步枪，但敌哨兵既然把步枪扛在这个位置，那么这种磕碰声一定是他走路时经常会出现的。

前述的敌哨兵携带步枪的姿势，使单独一人想要悄无声息地杀死一名哨兵的难度大为增加。不发出一丁点儿声响几乎是办不到的。

武器训练

对教官的几点说明

不可能每一名教官都是身经百战的枪手。但是，成功教会学员手枪射击术是可以做到的，这就要求学员全面掌握关于手枪的使用原则的知识，并将其应用于实践中。这一原则并非枪战特有，而是以身体的自然动作为基础，因此教学很简单，即如果要以最大限度的想象力来呈现枪战的各种情况时，为其提供环境背景。教学中必须特别注意身体的本能动作，以及赖以保命的动作速度。

有很大比例的学员之前曾接受过使用转轮手枪的训练。不要太过直白地说他们过去的训练方式不好，因为他们中的一些人在用手枪防身或射击比赛方面可能已经取得了相当大的成就。教官最好给学员做一个适当的介绍，描述出他们可能要用到手枪的情况，并清楚地告诉他们，在这种情况下，你将要教授给他们的是唯一可取的射击方法。

如果学员们不断地提出问题，就表明他们对这门课程很有兴趣。如果学员们总是询问：“什么才是自然本能的动作？”教官总能给出一个令人满意的答案。

在有时间、有弹药的情况下，训练的目标就是使学员掌握精准、快速、实用的射击方法。花费时间去教授一些花里胡哨的射击术是毫无道理的。

射击和每一项体育运动一样，只要讲授的原则是合理的，在实践中就可以熟能生巧。应该尽一切努力调动学员的积极性，使其自觉自愿地加以练习。对着镜子进行模拟练习尤其有益，应该加以鼓励。

冲锋枪的射击教学原则与手枪的教学原则完全相同，即以极快的速度开火攻击，以足够的准确度击中人体的要害部位。冲锋枪的使用条件也和手枪一样，即需要在近距离以极强的攻击力和高度集中的火力射杀。

冲锋枪的射击原理和操作原理是两码事，因为你使用的是一种弹匣容量更大，且能够连发射击的双手持用武器。除非对枪的控制很稳，否则连发射击是没有用的。在近距离枪战的兴奋和紧张中，很难完全控制住冲锋枪的连发射击，因此最好始终是单发射击。通过练习，可以做到用冲锋枪快速单发射击，并且射击精度可以达到与手枪相同的水平。

使用双手持用武器射击时，打得最准的姿势是抵肩射击，因为这种姿势可以使枪与射手的眼睛在一条直线上，你可以自然地控制枪口指向。决定射击姿势的关键因素当然是你从"携枪"姿势转入"射击"姿势的速度。对于汤姆逊冲锋枪来说，普通人能够以最快速度转换的射击姿势是"腋下挟枪"姿势。只要射手放低头部靠近枪身，这就是一个能够精确射击的姿势。很少有人认为汤姆逊冲锋枪的枪托可以让射手转为抵肩射击姿势的速度与"腋下挟枪"姿势一样快，但对那些确实适于抵肩射击的人来说，这一定是打得最准的姿势。

在你必须以极快的速度转入射击姿势的近战中，冲锋枪蹲踞射击姿势已经被证明几乎毫无用处。这种姿势下枪身相对身体的位置太低，距离头部和眼睛很远，所以你既不能控制自己的射击姿势，也不能控制枪口的仰俯角度与指向。

拜重量和设计所赐，斯登冲锋枪是一款可以快速抵肩射击的理想武器。将斯登冲锋枪抵肩的速度可以和将其端在腰际的速度一样甚至更快。当然，抵肩射击的精度一定更高。

人们总是喜欢将斯登冲锋枪和汤姆逊冲锋枪相提并论，并得出不利于斯登冲锋枪的结论。这种认识是错误的，因为斯登冲锋枪确实是对于我们这一行而言更好的武器。斯登发射的是欧洲标准弹药，它比汤姆逊冲锋枪更轻，更易于隐蔽，机件结构也更简单。

在某种程度上，斯登 Mk II 型冲锋枪在实战中容易出现卡壳故障的情况被夸大了，这通常是由于弹匣装填不当或对枪的操作不当。

手榴弹在某些情况下是一种非常致命的近距离武器。应当向学员教授如何使用手榴弹，并尽一切努力使手榴弹实弹投掷训练尽可能贴近实战。

手枪训练课程介绍
（在最初两次射击练习之前抓紧完成。）

训练装备：22 口径"高标（Hi-Standard）"手枪①和 32 口径柯尔特手枪（或其他任意型号的转轮手枪或自动手枪）。

1. 验枪（示范）

当你拿起任何一支枪时，你要做的第一件事就是验证这支枪膛内无弹。

要验证一支自动手枪膛内无弹，首先应取出弹匣。弹匣卡笋位于手枪握把的底部。用左手的拇指将弹匣卡笋向后推，退出弹匣。然后，用左手手指抓住套筒，肘部靠近身体，左手不动，右手用力前推，使套筒前后滑动两三次。

手枪的供弹具（弹匣）已经被拿掉，任何可能残留在枪膛内的子弹都会在套筒滑动时被弹出。因此，武器此时是安全的。

2. 装弹（示范）

a) 给弹匣压弹

左手握住弹匣，拇指放在装弹助力销上。用右手向弹匣内压弹，弹底先进，用装弹助力销将弹匣内的托弹板向下压，使每一发子弹都被收纳在弹匣内。

b) 用左手将装填好的弹匣插入手枪，最后用拇指推一下以确保弹匣在正确的位置。

c) 向后拉套筒，再使其向前弹回，将弹匣内的第一发子弹送入枪膛，进入待击发状态。

做完上述这些步骤之后，这支枪现在已经可以射击了。

3. 退弹（示范——与验枪方法相同）

注意：

在自动手枪的使用和操作中，射击和装弹速度至关重要。只有正确操作武器，才能达到需要的速度。每只手都有明确的任务。右手握枪，食指放在扳机护圈内，左手进行各种操作，如验枪、装弹与退弹。可将自动手枪向左或向右翻转一个角度，以使左手装卸弹匣和拉动套筒的动作更自然顺畅。

4. 射击（介绍）

---

① 译注：美国高标武器公司（High Standard Firearms）生产的小口径手枪，非常适合用于新兵训练。

抛弃手枪是一种自卫武器的想法，事实并非如此。手枪与步枪、机枪或任何其他战斗枪械一样，是一种进攻型武器。

手枪与其他枪械的区别在于手枪的枪管很短，发射圆头手枪弹，因此是一种近程武器。手枪的作战距离通常不超过 12—15 码。当你以如此近的距离攻击敌人时，你必须以极快的速度移动，必须能够以任何姿势，在任何光照条件下（即使是在一片漆黑之中）取其性命。

想象一下你可能会使用手枪的情形。以黑夜里突袭敌人占据的房屋为例。首先考虑一下你用什么方式冲进屋内。你永远不会胆大包天地径直来到房前，像串门拜访那样信步进屋。相反，你将采取隐蔽的方式。你将处于紧张而兴奋的状态，提心吊胆地警惕着来自任何方向的危险。你会发现自己本能地蹲伏下来，用你的脚掌保持身体的平衡，采取这种姿势你可以向任何方向快速移动。进入屋内之后，你开始搜寻沿着各条过道移动——也许是上下楼梯——的敌人，倾听和感知任何危险的征兆。突然，你与敌人在拐角处打了照面，你必须毫不迟疑地在他有机会杀死你之前开枪干掉他。

从这幅想象的场景中可以清晰地获知以下事实：

a) 你将始终采用蹲伏射击的姿势，绝不会直挺挺地站着。

b) 快速击杀敌人时，你没有时间采用任何花哨的射击姿势。

c) 你没有时间仔细瞄准。

任何不考虑这些因素的射击方法都是无用的。近距离枪战，生死只在一瞬间。在这种情况下最佳的射击方法就是所谓的"本能指向"法。

5. 什么是"本能指向"？

这是人在精神专注时用手指向某个物体的自然方式。

举个例子：你端端正正地站在一个人面前，用手指向他的腹部中央、右脚或左脚、右眼或左眼。你不会低头看你的手指和视线——你本能地知道你正指向确切的位置。那么让我们分析一下你正在做的事情。你指向某物时，手指手臂的延长线落点正对你的身体中央，那么在这个姿势下，这条延长线也正对着你双眼的中心，因此你所指向的就是你的视线中心。这是人的一种本能，你对自己视线的方向和高度有着自然的控制。

从你的体侧尝试快速指向。你会发现你对你指的方向失去了本能的控制。原因很明显，此时你的视线和指向线之间的距离较远。指向线的任何微小变动，都会给你的指向带来很大的误差，即使物体就在面前几码远的地方。

因此，我们将要应用的手枪射击方法是本能指向，即用手枪代替手指进行指向。

6. 持枪

正确的持枪方法如下：

a) 要始终非常用力地握住手枪。紧紧地握着它，好像你想把枪柄捏碎一般。这一方法适用于任何型号的手枪，无论尺寸大小。

b) 扣扳机的手指始终放在扳机护圈内，指甲盖贴在扳机护圈内侧的前端。这根手指永远不要沿着扳机护圈外侧移动，那样会减慢你快速射击的速度。

c) 试着让你的右手拇指沿手枪机匣的侧面水平游走，即和枪管处于同一平面上。这样有助于你自然地举枪指向，也使你能够从侧向控制手枪。

7. 射击姿势（示范）

自然的蹲伏姿势，用脚掌保持身体平衡，重心压在前脚上；双肩与目标垂直。握枪的右手沿躯干的中心线向目标伸出，直到手臂几乎完全伸展，形成自然指向的姿势。手枪的枪管要始终与地面平行。在这样的姿势下，右手稍微向右转过一点，以使枪管直接指向瞄准线的中心。这就是射击姿势。

在整个接敌的过程中，不可能一直保持实际射击的姿势。射击姿势是一种全身紧张的姿势，每根神经都专注于怎样以极快的速度杀人。在接敌过程中，有必要采用一种更为放松的姿势，但必须能够在几分之一秒内从这种放松姿势转入"射击姿势"。这种放松姿势称为"预备姿势"，是按如下所述的那样，从"射击姿势"中脱胎而来的：

想象在躯干中间有一道线。手腕和肘部固定不动，然后只靠转动肩膀让手臂沿着这道线滑向下方，直到手枪指向身前两三码的地面时为止。整个过程中手腕和肘部都没有放松，肩膀带动手臂向下的动作幅度也尽可能小。要恢复"射击姿势"时，还是用肩膀带动手臂，以快速、流畅的一个动作完成。完成后不需要再做调整，因为此时已经恢复了原来的正确姿势。

8. 分组练习验枪、装弹、退弹，以及"射击姿势"和"预备姿势"

注意：学员做手枪装弹练习时不要用压有实弹的弹匣。在学员准备进行射击练习时才可以让他们练习给弹匣内压弹。当教官站在学员面前，使自己成为射击练习的目标时，他正好处于检查学员姿势是否正确的最佳位置。教官必须确保所有的安全措施都得到了遵守，尤其是每支枪都已验枪通过。

射击练习

课时 I

训练用靶：2 号人形全身靶，田野灰色、白色，瞄准标记在人形的腹部位置。

距离：3 码。

训练用靶的用途：它是一个距离射击者非常近的大号标靶，这样的靶子你不会打不中，因此你可以准确地看到每发子弹命中的情况。瞄准标记就是你专注射击的目标。如果你沿躯干中心线做出的射击指向正确，并且你举枪的仰俯角度也100% 正确，那么每发子弹都一定会打在瞄准标记处。如果你的射击指向正确，但你举枪的仰俯角稍有偏差，那么你的弹着点将显现在瞄准标记的上方或下方，这些弹着点将落在瞄准标记的中心线上。这就是我们所追求的效果。如果你的弹着点出现在瞄准标记左边，那是因为枪管没能直指瞄准线。补救方法——将持枪手稍向右转。

如果弹着点显示在靶子的右边，那是因为你击发时枪的位置没有在身体的中线上。

弹着点始终偏低——要么是因为枪管未与地面平行，要么是因为你是在枪身上扬时击发的。[1]

弹着点始终偏高——枪管未与地面平行。

要打死一个人，不必一枪射穿他的心脏。人身体上最脆弱的部分是从裆部到头顶这一段。对这个区域内的任何部位快速连发两枪就能彻底搞定一个人。

---

[1] 译注：手枪射击时的常见现象，俗称"磕头"。这是因为缺乏经验的手枪射手在扣动扳机的瞬间会不自觉地给枪身施加一个向下的力矩，而在枪身本已上扬时击发，射手会因看到枪身指向偏高，担心弹着偏高而刻意压腕矫正，从而导致压枪动作与扣扳机瞬间的向下力矩叠加，反而使弹着点偏低。

手枪训练的目标是做到以最快的动作进行攻击，并以足够的射击精度命中人体的脆弱区。

射击练习——第1项（22口径手枪）

训练用靶。

距离：3码。

用弹数：6发，在可控状态下射击。

学员向弹匣内压入6发子弹，然后前往射击点。听到"装弹"的口令后，装弹入膛并成"预备"姿势。

不击发，练习从"预备"姿势流畅地转为"射击"姿势，同时教官检查动作是否有错，然后恢复"预备"姿势。

听到"一！"的口令后，学员呈"射击"姿势，打出一发子弹，然后恢复"预备"姿势。重复。

听到"二！"的口令后，学员成"射击"姿势，快速打出两发子弹，然后恢复"预备"姿势。重复

退弹。学员与教官一起检查靶标上的弹着点，讨论弹着点位置错误与"射击"姿势的关系。

射击练习——第2项（22口径手枪）

目标：在不同距离和高度射击移动和隐显的标靶。

用弹数：8发。

新学员用训练靶模拟的是一个近距离站在你面前的人，对这种靶子的射击练习已经清楚地表明，如果你注意力集中，握枪正确，沿身体中心线做出指向，那么将你射击的弹着点控制在对方身体的重要部位是多么容易。

现在我们将射击移动靶。

假设你被要求用手指向出现在你面前靶场上的任何目标。如果有人认为你没法准确地做到这一点，那真是荒谬至极。只要你选择了正确的姿势，并且全神贯注，那么指向目标就和自动瞄准一样容易。还有一个问题要考虑到，那就是转

身射击左边或右边的目标的正确方法。

试图硬性规定一个人在转身时双脚应该如何移动是可笑的。在快速的近身枪战中，你的双脚应当像拳击手的步法那样，自然而本能地移动，以此来保持身体平衡。转身射击最重要的一点，是你必须以<u>极快的速度</u>射出子弹并命中目标。只要你发射子弹时的姿势是正确的，即身体保持平衡，双肩与目标成直角，手枪沿身体的中心线指向正确，那么你的子弹是如何击中目标的并不重要。

转身时的常见错误是手臂摆动得比身体快。这种倾向通过练习是很容易纠正的。手臂不能独立于身体移动，它们应当保持在原位，即在身体的中心线上，用肩膀带动手臂。

你要始终对每个目标快速射击两次。原因如下：

1. 你必须<u>杀死你的对手</u>。一枪可能就可以要了他的命，但最好是向他开两枪，<u>以确保万无一失</u>。

2. 如果一个人冲过来攻击你，而你向他身体的要害部位开了一枪，他很少会立刻被击倒；他的神经系统在几秒钟内都不会崩溃。换句话说，如果你对他<u>连发两枪</u>，他就会因神经系统的即刻崩溃而倒下。

3. 如果你正准备扣动扳机去给对手一枪，而你却看到了他的枪口发出的闪光，你会本能地"僵住"片刻。即使他没有打中你，他也会取得一瞬间的优势。先下手为强，你必须训练自己能够做到以极快的速度连开两枪，以此占得先机。即使你第一枪未中，第二枪也能拿下对手。

分组轮流练习。在这项练习中，你的弹夹内将装有 8 发子弹。你要在每个目标出现时对其进行两连发快速射击。

注意：在本项和其他各项练习中，教官应密切观察学员身体姿势的每个细节，身体的自主移动以及任何影响射出的子弹的弹着点的因素。与学员讨论分析弹着点以及发生"脱靶"的原因，并纠正错误。

课时 II（0.5—1 小时）

射击练习——第 3 项（22 口径手枪）

目标：不同距离和高度的移动靶和隐显靶。

用弹数：8 发。

此项射击练习与第 2 项练习类似。这是一项热身练习，目的是检查前一课时所学习的所有内容。练习中将再次强调速度。快速、流畅地移动身体转入射击姿势，握紧枪柄，以及极为迅速的击发动作决定最快的射击速度。

射击练习——第 4 项（22 口径手枪）

目标：移动靶和隐显靶。

用弹数：8 发，在黑暗环境中射击。

你必须能够做到在黑暗中开枪射击和在白天打得一样好。这一点做起来并不难。要知道，既然你可以在黑暗中毫不费力地用手指指向一团影子，那么用自动手枪瞄准射击也同样容易。但是，你必须保持警觉，全神贯注，凝视着黑暗深处，这样你才能够在黑暗中分辨出目标的移动，然后毫不迟疑地干掉它。

注意，在靶场上以何种方式进行此项练习将取决于有何种照明设施可用。以下方法均可：

1. 在黑暗中用闪烁暗淡的灯光提供微弱照明，或者不停开合罩在灯上的遮光布，造成光线闪烁。

2. 在一片漆黑中，用微弱的手电光在靶场区域快速来回移动。

3. 使用夜间用望远镜。

射击练习——第 5 项（22 口径手枪）

目标：移动靶和隐显靶。

用弹数：8 发。

在之前的练习中，射击是在一个确定的射击点进行的。而在真正的战斗中，你的攻击始终要在移动中进行。在练习移动时，重要的是要记住，无论你在实际击毙目标时移动得有多快，你都必须百分之百处于正确的"射击姿势"，身体蹲伏并保持平衡，手中的枪正确地沿瞄准线指向目标，并且每根神经都全神贯注，要将子弹深深地射入目标的肚子。

将靶场想象成一间地下式的小酒馆，里面有很多德国佬。你在酒馆外面，手握上了膛的手枪，准备冲进去无情地杀死他们。

在旧式风格的射击术中，只有通过缓慢而隐蔽的移动，并且敌人在你真正进入酒馆之前什么也没有听到或看到，这种性质的攻击才能进行。当你对付一个警觉的敌人时，这是一种不切实际和危险的方法。

以下是一种更好的方法，它可以带来出乎意料的惊吓，即使是最危险的家伙在这种方法面前也会有几秒钟僵立原地，呆若木鸡：

> 拿着你已经上膛的手枪，悄悄地接近地下小酒馆的门口，不发出任何响动。接着悄无声息地轻轻转动门把手，做好突袭的准备，然后踹开门，以最快的速度和声势冲进屋内，在德国人意识到发生了什么之前将他们击毙。

注意：旧式的和新式的突袭射击法都由教官演示，尤其要展示身体如何在蹲伏姿势下保持平衡，以及无论双脚如何移动，都要保持正确的射击姿势。此外，还要强调在进入酒馆之前和进去之后，在"射击预备"姿势下怎样握持上膛的手枪。

弹匣内装填 8 发子弹——每个目标打两枪。

在监督学员射击练习的过程中，教官要尽可能地提高学员的射击速度。

如果某个学员的动作做得太大太猛，使得他的姿势完全走样，那么就应让其进行速度较慢的控制性攻击练习，视其进步情况可逐渐加快速度。

课时 III

射击练习——第 6 项（32 口径柯尔特手枪）

目标：移动靶和隐显靶。

用弹数：6 发。

除了弹匣上没有装弹助力销之外，32 口径柯尔特手枪的操作方法和 22 口径"高标"手枪的相同。给弹匣装弹时用左手的拇指压住前一发，以使后一发子弹的装填更顺畅。

你可以使用英制、美制或其他国家的任何一种型号的自动手枪或左轮手枪。重要的是要记住，在正常的握持姿势下，你手中枪的枪管要始终与地面平行。

在用一支陌生的手枪射击之前，一定要试着摆一摆射击姿势。要找到这支枪的使用感觉，摆好射击姿势，枪管与地面平行，定住手腕，这样，你转为"预备"

姿势并再次转回到"射击"姿势时，枪管才会始终保持稳定，不会高低摇摆。

弹匣内装弹 6 发。每个目标射击两枪。

<u>注意</u>：教官应再次强调要紧握枪柄。在使用 22 口径手枪时，枪柄握持稍微放松一些可能并不会导致子弹脱靶，但使用口径更大的武器时，不握紧枪柄对射击精度产生的影响会更为明显，出膛的子弹可能会发发脱靶。

在进攻中要不断加强攻击性。攻击性意味着全神贯注，这在练习中是至关重要的。同时攻击性在实战中还对特工应有的精神状态起着激励作用。

<u>射击练习——第 7 项</u>（32 口径柯尔特手枪）

目标：移动靶和隐显靶。

用弹数：6 发。

照明光线微弱——与第 4 项练习相同。

<u>注意</u>：再次强调射击速度和保持正确的射击姿势，加快靶标的移动速度。

课时 IV

<u>射击练习——第 8 项</u>，室外训练（22 口径手枪）

目标：全身靶，靶心在人形靶的肚子位置。

射击距离：20—25 码。

用弹数：6 发。

到目前为止，我们采用的一直都是应对近距离枪战的常规射击姿势。不过，有时也会需要进行远距离射击。此时，<u>首先</u>要采取卧倒姿势：这种姿势为你提供了一个理想的射击位置，同时也使你成了一个很难被打中的目标。

（示范）正对标靶卧倒，右手握枪，左手握住已成拳状的右手，拇指指向前方，远离套筒的后座行程；双肘着地，分开距离要远；头部与手枪上的瞄具拉开距离。

<u>接下来</u>，示范户外开阔地远距离射击姿势，一种能够非常迅速地从常规持枪姿势转换成射击姿势。

双脚分开，身体保持平衡，正对标靶。右手握枪，<u>直直地</u>伸向体前。左手握紧已成拳状的右手，拇指远离套筒的后座行程，将已完全伸直的右臂略微向后收

一点。身体呈这种姿势时，手枪位于身体的中心，并且就像夹在虎钳里那样被紧紧地握住。（示范）

第三，示范躲在掩蔽物后面的远距离射击姿势。利用一根路灯柱、一棵树、房屋的一面墙、门道……事实上任何能为你提供掩蔽，足以支撑你的体重的东西。这种姿势是一种理想的射击姿势，能够最大限度地防护你身体的重要部位。

利用就近的一棵树作掩蔽，把左脚脚尖和左膝顶在这个掩蔽物上，右脚向后伸，直到右腿达到僵直的程度。右手的大鱼际①靠在掩蔽物的右手侧，左手抓住右手腕，手背向下。整个身体各处现在都已有了支撑，并在掩蔽物后摆好姿势，从而获得最大限度的防护。手枪必须握紧，不能向右歪斜。（示范）

分组练习。弹匣内装弹6发。以卧倒姿势进行两次瞄准射击或概略瞄准射击。迅速起身，在开阔地采用远距离射击姿势，再开两枪。然后快速移动到一棵合适的树后，以掩蔽物后的远距离射击姿势发射最后两枪。

注意：需要强调的是，转换射击姿势时动作要快。在射击时允许使用枪上的瞄具，但不总是有时间使用它们；要向学员解说快速瞄准的必要性并进行练习。

射击练习——第9项（22口径手枪）

目标：离地约20英尺高的"挂式"标靶。

射击距离：离作为掩蔽物的树8—10英尺。

用弹数：6发。

"低打高"射击的难点在于控制你手中的枪的仰角。通常你会发现，向高处射击时，你要么在打在目标上方，要么打在目标下方。这是因为开枪时你的手臂和身体向上抬起的速度很快，除非每个动作都100%正确到位，否则瞄准的目标是不正确的。

最好是用身体的动作来抬高手枪，这个动作通过多加练习可以很容易地控制。在上半身向后仰到身后的那条腿上方的同时，右臂笔直前伸。（示范）

---

① 译注：人的手掌正面拇指根部，下至掌跟，伸开手掌时明显突起的部位，医学上称其为大鱼际。

当你位于目标正下方时，是无法以这种方式射击的。例如，如果你在上楼梯时突然遭到来自楼梯顶部的攻击，在这种情况下，对付目标最快最好的方法就是迅速将右臂指向目标，就像你试图将枪口戳进敌人的肚子一样。

分组练习。弹匣装弹 6 发。在"挂式"靶标下面，采用像射击与你同高度的目标一样的常规的射击姿势。当听到口令"上！"时，向"挂式"靶标射击两枪，然后返回常规姿势。重复动作。听到口令"前进！"时，迅速向靶标的方向移动；当你几乎在靶标正下方时，你会听到"上"的口令，此时你必须以闪电般的速度举枪朝上，按照你所学的方法射击两枪，射击时手臂笔直伸出，就像你要将枪口插入敌人的肚子一样。

课时 V

射击练习——第 10 项，室外训练（22 口径手枪）

目标：3 号靶。

射击距离：两棵树之间距离地面 20—25 英尺高的平台上，或从一处合适的悬崖或类似的地点射击，这样的射击位置几乎可以将目标放置在射手的正下方。

（示范）"高打低"。与"低打高"射击一样，"高打低"的难点在于以常规姿势射击时控制枪口的仰俯角度。此外，在向低处射击时要想看到目标，必须将身体的大部分暴露出来。在这种情况下，最好的方法是侧身站立，最大限度地向目标的方向伸出右臂。手中握着的手枪就像是右臂的延伸，这样通过转动持枪手并向下直视手臂，枪上的瞄具就对准了目标。

你会发现你可以站在离平台边缘几英尺远的地方射击，这样你的射击对象几乎是看不到你的。

这是从屋内向低处的人打冷枪的最好方法。如果窗台较高，你可以站在离窗户几英尺远的桌子或箱子上射击，这样可以最大限度地隐蔽自己。此外，手枪的枪口焰和硝烟都在房间里，除非正好在射击时被对方看到，否则对方很难发现枪是从哪儿打来的。

弹匣内装弹 6 发。

注意：在示范射击前，教官应演示此种射击姿势的隐蔽程度。学员们分成小组站在射击平台下面，教官登上平台，演示正确的姿势，仿佛要依次瞄准每个学员的胸口射击那样。

射击练习——第 11 项，室外练习（32 口径柯尔特手枪）

目标：三个带双肩和双手的人形全身靶。

射击距离：最远 35 码。

用弹数：6 发。

在户外开阔环境中攻击，此项练习是为了以更快的速度接近并攻击敌人。

靶标可以从大约 35 码远处看到。

弹匣内装弹 6 发。

学员以匍匐姿势前进两至三码，向一个全身靶射击一枪，然后迅速起身向前跑 20 码，以站姿状态下的远距离射击姿势打掉另一个全身靶，接着毫不迟疑地快速移动到近距离，并以常规射击姿势对付剩下的两个标靶。

注意：必须自始至终向学员强调攻击、开枪的速度，以及使用正确的射击姿势。

此项练习的动作顺序当然可以根据实际情况做调整。如果可能，起点应该在一个学员可以借助掩护开第一枪的位置。两个近距离射击的靶标应分开较大的距离，使学员在向它们射击时要最大幅度地左右转身。

射击练习——第 12 项，室外练习（32 口径柯尔特手枪）

目标：与第 11 项练习相同。

用弹数：6 发。

该项练习是第 11 项练习的重复。

课时 VI

射击练习——第 13 项，室外练习（32 口径柯尔特手枪）

潜行接敌课程，6 个标靶，用弹数 14 发。

注意：潜行接敌课程的目的，是将实战中目标可能出现的各种距离呈现在学员面前，迫使他们立即确定哪里是对付眼前目标的正确位置。目标也应该出现在不同的高度。

为了使学员能够从这一课程中得到最大的收获，应尽力向他们展示实战中将会出现的问题，继续强调在整个手枪训练课程中已经多次强调过的原则。如果学员能够将眼前出现的情况处理得令人满意，他的成功也将增强他对自己解决其他意外情况的能力的信心，这门课程将教会他对各种可能出现的情况进行预判，并立即找到补救办法。而对那些在行动时被"捉个正着"或犯了错误的学员，这门课程将会告诉他在实战中应该做什么，以及为什么要这样做，这样他也会懂得在行动中该如何去做，并被鼓励提高自己的能力。

学员将在整个课程中运用他所掌握的野战技能知识。在《近身格斗》规定的初级练习阶段中，将向学员教授正确的潜行接敌方法。

有一种倾向是把潜行接敌课程作为对在野战技能方面观察力不够敏锐的学员的一项测验，这样学员可以不费一枪一弹地完成整个课程。这并非我们设立该课程的意图。潜行接敌课程是一项射击练习，其所有的重点在于以实践的方式向学员展示攻击的速度、大幅度转身时对射击姿势的控制，以及对付中等距离的目标和比较棘手的目标时采用其他射击姿势的必要性。如果有必要，应该找一个他未曾看到却突然出现的目标"吓吓"他，从而使他做出下意识的反应。必须迫使他在干掉目标时保持快速移动，并且不许他有意地进行瞄准。

过去在训练中所使用的是一种评分体系，"命中"目标可以得到很多分数。这在实战训练中是没有用的，因为这会鼓励射击者有意瞄准，从而得到一个好分数。

射击的靶子应该画成德国人的模样。这是一个简单而标准化的，不需要艺术家的专业服务的设计，很容易就能办到，并且从训练器材维护的角度来看也是最实用的。在解决了第一个目标之后，学员就会知道他在搜寻什么，就像他真的是在对付一个穿制服的德国人一样。

当学员们在课程开始前在"等候区"接受分组时，应充分向他们说明此项训练课程的目的。如果围绕课程模拟场景，特别强调想象力的运用，就会使学员产生学习兴趣。学员们会觉得他们不是在向枪靶射击，而是在向德国佬开枪，他们必须先发制人，不给敌人杀死自己的机会。

准备两个弹匣，每个弹匣装弹 7 发。向每个靶子射击两枪。打完三个靶子后，换一个新弹匣。重新上弹匣时必须小心，因为此时枪膛里还有一发子弹。取出空弹匣，插入新弹匣，继续练习。打完第 6 个靶子——退弹，取出弹匣，退出枪膛内剩余的一发子弹。重新装弹时，你必须躲在掩蔽物后面。在装弹的这几秒钟里你几乎是赤手空拳的，如果让你的敌人利用了这一点，你将陷入非常不利的处境。

课程结束后，教官要与学员讨论他在课程中的表现，尤其是他攻击目标的方式，以及在实战中可能致命的在野战技能训练中的失误。

课时 VII

需留出 10 发子弹以及 32 口径柯尔特手枪用于巷战课程。在没有条件开设此课程的地方，则应进行一项额外的室内移动目标射击练习，或者，如果时间允许，则应追加"潜行接敌"练习。

注意：建议在所有靶场附近都建造一个室外的"射击位"。这个"射击位"的目的是缩短主要射击练习时学员"干等"的时间。在一名学生完成了一项练习后，他将在另一位教官的指导下用 22 口径的手枪再加练一次，然后他会回到原来的靶场继续练习。"射击位"的射击练习，将以后附的练习项目表中所示的在主靶场进行的射击练习为基础。此外，从挂肩枪套中拔枪和射击技巧将被纳入练习内容。

射击位

应当建在一个"安全"的地方，尽可能靠近主靶场。这个练习区只需要用成捆的草或枕木搭出一条射击巷道，巷道左右两侧约 5 码的地方用沙袋或草袋堆砌。

目标应该是移动靶或隐显靶，但如果办不到，就用固定靶。用固定靶进行练习的方法如下：

带头部、双肩以及全身剪影形状的靶子，尽可能大范围地放置在巷道的左右转弯位置。在学员的面前从左往右开始对这些靶子编号，编号可以真的写在靶标上，也可以口头告知学员。对各个靶子的射击根据教官的口令进行。例如，教官下达口令"2！"时，学员即攻击 2 号靶，连射两枪。紧接着教官下达口令"4！"，学员射击 4 号靶，以此类推。虽然这种方法不如射击移动靶或隐显靶的练习有效，但它确实会让学员精力集中，全神贯注等待教官的口令。此项练习的另一个优点是靶子可以挪动到任意位置。

在"移动"练习中，为使学员能够熟练地做出完全转身的动作，要让他背对着靶标站着，给手枪上弹匣，但不要打开击锤。此时教官上前与他交谈，尽量把他的注意力从靶子上移开。在交谈过程中，突然对学员一声怒喝，命令他射击靶标，这样他就不得不立即一气呵成完成转身、扳击锤、射击靶子等动作。对于挂肩枪套的使用训练来说，这也是一个很好的练习方法。

身着战斗服是无法以合适的方式使用挂肩枪套的，因为这种枪套是为便装设计的。在练习中，挂肩枪套应该脱下夹克后再佩戴，或佩戴在战斗服外面。

幕帘的使用

用幕帘改造靶场是一位颇有名气的军械委员会教官搞出的一项创新发明，它可以将靶场迅速变换成一条能够轻松设置一些急转弯和突然出现的靶标的巷道。办法很简单。在靶场四处，每隔4、5码就竖起一根杆子，一直延伸至射击点。在这些杆子上都拉上铁丝，在靶场内纵横交错，然后将撕开的麻袋片挂其上，形成大片一直垂到地面的幕帘。通过交错布置这些幕帘，就可以形成一条巷道，学员们就沿着这条巷道演练攻击。靶子被放置在各种出人意料的地方，还可以设计让学员在穿行巷道的同时进行越障。这些是幕帘最常见的用途，但也可以将幕帘设置为房间的墙壁，再在两根支架上安一个门框，即可模拟出在房间内的攻击演练。

射击位射击练习（均使用22口径的手枪）

课时	练习项目	用弹数
I	1. 在立靶前左右转身，有控射击。	6
II	2. 在立靶前左右转身，加快射击速度。	6
III	3. 加入身体的移动。	6
	4. 重复练习：利用门和遮蔽物。	6
IV	5. 远距离射击。	6
	6. 低打高，匍匐姿势，远距离。	6
V	7. 移动中大幅度转身向靶；从挂肩枪套中拔枪。	6

关于武器的保养和枪战，有许多有趣的知识点，可在本课程结束前用一堂简短的讲座一起介绍。

非正规的枪油：自动武器内的快速动作机构和轴件表面必须保持轻度的润滑，以避免过热和卡住。学员在执行任务时很可能无法得到正规的枪油，所以在紧急情况下，可以用以下的东西来给武器上油：

1. 培根的油脂
2. 动物油脂——蜡烛
3. 石墨——铅笔芯

持枪看押：一般来说，当你攻入一间房间，你会立即杀死房内所有的敌人。然而，有时出于这样或那样的原因，你需要先用手中的枪将这些敌人镇住，而突袭小队的另一名队员可能正在找绳子将他们捆起来，或者在处置他们之前，先由我方队长对其进行审问。

常规的射击姿势是一种全身肌肉紧绷的姿势，长时间保持的话就会感到疲劳，从而使人放松警惕。看押敌人时最佳的持枪方法是从正常的射击姿势开始放松，直到双脚舒服地左右跨立，同时将手枪往回收，最后保持在身体中心线上，枪管与地面平行，手肘靠在右髋上。随后，将敌人赶到房间里与门同侧的远角，然后自己向后退，靠住门对面的墙。在这个位置上，你可以放松身体，同时只需转一下身正对目标，就可以将枪口对准任何胆敢动弹的家伙。而且在这个位置，房门始终在你的视线之内，你也不会遭到来自背后的突然袭击。

突入房间，消灭持械的敌人：设想敌人困守在一间房内，锁住或堵住了房门，他的手中也有武器。假设你的小队中有几个人装备着斯登冲锋枪，那么他们中的两个人要占据一处可以从门外对屋内对面的屋角实施交叉射击的位置。你将身体放低，贴近地面，在两名队友交叉射击的火线下方强行破锁开门。门打开时你要趴着进入，在敌人现身时开枪射击，当你进入房间后，冲锋枪手一边射击，一边跟随你进屋，同时向房间的主要部分泼洒弹雨。

理论上讲，这种战斗技术可能存在一些不足，但它向你提供了一个理念，即在这种类型的攻击行动中，多种武器是如何配合使用的。

关于逃脱的几点提示：如果带着武器被困在一间房子里的是你，而敌人正要破门而入，那么傻站在一楼会要了你的命。当敌人冲进屋内，他们的视线和火力会立即扫过一层，然后才会注意到更高的楼层。如果你能尽可能高地站在屋内与门同侧的一架钢琴或一堆箱子上，你就有可能在几秒钟内不会被敌人注意到，这将使你能够把准确的火力集中在最有可能打破敌之攻击的地方。

设想敌人已经将你围堵在一间房子里，正准备破门而入，这时可以使出一个老掉牙的花招来脱身。躲在门后，敌人冲进来时，如果你手中有武器，就可以从背后干掉他们；如果你手无寸铁，就可以从敌人身后偷偷溜出门去。这一招现在或多或少已经过时了，因为敌人的警察和特工经常接受冲入房间时隔门射击或向门后射击的训练，以防止有人从门后袭击他们。还有一个更好更有效的计策是尽可能紧贴着墙站在开门方向的对侧。敌人强行破门而入时，他们会一时刹不住脚，而从你的身边冲过，此时你所要做的就是立刻溜出屋子。

在黑暗环境中射击：在黑暗环境中射击时，千万不要停在你开枪的地方。敌人会向你枪口焰的位置开火。如果你处于卧倒姿势，则应边开枪边向一侧翻滚。动作不要停，绝对不要待在一个地方不动。

总结：你在这门课程上学到的方法已经被证明是最好的枪战技法。然而对可能出现的每一个问题都给出现成的解决办法是不可能的。你必须运用你所掌握的枪战知识，发挥你的主动性，如有必要，对一般性的做法做出变通，以适应战场上的特殊情况。

举个例子：教官一直教导你要在意欲置人于死地时候向一个人连打两枪。这么做的原因已经解释过了，而且是合情合理的。但是，有些情况下你却不能这样做。设想你潜入一间房屋，手里的枪装有 7 发子弹，屋里却有 5 个人要杀，显然，要想给他们一人两枪，你中途就不可能不换一个弹匣，而你根本没有换弹匣的时间。这种情况下你必须对每个人只打一枪，最后留下两发子弹给没死的补枪。

同时要记住，一旦你射击完毕，在你做任何其他事情之前，先退出半空的旧弹匣，并装上一个的新弹匣。

教官教导你不要管自动手枪上的保险掣，枪上始终要装着一个压着子弹的弹匣，只不过不扳开击锤，这样你就可以拔枪、扳击锤、开火一气呵成。这么做的理由也是合理的。但是，在某些特定情况下，扳开击锤时最好还是关上保险掣。同样，你必须发挥你的主动性。

一定要特别爱护好你的弹匣。如果弹匣变形或保养使用不善，自动手枪就将无法正常工作。

千万不要在你的弹匣中压满子弹。当托弹板弹簧处于完全压缩状态一段时间后，它的弹力就会变弱。

手枪训练教官须知

向学员介绍武器和本能射击法的原理

1. 对武器本身的介绍，如分解、装弹、退弹等，是与对本能射击法的介绍同时进行，还是单独先向学员讲授关于武器及其部件构造的知识，须由教官自行决定。

比如，先花半小时向学员讲授武器本身的知识有一个好处，那就是学员第一次尝试练习本能射击的姿势时，他对手中武器的各个工作部件会比较熟悉，教官就不必将心思都花在这些初级知识上，到那时，学员们已经了解了手枪使用的所有要点，比如应当怎样正确地扳击锤、上子弹、退子弹等。

2. 无论是在课堂还是靶场上，关于本能射击的原理都应该以简短的口头讲述的形式来介绍。这种口头讲述应当描绘出一幅某人进入一座敌人占据的屋子或类似情况的画面，并应当指出我们采取的战斗方式所包含的战术动作中，哪些是本能反应。这种讲述越有趣、越戏剧化，它就越有价值，但教官必须始终确保，当学员拿到武器时，他练习的东西正是教官教授的。

指导学员练习本能射击姿势

1. 学员在上靶场对着训练靶进行本能射击练习前，自然会被要求先练习相应的射击姿势，而教官必须确保学员在开始实弹射击练习前已掌握了所需的知识。许多教官出于本能会手把手地帮学员摆好姿势，这种做法应当避免——要让学员根据教官的口头指示和反复示范自己去做。再次强调，教官必须确保自己的姿势是正确的。教官唯一有必要帮学员一把的是帮学员控制住握枪的手，以及在学员表现出左肩向后收的倾向时顶住其左肩。

2. 在口头纠正学员练习中的错误时，要尽你所能不要让学员长时间处于一种不舒服的姿势。在学员还未习惯之前，保持"射击准备"姿势的时间如果延长一分钟或更长，人的身体会感到非常难受。因此，如果你准备长篇大论，一定要让学员休息。

3. 没有必要围着学生转来转去挑毛病。在教学指导的早期阶段，教官要始终站在学员的面前，从"目标的视角"观察学员的动作。

4. 每当一名学员将武器拿在手中时，教官都应该盯着他，以一个清晰明确的顺序来进行检查——就像军队教导一名军官在检阅部队时要按程序进行一样。每名教官都可以有最适合自己的一套检查顺序，但须注意不要有任何遗漏：双脚（处于平衡状态），躯干（蹲姿，双肩摆正）、持枪臂（是否太弯或太直）、手腕（抬起和校正的幅度是否正确以及手臂移动时是否保持固定不动）、另一只手臂（是否用力地靠在膝盖上，而使得上半身难以转动），持枪手（是否在身体的重心上，拇指和其他手指是否处于正确的位置）——这就是一个检查顺序的样本。

射击训练初期

1. 不要让学员在射击姿势上有明显错误的时候开枪，除非你想向他证明这个错误导致了一定的射击偏差。由于弹药数量不多，每一发没有被正确击发的子弹都是浪费。因此，如果你在学员处于"射击准备"姿势时发现他的动作有一些错误，那么就要在他开始射击之前予以纠正。不要担心中止练习，但纠错要迅速，不要进行冗长的讨论。错误每犯一次，根除的难度就增加一分。

2. 在学员射击时，教官要始终站在他的右手边稍微靠后一些的位置（除非学员是左撇子）。不要推挤他，也绝不要在他耳边大呼小叫——这是一个会导致本就紧张的学员更加慌乱的常见错误。

3. 在射击时始终盯着学员而不是目标。通过观察学生的姿势动作，教官应该能够自动判断出射出的子弹飞去了哪里。相反，如果教官在学员射击时注视着靶子，而子弹脱靶了，那么他就无法告诉学员问题出在哪里。

对导致子弹着靶点出现持续性偏差的错误的分析

弹着偏右

1. 击发时持枪手不在身体的重心位置。

2. 持枪手落在了在身体的重心上，但手腕校正过度。

3. 持枪臂的肘部被压低到了身体重心以下，并进入了身体重心区域。

4. 手和枪都向左倾斜。

弹着偏左

1. 手腕校正幅度不够。

2. 向上向外屈肘。

3. 手和枪都向右倾斜。

弹着偏低

1. 在枪口向上移动时击发。

2. 向下扣腕的幅度太大。

3. 枪举得太高，持枪手挡住了靶子。

弹着偏高（不常见）

1. 手腕上翻太多。

2. 枪举得太高。

3. 从"射击预备"姿势转为射击姿势时身体太急太猛——动作应当既快又稳。

4. 身体猛向后闪，或者持枪手举起时正在起身。

对导致子弹着靶点出现非持续性偏差的错误的分析

1. 握枪不紧。

2. 有畏惧心理，击发时闭眼。

3. 双脚站立不平衡，脚步蹒跚。

4. 持枪手未保持在身体重心上。

5. 每次击发时手的高度都不同。

6. 通过肘部的移动，以"戳击"式的动作将手枪指向目标。

7. 持枪的手臂伸得不够直——手臂应当几乎完全伸展，这样稍有打弯便可以感知到。

如果学员的射击出现了一个不能立即查找到其原因的偏差，则应对上述分析中的要点逐一检查排除，直到教官确定射击偏差的原因为止。

射击移动靶和出现在不同方向的靶标时的错误

1. 当从一个靶标转向另一个靶标，整个上半身必须转过来正对新靶标。在大多数情况下，这需要稍微移动一下双脚的位置。这种双脚的换位应该是流畅自然的一个动作——无论如何不能让学员采用"跳起转身"的动作。

2. 当左手用力地靠在膝盖上，脚步和上半身的动作都会受到严重影响，因为这种姿势会使身体被锁定在原来面对的方向上。

3. 大多数学员都认为射击移动靶时必须要取"提前量"。但在本能射击的射程内，这是完全没有必要的，而且会导致子弹在目标前方脱靶。此时手枪应该瞄向靶心，就好像打的是固定靶一样。

4. 如果射手用手枪瞄向移动目标前方的一个点，等待目标到达那个点后才扣动扳机，那么几乎可以肯定是打不中的。且不论其他会导致脱靶的原因，一个有生命的目标可能改变移动方向，永远不会到达那个提前瞄准点。

操作错误：手枪弹匣应当用手指捏着插入握把，再用大拇指用力推到位——不得用掌根将弹匣猛砸进握把。

概括总结

1. 朽木不可雕也的家伙确实存在，但这样的人也是千里挑一。作为一名教官，不应该让任何一个学员因为蹩脚的射术而离开训练学校——他的生命可能就取决于你在射击这门课程上把他教得有多好。如果这名学员的射击成绩总是不好，那么你就要首先确定他的毛病是不是子弹总往一个方向偏，然后在你的头脑中找出都有哪些错误会造成这种偏差，并逐一分析排除，直到确定原因所在。

2. 学员对射击课程感兴趣的程度取决于一名教官在他的教学中营造的氛围。如果一名教官自己缺乏攻击性，他就不能指望手下的学员表现出攻击性；如果教官自己显然都对这门课程不感兴趣，那么他也不能指望他的学员能达到理想的高度。一名教官应该在学员的头脑中造成这样一个印象，即他真的是在"杀死"目标，并且情势迫使他不得不扣动扳机，好像他的性命就系于此举一样。

3. 教官在射击教学中应努力消除那种每个人都必须要尽力打出高环数的"靶场练习"的氛围，并要让学员记住，在课程学习过程中，重要的是运用快速、本能的射击方法，而不是追求用那些动作较慢或缺乏实用性的射击法达到射中目标的次数。

冲锋枪训练课程

课时 I　　A. 汤姆逊冲锋枪介绍

训练装备：汤姆逊冲锋枪、弹匣 2 个

A. 1. 介绍

这种枪名为汤姆逊冲锋枪。口径 0.45 英寸。射速 700 发 / 分，重量约 10 磅。

汤姆逊冲锋枪有两种供弹具：容弹量 50 发的弹鼓和容弹量 20 发的弹匣。弹鼓对于快速近战来说无甚用处，可以不用考虑使用。原因如下：

a) 太重；

b) 不易于快速装填，弹鼓内的子弹相互碰撞，声响很大；

c) 弹鼓的外形导致使用不便，没有专门的携行具很难携带；

d) 弹鼓与枪身接合的卡笋不牢固。

盒式的弹匣非常适合我们使用冲锋枪的目的。弹匣重量轻，易于装填，可以方便地放在衣袋里或宽松的上衣内。你可以在衣服里随身携带八九个压满子弹的弹匣而不会有任何不便。

2. 给弹匣装弹

给弹匣内装弹时，用左手的指根握紧弹匣有肋筋的一侧，在左手拇指的协助下，用右手按压弹匣托弹板上的子弹底部，并向前下方推送入弹匣。

3. 性能特点

"汤姆枪"有一根较短的枪管，发射圆头手枪弹，因此它是一种射程较近的武器。并且由于子弹口径大，射速高，所以该枪对于任何类型的近距离战斗，如街头巷战和屋内枪战等来说都是一款高价值的武器。

该型冲锋枪的有效射程，腰际射击时为 12 码；立姿抵肩射击时为 50 码；卧姿抵肩射击姿势下，汤姆逊冲锋枪的最大有效射程是 175 码。

4. 使用操作（示范）

验枪：正如你学过的那样，你使用任何武器，要做的第一件事就是验明这支枪没有上膛。汤姆逊冲锋枪在验枪时，首先把枪向其右侧翻转放平，用左手手指抓住弹匣，然后将左手拇指放在弹匣释放钮上，向上推释放钮，拔下弹匣。再将枪身转正。用左手手指抓住枪机拉柄，前后拉动两到三次，在此过程中始终扣住扳机，最后让枪机拉柄停在靠前的位置。现在枪就处于"安全"状态了。

装弹：用"携枪"姿势持枪，即枪在胳膊下方，右手握住握把，枪口呈约 45 度指向正前方的地面。

目视检查枪机停在靠前的位置，换句话说，此时枪膛处于闭锁状态。

将枪身向右翻转，枪身左侧朝上，并确认快慢机和保险掣的位置。前者必须处于"单发"位置，后者必须处于"射击"位置。如果不是，应立即转换，不要等待命令。在转换快慢机和保险掣的位置前枪机拉柄必须拉到后方锁紧。转换完毕后，应向前释放枪机直至枪膛再次闭锁。

枪身左侧仍然朝上，将右手食指放在扳机护圈右侧。左手拿一个 20 发弹匣，右手食指尖稍微伸出扳机护圈，引导弹匣进入弹匣槽口，然后将其干净利落地推送到位。弹匣装上后务必要（用左手）向下试着拽一下，以确保其卡紧。

转正枪身。由于膛内无弹，所以此时枪是非常安全的，可以长时间携带，没有危险。

注意，在进行目前描述的所有操作时，枪口要始终成 45 度角指向前方地面。准备射击时，将枪机拉柄向后拉，直至其锁紧。

退弹：在射击停止，弹匣打空或消耗了部分弹药时进行。退弹时枪机拉机柄保持在后方或射击位置。如果不继续射击，则取下弹匣并向前释放拉机柄。将拉机柄前后推拉两到三次，最后停在靠前（或称闭锁）的位置。

如果弹匣已经打空，且需要马上恢复射击，则应取下空弹匣并插上一个满弹的新弹匣。再将枪机拉机柄拉到后方（或称"射击"位置），即可立即恢复射击。

注意：在本节中描述的所有操枪动作都必须多加练习，直至无论白天黑夜均可完成，并且动作要熟练利落，不能有一丝一毫笨手笨脚的模样。教官应演示如何在黑暗中用手摸来辨别枪机拉柄、快慢机和保险掣的位置。教官应向学员示范如何上弹匣和卸弹匣，并安排学员练习。教官还应告知学员，虽然一个弹容20发的弹匣内最多可以压21发子弹，但压得这样满的弹匣在插入弹匣槽时有时不能卡紧到位。因此，他们应当注意，在开始行动之前，有必要将每个装好弹的弹匣都上枪试一试，以确保它们都能卡紧到位。如果未注意到（可能是在匆忙中）装上枪的弹匣没有卡住，就会出现弹匣掉下或是枪机不能推弹上膛的情况。

5. 射击姿势（示范）

"蹲踞"姿势：身体自然下蹲，左脚在前。从"携枪"姿势开始，抬起枪身，直到枪管与地面平行，右臂挟住枪托并将枪托固定在胯部。左手握住冲锋枪的前握把，所有手指都啮合在握把上的凹槽中，拇指在后；现在将左肘向内收，在枪身下方尽可能远的位置固定住。这样，你的身体高于枪身，头部放低，形成一种杀气腾腾的攻击姿势。这被称为"蹲踞"射击姿势。"蹲踞"姿势在应对快速近战时并不令人满意，因为事实证明，当你在这种姿势下以极快的速度转身面向目标时，你无法保持枪身前部的仰俯角度。另外这种低姿射击方式很难有效而快速地对付高处的目标．

"臂下挟枪"姿势：身体的姿势与"蹲踞"姿势相同，但枪不是固定在胯部，而是挟在胳膊下面。左手握住前握把，左肘在与地面平行的枪管下方。头部靠近枪身，摆出一种攻击姿势。采用"臂下挟枪"姿势时，枪身在身体上的位置要高得多，所以左肘可以很容易地"锁定"在枪身下方，这使得你在向目标快速转身时能够保持枪身前部的仰俯高度。这种姿势下头部和眼睛离枪也近得多，你自然能够更好地控制你枪口的指向和仰俯。

在向目标接近的过程中，可将枪托挟在手臂下方成"准备战斗"的姿势，枪管以30度斜向下指向地面，左手握住前握把。需要投入"战斗行动"时，你要做的就是"倏地一下"举起枪对准目标，同时头部向枪身靠拢。或者，如果感觉一直把枪托挟在手臂下面的携枪姿势不舒服，可以用你感觉最舒服的双手姿势端枪，并在需要投入"战斗行动"时快速举枪到位。这套动作需要勤加练习。左肘和右臂同时"锁住"枪身。

抵肩射击姿势：在这种姿势下，用枪方式和你使用散弹枪时是一样的。当枪身向回收，枪托抵住肩膀时，身体则朝着目标的方向向前顶。抵肩射击时射手的身体并不是直立的。

这种射击姿势非常适合用惯了散弹枪的人或手臂很长的人。通过练习，射手可以很快地完成持枪抵肩动作，同时因为在这种姿势下枪身与眼睛成一直线，因此这是打得最准的射击姿势。对于正面射击而言，抵肩射击姿势略慢于蹲踞姿势，但在练习中，它转身对准目标的速度与蹲踞射击姿势一样快。

这种射击姿势有一种变体，可以让胳膊较短的人能够快速以抵肩射击姿势射击近距离目标，如下所示：

枪托放在腋下，左手握住前握把，枪管斜向下30度指向前方地面，左脚在前。要开火的时候，从腋下抬起枪身，指向目标。这是一种反应速度很快，射击精度很高的速射方法，并且如果需要，也可以很方便地使用枪上的瞄具进行瞄准射击。这种姿势有一个缺点，那就是长时间以这种姿势携枪并不舒服。

注意：教官在对各种射击姿势做过示范后，应帮助学员选择最适合他们的姿势。所有的射击姿势都应加以练习，但不鼓励学员使用蹲踞射击姿势，因为实践证明蹲踞姿势并不实用。应当向选择臂下挟枪姿势的学生指出，在正常战斗中，他们必须能够将这一姿势和快速抵肩射击姿势结合起来，对付距离大于12码的目标。

B. 射击训练——第1项

训练用靶：2号全身靶，田野灰色，白色靶心在人形靶的腹部。

射击距离：3码。

射击用弹数：10发。

打训练靶的方法：

靶子近在咫尺，所以你不会打不中。你将清楚地看到每一发子弹的去向和弹着点，你应该尽力控制射出的每一枪都对准靶心。手中的枪不能独立于身体移动。在正确的射击姿势下，枪身是固定不动的，这样你就可以压住身体，从而控制每一枪的枪口跳动。同样，当你想抬高枪口，你可以将你的身体稍微向后放松一点。弹着点相对靶心偏左或偏右，可以通过向身体内侧轻推右肩或左肩来修正。

学员将内装 10 发子弹的弹匣插入枪内，向射击点前进。在听到"上膛！"的口令后，推弹上膛并摆好"射击预备"姿势（枪口与地面成 45 度角）。在不击发的情况下，练习快速转入射击姿势，同时教官检查动作是否有错误。当听到"1！"的口令时，快速转为"射击"姿势，毫不迟疑地射出一枪，然后回到"射击预备"姿势。重复动作，直至打出 6 枪。

听到"2！"的口令，迅速转入射击姿势，打一个两发点射，然后回到"射击预备"姿势。重复动作。

学员与教官一起检查射击弹着点，并讨论弹着点与错误射击姿势的关系。注意。教官须对学员强调，要将注意力集中在靶心上，这是本能射击术的主要辅助手段。学员一旦出现任何先瞄准再射击的意图，必须立即阻止。

射击练习——第 2 项

课时 I

目标：不同距离与高度的移动靶和隐显靶。

用弹数：5 发。

在此项练习中，我们要向移动或时隐时现的靶标射击。只要你全神贯注，采用正确的姿势，左肘在枪身正下方，头部放低，身体处于一种侵略性的攻击姿势，朝靶子的方向往前顶，就不难击中目标。

在向靶标射击时，枪身的移动不是独立于身体的，是被身体和双脚的运动带动指向目标的。射击时双脚自然地运动以调整身体平衡，重点是你必须以极快的速度将子弹打到目标上，而当你的子弹出膛时，你的射击姿势必须是正确的。

注意：蹦来跳去不能代替准确而有章法的射击步法，教官不应允许学员射击时有这种动作。

弹匣内装弹 5 发。每个靶子出现时，向其射击一枪。

注意：在整个练习过程中，教官要密切观察学员攻击目标的每一个细节，以便事后让学员清楚"脱靶"的原因，并能够纠正错误。

课时 II：0.5—1 小时

射击练习——第 3 项
目标：不同距离与高度的移动靶和隐显靶。

射击练习——第 4 项，在黑暗环境下射击
目标：与第 3 项射击练习相同。
用弹数：5 发。

射击练习——第 5 项
目标：与第 3 项射击练习相同。
用弹数：5 发。

注意：第 3、4、5 项练习中包括加快动作速率和教授学员如何快速攻击，以及如何在大角度转身时仍可保持正确的射击姿势的内容。第 5 项练习则应包括突入特殊靶场（与手枪射击教学中的相同）内实施攻击的内容。

冲锋枪射击练习中最常见的错误是握枪不牢，左肘在枪身下方的位置不对，头部始终是抬起的，身体也没有向目标方向前顶。以上这几点，以及攻击时保持侵略性和攻击中全神贯注的必要性必须反复向学员强调灌输。

留出 5 发子弹用于以下练习：4 发用于突击课程、1 发用于突袭机场课程。

冲锋枪训练课程（斯登冲锋枪）

课时 III
训练装备：斯登冲锋枪、2 个弹匣。

A. 1. 武器介绍
这种枪被称为斯登冲锋枪。口径 9 毫米，射速 500 发 / 分，重量约 7 磅。
斯登冲锋枪的供弹具为可容纳 32 发子弹的盒式弹匣。这种弹匣徒手装弹很吃

力，但配有一个简单的弹匣装填器，可以迅速而轻松地将子弹压入弹匣（示范）。

你会很自然地将斯登冲锋枪和"汤姆枪"放在一起加以比较，而斯登冲锋枪因其粗糙的外观，在这种对比中不会得到青睐。

这种观念是错误，原因如下：

a) 斯登冲锋枪发射 9 毫米口径鲁格（帕拉贝鲁姆）手枪弹。

b) 斯登冲锋枪比汤姆逊冲锋枪轻大约 3 磅。

c) 斯登冲锋枪结构非常简单，设计上很容易进行分解。

d) 斯登冲锋枪在分解后易于藏匿。

e) 斯登冲锋枪可以在"干涩"的状态下射击。你不必不停地给它的活动部件上油。

f) 即使在水、泥浆中浸过，在沙子中埋过，也不会影响斯登冲锋枪的射击。

以上这些优点都是显而易见的。

2. 性能特点

斯登冲锋枪非常适合各种类型的近距离战斗。该枪的轻巧和设计使其能够以极快的速度抵肩射击各种距离的目标。其最大有效射程约为 175 码。

3. 操作

验枪：以"携枪"姿势持枪，即枪放在臂下，右手绕过手枪式握把，枪口以约 45 度直指地面。用左手手指抓住弹匣，同时按下弹匣槽顶部的弹匣卡笋，将弹匣取下。然后，向左侧转过枪身，前后拉动枪机拉柄两到三次，最后使其停在靠前的位置上。

装弹：以"携枪"姿势持枪。用左手向后拉动枪机并将枪机拉柄卡在保险槽口内。然后向右侧转过枪身，使枪身左侧朝上，并确认快慢机销杆的位置。快慢机销杆应在"单发"位置上，可通过从左向右朝内按压销杆来确定其位置是否正确。将枪身竖直放正，用左手将装填好子弹的弹匣插入弹匣槽中，干净利落地推送到位，弹匣装上后务必要向外拽一下，以确保其已经卡紧。准备射击时，请将枪机拉柄从保险槽口上脱开并向前释放，直到它停住在待击发或称射击位置。

退弹：与验枪操作相同。

射击中断：如果在射击过程中突然枪不响了，首先要做的是向后拉枪机拉柄并将拉柄在保险槽口内卡好。然后，取下弹匣，检查枪膛是否被卡住。如果膛内有未抛出的空弹壳或其他堵塞物，将他们摇晃出来，换弹匣，将枪机拉柄释放到待击发位置，然后继续射击。

注意：在换弹匣之前，确保弹匣内最上面一发子弹定位正确，否则枪马上会再次卡壳。

射击姿势：由于重量轻，设计巧妙，普通人就能以抵肩射击姿势使用斯登冲锋枪在近距离有效地与敌目标交战。通过练习，斯登冲锋枪在使用者手中可以像腰际射击那样，快速转为抵肩射击这种打得更准的射击姿势，所以除了在极近距离上开火时快速进入腰际射击姿势最为方便，对于所有射击距离都应该使用抵肩射击姿势。

斯登冲锋枪的抵肩射击姿势与汤姆逊冲锋枪的相同，只是由于斯登冲锋枪没有前握把，所以射击时左手应该抓住枪管热护套，注意拇指和食指一定要与热护套的前缘接触，或者用小指用力顶住准星。射击时左手抓住其他任何地方，都可能挡住抛壳口，从而造成卡壳，最有可能的是被弹壳打伤手指。在卧姿射击时，左手可以放在扳机护圈前面，但必须非常小心，要让手指待在正在进行后坐复进动作的枪机拉柄以下。在射击过程中，手一定不能抓在弹匣上。

练习射击姿势

射击练习——第1项

目标：不同距离与高度的移动靶和隐显靶。

用弹数：6发。

在此项练习中，对每一个出现的靶子射击一发子弹。

学员给枪上弹匣，前进到射击点。听到"上膛！"的口令后，推弹上膛并取"射击预备"姿势。在标靶出现时以极快的速度向其射击。

注意：在攻击时强调速度。身体必须朝着目标的方向往前顶，这样才能使每一枪都命中靶标。

课时 IV

射击训练——第 2 项

目标：与第 1 项射击训练相同，在黑暗中射击。

用弹数：6 发。

除了是在黑暗环境中射击，此项练习方式与第 1 项练习相同。

射击练习——第 3 项

目标：与第 1 项射击训练相同。

用弹数：6 发。

在此项练习中，通过在靶场内射击多个靶标的方式来加入移动动作。

课时 V

射击训练——第 4 项

目标：潜行接敌课程和扫射练习用靶。

用弹数：潜行接敌 8 发、扫射 7 发。

携带斯登冲锋枪潜行接敌的方法与携带手枪时的相同，同样强调快速攻击，射击时不要有任何仔细瞄准的意图。

携带两个弹匣，一个装 8 发子弹，一个装 7 发子弹。8 发子弹的弹匣用于潜行追击训练，训练完成后，学员立即在掩蔽物后卧倒，换上第二个装 7 发子弹的弹匣。然后射击扫射练习用靶。

注意：扫射练习

此科目是为了让学员练习冲锋枪的第二种用法。扫射时射手采取立姿抵肩射击姿势，用冲锋枪对着一块 7 码长，5 英尺宽，不画靶圈靶心的白布，从一端到另一端来回射击。教官要提醒学员，扫射时扇形火力区两端的弹着点容易偏低，因此射击速率应尽可能快。

课时 VI

射击练习——第 5 项

目标：潜行追击课程。

用弹数：12 发。

这是潜行接敌的一项进阶射击练习。教官应在不同的位置设置多个靶标，且这些靶标的位置和之前潜行接敌课程上的不同。教官应告诉学员要像手枪练习时的双连击射击法一样，用冲锋枪对近距离目标快速连发两枪。

学员完成一项射击练习后，要即刻前往教室或其他方便的地方，在另一名教官的指导下进行下列练习：

课时 II

练习：快速装弹退弹、弹匣装填测验。

注意：枪械的分解将在平时分解组合枪械时顺便进行演示和练习。经过特殊磨损的弹簧将被留下专用于演示和练习，而<u>绝不会</u>使用状态良好的弹簧。应当对我们自己的一套组合枪械的方法进行教学和练习。我们的方法速度更快，并且不用依靠任何工具或器具，所以是可以教给学院的最实用的方法。对于那些掌握不了我们自己的方法的学员，可向其示范如何用一根钉子帮助弹簧就位，但这一招仅作为次要手段。

课时 III

练习：枪械分解和组合

注意：作为对相关知识的一种变化和对学员的检验，教官可以将两或三件武器分解开，然后将零件混在一起，由学员重新组装。

课时 IV

进一步研究外国制造的武器，发现被破坏的武器的问题所在。

注意：教官以某种方式给枪支动些手脚，使其无法使用。例如，拆下撞针或按错误方式组合零件。

课时 V

如有必要，将剩余的 22 口径子弹留作备用。

外国武器

这门课非常重要，鉴于外国制造的武器五花八门，数量众多，统统存放起来有难度，因此设立了一个专门机构，并开设了一门与学员自身的国籍相匹配的武器训练课程。所有学员都将在这一课程中学习使用德制和自己本国制造的武器，此外，他们还将学习如何识别欧洲大陆各国使用的各种弹药。

本课程的目的，是让学员对于他们在战场上最有可能遇到的武器具备足够丰富的知识，以便他们能够正确识别武器，正确选择弹药，并立即上手使用。

本课程并非是为了让学员成为一名军械士。

在本课程中，学员们将有机会用一些比较常见的武器进行实弹射击。

外国武器使用训练大纲

第 1 课时：耗时 1—1.25 小时

对学员讲解介绍：

a) 外国武器使用训练的目的。

b) 需遵守的安全预防措施。

课堂授课与实操练习。

外国自动手枪的口径及其弹药。

以下几类自动手枪弹药的识别、性能特点、结构以及匹配的武器。

a) ① 0.22 英寸手枪弹或"福楼拜（FLOBERT）"手枪弹[①]，长弹和短弹。

② 0.25 英寸或 6.35 毫米手枪弹。

---

① 译注：法国人路易斯·福楼拜（Louis-Nicolas Flobert）于 19 世纪中叶发明并沿用至今的边缘发火的小口径枪弹的统称。

③ 0.32 英寸 acp 弹[①] 或 7.65 毫米手枪弹。

④ 7.65 毫米派拉贝鲁姆手枪弹。

⑤ 9 毫米派拉贝鲁姆手枪弹。

⑥ 0.3 英寸或 7.63 毫米毛瑟手枪弹。

⑦ 9 毫米毛瑟马格南手枪弹。

⑧ 0.38 英寸 acp 弹或 9 毫米短弹。

⑨ 9 毫米长弹或 9 毫米勃朗宁手枪弹。

⑩ 0.45 英寸 acp 弹或 11 毫米手枪弹。

⑪ 0.38 英寸 acp 弹。

⑫ 学员所属国家所特有的任何一类弹药。

b) 区分某些常见的过时弹药类型的方法。

c) 欧洲大陆上两等品质的商用弹药：上等品质和出口品质——出口品质的弹药往往有瑕疵或使用不可靠——实例和一般的识别方法。

第 2 课时：耗时 45 分钟

课堂授课与实操练习。

德国军用手枪。

以下几种枪型的性能特点、部件、分解和使用：

a) 帝国军用转轮手枪。[②]

b) 7.63 毫米和 9 毫米派拉贝鲁姆毛瑟军用型手枪。

c) 所有型号的鲁格手枪。

第 3 课时：耗时 30 分钟

课堂授课与实操练习。

---

① 译注：ACP 即 Automatic Colt Pistol（柯尔特自动手枪弹）的英文缩写
② 译注：即 M1879 式帝国转轮手枪。该枪是德意志第二帝国成立后装备的第一款中心发火式金属定装弹的军用转轮手枪，但因性能不尽如人意而于 20 世纪初被著名的"鲁格"手枪取代。

其他德制手枪：

a) 官方为德国空军、盖世太保等单位配发的手枪。

b) 欧洲大陆常见的一些商用型手枪（几乎所有型号的样枪都有）。

第 4 课时：耗时 45 分钟

射击练习——德制手枪。

a) 军用手枪。

b) 由学员挑选出来的有代表性的商用型和官方配发手枪。

c) 由教官演示用枪管锯短的散弹枪作为应急武器的效果。

第 5 课时：耗时 45 分钟

课堂授课与实操练习。

德制冲锋枪。

以下几种枪型的性能特点、部件、分解和使用：

a) 伯格曼 MP–18 I 式冲锋枪。

b) 施迈瑟 MP–28 II 式冲锋枪。

c) 毛瑟冲锋枪。[1]

d) 斯太尔—苏罗通冲锋枪。

e) 诺伊豪森冲锋枪。[2]

f) 埃尔玛冲锋枪。

g)MP–38 冲锋枪。

第 6 课时：用时 30 分钟

课堂授课与实操练习。

---

[1] 译注：即闻名遐迩的俗称"快慢机""自来得"的速射型毛瑟冲锋手枪。

[2] 译注：由匈牙利枪械设计师启拉利设计的达努维亚 39M 冲锋枪，因其以启拉利在瑞士诺伊豪森市的 SIG 公司供职时设计的 MKMS 冲锋枪为原型而得名。实际上该枪为匈牙利陆军所装备，并非德制武器。

a) 德国军用步枪。

以下几种枪型的性能特点、部件和使用：

①曼利夏 M1888 式步枪。

②毛瑟 M1898 式步枪（步枪和卡宾枪）。

③毛瑟标准型通用步枪。[①]

b) 加兰德半自动步枪（以该型步枪作为军用半自动步枪的范例）。

第 7 课时：用时 45 分钟

射击练习——德国军用步枪：

a) M1898 式步枪。

b) 标准型通用步枪。

c) 加兰德半自动步枪。[②]

d) MP-38 冲锋枪。

第 8 课时：用时 30 分钟

课堂授课与实操练习。

德制手榴弹。

第 9 课时：用时 30 分钟

课堂授课与实操练习。

德制 PzB 39 型反坦克步枪。

第 10 课时：用时 1 小时

课堂授课与实操练习。

---

① 译注：德国陆军于 1924 年装备的一款采用毛瑟 1898 式步枪枪机和直拉机柄但枪管长度更短的新的标准型步枪。因其枪长较短，可同时作为骑兵枪。故被称为通用标准步枪（Einheits-gewehr）。中国近代著名的"中正式"步枪即根据该枪图纸仿制。

② 译注："Garand S. L. Rifle"。原文如此。

德制机枪：

a) 斯潘道马克沁 MG-08 机枪。[①]

b) 斯潘道马克沁 MG-08/15 机枪。

c) MG-34 机枪。

d) MG-15 机枪。

第 11 课时：用时 4 小时

课堂授课与实操练习。

学员自己国家的武器。

已收集有以下这些国家的枪械的样枪：比利时、法国、荷兰、西班牙、苏 / 俄、斯堪的纳维亚三国、波兰、巴尔干国家及希腊、奥地利、意大利、日本。

第 12 课时：用时 30 分钟

总复习。

a) 枪械组装。

b) 在户外实战环境下架设和操作机枪。

c) 从各式各样的武器弹药中识别某种武器及其匹配的弹药（监督学员于靶场进行）。

总练习时长：11 小时 45 分钟。

---

① 译注：即柏林斯潘道（Spandau）兵工厂生产的马克沁 MG-08 机枪。下同。

实战演练房的建造

由于原材料和劳动力的短缺，这些房子是用未加工的原木以尽可能接近实物的比例建造的，高度通常不超过一层楼。实战演练房内的布局设计很重要，因为必须要让其中的学员拥有全向或至少 270 度的射界。如果旁边有能够俯瞰训练场地的高地或高大的树木，以便修造一座合用的指挥控制塔，则是非常好的。

一般来说，实战演练房有三栋就足够了，三栋房子的位置要形成一条死胡同。另外，可通过给这些房子修建栅栏、花园，画出带人行道的马路和竖立假的路灯柱等方式来制造街景。

靶标可以是自动的，也可以是由旁边的指挥控制塔遥控的。使用自动出靶装置，目的是尽可能让演练贴近实战环境，尤其是可以迫使学员运用他已经学习过的枪战技术来应对。在演练房内可以有意给学员制造一些突发情况，以近似实战的方式向学员展示这些战斗技术的优点。

可使用以下一组靶标作为前述指导原则的示例：

演练房"A"

这所房子是一个带两扇门的大房间。

三个靶标，代表三名纳粹军官围坐在一张桌子旁。桌子摆放在离正门最远的角落里。所有的靶标都连着铰链，这样它们就可以向后翻倒，使进屋的人发现不了其存在。在正门前方有一道延伸至房间中间的隔板，一根钢丝从隔板后面的墙上绕过隔板的末端延伸到主门口右手墙上。另一个活动靶连在这根钢丝上。

对所有靶标的操作都是通过门后的一个架子上的"主机关"带动的一组重物来实现的。

当学员从正门进入房间时，先看到三个标靶围坐在桌旁，于是开枪"杀死"它们。当他干掉这三个"军官"的时候，另一个活动靶从隔板的拐角处径直向他冲来，同时桌旁的三个靶子中弹倒下，消失在视线中。

从进入房间时起算，整个行动大约需要3.5秒，学生在此期间的任务就是"杀死"全部四个标靶。

在这项演练中我们获得的经验教训是：第一，迅速行动的必要性；第二，必须充分利用对方在惊愕时愣住的那几秒钟。

演练房"B"

这所演练房同样只有单独一间房间，内部由一道面向门的隔板隔开。一个标靶在一根从门口直通到门口马路的钢丝上活动，模拟一名从屋内冲出来的敌人。这个活动靶受指挥控制塔控制，由屋内的配重机关驱动。学员即将接近房门时，活动靶被释放，房门被打开，靶子以相当大的力量冲出屋子，直向学员冲来。

解决掉这个标靶后，学员进入房内。房内的隔板正面对着他。在学员的右手边，有一个他已奉命要进入搜查的门道，这个门道通向一条地道，而地道又通向一个地下室。学员沿一道陡峭的楼梯下到地道内，在里面安排有各种"恐怖"的装置：摇晃的、带弹簧翻板的地板，地道顶上吊下来的物体等。延伸的地道时深时浅，而当学员顺楼梯下到地道时，身后的门会自动关闭，使他眼前几乎一片漆黑，从而使人感觉像是进入地下深处。学员沿着地道前进时，一道微光映出一个站在地道尽头的人影。学员向人影（靶子）开枪，靶子消失在地道顶部，学员再次陷入一片黑暗。在地道的尽头，有台阶通向一间密室。学员拾级而上时，在他头顶约十英尺高处，一扇活板门打开，出现一个"人"（靶子）向下探头探脑。学员向其开枪，那个"人"马上消失，活板门"砰"地关上。

密室内只有一盏马灯照亮，光线昏暗，当学员拉开入口处的布帘时，看到一名"囚犯"被绑在椅子上，旁边站着一个"纳粹分子"。他开枪"干掉"纳粹分子，将"囚犯"解救出来（囚犯由一个稻草人扮演）。

密室外的台阶很陡，学员将假人扛在肩上，一路走上去，最后穿过一道狭窄的门道回到房子的一楼。他经过这个门道时，发现有两个"纳粹分子"正等着他。尽管他负重在身，无处回旋，但他必须立即"杀死"他们。在干掉了这些对手之后，他安顿好"囚犯"，准备攻击第三所房子。

此项演练锻炼了学员在心怀恐惧和完全黑暗的环境中有效操作手枪或斯登冲锋枪的能力，以及在任何情况下，即使是身携重物，身处逼仄时都能有效射击。

演练房"C"

这所演练房也是一间房间一扇门。一进门，就能看到一个全身靶站在靠在对面墙上的扶手椅旁。标靶用铰链连着一根桩子，以便它能左右旋转。扶手椅与其头顶上安装在一根斜拉钢丝上的滑轮相连，钢丝穿过房间一直延伸到门口右手的墙上。

右边墙上靠着一张双层架子床，上面"睡"着两个"人"。主控制机关一释放，下铺的"人"就掀开被子，上铺的"人"就会坐起身来。

地板上还有一扇活板门，在活板门下的坑里有一个带头部和肩部的人形靶，活板门一打开靶子就冒出来。

门道的左边是一个封闭楼梯间的入口。从这里有两根控制钢丝绳连着指挥控制塔。拉动其中一根钢丝绳时，会发出一种类似有人在楼下跑动的声音；而拉动另一根时，则会出现一个带头部和肩部的身影从楼梯间入口的拐角向外张望。

除楼梯间的人形靶以外，所有的靶标都是通过门上的一个机关自动控制的。

当学员冲进房间时，先遇到的是站在扶手椅旁的"人"。他开枪"杀死"这个"人"，然后转身去对付床铺上的两个"人"；他转身时，椅子被大力地朝着他的方向扔过来，飞过整个房间；同时活板门打开，下面的人形靶冒出来。几秒钟后，传来有人从楼梯上跑下来的声音，一个纳粹分子的身影瞬间出现在楼梯脚下。

在这项演练中，学员奉命进入房间内并快速展开战斗，利用脚下的步法躲避朝自己抛过来的物件，同时有效地实施射击，并且迅速转身，攻击不同高度的靶标。

街道上的目标

在穿房过屋的过程中，学员接到命令要解决掉一些活动靶，这些靶标代表着从他面前跑过或从其身边逃开的人。从窗户望出去，他可以一眼瞥见屋外的目标。当学员离开演练房时，他可能会发现有一个"人"在门的另一边等着。所有的活动靶都由控制塔遥控的配重机关驱动。

总结

　　为了增加演练的实战性色彩，同时让学员练习制定适当的攻击行动计划，教官通常要给学员做一个敌情简报。在简报中，几栋演练房被描述成一座敌人的作战指挥部：演练房"A"是参谋部；演练房"B"部分废弃——是否完全被敌人占据情况未知，有待调查；演练房"C"是警卫室。

　　攻击计划由教官和学员一起讨论，指出那些可能出现的，需要避免的错误，如忘记换弹匣、枪上带着已经半空的弹匣攻入房内、站在门口不果断突入等。

　　教官从指挥控制塔上可以观察学员的行动情况并指出他的错误。学员射击完毕后，可允许他们站在塔上观察和评论其他学员的表现。

意志的胜利

Battle Studies

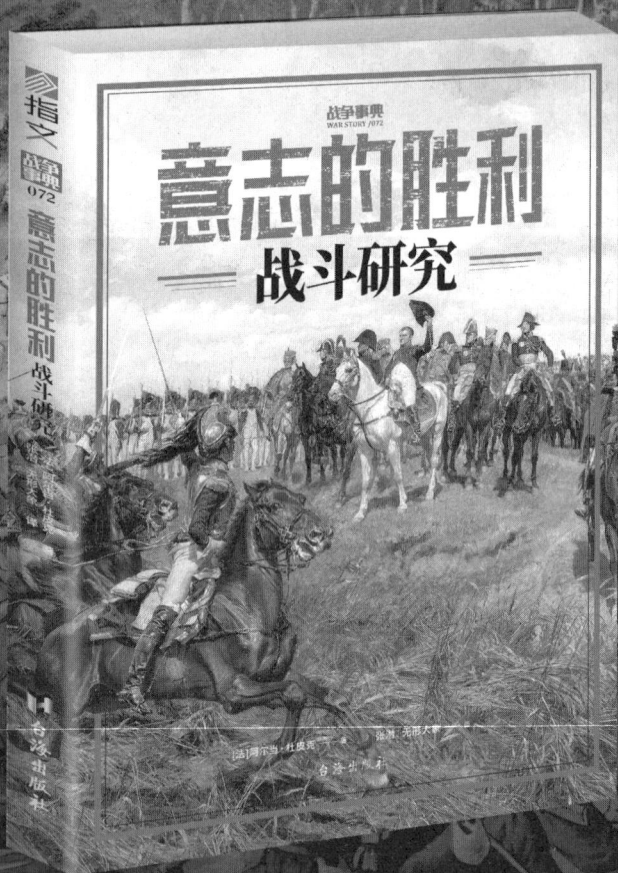

战斗研究

战争事典
WAR STORY /072

意志的胜利
战斗研究

指文
战争事典
072

[法]阿尔当·杜皮克 著　张翔 无形大象 译

台海出版社

入选西点军校必读经典
与《战争论》《作战原则》齐名